"十四五"职业教育国家规划教材

税费计算与申报
（第四版）

SHUIFEI JISUAN YU SHENBAO

新准则 新税率

主　编　王　荃　朱　丹
副主编　殷慧敏　洪小霞　田维维

新形态教材

本书另配：微课视频
　　　　　教学课件
　　　　　教　案
　　　　　参考答案

中国教育出版传媒集团
高等教育出版社·北京

内容提要

本书是"十四五"职业教育国家规划教材。

本书融合体现党的二十大精神，并依据各项现行的税收法规制度进行编写。本书共分为七个项目，以税收基础知识为先导，分别介绍企业涉税工作的基本流程和现行主要税种的基本知识、税额计算方法和纳税申报方法与流程。全书内容强调实用性和够用性，注重实际业务操作能力训练。为利教便学，本书以二维码形式提供部分教学延展资料，另配有微课视频、教案、教学课件、参考答案等资源，供教师教学参考。

本书结构合理清晰，内容充实实用，可作为高等职业本科院校、高等职业专科院校会计、财务、税务、工商管理、投资与理财专业的教学用书，也可作为企业特别是中小企业财务会计人员学习企业涉税业务的参考用书。

图书在版编目(CIP)数据

税费计算与申报 / 王荃，朱丹主编. —4版. —北京：高等教育出版社，2024.1（2025.7重印）

ISBN 978-7-04-060862-5

Ⅰ. ①税… Ⅱ. ①王… ②朱… Ⅲ. ①税费－计算 ②纳税－税收管理－中国 Ⅳ. ①F810.423 ②F812.42

中国国家版本馆CIP数据核字(2023)第142433号

| 策划编辑 | 刘悦珍 李 晶 | 责任编辑 | 李 晶 | 封面设计 | 张文豪 | 责任印制 | 高忠富 |

出版发行	高等教育出版社	网 址	http://www.hep.edu.cn
社 址	北京市西城区德外大街4号		http://www.hep.com.cn
邮政编码	100120	网上订购	http://www.hepmall.com.cn
印 刷	上海叶大印务发展有限公司		http://www.hepmall.com
开 本	787mm×1092mm 1/16		http://www.hepmall.cn
印 张	19	版 次	2014年8月第1版
字 数	474千字		2024年1月第4版
购书热线	010-58581118	印 次	2025年7月第5次印刷
咨询电话	400-810-0598	定 价	45.00元

本书如有缺页、倒页、脱页等质量问题，请到所购图书销售部门联系调换

版权所有 侵权必究

物 料 号 60862-00

第四版前言

本书是"十四五"职业教育国家规划教材。本书自第一版出版以来，受到了广大职业院校师生的欢迎，也收到许多好评。由于近年来税收法规变化较频繁，部分税种计算、申报、缴纳都有所变化，因此我们对教材进行了进一步的完善修订。

本次修订主要有如下特点：

（1）融入党的二十大精神，突出课程思政建设，弘扬社会主义核心价值观。本次修订加强思政教育，将立德树人这一新时代中国特色社会主义教育的根本任务落到实处，融入党的二十大精神，突显税收制度中体现的中国特色社会主义的本质特征，强调我国税收"取之于民，用之于民"的深刻含义；突显党和政府发挥税收调节经济的职能作用，为科技强国、脱贫攻坚、全面建成小康社会所做的努力；突显我国税收坚持"绿水青山就是金山银山"的理念，为促进环境保护、节能减排、资源合理开发和绿色可持续发展，引导经济全面健康发展所做的努力；突显税收在建设贸易强国、坚持维护国际多边贸易与我国正当利益中所起的作用；着力培育财务会计人员诚信为本、依法纳税的工作精神，培养具有高尚职业道德和良好职业操守的职业人。

（2）根据现行税收法规政策及时更新内容，时效性与实用性强。随着国家财税体制改革的不断深入，近年来税收制度的修订较为频繁，国家出台了对纳税人尤其是小规模纳税人和小型微利企业等许多减税让利的条款，同时印花税、契税与城市维护建设税完成了立法，对许多税种的纳税申报表进行了简并，比如增值税、消费税与附加税合并申报，财产和行为税合并申报等。本次修订涵盖税法变化截至2024年8月，与时俱进，保证了教学内容更新的需要。

（3）本书经过职业教学实践的锤炼，教学内容选取对接职业标准，以会计、财务、投资等专业人才培养目标的定位为基本依据，反映学生就业岗位工作要求，充分汲取行业企业人员意见，并结合智能财税1+X证书制度试点工作，力争做到课证融通、产教融合。

（4）本书应用互联网等现代化教育信息技术手段，开展新形态教材建设，配套有丰富的教学资源如微课视频、知识拓展等相关教学资源，增强了教与学的灵活性与趣味性，并另外提供教学课件、教案、参考答案等，供教师教学使用。

本书既可作为高等职业院校财会类专业学生的教学用书，也可作为企业尤其是中小企业财务会计人员学习税收法规制度、掌握税费计算方法的参考书籍，还可作为涉税工作人员培训教材使用。本书的教学课时分配方案如下，供参考。

单 元	内 容	理论课时	实训课时	总课时
项目一	涉税工作基础知识	4～6	0	4～6
项目二	增值税的计算与申报	8～10	4～6	12～16
项目三	消费税的计算与申报	4～6	2	6～8
项目四	关税的计算与缴纳	2	0	2
项目五	企业所得税的计算与申报	6～8	4	10～12
项目六	个人所得税的计算与申报	8～10	4	12～14
项目七	其他税种的计算与申报	6	2～4	8～10
合 计		38～48	16～20	54～68

本书由浙江经济职业技术学院王荃负责主持修订。其中项目一、项目四、项目七由王荃、泉州轻工职业学院洪小霞、安徽国际商务职业学院田维维修订，项目二、项目三、项目六由浙江经济职业技术学院朱丹修订，项目五由浙江经济职业技术学院殷慧敏修订。本书在修订过程中，参考和借鉴了许多同行的相关书稿、案例，采纳了前三版使用者的建议，更是得到了税友软件集团股份有限公司相关专家、杭州市各职教同仁的支持帮助，得到了相关行业企业专家的指导，在此一并表示感谢！

尽管在编写过程中我们力求做到内容准确严谨，但由于税收法律法规内容复杂，且仍处于不断调整改革中，也囿于作者学识水平，疏漏之处在所难免，恳请读者、同行以及税务专家多多指正。

编　者

目 录

项目一　涉税工作基础知识 … 001
- 职业能力目标/典型工作任务 … 001
- 任务一　学习税收基础知识 … 001
- 任务二　了解现行税收体系与税务机构设置 … 007
- 任务三　了解企业涉税工作基本流程 … 009
- 练习题 … 029
- 项目小结 … 031

项目二　增值税的计算与申报 … 032
- 职业能力目标/典型工作任务 … 032
- 任务一　学习增值税基本知识 … 032
- 任务二　计算增值税 … 044
- 任务三　申报增值税 … 062
- 任务四　出口货物退（免）增值税 … 079
- 练习题 … 086
- 项目小结 … 090

项目三　消费税的计算与申报 … 092
- 职业能力目标/典型工作任务 … 092
- 任务一　学习消费税基本知识 … 092
- 任务二　计算消费税 … 097
- 任务三　申报消费税 … 108
- 任务四　出口货物退（免）消费税 … 117
- 练习题 … 118
- 项目小结 … 122

项目四　关税的计算与缴纳 … 124
- 职业能力目标/典型工作任务 … 124
- 任务一　学习关税基本知识 … 124

129	任务二　计算缴纳关税
136	练习题
137	项目小结

139	**项目五　企业所得税的计算与申报**
139	职业能力目标/典型工作任务
139	任务一　学习企业所得税基本知识
147	任务二　计算企业所得税
166	任务三　申报缴纳企业所得税
186	练习题
191	项目小结

193	**项目六　个人所得税的计算与申报**
193	职业能力目标/典型工作任务
193	任务一　学习个人所得税基本知识
202	任务二　计算个人所得税
219	任务三　申报缴纳个人所得税
230	练习题
234	项目小结

235	**项目七　其他税种的计算与申报**
235	职业能力目标/典型工作任务
235	任务一　计算与申报房产税
246	任务二　计算与申报城镇土地使用税
250	任务三　计算与申报车船税
255	任务四　计算与申报印花税
262	任务五　计算与申报土地增值税
272	任务六　计算与申报契税
277	任务七　计算与申报资源税
284	任务八　计算与申报城市维护建设税和教育费附加
287	练习题
290	项目小结

| 293 | **主要参考文献** |

资源导航

微课视频

- 002 税收基础知识
- 009 企业涉税工作流程
- 038 增值税视同销售项目
- 044 增值税销项税额
- 095 消费税征税范围和税率
- 098 自产应税消费品外销消费税的计算
- 140 企业所得税基本税制要素
- 211 财产转让所得个人所得税的计算
- 212 公益性捐赠时个人所得税的计算
- 236 房产税那些事

知识链接

- 004 速算扣除数的计算
- 008 国地税务系统分离 24 年后再合并
- 014 一般纳税人与小规模纳税人、个体工商户的区别与联系
- 020 国家税务总局关于在新办纳税人中实行增值税专用发票电子化有关事项的公告
- 021 23 种不得开具增值税专用发票的情形
- 040 年应税销售额超过规定标准是否一定要办理一般纳税人资格登记
- 043 小规模纳税人优惠政策的疑问解答
- 053 用机票、火车票等凭证进行进项税额抵扣的相关疑问解答
- 094 迪拜开征消费税
- 127 中国调整部分进出口关税
- 145 研发费用税前加计扣除新政指引
- 151 单位每年组织员工进行体检的费用可否在企业所得税前扣除
- 154 业务招待费的支出范围
- 156 停产期间发生的固定资产折旧是否可以税前扣除
- 156 企业扶贫捐赠所得税税前扣除政策

158	一图了解企业所得税弥补亏损年限的几种情况
167	企业所得税查账征收与核定征收的界定
197	网络直播带货如何依法纳税
201	16种补贴、补助可免征个税
202	国务院关于提高个人所得税有关专项附加扣除标准的通知
210	个人转租房屋取得收入勿忘缴纳个人所得税
237	上海市房产税实施细则
237	重庆市房产税实施细则
251	已缴车船税的车船同一纳税年度内转让过户是否可以退税
273	房产证加名是否需要缴纳契税
282	9个省、市开征水资源税

项目一　涉税工作基础知识

◇ **职业能力目标**
- 掌握税收的基本概念与本质特征
- 掌握税收制度的基本构成要素
- 认识我国现行税收体系
- 了解我国现行税收征收管理体系
- 了解企业涉税工作基本流程

◇ **典型工作任务**
- 按规定办理各类税务登记
- 根据企业实际情况设置和管理凭证账簿
- 申领和使用普通发票、增值税专用发票
- 申报和缴纳税款

任务一　学习税收基础知识

任务引例

税收收入是国家机构运行和社会经济正常运转的重要保障。国家取得税收收入，同时保障依法纳税者的合法权益，纳税者则享受政府提供的服务和资源。这就是国家税收"取之于民，用之于民"的要义之所在。纳税人应按照税收法律、法规的要求，及时、足额缴纳税款并承担各项应尽的义务。同时，纳税人只有了解税收法律、法规的基本内容，才能防范税收风险，维护自身合法权益，降低纳税成本。

【知识准备与业务操作】

一、税收的含义和特点

（一）什么是税收

税收是国家为了实现其职能，凭借公共权力，按照法律规定，强制地、无偿地参与社会剩余产品分配以取得财政收入的一种规范形式。税收又称赋税、租税、捐税等。

首先,税收是国家实现其职能的物质基础。国家为了行使其职能、满足社会公共需要,必须取得财政收入,而国家自身不创造财富,因此国家就要以向社会成员征税等方式来取得收入。其次,税收是国家凭借政治权力而不是财产权力进行的分配形式。只要社会上存在私有财产制度,而国家又需要将一部分不属国家所有或不能直接支配使用的社会产品转变成国家所有,就有必要征税。

(二) 税收的特征

国家筹集财政收入的方式,除税收外,还有发行公债和收取各种规费等,但税收自产生以来,一直是国家取得财政收入的主要形式。这是因为与其他财政收入形式相比,税收具有强制性、无偿性和固定性三大本质特征。

1. 强制性

强制性是指在税法规定的范围内,任何单位和个人都必须依法纳税,否则就要受到法律的制裁。征税的目的是满足社会公共需要。对经济单位和个人而言,征税会减少自己的既得利益,必定会抵制征税。因此,国家就必须运用政治权力来进行实际的干涉和约束以保障征税,故税收具有强制性。

2. 无偿性

无偿性是指国家征税不需要对具体纳税人付出任何报酬,也不再直接偿还纳税人。国家征税时不需要向纳税人付出任何代价或等价物,这体现的是税收的无偿性特征。但就国家与全体纳税人的利益关系而言,税收是有偿还性的。这是因为国家利用税收为社会提供了社会秩序、公共安全、公共设施等各种服务,纳税人整体则又享受了这种服务,从这个角度来看,税收对全体纳税人而言是有偿还性的,具有"取之于民,用之于民"的性质。

3. 固定性

固定性是指国家通过法律形式预先规定了纳税人、征税对象和征税标准等,征纳双方都必须遵守,不能随意变动。税收的固定性并不意味着税收制度是一成不变的,随着社会经济的发展和政治条件的变化,纳税人、征税对象和征税标准都是会不断改变的,但税收制度的改革和调整必须通过一定的法律程序来完成,以法律、法令的形式进行,因此能在一定时间内保持相对稳定。

> **提示**:税收的"三性"相互联系,不可分离,是不同社会制度下的税收所共有的,是税收本质的具体体现,这使其与利润、规费等分配形式有明显的区别,因此,税收的"三性"是区别"税"与"非税"的根本标志。

二、税收制度的构成要素

税收制度的构成要素包括总则、纳税人、征税对象、税目、税率、纳税环节、纳税期限、纳税地点、税收减免、税收加征、违法处理等项目。这里只对基本要素进行介绍。

(一) 纳税人

纳税人是指税法规定直接负有纳税义务的单位和个人,也称纳税主体。

纳税人可以是自然人,也可以是法人。自然人和法人若有税法规定的应税财产、收入和特定行为,就对国家负有纳税义务。

在此应注意纳税人与负税人、扣缴义务人的区别。负税人是税收负担的最终承担者。纳税人与负税人可能一致，也可能不一致。某一税种的税负可以转嫁，说明该税种的纳税人与负税人不一致，该税种为间接税。某一税种的纳税人和负税人一致，说明该税种是不能转嫁的，该税种为直接税。

扣缴义务人是指按照税法规定负有扣缴税款义务的单位和个人。扣缴义务人是纳税人和税务机关的中介，应按税法和税务机关的要求认真履行扣缴税款义务。扣缴义务人可分为代扣代缴义务人和代收代缴义务人。代扣代缴义务人是指有义务在向纳税人支付款项时扣除应纳税款并代为缴纳的单位或个人。代收代缴义务人则是指有义务在向纳税人收取款项时同时收取应纳税款并代为缴纳的单位或个人。

（二）征税对象

征税对象又称课税对象，是征税的目的物，即确定对什么东西征税。它是一种税区别于另一种税的主要标志。征税对象体现不同税种征税的基本界限，决定着不同税种名称的由来以及各税种在性质上的差别。比如，流转税的征税对象是商品流通过程中的流转额，所得税的征税对象则是所得额。

在此应注意计税依据与征税对象的区别。计税依据是征税对象的数量化，也是应纳税额的计算基础。从价计征的税收，以计税金额为计税依据；从量计征的税收，以征税对象的数量、容积、体积为计税依据，这些指标统称为计税数量；复合计税的税收，同时以计税金额和计税数量为计税依据。

（三）税目

税目是征税对象的具体化，反映各税种具体的征税项目，体现各税种的征税广度。对于大多数税种而言，征税对象比较复杂，而且对税种内部不同征税对象又需要采取不同档次的税率进行调节，这就要求对税种的征税对象进一步划分，作出具体的界限规定，这个规定的界限范围就是税目。比如，现行消费税按应税消费品的种类划分为15个税目。

（四）税率

税率是应纳税额与计税依据的法定比例，是计算应纳税额的尺度，体现了征税的深度。每种税的税率高低，反映国家在一定时期的有关经济政策，直接决定国家财政收入的多少和纳税人税收负担的大小，因此，税率是体现税收政策的核心环节，是构成税制的基本要素。

按照税率的表现形式，税率可以分为以绝对量形式表示的税率和以百分比形式表示的税率，我国目前主要有以下几种。

1. 比例税率

采用比例税率时，对同一征税对象，不论金额大小都按同一比例征税，税额与征税对象的比例是固定的。比如，增值税的基本税率为13%，企业所得税的基本税率为25%。

比例税率的优点：同一征税对象的不同纳税人的税收负担相同，有利于在大体相同的条件下开展竞争，计算方便，也便于税收稽征管理。缺点：不顾及纳税人的环境、条件及收入差异等因素，都按同一税率征税，这与纳税人的实际负担能力不完全相符，具有一定的局限性。

2. 定额税率

采用定额税率时，对单位征税对象按固定的税额征税。定额税率是一种特殊形式的税率，一般适用于从量计征的税种。比如，消费税中黄酒的税率为240元/吨。

定额税率的特点是税率与征税对象的价值量脱离了联系，不受征税对象价值量的影响。

3. 累进税率

采用累进税率时,按征税对象的多少划分若干级距,并从低到高分别制定各等级税率,征税对象数额越大,税率越高。这种税率形式既可适应纳税人的负担能力,又便于充分发挥调节纳税人收入水平的作用,较比例税率更符合税收公平的要求,一般适用于对所得和财产征税。

按照累进依据和累进方式的不同,累进税率可分为全额累进税率、超额累进税率、超率累进税率等。

(1) 全额累进税率。采用这种税率时,对征税对象的全部数额,均按与之相适应等级的累进税率计征税款,当征税对象提高到一个新的级距时,对其全额都按高一级的税率计征税款。它的计算方法简单,但存在累进分界点上税负呈跳跃式递增导致税负不尽合理的弊端。

全额累进税率下的计税公式为:

$$应纳税额 = 应纳税所得额 \times 适用税率$$

(2) 超额累进税率。采用这种税率时,征税对象按数额大小划分为若干等级,从低到高对每个等级分别规定相应的税率,一定数额的征税对象可以同时适用几个等级的税率,每超过一级,超过部分按提高一级的税率计税,分别计算各等级税额后,各等级应纳税额之和,就是纳税人的应纳税额。它的累进程度比较缓和,在计算上比较复杂。比如,目前我国个人所得税中工资、薪金所得的税率采用的就是3%~45%的超额累进税率。

超额累进税率下的计税公式为:

$$应纳税额 = \sum 每一级应纳税所得额 \times 本级适用税率$$

(3) 超率累进税率。采用这种税率时,以征税对象的某种比率为累进依据,按超额累进方式计算应纳税额的税率。它与超额累进税率在原理上是相同的,不过税率累进的依据不是绝对数,而是销售利润率、增值率等相对数。比如,目前我国土地增值税采用的四级超率累进税率,以增值率为税率累进依据。

> 提示:目前我国多数税种采用比例税率计税;少数税种的部分税目采用比例税率与定额税率复合计税;采用超率累进税率的只有土地增值税一种;没有采用全额累进税率的税种。

(五) 纳税环节

纳税环节是指税法规定的从生产到消费的商品流通过程中应当纳税的环节。每个税种都有其特定的纳税环节,有的纳税环节单一,有的需要在不同环节分别纳税。凡只在一个环节纳税的称为一次课征,比如,我国的消费税只在生产环节征收(特殊情况除外);凡在两个环节征税的称为两次课征;凡在两个以上环节征税的称为多次课征,比如,我国的增值税在商品流通的每一个环节都要征收。

(六) 纳税期限

纳税期限是指纳税人在发生纳税义务后,应向税务机关申报纳税并解缴税款的起止时间。它是税收的强制性、固定性在时间上的体现。各税种由于自身的特点,有着不同的纳税期限。因此,纳税方式一般分为按期纳税和按次纳税两种。

(七) 纳税地点

纳税地点是指按照税法规定向征税机关申报纳税的具体地点。它说明纳税人应向哪里的征税机关申报纳税以及哪里的征税机关有权进行税收管辖的问题。我国税法规定的纳税地点主要是机构所在地、经济活动发生地、财产所在地、报关地等。

(八) 税收减免

税收减免是减税和免税的合称,是对某些纳税人或征税对象的鼓励或照顾措施。减税是对应纳税额少征一部分税款的措施,而免税则意味着对应纳税额全部免征税款。除税法另有规定的情形外,减税、免税一般都是定期减免,期满后要恢复征税。减税、免税体现了税收在原则性基础上的灵活性,是税收优惠的主要构成内容,具体可分为税基式减免、税率式减免和税额式减免三种形式。

(1) 税基式减免。税基式减免是通过直接缩小计税依据的方式来实现的。其涉及的概念包括起征点、免征额、项目扣除以及跨期结转等。

起征点是计税依据达到税法规定数额开始征税的起点,对计税依据数额未达到起征点的不征税,达到起征点的按全部数额征税。

免征额是在计税依据总额中免予征税的数额,它是按照一定标准从计税依据总额中预先减除的数额。

项目扣除则是指在计税依据中扣除某些特定项目的数额,以扣除后的余额为计税依据。

跨期结转是指将以前纳税年度的经营亏损从本纳税年度经营利润中扣除。

(2) 税率式减免。税率式减免是通过直接降低税率的方式来实现的。比如,企业所得税法律制度规定:符合条件的小型微利企业适用的税率为20%,国家需要重点扶持的高新技术企业适用的税率为15%。

(3) 税额式减免。税额式减免是通过直接减少应纳税额的方式来实现的,包括全部免征、减半征收等。

(九) 税收加征

税收加征的形式包括地方附加、加成征收、加倍征收等。

地方附加简称附加,是地方政府按照规定的比例随同正税一起征收的,列入地方预算外收入的一种款项。税收附加是对税种的附加,以正税税额为依据,按规定的附加率计算附加额。

加成征收是指按法定税率计算出应纳税额后,再以应纳税额为依据加征一定成数的税额。加征一成相当于应纳税额的10%,加征成数一般为1成~10成。

加倍征收是指按法定税率计算出应纳税额后,再以应纳税额为依据加征一定倍数的税额。加征1倍即为加征10成。

以上三者都增加了纳税人的负担,但其目的不同,实行地方附加是为了给地方政府筹措一定的机动财力,用于发展地方建设事业。实行加成征收和加倍征收则是为了调节和限制某些纳税人获取过多的收入。

(十) 违章处理

违章处理是对纳税人发生的违反税法的行为采取的惩罚措施,它是税收强制性的体现。纳税人必须依法及时、足额地缴纳税款,凡拖欠税款、逾期不交、偷税漏税等违反税法的行为,都应受到制裁。违章处理的措施主要有加收滞纳金、处以罚款、税收保全措施、税收强制执行措施等。

三、税收分类

（一）按征税对象分类

按征税对象分类是税收最基本、最主要的分类方法。按征税对象，可将税收分为流转税、所得税、财产税、行为税、资源税。

流转税是指以商品或劳务的流转额为征税对象征收的一类税。这是我国现行税制中最大的一类税收，涉及商品生产和流通的各个环节，主要有增值税、消费税、关税等。

所得税是指以所得额为征税对象征收的一类税。所得额是指全部收入减除为取得收入所耗费的各项成本费用后的余额。我国现行税制中属于所得税的主要有企业所得税、个人所得税等。

财产税是指以纳税人所拥有或使用的财产为征税对象征收的一类税，主要有房产税、车船税、车辆购置税等。

行为税是指以纳税人的某些特定行为为征税对象征收的一类税，主要有城市维护建设税、印花税、土地增值税、契税、耕地占用税等。

资源税是对开发、利用和占有国有自然资源的单位和个人征收的一种税，主要有资源税、城镇土地使用税等。

（二）按税收与价格的关系分类

依据税收与价格的关系，税收可分为价内税和价外税。

价内税是指税款包含在应税商品价格（计税依据）内，商品价格由成本、利润、税金共同构成的一类税。我国现行的消费税、关税等均属于价内税。

价外税是指税款不包含在应税商品价格（计税依据）之内，商品价格仅由成本和利润构成，价税分离的一类税。我国现行的增值税就是一种典型的价外税。

（三）按计税依据分类

按计税依据不同，税收可分为从价税和从量税。

从价税是以征税对象的价值、价格与金额为标准，按一定比例征收的一类税。从价税实行比例税率和累进税率。我国现行的增值税、企业所得税、个人所得税等税种都属于从价税。

从量税是以征税对象的一定数量单位（重量、件数、容积、面积、长度等）为标准，按固定税额计征的一类税。我国现行税制中的资源税、车船税、环保税、城镇土地使用税等都属于从量税。

（四）按税负能否转嫁分类

按税负能否转嫁，税收可以分为直接税和间接税。

直接税是指纳税人本身承担税负，不发生税负转嫁关系的一类税。直接税的纳税人即负税人。所得税、财产税等属于直接税。

间接税是指纳税人本身不是负税人，税负可以转嫁给他人的一类税。间接税的纳税人与负税人不一致。增值税、消费税、关税等流转税属于间接税。

（五）按税收管理与使用权限分类

按税收管理与使用权限的不同，税收可以分为中央税、地方税、中央和地方共享税。

中央税是指管理权限归中央所有，税收收入归中央支配和使用的税种。

地方税是指管理权限归地方所有,税收收入归地方支配和使用的税种。

中央和地方共享税则是指主要管理权限归中央所有,税收收入由中央政府和地方政府共同享有,按一定比例分成的税种。

任务二　了解现行税收体系与税务机构设置

【任务引例】

自1994年起,我国开启分税制改革,所有税种按征管权限和收入归属,分为中央税、地方税、中央和地方共享税,由此,我国税务系统也分设为国家税务系统和地方税务系统。纳税人需要缴纳的税种如果分别涉及两个系统,要分别到相应国税局和地税局进行登记,分别接受管理。但随着"营改增"等一系列税制改革的推进,国、地税务系统分设已经不适应社会、经济发展的需要。因此,国、地税务系统已经于2018年合并。

【知识准备与业务操作】

一、现行税收体系

我国现行税收体系是在原有税制的基础上,经过1994年工商税制改革后逐渐完善形成的。其后,随着社会经济形势的变化,税收体系历经多次修改,目前,我国共有增值税、消费税、企业所得税、个人所得税、资源税、城镇土地使用税、房产税、城市维护建设税、耕地占用税、土地增值税、车辆购置税、车船税、印花税、契税、关税、环境保护税、烟叶税、船舶吨税18个税种。其中,16个税种由税务部门负责征收。关税和船舶吨税由海关部门征收。此外,进口货物的增值税、消费税由海关部门代征。

我国现行的财政管理体制为分税制,税收收入按其征管权限和收入归属分为中央税、地方税、中央和地方共享税(以下简称共享税)。

我国现行税种构成如表1-1所示。

表1-1　　　　　　　　　　我国现行各税种

序号	税　　种	中央税	地方税	共享税	备　　　　注
1	增值税	✓		✓	海关代征的增值税为中央固定收入;其他为共享收入,中央分享50%,地方分享50%
2	消费税	✓			含海关代征的消费税
3	关税	✓			
4	企业所得税	✓		✓	铁道部门、各银行总行以及海洋石油企业缴纳的所得税为中央固定收入;其他由中央与地方共享,中央分享60%,地方分享40%
5	个人所得税	✓		✓	储蓄存款利息个人所得税为中央固定收入;其他由中央与地方共享,中央分享60%,地方分享40%

续表

序号	税 种	中央税	地方税	共享税	备 注
6	房产税		✓		
7	车船税		✓		
8	印花税	✓	✓		2016年1月1日起,证券交易印花税收入归中央,其他印花税收入归地方
9	契税		✓		
10	城市维护建设税	✓	✓		铁道部门、各银行总行、各保险总公司等集中缴纳的城市维护建设税为中央固定收入,其他为地方收入
11	土地增值税		✓		
12	耕地占用税		✓		
13	车辆购置税	✓			
14	城镇土地使用税		✓		
15	资源税	✓	✓		海洋石油企业缴纳的部分为中央固定收入,其他为地方收入
16	船舶吨税	✓			仅对从境外港口进入境内港口的船舶征收
17	烟叶税		✓		
18	环境保护税		✓		

二、现行税务机构的设置

我国税务机构的设置是由我国现行财政管理体制决定的。财政管理体制是指中央与地方政府、地方各级政府之间划分财政收支范围和财政管理权责与权限的一项根本制度。

我国现行财政管理体制为分税制,按税种来划分中央与地方政府之间的收支分配问题。所有的税种按税收管理权限又分为中央税、地方税和共享税三类。我国税务机构自1994年开始也采取分设的办法,由国家税务系统(国税系统)和地方税务系统(地税系统)两大系统组成,分别负责征收中央税、共享税和地方税。国家税务系统与地方税务系统虽是两个相对独立的行政执法主体,有着各自的工作职责和征管范围,但都是重要的经济职能部门,共同执行统一的税收法律和法规,共同面对纳税人,统一由国家税务总局管理。

2018年3月13日,十三届全国人大一次会议表决通过了国务院机构改革方案。根据这一方案,改革国税地税征管体制,把省级和省级以下国税、地税机构合并,具体承担所辖区域内各项税收、非税收入征管等职责,并将基本养老保险费、基本医疗保险费、失业保险费等各项社会保险费交由税务部门统一征收。国税、地税机构合并后,实行以国家税务总局为主与省(自治区、直辖市)政府双重领导的管理体制。

(一)国家税务总局

国家税务总局是我国主管国家税务工作的最高职能机构。该局为国务院正部级直属机构。国家税务总局的主要职责是拟订和执行国家税收的方针和政策;制定并执行税收管理体制,调动地方管理税收的积极性;负责工商各税种的征收管理等。国家税务总局局长和若干名副局长都由国务院任命,另设有总经济师和总会计师。

(二)各级地方政府税务机构

根据我国行政机构的设置,各级政府均设置税务机构。地方政府税务系统分为四级,即:省、自治区、直辖市税务局;地区、地级市、自治州、盟税务局;县、县级市、旗税务局;征收分局、税务所。

此外,关税、船舶吨税由海关系统负责征收管理,海关还负责代征进口货物的增值税和消费税。

任务三 了解企业涉税工作基本流程

任务引例

纳税人要享受各种税务服务和税收优惠待遇,首先要进行开业税务登记,取得合法纳税人的身份。在完成开业税务登记后,企业还应依法取得和使用发票,按时进行纳税申报并及时缴纳税款。在企业的基本情况发生变化时,应进行变更税务登记或停、复业登记;企业如因各种情况需要注销,应至税务机关缴清税款、缴销发票并进行税务注销登记。我国税收法律、法规对这一系列涉税工作的内容和流程有着详细的规定。

【知识准备与业务操作】

一、进行税务登记

(一)税务登记的概念

税务登记是税务机关对纳税人有关开业、变动、歇业以及注销等基本情况的变化实行法定登记,并据此对纳税人实施税务管理的一项法定管理制度,也是纳税人为履行纳税义务而应向税务机关办理的一项法定手续。

税务登记按时间和内容的不同可以分为开业(设立)登记、变更登记、停复业登记、注销登记、一般纳税人登记、外出经营报验登记等内容。

(二)税务登记的范围

根据《中华人民共和国税收征收管理法》(以下简称《税收征管法》)的规定,需要办理税务登记的对象主要有四类。

(1)从事生产经营活动的纳税人,主要包括企业,企业在外地设立的分支机构和从事生产、经营的场所,个体工商户和从事生产、经营的事业单位。

(2)未从事生产经营活动的纳税人。除国家机关、个人和无固定生产、经营场所的流动性农村小商贩外,未从事生产经营活动但依法负有纳税义务的纳税人也应当按照规定办理税务登记。

(3)根据税收法律、行政法规的规定负有扣缴税款义务的扣缴义务人(国家机关除外),应当办理扣缴税款登记。

微课视频:企业涉税工作流程

（4）从事生产、经营的纳税人到外县（市）经营，应办理跨区域涉税事项报验登记。

根据《税收征管法》的规定，临时取得应税收入或发生应税行为以及只缴纳个人所得税、车船税的纳税人，可不办理税务登记。

（三）税务登记的地点

纳税人应到其生产经营所在地的县以上（含本级）税务部门进行税务登记。

（四）税务登记的程序

1. 办理开业（设立）税务登记（一照一码信息确认）

开业登记是指在我国境内从事生产、经营活动并经行政管理部门批准开业，或依照法律、行政法规规定负有纳税义务的单位和个人，在从事正式生产、经营之前依法向税务机关办理的登记。企业只有办理了开业税务登记手续，才算是合法经营者，才拥有合法纳税人的权利。

根据《税收征管法》的规定，纳税人必须自领取市场监督管理部门颁发的营业执照或依照税收法律、行政法规规定成为纳税义务人之日起 30 日内，到当地税务机关办理开业登记手续，并依法领取税务登记证件。

为深化商事制度改革、优化营商环境，为企业开办和成长提供便利化服务，我国自 2016 年 10 月起，进行企业登记制度改革，现在企业开业需进行"多证合一，一照一码"商事登记。

"多证合一"指将原来由工商部门核发的"工商营业执照"、质量技术监督部门核发的"组织机构代码证"、社保部门核发的"社会保险登记证"、统计部门核发的"统计登记证"和税务部门核发的"税务登记证"等多证合并起来，由市场监督管理部门核发一个统一的工商营业执照。"一照一码"指将证上的企业注册号、组织机构代码证号、社保登记证号、统计登记证号和税务登记证号（纳税人识别码）等，合并为一个统一的 18 位法人和其他组织"统一社会信用代码"。

已实行"一照一码"登记模式的纳税人，在取得加载统一社会信用代码的营业执照后，在首次办理涉税事宜时，须对"一照一码"信息进行确认或补充，确认后，无须再次进行税务登记，也不再领取税务登记证，相关信息由市场监督管理部门与税务部门共享，企业办理涉税事宜时，加载统一社会信用代码的营业执照可代替税务登记证使用。

个体工商户开业由市场监督管理部门核发一个加载法人和其他组织统一社会信用代码的营业执照。同时，实现市场监管、税务部门的个体工商户数据信息实时共享。该营业执照具有原营业执照和税务登记证的功能，税务部门不再发放税务登记证。税务机关在个体工商户办理涉税事宜时，确认统一社会信用代码等相关信息，进行税务管理。

除了以上情形外，未按照新登记方法登记设立的纳税人（含合伙企业、个人独资企业、一人有限责任公司、外国企业常驻代表机构等），其税务登记按照原有法律制度执行，通过填写税务登记表（略）向生产、经营所在地税务机关办理登记。

2. 办理税务变更登记（一照一码信息变更登记）

税务变更登记是指纳税人办理开业税务登记后，因登记内容发生变化，需要对原有登记内容进行更改，而向主管税务机关申请办理的税务登记。

已领取"一照一码"营业执照的纳税人，如市场监管等部门登记信息发生变更的，向市场监管等部门申报办理变更登记，后在税务机关处确认更新后的对应信息。

已领取"一照一码"营业执照的纳税人，如生产经营地、财务负责人、核算方式、办税人等非市场监管等部门登记信息发生变化时，应向主管税务机关申报办理税务变更登记。

变更登记主要通过填制税务登记变更表来完成,税务登记变更表如表1-2所示。

表1-2 税务登记变更表

纳税人名称		纳税人识别号			
变更登记事项					
序号	变更项目	变更前内容	变更后内容	批准机关名称及文件	

送缴证件情况:

纳税人

经办人:　　　　　　　　法定代表人(负责人):　　　　　纳税人(签章)

　年　月　日　　　　　　　年　月　日　　　　　　　　年　月　日

经办税务机关审核意见:

经办人:　　　　　　　　负责人:　　　　　　　　　　税务机关(签章)

　年　月　日　　　　　　　年　月　日　　　　　　　　年　月　日

3. 办理停、复业登记

实行定期定额征收方式的个体工商户在生产经营期间,因某种特殊原因不能正常进行生产经营和依法办理纳税申报的,必须按规定办理停业登记,否则税务机关将视同正常营业,按不依法申报纳税对其进行处理。

停业的纳税人在恢复正常营业前,需要向主管税务机关办理复业登记。

(1) 确定停业登记的时间。

纳税人应在预计停业的上一个月向主管税务机关提出书面停业申请,并按规定填报停业复业报告书;纳税人在申请停业时必须结清上期应纳税款、滞纳金、罚款,核销结存发票,交回发票领购簿；主管税务机关经过认真审核，对符合条件、准予办理停业登记的纳税人，在其报告书上签署"同意停业"字样。

(2) 确定复业登记的时间。

办理了停业登记的纳税人，在正常停业期结束后，无须进行复业登记即可自动恢复生产经营，如需在原登记期限前复业，须向税务机关办理复业登记。

纳税人停业期满不能及时恢复生产经营的，应当在停业期满前向税务机关提出延长停业登记申请，如实填写停业复业报告书，主管税务机关经审核后重新办理停业手续，延长停业期限。对停业期满未申请延期停业的，视为正常纳税人管理。

纳税人提前复业的，以提前复业的日期为恢复纳税义务的日期。

> **提示**：纳税人的停业手续必须在事前办理，不得事后补办；凡未按规定办理停业手续的，一律视同正常经营户管理。

(3) 填写停、复业登记表格。

纳税人在申报办理停业登记时，应如实填写停业复业报告书，如表1-3所示，说明停业理由、停业期限、停业前的纳税情况和发票的领、用、存情况，并结清应纳税款、滞纳金、罚款。税务机关应收存其发票领购簿和未使用完的发票。纳税人的停业期限一般不得超过1年。纳税人在停业期间发生纳税义务的，应当按照税收法律、行政法规的规定申报缴纳税款。

4. 办理注销税务登记（清税申报）

依《税收征管法》的规定，纳税人在生产经营期间发生破产、合并、分立、解散、撤销的，或者因经营地址改变而改变主管税务机关的，或者依法终止纳税义务的，应当办理税务登记注销手续。

(1) 确定注销税务登记的时间。

纳税人发生解散、破产、撤销以及其他情形，依法终止纳税义务的，应当在向市场监督管理部门或者其他机关办理注销登记前，持有关证件和资料向原税务登记机关申报办理注销税务登记。

按规定不需要在市场监督管理部门或者其他机关办理注册登记的纳税人，应当自有关机关批准或者宣告终止之日起15日内，持有关证件和资料向原税务登记机关申报办理注销税务登记。

表1-3　　　　　　　　　　停业复业报告书

填表日期：　　年　　月　　日

纳税人基本情况	纳税人名称			纳税人识别号			经营地点		
停业期限					复业时间				
缴回发票情况	种　类	号　码	本　数	领回发票情况	种　类	号　码	本　数

续 表

缴存税务资料情况	发票领购簿	税务登记证	其他资料	领用税务资料情况	发票领购簿	税务登记证	其他资料
	是(否)	是(否)	是(否)		是(否)	是(否)	是(否)
结清税款情况	应纳税款	滞纳金	罚款	停业期是(否)纳税	已缴应纳税款	已缴滞纳金	已缴罚款
	是(否)	是(否)	是(否)		是(否)	是(否)	是(否)

纳税人(签章):

年 月 日

税务机关复核	经办人: 年 月 日	负责人: 年 月 日	税务机关(签章) 年 月 日

注:

❶ 已缴还或领用税务资料的纳税人,在"是"字上画钩,未缴还或未领用税务资料的纳税人,在"否"字上画钩。

❷ 纳税人在停业期间有义务缴纳税款的,在"停业期是(否)纳税"项目的"是"字上画钩,然后填写后面内容;没有纳税义务的,在"停业期是(否)纳税"项目的"否"字上画钩,后面内容不用填写。

纳税人被市场监督管理部门吊销营业执照或者被其他机关予以撤销登记的,应当自营业执照被吊销或者被撤销登记之日起 15 日内,向原税务登记机关申报办理注销税务登记。

境外企业在中国境内承包建筑、安装、装配、勘探工程和提供劳务的,应当在项目完工、离开中国前 15 日内,持有关证件和资料,向原税务登记机关申报办理注销税务登记。

提示:纳税人因住所、经营地点变动,改变税务登记机关的,应当在向市场监督管理部门或者其他机关申请办理变更、注销登记前,或在住所、经营地点变动前,持有关证件和资料,向原税务登记机关申报办理注销税务登记,并自注销税务登记之日起 30 日内向迁达地税务机关申报办理税务登记。

(2)填制注销税务登记表格。

实行"多证合一"登记模式的企业和已领取加载统一社会信用代码的营业执照且在税务机关办理涉税事项的个体工商户申请办理注销登记,通过填制清税申报表,如表 1-4 所示,完成注销。清税完成,受理税务机关将向纳税人出具清税证明,并将信息与相关部门共享。

表 1-4　　　　　　　　　　　清税申报表

纳税人名称		统一社会信用代码 (纳税人识别号)	
注销原因			
附送资料			

续表

纳税人			
	经办人： 年 月 日	法定代表人(负责人)： 年 月 日	纳税人(签章) 年 月 日
以下由税务机关填写			
受理时间	经办人： 年 月 日		负责人： 年 月 日
清缴税款、滞纳金、罚款情况	经办人： 年 月 日		负责人： 年 月 日
缴销发票情况	经办人： 年 月 日		负责人： 年 月 日
税务检查意见	检查人员： 年 月 日		负责人： 年 月 日
批准意见	部门负责人： 年 月 日		税务机关(签章) 年 月 日

未实行"多证合一"登记模式的企业注销税务登记，应填制注销税务登记申请审批表(略)。

(3)注销登记需要提交的相关证件资料。

纳税人进行注销登记，应提供以下证件资料：发票领用簿及未验旧、未使用的发票；工商营业执照被吊销的，应提交市场监督管理部门发出的吊销决定原件及复印件；单位纳税人应提供上级主管部门的批复文件或董事会决议原件及复印件；使用增值税税控系统的纳税人使用的金税盘、税控盘和报税盘；其他按规定应收缴的设备。

5.办理增值税一般纳税人资格登记

《中华人民共和国增值税暂行条例》规定，我国增值税纳税人按会计核算是否健全及经营规模大小划分为一般纳税人和小规模纳税人。凡是符合增值税一般纳税人条件的纳税人，均应向其机构所在地的主管税务机关办理一般纳税人资格登记手续。总、分支机构不在同一县(市)的，应分别向总、分支机构所在地的主管税务机关办理一般纳税人资格登记手续。

(1)登记为一般纳税人的条件。

一般纳税人是指年应税销售额在规定标准之上，能按照国家统一的会计制度设置账簿，依合法有效的业务凭证进行会计核算，准确提供税务资料的纳税人。

一般纳税人的年应税销售额标准为：

❶ 从事货物生产或提供应税劳务的纳税人，以及以从事货物生产或提供应税劳务为主，兼营货物批发或零售的纳税人，年应税销售额在500万元以上。

❷ 从事货物批发或零售的纳税人，年应税销售额在500万元以上。

❸ 提供应税服务的纳税人，年应税销售额在500万元以上。

提示：年应税销售额包括纳税申报销售额、稽查查补销售额、纳税评估调整销售额、税务机关代开发票销售额和免税销售额。稽查查补销售额和纳税评估调整销售额计入查补税款申报当月的销售额，不计入税款所属期销售额。"年度"指在连续不超过12个月的经营期。

符合全部条件的企业纳税人应进行一般纳税人资格登记,否则,按照一般纳税人税率标准计算应纳税额,不得抵扣进项税额,也不得使用增值税专用发票。

能够按照国家统一的会计制度规定设置账簿,根据合法、有效的凭证核算,能够提供准确的税务资料,但年应税销售额未达标的纳税人,以及新开业纳税人,可以选择进行一般纳税人登记。

非企业性单位、年应税销售额超过规定标准但不经常发生应税行为的单位和个体工商户可以选择按照小规模纳税人纳税。选择按照小规模纳税人纳税的,应向主管税务机关提交选择按小规模纳税人纳税的情况说明。

个体工商户以外的其他个人(自然人)年应税销售额超过规定标准的,不需要向主管税务机关提交书面说明。

(2)确定一般纳税人资格登记时间。

新开业纳税人符合一般纳税人标准的,应在取得"多证合一"营业执照后,到税务机关完成信息确认之日起30日内进行一般纳税人登记。

年度应税销售额超过一般纳税人规定标准的纳税人,应在第12个月申报期结束后20个工作日内进行一般纳税人登记。

年应税销售额未达标的纳税人,符合条件可选择登记为一般纳税人的,可随时到税务机关进行增值税一般纳税人登记。

除财政部、国家税务总局另有规定的情形外,纳税人自行选择进行登记的当月1日或次月1日为一般纳税人资格生效之日,自生效之日起,按照增值税一般计税方法计算应纳税额,并按照规定领用增值税专用发票。

(3)一般纳税人资格登记表格。

纳税人进行一般纳税人登记,主要通过填制增值税一般纳税人资格登记表来完成,如表1-5所示。

表1-5　　　　　　　　　增值税一般纳税人资格登记表

纳税人名称			纳税人识别号	
法定代表人 (负责人、业主)		证件名称及号码		联系电话	
财务负责人		证件名称及号码		联系电话	
办税人员		证件名称及号码		联系电话	
税务登记日期	
生产经营地址	
注册地址	
纳税人类别:企业□　　非企业性单位□　　个体工商户□　　其他□
主营业务类别:工业□　　商业□　　服务业□　　其他□
会计核算健全:是□

续表

一般纳税人资格生效之日：当月1日□　　　　次月1日□	
纳税人(代理人)承诺： 上述各项内容真实、可靠、完整。如有虚假，愿意承担相关法律责任。 经办人：　　　　法定代表人：　　　　代理人：　　　　(签章) 　　　　　　　　　　　　　　　　　　　　　　　　　　　年　月　日	
以下由税务机关填写	
主管税务机关 受理情况	受理人： 　　　　　　　　　　　　　　　　　　　主管税务机关(章) 　　　　　　　　　　　　　　　　　　　　　年　月　日

（4）一般纳税人登记需提供的资料。

纳税人携带"多证合一"营业执照即可以进行一般纳税人资格登记。

除国家税务总局另有规定的情形外，纳税人一经认定为一般纳税人，不得再转为小规模纳税人。

二、备案会计制度和银行账号

根据《税收征管法》的规定，从事生产、经营活动的纳税人应当自领取"多证合一"营业执照之日起15日内，将其财务、会计制度或者财务、会计处理办法报主管税务机关备案。纳税人使用计算机记账的，应当在使用前将会计电算化系统的会计核算软件、使用说明书及有关资料报送主管税务机关备案。

从事生产、经营的纳税人应当在银行或者其他金融机构开立基本存款账户和其他存款账户。纳税人应当自开立基本存款账户或者其他存款账户之日起15日内向主管税务机关书面报告其全部账号；账号发生变化的，应当自变化之日起15日内向主管税务机关提出书面报告。

三、领购与使用发票

（一）了解发票基本知识

1. 发票的种类

发票是在购销商品、提供或者接受服务以及从事其他经营活动的过程中，开具、取得的用以记录经济业务活动并具有税源监控功能的收付款(商事)凭证。发票不仅是财务收支的法定凭证和会计核算的原始凭证，还是税收征收管理的重要依据。

按使用范围的不同，发票分为普通发票和增值税专用发票。

普通发票是购销双方的收付款凭证，包括增值税普通发票、增值税电子普通发票、二手车销售统一发票及税务机关发放的其他电子或纸质普通发票。

增值税普通发票和增值税电子普通发票(样例)如图1-1所示。

增值税专用发票包括增值税专用发票、增值税电子专用发票和机动车销售统一发票，样例如图1-2所示。由基本联次或基本联次附加其他联次构成。基本联次为三联：发票联、

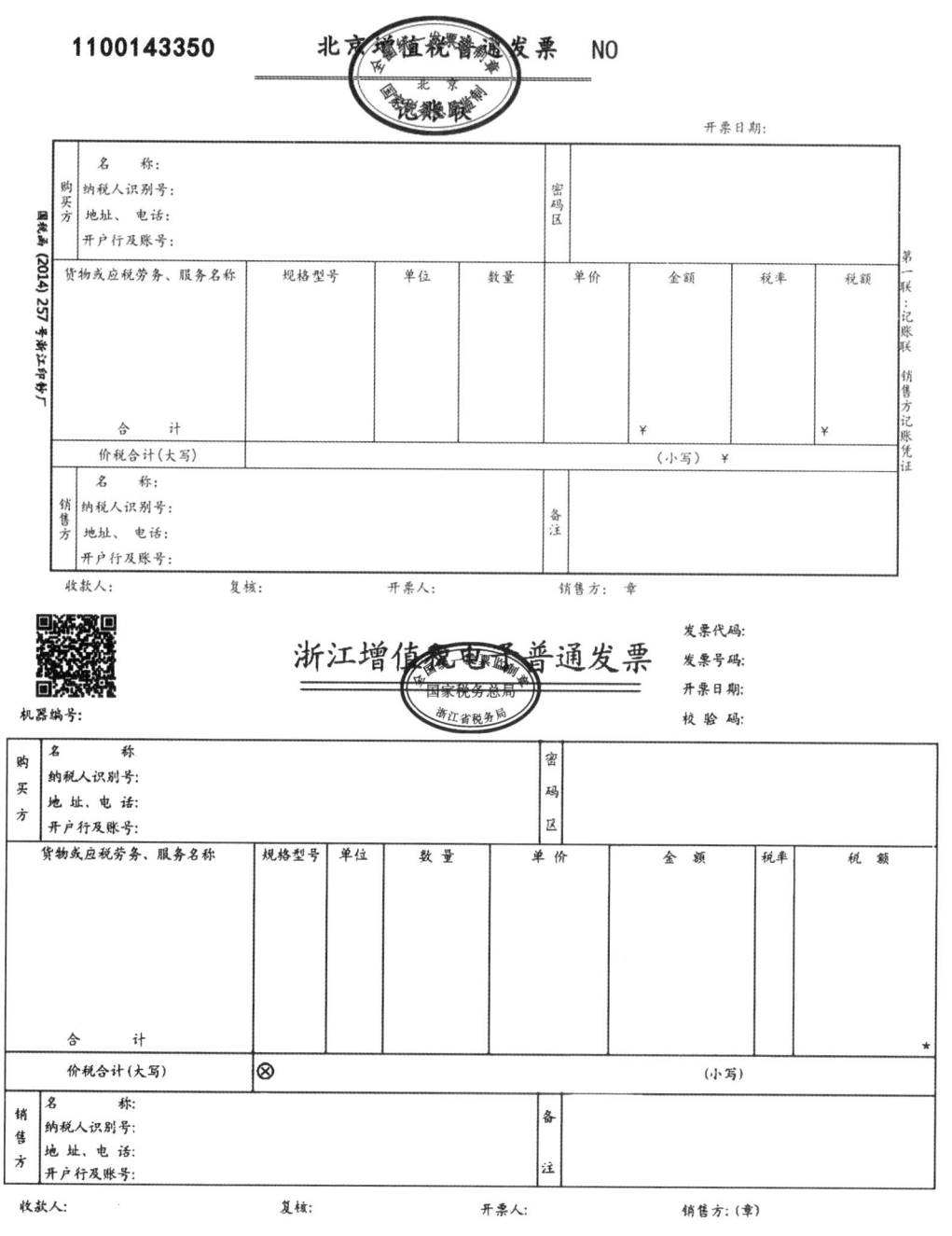

图 1-1 增值税普通发票和增值税电子普通发票(样例)

抵扣联、记账联,分别用作购买方核算采购成本、进项税额的记账凭证,购买方报送主管税务机关进行认证抵扣的凭证,销售方核算销售收入和销项税额的记账凭证。其他联次的用途,由纳税人自行确定。

国家税务总局大力推广增值税电子专用发票和增值税电子普通发票,各地税务机关建设电子发票公共服务平台,电子发票取代纸质发票成为趋势。电子发票将发票开具与线上支付相结合,打通了发票申领、开具、报销、报税的全流程,大大提高了财务工作效率,降低了纳税成本。电子发票与纸质发票的法律效力相同,任何单位和个人不得拒收。

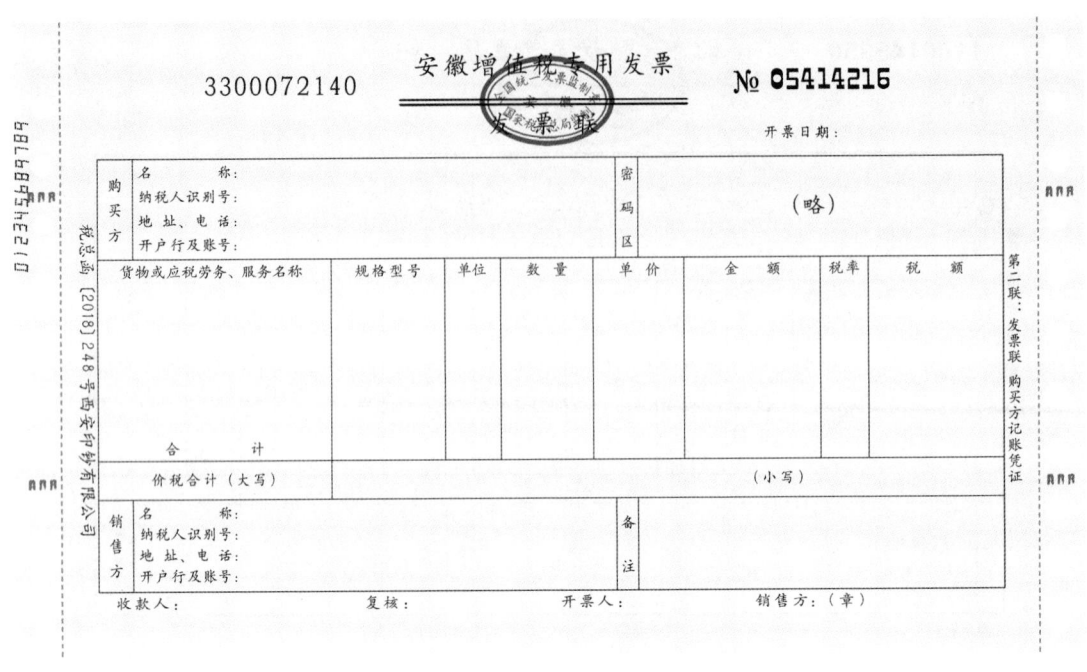

图 1-2 增值税专用发票(样例)

从发票的领用看,已纳入增值税发票管理系统的纳税人应按照规定使用增值税专用发票、增值税普通发票、机动车销售统一发票、增值税电子普通发票;对于确有需求但不便使用税控系统开票、小额收费等使用增值税发票管理系统的纳税人,可以向主管税务机关申请领用通用定额发票或通用手工发票。非增值税纳税人只能领用普通发票。

从发票的开具来看,增值税一般纳税人可以自行开具增值税专用发票、增值税普通发票、增值税电子普通发票。

除另有规定外,增值税小规模纳税人可以自行开具普通发票、增值税普通发票、增值税电子普通发票,若对方需要增值税专用发票,除可以自行开具外,也可以向税务机关申请代开。

其他纳税人如为自然人,只能开具普通发票,或者通过代开方式开具增值税专用发票和增值税普通发票。

从受票方来说,增值税专用发票只能开具给除自然人外的增值税纳税人,而普通发票(包括增值税普通发票)可以开具给所有的受票对象。

2. 发票的基本内容

发票的基本内容包括:发票的名称、发票监制章、字轨号码、发票联次及用途、客户名称、商品名称及经营项目、计量单位、数量、单价、金额、开票人、开票日期、开票单位(个人)名称(章)等。此外,增值税专用、普通发票还包括购销双方的经营地址、电话、纳税人识别号(统一社会信用代码)、开户银行及账号、税率、税额及密码区等内容。

3. 发票的管理

根据《中华人民共和国发票管理办法》(以下简称《发票管理办法》)和《中华人民共和国发票管理办法实施细则》(以下简称《发票管理办法实施细则》)的规定,国家税务主管部门统一负责全国的发票管理工作,发票的具体管理工作由地方各级税务机关按权限执行。因此,税务机关是发票的主管机关,负责发票印制、领购、开具、取得、保管、缴销的管理和监督。单位、个人在购销商品、提供或者接受服务以及从事其他经营活动的过程中,均应当按照规定开具、使用、取得发票。

税务机关对发票印制实行统一管理,《税收征管法》规定,增值税专用发票由国务院税务主管部门(即国家税务总局)指定的企业印制,其他发票,按照国务院税务主管部门的规定,分别由省、自治区、直辖市税务机关指定的企业印制,未经上述规定的税务机关指定,任何单位不得印制发票。

发票必须套印全国统一发票监制章,其式样由国家税务总局规定。除增值税专用发票以外的普通发票监制章由省、自治区、直辖市税务机关负责制作,禁止伪造发票监制章。发票监制章必须套印在票据名称的正中,由税务机关派专人进场监督发票监制章的套印过程。发票式样由税务机关确定,实行不定期换版制度。

(二) 领用普通发票

1. 普通发票的领用对象

(1) 依法办理开业登记的单位和个人,在领取了营业执照后可以申请领用发票,属于法定的发票领用对象。

(2) 依法不需要办理税务登记的单位,发生临时经营业务需要使用发票等纳税人,可以凭单位证明和其他有效证件,请税务机关代开发票。

(3) 临时到本省、自治区、直辖市以外从事经营活动的单位和个人,凭所在地税务机关的证明,可向经营地税务机关领用经营地的发票。业务量小的,可以申请经营地税务机关代开。

2. 普通发票的领用程序

需要领用发票的单位和个人应当持设立登记证件或税务登记证件以及经办人身份证明,向主管税务机关办理发票领用手续。领用纸质发票的,还应当提供按国务院税务主管部门规定式样制作的发票专用章的印模。主管税务机关审核后,根据领用单位和个人的经营范围、规模和风险等级,确认领用发票的种类、数量以及领用方式。单位和个人领用发票时,应当按照税务机关的规定报告发票领用存情况及相关开票数据,税务机关按照规定进行查验。有条件的地区,可以在网上验旧申领,发票由税务机关邮寄到企业。

(三) 开具普通发票

普通发票必须在单位和个人发生经营业务确认营业收入时开具。未发生经营业务,一律不准开具发票。同时,在开具发票时应注意以下要求:

(1) 保证开具发票的真实、完整。发票必须如实开具,开具发票时,必须做到按号码顺序填开,填写项目齐全,内容真实,字迹清楚,全部联次一次复写、打印,内容完全一致,开具纸质发票应当加盖发票专用章。

(2) 纸质发票限于领用单位和个人在本省、自治区、直辖市范围开具。任何单位和个人未经批准,不得跨市、县携带、邮寄、运输空白发票,禁止携带、邮寄或运输空白发票出入境。

(3) 发票必须独立使用。用票单位和个人,只有在自身经济业务活动发生时,才能填开、使用发票;任何单位和个人不得转借、转让、介绍他人转让发票;未经税务机关批准,不得拆本使用发票;禁止倒买倒卖发票。

(4) 不得扩大使用范围和超限额填开。用票单位和个人,不得超越规定的生产经营范围填开发票,不得自行扩大发票的使用范围。发票只能在票面限额规定的范围内填开,超限额填开一律无效。

(5) 红字发票的开具。开具纸质发票后,如发生需开具红字发票情况的,应收回原发票全部联次并注明"红冲"字样后开具红字发票。无法收回原发票全部联次的应取得对方的有效证明。

> **提示**：纳税人临时取得超出领购发票使用范围或者超过领用发票开具限额以外的业务收入，需要开具发票的，可以申请由税务机关代开发票。到外省(自治区、直辖市)临时从事经营活动的纳税人，应向经营地税务机关办理报验登记，提供纳税担保后领取发票开具；业务量小、开票频度低的，可以申请由经营地税务机关代开。

（四）领购增值税专用发票

1. 增值税专用发票的领购对象

除财政部、税务总局另有规定的情况外，增值税专用发票只限于增值税一般纳税人和小规模纳税人领购使用。非增值税纳税人不得领购使用。

> **提示**：2019年8月，国家税务总局发文明确：所有小规模纳税人(其他个人除外)发生增值税应税行为，需要开具增值税专用发票的，可以自愿使用增值税发票管理系统自行开具。

符合一般纳税人条件，但不办理一般纳税人资格登记的纳税人，不得使用专用发票。

2. 增值税专用发票的领购程序

（1）申请使用防伪税控系统。

增值税防伪税控系统是国家金税工程的主要组成部分。它是经国务院同意推行，使用专用设备和通用设备、运用数字密码和电子存储技术管理专用发票的计算机管理系统。税务部门和企业利用该系统能实现增值税专用发票的开具、管理和防伪认证。

增值税防伪税控系统由税务部门使用的税务发行子系统、企业发行子系统、发票发售子系统、确认子系统、报税子系统和纳税人使用的防伪开票子系统构成。一般纳税人均应通过增值税防伪税控系统领购、开具、缴销、确认专用发票。

申请使用防伪税控系统的纳税人应到税务机关申请办理防伪税控系统使用核准手续。

（2）领购专用设备并配备通用设备。

纳税人取得防伪税控系统使用资格后，应到税务机关指定的防伪税控系统服务商购买配备防伪税控系统的专用设备，包括防伪税控金税盘、防伪税控报税盘等，配置相关的通用设备，如计算机、扫描仪、打印机及相关软件，为开具使用增值税专用发票做好相应的准备。

> **提示**：防伪税控装置是专营专修的，未经税务机关批准，任何单位和个人不得擅自改动防伪税控软件与硬件。

（3）核定开票限额。

开票限额是指单份专用发票开具的销售额的最高额度。开票限额由一般纳税人申请，填报最高开票限额申请表，由税务机关进行审批。

（4）办理初始发行。

一般纳税人在领购专用设备及核定开票限额后，凭经审批的最高开票限额申请表、发票领购簿,携带金税盘和报税盘到主管税务机关办理初始发行。税务机关将一般纳税人的基本信息,如企业名称、税务登记代码、开票限额、开票机数量、购票数量、购票人员信息及国家税务总局规定的其他信息载入空白金税盘和报税盘。

纳税人的基本信息发生变化时,应主动到税务机关申请变更发行。纳税人纳税识别号(统一社会信用代码)若发生变化,应向主管税务机关申请注销发行。

> **提示**:已经领购使用增值税专用发票的一般纳税人,如发生向个人或税务机关以外的单位买取专用发票,借用他人专用发票,向他人提供专用发票,未按规定开具专用发票,未按规定保管专用发票,未按规定申报专用发票的购、用、存情况,未按规定接受税务机关检查等行为,经税务机关责令限期改正而仍未改正的,税务机关将收缴向其供应的增值税专用发票。

(5) 领用专用发票。

一般纳税人在办理好上述手续后,可按规定领用增值税专用发票。增值税专用发票的领用程序除与普通发票一致之外,纳税人还应携带报税盘,税务机关在发售纸质增值税专用发票的同时,还要将相应发票的信息,如发票版本、起止号码、份数、开票限额等写入报税盘,只有经过写盘处理的专用发票才能在开票系统中填用。

纳税人可以在网上领用增值税专用发票,纳税人通过网络下载发票领用信息,并成功写入税控专用设备后,就可以正常开具发票。

(五) 开具、抄报与确认增值税专用发票

1. 增值税专用发票的开具范围

除规定不得开具增值税专用发票的情形外,一般纳税人销售货物、提供应税劳务或发生应税行为,应向购买方开具增值税专用发票。

2. 不得开具增值税专用发票的规定

下列情形下,不得开具增值税专用发票。

(1) 向消费者提供应税服务,或销售应税项目、无形资产或者不动产。

(2) 销售适用免征增值税规定的应税行为(法律、法规及国家税务总局另有规定的除外)。

(3) 实行增值税退(免)税办法的增值税零税率应税服务。

(4) 不征收增值税项目。

(5) 用于集体福利或个人消费的货物与劳务、服务。

(6) 一般纳税人销售自己使用过的固定资产,适用简易办法依3%征收率减按2%征收增值税政策的。

(7) 纳税人销售旧货。

(8) 商业企业一般纳税人零售的烟、酒、食品、服装、鞋帽(不包括劳保专用部分)、化妆品等消费品。

(9) 金融商品转让。

(10) 经纪代理服务,向委托方收取的政府性基金或者行政事业性收费。

(11) 提供有形动产融资性售后回租服务,向承租方收取的有形动产价款本金。

(12) 选择差额计税办法计算销售额的纳税人,向旅游服务购买方收取的支付给其他单

位或者个人的住宿费、餐饮费、交通费、签证费、门票费和支付给其他接团旅游企业的旅游费用。

（13）提供劳务派遣服务，选择差额纳税的纳税人，向用工单位收取用于支付给劳务派遣员工工资、福利和为其办理社会保险及住房公积金的费用。

（14）纳税人提供人力资源外包服务，向委托方收取并代为发放的工资和代理缴纳的社会保险、住房公积金。

（15）纳税人向其他个人出租不动产，不得开具或申请代开增值税专用发票。

3. 开具增值税专用发票

（1）开票前的准备工作。

企业领购防伪税控增值税专用发票后，应将发票信息读入开票系统内，并与领购的纸质防伪税控增值税专用发票的号码与类别等进行核对。如有错误，应立即退回税务机关，并重新录入正确的号码与类别。

（2）开具发票的规范要求。

专用发票应按下列要求开具：❶ 项目齐全，与实际交易相符；❷ 字迹清楚，不得压线、错格；发票联和抵扣联加盖发票专用章；❸ 按照增值税纳税义务的发生时间开具。

自2018年1月1日起，纳税人应按照税务总局的《商品和服务税收分类编码表》中相应的编码开具专用发票。

对不符合上列要求的专用发票，购买方有权拒收。

（3）作废专用发票的处理要求。

❶ 一般纳税人在开具专用发票时发现有误的，可即时作废。作废专用发票须在防伪税控系统中将相应的数据电文按"作废"处理，在纸质专用发票（含未打印的专用发票）各联次上注明"作废"字样，全联次留存。

❷ 开出发票符合作废条件的，可按作废处理。一般纳税人在开具专用发票当月，发生销货退回、开票有误等情形，收到退回的发票联、抵扣联符合作废条件的，按作废处理。

作废条件为同时具有下列情形：❶ 收到退回的发票联、抵扣联时间未超过销售方开票当月；❷ 销售方未确认并且未记账；❸ 购买方未确认或者确认结果为"纳税人识别号不符""专用发票代码、号码不符"。

（4）开具红字发票。

一般纳税人开具增值税专用发票后，发生开票有误、销货退回、销售折让、应税服务中止以及开出发票不符合作废条件等情形的，应开具红字专用发票。

开具红字专用发票的程序如下：

❶ 购买方或销售方填开并上传开具红字增值税专用发票信息表。

购买方取得专用发票已用于申报抵扣的，由购买方在增值税发票管理系统中填开并上传开具红字增值税专用发票信息表（以下简称信息表），在填开信息表时不填写相对应的蓝字专用发票信息，应暂依信息表所列增值税税额从当期进项税额中转出，待取得销售方开具的红字专用发票后，与信息表一并作为记账凭证。

购买方取得专用发票未用于申报抵扣，但发票联或抵扣联无法退回的，购买方填开信息表时应填写相对应的蓝字专用发票信息。

销售方开具专用发票尚未交付购买方，以及购买方未用于申报抵扣并将发票联及抵扣联退回的，由销售方在系统中填开并上传信息表。销售方填开信息表时应填写相对应的蓝字专用发票信息。

❷ 接收校验通过信息。

主管税务机关通过网络接收纳税人上传的信息表,系统自动校验通过后,生成带有"红字发票信息表编号"的信息表,并将信息同步至纳税人端系统中。

纳税人也可凭信息表电子信息或纸质资料到税务机关对信息表内容进行系统校验。纳税人开具红字专用发票前,信息表必须取得税务机关校验,否则其红字专用发票一律无效。

❸ 销售方开具红字专用发票。

销售方凭税务机关系统校验通过的信息表,在系统中以销项负数开具红字专用发票。红字专用发票应与信息表一一对应。

纳税人需要开具红字增值税普通发票的,可以在所对应的蓝字发票金额范围内开具多份红字发票。红字机动车销售统一发票须与原蓝字机动车销售统一发票一一对应。

税务机关为小规模纳税人代开专用发票,需要开具红字专用发票的,按照一般纳税人开具红字专用发票的方法处理。

4. 办理增值税专用发票的汇总上传与确认

(1) 开具方信息的汇总上传。

纳税人在开具增值税专用发票后,应定期对所开具发票的信息,发票的领、用、存信息,明细汇总数据等进行确认,将相关信息通过增值税开票系统上传至税务机关方。

(2) 取得方信息的确认。

纳税人取得增值税专用发票(也包括机动车销售统一发票、旅客运输电子普通发票等),必须通过增值税开票系统登录增值税发票查询平台,查询、选择用于申报抵扣或者出口退税的增值税开票信息,同时进行确认,经确认后的发票可用于抵扣。

纳税人取得增值税专用发票,通过增值税发票查询平台未查询到对应发票信息的,可将发票信息扫描后传送到税务系统进行认证。同一张增值税专用发票,只可确认或认证一次。

已经确认的发票视为购买方的记账凭证,不得退还给销售方。没有进行查询确认或认证未通过的增值税专用发票,不得作为抵扣凭证使用。

(六) 保管发票

保管发票的首要任务是保障发票的安全、发票数量的完整无缺和发票质量的完好。开具发票的单位和个人应当按照税务机关的规定存放和保管发票,不得擅自损毁。

开具发票的单位和个人应按照国家有关规定存放和保管发票,不得丢失和擅自损毁。已经开具的发票存根联,应当保存 5 年。任何单位和个人不得窃取、截留、篡改、出售、泄露发票数据。

如遇发票遗失、被盗,或者遇水害、火灾等灾害后造成损毁等情况,除应书面报告主管税务机关外,还须在报刊和电视等传播媒介上公告声明作废。挂失声明中应写明挂失发票纳税人的名称、纳税人识别号、发票种类、发票号码等相关情况并声明作废。挂失声明应在地市级(含地市级)以上发行的非娱乐性报纸、杂志,或者税务机关根据有关规定要求的媒体上发布。

(七) 注(缴)销发票

注(缴)销发票主要有两种情况。一种是粗心大意开出错票,发现后所开发票应全联作废并保存,不得任意撕毁、丢弃。在另外一种情况下,用票单位和个人按照规定向税务机关

上缴已使用或者未使用的发票,包括以下两种情况。

1. 变更、注销税务登记时发票的缴销

纳税人因办理了纳税人名称、地址、电话、开户行、账号变更而需废止原有发票或注销税务登记时,应持税务登记变更表或注销税务登记申请审批表向主管税务机关领取并填写好发票缴销登记表,并持经办人员身份证明及未使用的发票向主管税务机关办理发票缴销手续。

一般纳税人注销税务登记时,应将专用设备和结存未用的纸质专用发票送交税务机关。主管税务机关缴销其发票,并按有关安全管理要求处理专用设备。

2. 残损发票、改(换)版发票及次版发票的缴销

纳税人的发票发生霉变、鼠咬、水浸、火烧等残损问题,或被通知发票将进行改版、换版,或发现有次版发票等问题时,必须按有关规定到主管税务机关领取并填报发票缴销登记表,连同应缴销的改版、换版和次版发票一并交主管税务机关。

四、申报税款

(一)纳税申报

纳税申报是指纳税人发生纳税义务后,在税法规定的期限内向主管税务机关提交书面报告的一种法定手续,也是税务机关办理征税业务、核实应纳税款、开具完税凭证的主要依据。《税收征管法》规定,纳税人必须依照法律、法规确定的申报期限如实办理纳税申报,报送纳税申报表、财务会计报表以及税务机关要求报送的其他与纳税申报相关的资料。

一切负有纳税义务的单位和个人以及负有扣缴义务的单位和个人,都是办理纳税申报的对象。具体包括:

(1)依法负有纳税义务的单位和个人。

(2)按规定享有减免税优惠的纳税人。

(3)依法负有扣缴义务的单位和个人。

(二)纳税申报的内容

纳税人、扣缴义务人在法律、行政法规或者税务机关依照法律、行政法规的规定确定的申报期限内,向税务机关进行纳税申报时,主要通过填制和上交纳税申报表及相关的财务资料来完成。

1. 纳税申报表及代扣代缴、代收代缴报告表

我国各税种都有相应的纳税申报表,实行税源控制的税种还有由扣缴义务人负责填报的代扣代缴税款报告表、代收代缴税款报告表。不同税种的计税依据、计税方法不同,纳税申报表的格式也不同,但申报的主要内容基本相同,一般包括:纳税人名称、税种、税目、应纳税项目、适用税率或者单位税额、计税依据、应纳税额、税款所属期限等。扣缴义务人向税务机关报送的代扣代缴、代收代缴报告表一般包括:纳税人名称、代扣代收税款所属期限、应代扣代收税款项目、适用税率、计税依据、应代扣代收税款以及税务机关规定的其他应当申报的项目。

2. 纳税申报的其他资料

为了全面反映纳税人在一定时期内的生产、经营活动,纳税人在进行纳税申报时,除了报送纳税申报表外,还要报送财务会计报表及其他相关资料。这主要有:

(1) 财务会计报表及其说明材料。
(2) 与纳税有关的合同、协议书及凭证。
(3) 税控装置的电子报税资料。
(4) 异地完税凭证。
(5) 境内或者境外公证机构出具的有关证明文件。
(6) 税务机关规定应当报送的其他有关证件、资料。

(三) 纳税申报的方式

纳税人在申报期限内，无论有无应税收入和所得，都必须持纳税申报表、财务会计报表及其他纳税资料，向税务机关办理纳税申报。扣缴义务人在扣缴税款期限内，无论有无代扣代缴、代扣代收税款，都必须持代扣代缴、代收代缴报告表以及其他有关资料，向税务机关办理扣缴税款申报。纳税人报经税务机关批准，可选择以下方式进行纳税申报。

1. 直接申报

直接申报，也称上门申报，是指纳税人、扣缴义务人持纳税申报表等相关资料，在纳税申报期内直接到当地主管税务机关设立的纳税服务大厅进行申报纳税。无论是在过去的手工操作方式下，还是在当前的计算机征管方式下，直接申报方式一直是我国最主要的纳税申报方式。

2. 电子申报

电子申报也称数据电文申报，是指纳税人、扣缴义务人在规定的申报期限内，通过与税务机关接受办理纳税申报、代扣代缴及代收代缴税款申报的电子系统联网的电脑终端，按照规定和系统发出的指示输入申报内容，以完成纳税申报或者代扣代缴及代收代缴税款申报的方式。电子申报是目前国际上正在兴起的纳税申报方式之一，具有准确、快捷、方便等特点，已越来越受到人们的重视，也是我国重点推广的纳税申报方式。

纳税人要使用互联网申报，必须有相对固定的计算机操作人员，能准确填写涉税项目。在进行网上申报前，应向主管税务机关受理部门提出申请并办理用户注册。

纳税人采取电子方式办理纳税申报的，应当按照税务机关规定的期限和要求保存有关资料，并定期书面报送主管税务机关。因此，纳税人进行电子申报的，还必须将与电子申报数据相同的纳税申报资料定期书面报送（或邮寄）主管税务机关，或者按税务机关的要求保存，在必要时按税务机关的要求出具。

3. 邮寄申报

邮寄申报是指纳税人经税务机关批准，在规定的纳税期限内，将填制好的纳税申报表格和相关申报资料通过邮寄的方式向当地税务机关进行申报纳税。邮寄申报以现有的邮政系统为依托，既能在一定程度上方便纳税人，也不需要以大规模和安全技术较完备的计算机网络为前提，在方便程度和成本上有着一定的优势。邮寄申报适用于到税务机关上门办理纳税申报有困难的纳税人或者扣缴义务人。

4. 简易申报

实行定期定额缴纳税款的纳税人，经税务机关批准，可以实行简易申报方式，即以缴纳税款凭证代替申报或简并征期。以缴纳税款凭证代替申报是指纳税人按照税务机关核定的税额按期缴纳税款，以税务机关开具的完税凭证代替纳税申报。简并征期是指纳税人按照税务机关核定的税额和指定的期限，每几个月一次或半年、一年一次进行申报纳税。这两种方式都是简化纳税手续，降低纳税成本的方式。

（四）纳税申报的期限

纳税申报期限，是法律、行政法规规定的或者税务机关依照法律、行政法规的规定确定的纳税人、扣缴义务人向税务机关申报应纳或应解缴税款的期限。

纳税申报期限是根据各个税种的特点确定的，各个税种的纳税期限因其征收对象、计税环节的不同而不尽相同，同一税种，因为纳税人的经营情况、财务会计核算、应纳税额大小的不等，申报期限也不一样。纳税人的具体纳税期限，由主管税务机关按各税种的有关规定确定；不能按照固定期限的，可以按次纳税。

纳税申报期限内遇有法定休假日的，申报期限依法须向后顺延。纳税人、扣缴义务人办理纳税申报期限的最后一日是法定休假日的，以休假日期满的次日为最后一日；在期限内有连续3日以上法定休假日的，按休假日天数顺延。

（五）延期申报

延期申报是纳税人、扣缴义务人不能按照税法规定的期限办理纳税申报或扣缴税款申报的应对措施。经批准，税务机关可适当推延时间进行纳税申报。

造成延期申报的原因有主观原因和客观原因。凡纳税人或扣缴义务人完全出于主观原因或有意拖缴税款而不按期办理纳税申报的，税务机关可视违法行为的轻重，给予处罚。纳税人、扣缴义务人因客观原因延期申报，主要有两方面情况。一是因不可抗力的作用，需要办理延期申报。不可抗力是指不可避免和无法抵御的自然灾害。二是因财务会计处理上的特殊情况，不能办理纳税申报而需要延期申报。出现这种情况的原因一般是账务处理未完成，不能计算应纳税款。

纳税人、扣缴义务人按期办理纳税申报或者报送代扣代缴、代收代缴税款报告表确有困难，需要延期申报的，应当在规定的纳税申报期限内提出书面申请或网上申请，报请税务机关批准。主管税务机关视其具体情况批准延长。

税务机关审核核准后，告知纳税人按上期实际缴纳税款或按税务机关核定的税额预缴税款。未核准的，在延期申报申请核准表签署意见后连同有关资料退回给纳税人，并告知其按规定要求申报缴纳。纳税人则应按税务机关的要求进行申报纳税。

五、缴纳税款

缴纳税款是指纳税人依法将应纳税款缴入国库的过程。

（一）税款缴纳方式

税款缴纳方式，是指纳税人、扣缴义务人向税务机关缴纳税款的方式。目前，纳税人、扣缴义务人的税款缴纳方式主要有以下几种。

(1) 转账缴税。这是指纳税人、扣缴义务人通过其开户银行转账缴纳税款的方式。

(2) 支票缴税。这是指纳税人、扣缴义务人用支票缴纳税款的方式。支票缴税在税务机关、银行、国库实现计算机联网后方可实施。

(3) 现金缴税。这是指纳税人、扣缴义务人用现金缴纳税款的方式。

(4) 信用卡缴税。这是指纳税人、扣缴义务人用信用卡缴纳税款的方式。

(5) 税银一体化缴税。这是指纳税人、扣缴义务人在指定银行开设税款解缴专用账户，按期提前存入当期应纳税款，并在规定的期限内由税务机关通知银行直接划解税款，或自行到税务机关指定银行网点缴纳的方式，按实施方式的不同，还可分为一般缴税专户缴税、网上实时缴税。

(6) 移动支付缴税。随着支付方式的进步,采用移动支付手段缴纳税款,也逐渐为税务机关所接受。

(二) 延期纳税

从税收基本原则来说,纳税人发生纳税义务后,均应按规定的期限缴纳税款。但是考虑到纳税人在实际履行纳税义务的过程中可能会遇到某些特殊困难,不能按期纳税,为了保护纳税人的合法权益,《税收征管法》赋予了纳税人延期缴纳税款的权利。

1. 可申请延期缴纳税款的条件

纳税人有下列情形之一的,可申请延期纳税。

(1) 因不可抗力,如自然灾害、意外事故、国家政策调整而发生较大损失,正常生产经营活动受到较大影响的。

(2) 当期货币资金在扣除应付职工工资、社会保险费后,不足以缴纳税款的。当期货币资金,是指纳税人申请延期缴纳税款之日的资金余额,其中不含国家法律和行政法规明确规定企业不可动用的资金;应付职工工资是指当期计提数。

2. 申请延期缴纳税款的程序

(1) 纳税人在规定期限内提出申请。纳税人需要延期缴纳税款的,应当在缴纳税款期限届满前提出申请,并报送下列材料:自然灾害的灾情报告或相关部门出具的事故证明等;国家政策调整的依据;当期货币资金余额情况及所有银行存款账户的对账单、资产负债表;应付职工工资和社会保险费等税务机关要求提供的其他资料。

(2) 税务机关审批。税务机关作出批准或者不予批准的决定后,批准延期内免于加收滞纳金。不予批准的,从缴纳税款期限届满之次日起加收滞纳金。

(三) 税款的退还

按照依法治税的原则,税款征收要依法进行,纳税人不能少缴税款,也不能多缴税款。但是实际上,征纳双方的各种原因都会导致纳税人多缴税款现象的发生。为保护纳税人的合法权益,《税收征管法》规定,纳税人缴纳超过应纳税额的税款,税务机关发现后应立即退还;纳税人在3年内发现的,不仅可以要求税务机关退还多缴税款,还可以要求退还多缴税款的同期银行利息。

1. 多缴税款退回的范围

因多缴税款而退税,适用的情形主要包括三种:一是技术性差错和结算性的退税,包括因纳税人填写申报表错误、计算错误、适用税种税目税率错误等失误造成的和因税务机关工作疏忽,多征、误征税款的退还;二是政策性的先征后退;三是纳税人与税务机关在纳税额度方面有争议,这种情况下,应先依法纳税,再进行税收复议或税收诉讼,如确实存在多征税款的,可予以退税。

2. 退税的具体程序

税务机关发现纳税人多缴纳税款的,应当自发现之日起10日内办理退库手续;纳税人发现多缴税款的,税务机关应当自接到纳税人退还申请之日起30日内查实并办理退库手续。纳税人申请退税,应向主管税务机关提出退税申请并提供以下资料:

(1) 退税申请审批表。

(2) 完税凭证等已缴税款证明原件、复印件。

(3) 申报表原件、复印件。

(4) 纳税人书面申请或其他说明材料。

(5) 政策性退税,还须提供税务机关批准其享受有关税收优惠政策的批文的原件、复印件或批准申请人购买国产设备抵扣税款批复的原件、复印件等。

(四) 税款的追征

追征税款是指在实际的税款征缴过程中,对于征纳双方的疏忽、计算错误等原因造成的纳税人、扣缴义务人未缴或者少缴税款,税务机关依法对未缴、少缴的税款进行追征的制度。

1. 追征税款的范围

(1) 税务机关适用税收法律、行政法规不当或者执法行为违法造成的未缴或少缴税款。

(2) 纳税人、扣缴义务人非主观故意的计算错误以及明显笔误造成的未缴、少缴税款。

(3) 偷税、骗税和抗税。

2. 追征税款的时限

(1) 因税务机关的责任,致使纳税人、扣缴义务人未缴或者少缴税款的,税务机关可在3年内要求纳税人、扣缴义务人补缴税款。

(2) 纳税人、扣缴义务人因计算错误等失误,未缴或者少缴税款的,税务机关应在3年内追征税款、滞纳金;有特殊情况的,追征期可以延长到5年。"特殊情况"是指纳税人或者扣缴义务人因计算错误等失误,未缴或者少缴、未扣或者少扣、未收或者少收税款,累计数额在10万元以上的。

(3) 对偷税、抗税、骗税的纳税人,税务机关可以无限期追征其未缴或者少缴的税款、滞纳金或者所骗取的税款。

3. 追征税款的方式

税款追征的方式有以下两种。

(1) 税款的补缴。未缴或者少缴税款是因税务机关的原因造成的,税务机关应当要求纳税人、扣缴义务人补缴税款,但是不能加收滞纳金。

(2) 税款的追征。未缴或者少缴税款是因纳税人、扣缴义务人的原因造成的,税务机关对未缴或者少缴的税款应当追征,同时还应征收相应的滞纳金。

纳税人、扣缴义务人未缴或者少缴税款的,其补缴和追缴税款的期限,应当自纳税人、扣缴义务人应缴未缴或少缴税款之日起计算。

(五) 滞纳金

纳税人如果不按照纳税期限缴纳税款,就相当于无偿地占用了国家财政资金,侵犯了国家利益,因此需要进行补偿。税务机关在追缴税款的同时,还应加收滞纳金。滞纳金是纳税人因未按时履行纳税义务而占用国家税款所缴纳的补偿金,它不是税务机关实施的行政处罚。

纳税人或扣缴义务人未按照规定期限解缴税款的,税务机关除责令限期缴纳外,从滞纳之日起,按日加收0.5‰的滞纳金。加收滞纳金的起止时间,从法律、行政法规规定或者税务机关依照法律、行政法规的规定确定的税款缴纳期限届满次日算起,至解缴税款之日止。税款滞纳期内的节假日天数,不能从滞纳天数中扣除。

$$滞纳金数额 = 滞纳税额 \times 滞纳日期 \times 加收率(0.5‰)$$

(六)税款扣缴的义务

为方便征纳双方的税款征收与缴纳工作,降低税收征纳成本,我国税收法规规定了税款扣缴义务人,税法规定的扣缴义务人必须依法履行代扣、代收税款义务。如果不履行义务,就要承担相应的法律责任,除按《税收征管法》及其实施细则的规定给予处罚外,应当责成扣缴义务人限期将应扣未扣、应收未收的税款补扣或补收。

1. 扣缴义务人的主要义务

(1)依法办理扣缴登记。扣缴义务人应当自扣缴义务发生之日起30日内,向当地主管税务机关申请办理扣缴税款登记,并向税务机关领取扣缴税款登记证,作为扣缴税款的合法、有效证件。对已办理了税务登记的扣缴义务人自身,可不再另行发给扣缴税款登记证。

(2)设置代扣、代收账簿。扣缴义务人应当自税收法律、行政法规规定的扣缴义务发生之日起10日内,按照所代扣、代收的税种,分别设置代扣代缴、代收代缴税款账簿(能够通过计算机正确、完整计算代扣代缴、代收代缴税款情况的,其计算机输出的完整的书面会计记录,可视同会计账簿)。

(3)依法全面代扣、代收税款。

(4)按时申报和解缴税款。扣缴义务人必须按照法律、行政法规规定或税务机关依法确定的申报期限、申报内容如实报送代扣代缴、代收代缴税款报告表以及税务机关根据实际需要要求报送的其他有关资料。扣缴义务人对已代扣、代收的税款(扣缴义务人书面承诺代纳税人支付税款的,也应当认定扣缴义务人已扣、已收税款),必须按照法律、行政法规规定或税务机关依法确定的期限内解缴税款。

2. 未履行义务的处理

《税收征管法》规定:扣缴义务人应扣未扣,应收而不收税款的,由税务机关向纳税人追缴税款,对扣缴义务人处应扣未扣、应收未收税款50%以上3倍以下的罚款。

练 习 题

一、判断题

1. 国家征税是为了满足政府部门工作人员的生活需要。（　　）
2. 从事生产经营活动的纳税人只要取得"多证合一"工商营业执照,就是合法纳税人了。（　　）
3. 纳税人已经开具的专用发票存根联和发票登记簿应保管3年,保管期满,报经税务机关查验后,由税务机关集中销毁。（　　）
4. 纳税人只需将纳税账号向税务机关备案即可。（　　）
5. 发票必须独立使用,任何单位和个人不得转借、转让发票。（　　）

二、单项选择题

1. 下列各项中,不属于税收特性的是（　　）。
   A. 固定性　　　　　　　　　　　　B. 无偿性
   C. 灵活性　　　　　　　　　　　　D. 强制性

2. 下列税种中,属于中央和地方共享税的是( )。
   A. 消费税　　　　　　　　　　　B. 增值税
   C. 土地增值税　　　　　　　　　D. 车辆购置税
3. 以下情形中,纳税人需到税务机关办理注销登记的是( )。
   A. 撤销分支机构　　　　　　　　B. 被吊销营业执照
   C. 变更法人代表　　　　　　　　D. 改变生产范围
4. 纳税人应在被市场监督管理部门吊销营业执照或者被撤销登记之日起( )日内向原税务登记机关申报办理注销税务登记。
   A. 15　　　　　　　　　　　　　B. 30
   C. 10　　　　　　　　　　　　　D. 60
5. 纳税人办理变更登记后,其主要登记事项发生变化且要求在市场监管部门办理变更登记的,应自在市场监管部门办理变更登记之日起( )日内,持有关资料向主管税务机关办理税务变更登记。
   A. 5　　　　　　　　　　　　　B. 10
   C. 15　　　　　　　　　　　　　D. 30

三、多项选择题

1. 按管理和使用权限,税收可以分为( )。
   A. 中央税　　　　　　　　　　　B. 地方税
   C. 共享税　　　　　　　　　　　D. 分享税
2. 我国现行税制所应用的税率种类有( )。
   A. 比例税率　　　　　　　　　　B. 全额累进税率
   C. 超额累进税率　　　　　　　　D. 定额税率
3. 下列各项中,能够降低纳税人负担的措施有( )。
   A. 起征点　　　　　　　　　　　B. 加成征收
   C. 免征额　　　　　　　　　　　D. 加倍征收
4. 增值税专用发票的开具要求有( )。
   A. 项目齐全　　　　　　　　　　B. 与实际交易相符
   C. 字迹清楚,不得压线　　　　　D. 发票联与抵扣联加盖发票专用章
5. 会计制度备案的内容包括( )等。
   A. 会计核算软件　　　　　　　　B. 执行会计制度类型
   C. 会计核算方法　　　　　　　　D. 会计核算报表

四、问答题

1. 税收的本质特征有哪些?
2. 流转税、所得税各有什么特点?
3. 纳税人和负税人的区别与联系是怎样的?
4. 起征点与免征额有什么区别?
5. 浏览你所在地的省税务局和市税务局的网站,自行发现一个你好奇的问题。

项 目 小 结

项目一学习内容结构如图1-3所示。

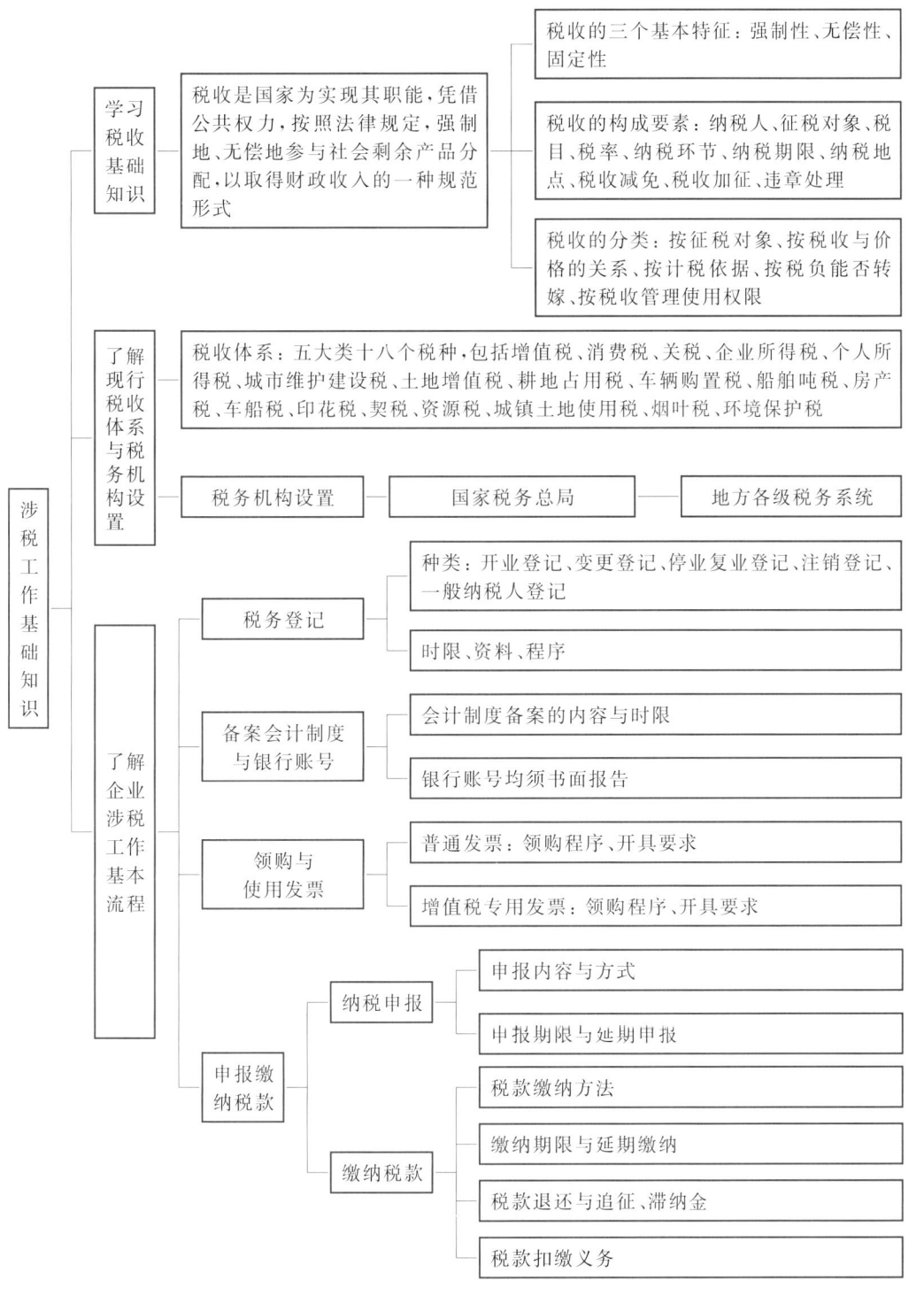

```
涉税工作基础知识
├── 学习税收基础知识
│   └── 税收是国家为实现其职能,凭借公共权力,按照法律规定,强制地、无偿地参与社会剩余产品分配,以取得财政收入的一种规范形式
│       ├── 税收的三个基本特征:强制性、无偿性、固定性
│       ├── 税收的构成要素:纳税人、征税对象、税目、税率、纳税环节、纳税期限、纳税地点、税收减免、税收加征、违章处理
│       └── 税收的分类:按征税对象、按税收与价格的关系、按计税依据、按税负能否转嫁、按税收管理使用权限
├── 了解现行税收体系与税务机构设置
│   ├── 税收体系:五大类十八个税种,包括增值税、消费税、关税、企业所得税、个人所得税、城市维护建设税、土地增值税、耕地占用税、车辆购置税、船舶吨税、房产税、车船税、印花税、契税、资源税、城镇土地使用税、烟叶税、环境保护税
│   └── 税务机构设置 ── 国家税务总局 ── 地方各级税务系统
└── 了解企业涉税工作基本流程
    ├── 税务登记
    │   ├── 种类:开业登记、变更登记、停业复业登记、注销登记、一般纳税人登记
    │   └── 时限、资料、程序
    ├── 备案会计制度与银行账号
    │   ├── 会计制度备案的内容与时限
    │   └── 银行账号均须书面报告
    ├── 领购与使用发票
    │   ├── 普通发票:领购程序、开具要求
    │   └── 增值税专用发票:领购程序、开具要求
    └── 申报缴纳税款
        ├── 纳税申报
        │   ├── 申报内容与方式
        │   └── 申报期限与延期申报
        └── 缴纳税款
            ├── 税款缴纳方法
            ├── 缴纳期限与延期缴纳
            ├── 税款退还与追征、滞纳金
            └── 税款扣缴义务
```

图1-3 项目一学习内容结构

项目二　增值税的计算与申报

◇ **职业能力目标**
➤ 了解增值税征税范围、纳税人、税率的具体规定
➤ 了解增值税各项税收优惠政策
➤ 掌握增值税的计算方法
➤ 掌握增值税相关申报表的填报规定
➤ 熟悉增值税出口退税的基本操作，掌握增值税出口货物退（免）税的计算方法及适用范围

◇ **典型工作任务**
➤ 能判断企业所属的增值税纳税人类型，判断哪些项目应征增值税及适用的税率
➤ 会计算增值税一般纳税人、小规模纳税人及进口货物的应纳税额
➤ 会填制增值税一般纳税人和小规模纳税人的相关申报表，进行增值税纳税申报
➤ 能基于"免、抵、退"办法计算应免、抵、退的增值税税款

任务一　学习增值税基本知识

任务引例

城达运输公司是一家以运输服务为主营业务的企业，年应税营业额为1 000万元，某年1月提供运输服务，取得运输收入230 000元；同时，将公司两辆货车出租给速通运输公司，取得收入3 000元。请分析以上各项收入是否应缴纳增值税？如果是，请选择具体的纳税人身份以及适用的税率。

【知识准备与业务操作】

一、增值税的含义和特点

增值税是对在我国境内销售货物或者加工、修理修配劳务（以下简称劳务）、销售服务、无形资产、不动产以及进口货物的单位和个人，就其取得的销售额以及进口货物的金额计算

税款,实行税款抵扣制度的一种流转税。

我国现行增值税的基本法律依据是根据2017年11月19日《国务院关于废止〈中华人民共和国营业税暂行条例〉和修改〈中华人民共和国增值税暂行条例〉的决定》第二次修订通过的《中华人民共和国增值税暂行条例》和《中华人民共和国增值税暂行条例实施细则》。

从计税原理上看,增值税是以生产和流通各环节的增值额,即企业或个人在一定时期的生产经营过程中新创造的那部分价值为征税对象征收的一种税。在现实生产和流通中,附加于每一产品上的新增价值是一个难以准确计算的数据,因此,在增值税的实际操作上采用间接计算办法,即:从事货物销售以及提供应税劳务或应税服务的纳税人,要根据货物或应税劳务、应税服务的销售额,按照规定的税率计算税款,然后从中扣除上一道环节已纳增值税税款,其余额即为纳税人应缴纳的增值税税款。这种计算方法称为税款抵扣制,它同样体现了对新增价值征税的原则。

我国现行的增值税与其他流转税相比具有如下特点。

(1) 采用消费型增值税。消费型增值税是指计算增值税时,允许在购进时将固定资产已纳增值税进行抵扣。2009年,我国增值税由原采用的生产型增值税全面转型为消费型增值税。

(2) 实行价外计税。增值税实行价外计税的办法,即以不含增值税税额的价格为计税依据。销售商品时,增值税专用发票上要分别注明增值税税款和不含增值税的价格。把税款和价款分开,体现了增值税间接税的性质。

(3) 实行规范化的购进扣税法。实行根据增值税专用发票注明的税款进行税款抵扣的制度,即上一道环节购进货物、应税劳务或应税服务时取得的增值税专用发票上注明的税款,在计算本环节销售货物或提供应税劳务应纳税款时予以扣除,以避免出现重复征税的情况。

(4) 对经营规模不同的纳税人采用不同的计税方法。现行增值税制度将纳税人划分为一般纳税人和小规模纳税人,分别采用不同的征收管理办法。一般纳税人采用税款抵扣法计税,体现公平税负的原则;小规模纳税人则采用简易征收办法,按征收率计算税额,方便税额的计算。

二、增值税的征税范围

我国现行增值税的征收范围为在我国境内销售和进口货物,提供加工、修理修配劳务,销售服务、无形资产、不动产。

(一) 境内销售货物和进口货物

境内销售货物和进口货物中的"货物"是指除土地、房屋和其他建筑物等不动产以外的有形动产,包括电力、热力、气体在内。"境内销售"强调的是所销售货物的起运地或所在地在我国境内。

(二) 境内提供加工、修理修配劳务

加工是指受托加工货物,即委托方提供原料及主要材料,受托方按照委托方的要求制造货物并收取加工费的业务;修理修配是指受托方对损伤和丧失功能的货物进行修复,使其恢复原状和功能的业务。

> 提示：单位或者个体工商户聘用的员工为本单位或者雇主提供加工、修理修配劳务，不属于增值税的征税范围。

(三) 境内销售服务、无形资产、不动产

1. 境内销售服务

销售服务是指提供交通运输服务、邮政服务、电信服务、建筑服务、金融服务、现代服务、生活服务。其中：

(1) 交通运输服务，是指使用运输工具将货物或者旅客送达目的地，使其空间位置得到转移的业务活动，包括陆路运输服务、水路运输服务、航空运输服务和管道运输服务。

❶ 陆路运输服务，是指通过陆路（地上或者地下）运送货物或者旅客的运输业务活动，包括铁路运输、公路运输、缆车运输、索道运输、地铁运输、城市轻轨运输等。

> 提示：出租车公司向使用本公司自有出租车的出租车司机收取的管理费用，按照陆路运输服务缴纳增值税。

❷ 水路运输服务，是指通过江、河、湖、川等天然、人工水道或者海洋航道运送货物或者旅客的运输业务活动。

> 提示：水路运输的程租、期租业务，属于水路运输服务。

❸ 航空运输服务，是指通过空中航线运送货物或者旅客的运输业务活动。

> 提示：航空运输的湿租业务，属于航空运输服务。航天运输服务，按照航空运输服务缴纳增值税。

❹ 管道运输服务，是指通过管道设施输送气体、液体、固体物质的运输业务活动。

(2) 邮政服务，是指中国邮政集团公司及其所属邮政企业提供邮件寄递、邮政汇兑、机要通信和邮政代理等邮政基本服务的业务活动，包括邮政普遍服务、邮政特殊服务和其他邮政服务。

❶ 邮政普遍服务，是指函件、包裹等邮件的寄递，以及邮票发行、报刊发行和邮政汇兑等业务活动。

❷ 邮政特殊服务，是指义务兵平常信函、机要通信、盲人读物和革命烈士遗物的寄递等业务活动。

❸ 其他邮政服务，是指邮册等邮品销售、邮政代理等业务活动。

(3) 电信服务，是指利用有线、无线的电磁系统或者光电系统等各种通信网络资源，提供语音通话服务，传送、发射、接收或者应用图像、短信等电子数据和信息的业务活动，包括基础电信服务和增值电信服务。

❶ 基础电信服务，是指利用固网、移动网、卫星、互联网，提供语音通话服务的业务活动，以及出租或者出售带宽、波长等网络元素的业务活动。

❷ 增值电信服务，是指利用固网、移动网、卫星、互联网、有线电视网络，提供短信和彩

信服务、电子数据和信息的传输及应用服务、互联网接入服务等业务活动。

> **提示**：卫星电视信号落地转接服务，按照增值电信服务缴纳增值税。

（4）建筑服务，是指各类建筑物、构筑物及其附属设施的建造、修缮、装饰，线路、管道、设备、设施等的安装以及其他工程作业，包括工程服务、安装服务、修缮服务、装饰服务和其他建筑服务。

❶ 工程服务，是指新建、改建各种建筑物、构筑物的工程作业。

❷ 安装服务，是指生产设备、动力设备、起重设备、运输设备、传动设备、医疗实验设备以及其他各种设备、设施的装配、安置工程作业。

> **提示**：固定电话、有线电视、宽带、水、电、燃气、暖气等的经营者向用户收取的安装费、初装费、开户费、扩容费以及类似收费，按照安装服务缴纳增值税。

❸ 修缮服务，是指对建筑物、构筑物进行修补、加固、养护、改善，使之恢复原来的使用价值或者延长其使用期限的工程作业。

❹ 装饰服务，是指对建筑物、构筑物进行修饰装修，使之美观或者具有特定用途的工程作业。

❺ 其他建筑服务，是指上列工程作业之外的各种工程作业服务。

（5）金融服务，是指经营金融保险的业务活动，包括贷款服务、直接收费金融服务、保险服务和金融商品转让。

❶ 贷款服务，是指将资金贷与他人使用而取得利息收入的业务活动。各种占用、拆借资金取得的收入，包括金融商品持有期间（含到期）利息（保本收益、报酬、资金占用费、补偿金等）收入、信用卡透支利息收入、买入返售金融商品利息收入、融资融券收取的利息收入，以及融资性售后回租、押汇、罚息、票据贴现、转贷等业务取得的利息及具有利息性质的收入，按照贷款服务缴纳增值税。

> **提示**：融资性售后回租，是指承租方以融资为目的，将资产出售给从事融资性售后回租业务的企业后，从事融资性售后回租业务的企业将该资产出租给承租方的业务活动。融资性售后回租按金融服务中的贷款服务征收增值税。

❷ 直接收费金融服务，是指为货币资金融通及其他金融业务提供相关服务并且收取费用的业务活动。

❸ 保险服务，是指投保人根据合同约定，向保险人支付保险费，保险人对于合同约定的可能发生的事故因其发生所造成的财产损失承担赔偿保险金责任，或者当被保险人死亡、伤残、疾病或者达到合同约定的年龄、期限等条件时承担给付保险金责任的商业保险行为，包括人身保险服务和财产保险服务。

❹ 金融商品转让，是指转让外汇、有价证券、非货物期货和其他金融商品所有权的业务活动。

（6）现代服务，是指围绕制造业、文化产业、现代物流产业等提供技术性、知识性服务的业务活动，包括研发和技术服务、信息技术服务、文化创意服务、物流辅助服务、租赁服务、鉴证咨询服务、广播影视服务、商务辅助服务和其他现代服务。

❶ 研发和技术服务,包括研发服务、合同能源管理服务、工程勘察勘探服务、专业技术服务。

❷ 信息技术服务,是指利用计算机、通信网络等技术对信息进行生产、收集、处理、加工、存储、运输、检索和利用,并提供信息服务的业务活动,包括软件服务、电路设计及测试服务、信息系统服务、业务流程管理服务和信息系统增值服务。

❸ 文化创意服务,包括设计服务、知识产权服务、广告服务和会议展览服务。

❹ 物流辅助服务,包括航空服务、港口码头服务、货运客运场站服务、打捞救助服务、装卸搬运服务、仓储服务和收派服务。

❺ 租赁服务,包括融资租赁服务和经营租赁服务。融资租赁服务,是指具有融资性质和所有权转移特点的租赁活动,按照标的物的不同,可分为有形动产融资租赁服务和不动产融资租赁服务。经营租赁服务,是指在约定时间内将有形动产或者不动产转让他人使用且租赁物所有权不发生变更的业务活动,按照标的物的不同,可分为有形动产经营租赁服务和不动产经营租赁服务。

❻ 鉴证咨询服务,包括认证服务、鉴证服务和咨询服务。

> **提示**:翻译服务和市场调查服务按照咨询服务缴纳增值税。

❼ 广播影视服务,包括广播影视节目(作品)的制作服务、发行服务和播映(含放映,下同)服务。

❽ 商务辅助服务,包括企业管理服务、经纪代理服务、人力资源服务、安全保护服务。

❾ 其他现代服务,是指除研发和技术服务、信息技术服务、文化创意服务、物流辅助服务、租赁服务、鉴证咨询服务、广播影视服务和商务辅助服务以外的现代服务。

(7)生活服务,是指为满足城乡居民日常生活需求提供的各类服务活动,包括文化体育服务、教育医疗服务、旅游娱乐服务、餐饮住宿服务、居民日常服务和其他生活服务。

❶ 文化体育服务,包括文化服务和体育服务。文化服务,是指为满足社会公众文化生活需求提供的各种服务。体育服务,是指组织举办体育比赛、体育表演、体育活动,以及提供体育训练、体育指导、体育管理的业务活动。

❷ 教育医疗服务,包括教育服务和医疗服务。教育服务,是指提供学历教育服务、非学历教育服务、教育辅助服务的业务活动。医疗服务,是指提供医学检查、诊断、治疗、康复、预防、保健、接生、计划生育、防疫服务等方面的服务,以及与这些服务有关的提供药品、医用材料器具、救护车、病房住宿和伙食的业务活动。

❸ 旅游娱乐服务,包括旅游服务和娱乐服务。旅游服务,是指根据旅游者的要求,组织安排交通、游览、住宿、餐饮、购物、文娱、商务等服务的业务活动。娱乐服务,是指为娱乐活动同时提供场所和服务的业务活动。

❹ 餐饮住宿服务,包括餐饮服务和住宿服务。餐饮服务,是指通过同时提供饮食和饮食场所的方式为消费者提供饮食消费服务的业务活动。住宿服务,是指提供住宿场所及配套服务等的业务活动。

❺ 居民日常服务,是指主要为满足居民个人及其家庭日常生活需求而提供的服务,包括市容市政管理、家政、婚庆、养老、殡葬、照料和护理、救助救济、美容美发、按摩、桑拿、氧

吧、足疗、沐浴、洗染、摄影扩印等服务。

❻ 其他生活服务,是指除文化体育服务、教育医疗服务、旅游娱乐服务、餐饮住宿服务和居民日常服务以外的生活服务。

2. 境内销售无形资产

销售无形资产,是指转让无形资产所有权或者使用权的业务活动。无形资产,是指不具实物形态,但能带来经济利益的资产,包括技术、商标、著作权、商誉、自然资源使用权和其他权益性无形资产。

3. 境内销售不动产

销售不动产,是指转让不动产所有权的业务活动。不动产,是指不能移动或者移动后会引起性质、形状改变的财产,包括建筑物、构筑物等。

> 提示:转让建筑物有限产权或者永久使用权的,转让在建的建筑物或者构筑物所有权的,以及在转让建筑物或者构筑物时一并转让其所占土地的使用权的,按照销售不动产缴纳增值税。

境内销售服务、无形资产或者不动产,是指:

(1) 服务(租赁不动产除外)或者无形资产(自然资源使用权除外)的销售方或者购买方在境内。

(2) 所销售或者租赁的不动产在境内。

(3) 所销售自然资源使用权对应的自然资源在境内。

> 提示:下列情形不属于在境内销售服务或者无形资产:
> (1) 境外单位或者个人向境内单位或者个人销售完全在境外发生的服务,如境外单位向境内单位提供完全发生在境外的会展服务。
> (2) 境外单位或者个人向境内单位或者个人销售完全在境外使用的无形资产,如境外单位向境内单位销售完全在境外使用的专利和非专利技术。
> (3) 境外单位或者个人向境内单位或者个人出租完全在境外使用的有形动产,如境外单位向境内单位或者个人出租完全在境外使用的小汽车。

销售服务、无形资产或者不动产,是指有偿提供服务、有偿转让无形资产或者不动产,但属于下列非经营活动的情形除外:

(1) 行政单位收取的同时满足相关条件的政府性基金或者行政事业性收费。

(2) 单位或者个体工商户聘用的员工为本单位或者雇主提供取得工资的服务,如单位聘用的驾驶员为本单位职工开班车。

(3) 单位或者个体工商户为聘用的员工提供服务,如单位提供班车接送本单位职工上下班。

(四) 特殊行为的征税范围

除以上几大项目外,下列行为也应征收增值税。

1. 视同销售行为

为了防止税款流失和税款抵扣链条的中断,单位或个体工商户的下列行为,视同销售货物、服务、无形资产或者不动产,征收增值税。

(1) 将货物交付其他单位或者个人代销。
(2) 销售代销货物。
(3) 设有两个以上机构并实行统一核算的纳税人,将货物从一个机构移送至其他机构用于销售,但相关机构设在同一县(市)的除外。
(4) 将自产或委托加工的货物用于集体福利或个人消费。
(5) 将自产、委托加工或购进的货物作为投资,提供给其他单位或个体工商户。
(6) 将自产、委托加工或购进的货物分配给股东或者投资者。
(7) 将自产、委托加工或购进的货物无偿赠送给其他单位或者个人。
(8) 单位或个体工商户向其他单位或者个人无偿提供服务,但用于公益事业或者以社会公众为对象的除外。
(9) 单位或者个人向其他单位或者个人无偿转让无形资产或者不动产,但用于公益事业或者以社会公众为对象的除外。

> **提示**:视同销售行为中,所涉及的符合规定的外购货物进项税额允许抵扣。其中,购进货物用于第(4)项的,进项税额不得扣除,已经抵扣的,应作进项税额转出处理。

【做中学 2-1】

某企业(一般纳税人)外购原材料一批,取得的增值税专用发票上注明销售额为 200 000 元,增值税税额为 26 000 元。本月该企业将该批原材料的 20% 对外捐赠;月底,企业将该批原材料的 10% 用于发放职工福利。请问这两项业务的进项税额可以抵扣吗?

分析:外购原材料的 20% 用于对外捐赠,应视同销售计算销项税额,该部分原材料的进项税额可以抵扣。

企业领用该批原材料的 10% 用于发放职工福利,属于外购货物用于集体福利项目,不可视同销售处理。货物的用途发生了变化,在其购进过程中即使取得了防伪税控系统开具的专用发票,也不得抵扣进项税额。

2. 混合销售

一项销售行为既涉及货物又涉及服务,称为混合销售。

> **提示**:混合销售行为中的销售货物与提供服务是存在于一项销售行为之中的,两者之间存在紧密相连的从属关系。

对混合销售的税务处理方法是:从事货物的生产、批发或者零售的单位和个体工商户的混合销售行为,按照销售货物缴纳增值税;其他单位和个体工商户的混合销售行为,按照销售服务缴纳增值税。比如,生产货物的单位,在销售货物的同时附带运输服务,其销售货物及提供运输的行为属于混合销售行为,所收取的货物款项及运输费用应一律按销售货物计缴增值税。

> **提示**:上述从事货物的生产、批发或者零售的单位和个体工商户,包括以从事货物的生产、批发或者零售为主,兼营销售服务的单位和个体工商户。

【做中学2-2】
　　一生产空调的厂家,在销售空调的同时提供安装服务,共向顾客收取了3 100元,其中包括安装收入100元。请问,该厂家取得的收入是否属于混合销售收入?应如何纳税?
　　分析:该厂家在销售空调的同时提供了安装劳务,销售货物与提供服务之间具有从属关系,因此该行为应属于混合销售行为。这是一家从事货物生产的企业,其发生的混合销售行为应按销售货物缴纳增值税。

3. 兼营行为
　　兼营行为用于描述纳税人兼有适用不同税率或者征收率的销售货物、劳务、服务、无形资产或者不动产的情形。

提示:兼营行为中的各项行为之间无直接联系和从属关系。

　　对兼营行为的税务处理方法是:纳税人兼营销售货物、劳务、服务、无形资产或者不动产,适用不同税率或者征收率的,应当分别核算适用不同税率或者征收率的销售额;未分别核算的,从高适用税率。具体规定如下:
　　(1)兼有不同税率的销售货物、加工修理修配劳务、服务、无形资产或者不动产,从高适用税率。
　　(2)兼有不同征收率的销售货物、加工修理修配劳务、服务、无形资产或者不动产,从高适用征收率。
　　(3)兼有不同税率和征收率的销售货物、加工修理修配劳务、服务、无形资产或者不动产,从高适用税率。

【做中学2-3】
　　建材商店既销售建材,又对外承接装饰、装修业务。请问:该商店取得的各项收入属于混合销售收入还是兼营收入?应如何纳税?
　　分析:该商店销售建材并承接装饰、装修劳务,两项业务之间并没有直接联系,属于兼营行为。如果商店将销售收入和服务收入分别核算,则销售商品收入按销售货物的13%税率缴纳增值税,装饰、装修收入按建筑服务的9%税率缴纳增值税。若未将两项收入分别核算,则全部收入按13%的税率计缴增值税。

三、增值税的纳税人
　　凡在我国境内销售货物、进口货物以及提供加工修理修配劳务、提供应税服务的单位和个人,均为增值税的纳税人。
　　在境外的单位或者个人在境内提供应税劳务,在境内未设有经营机构的,以其境内代理人为扣缴义务人;在境内没有代理人的,以购买方为扣缴义务人。

为了严格规范增值税的征收管理,简化经营规模小的纳税人的计税办法,我国将增值税纳税人依其经营规模及会计核算健全与否划分为一般纳税人和小规模纳税人。

(一) 一般纳税人的登记及管理

一般纳税人是指年应征增值税销售额超过小规模纳税人标准的企业和单位。

符合一般纳税人条件的纳税人应当向主管税务机关进行一般纳税人资格登记,可按规定领购和使用增值税专用发票,按相关条例的规定计缴增值税。

年应税销售额未超过规定标准的纳税人,会计核算健全,能够提供准确税务资料的,可以向主管税务机关办理一般纳税人资格登记,成为一般纳税人。

除国家税务总局另有规定的情形外,纳税人登记为一般纳税人后,不得转为小规模纳税人。

> **提示**:年应税销售额超过规定标准的个体工商户以外的其他个人不属于一般纳税人。年应税销售额超过规定标准但不经常发生应税行为的单位和个体工商户可选择按照小规模纳税人纳税。

(二) 小规模纳税人的登记及管理

小规模纳税人是指年应税销售额在规定标准以下,且会计核算不健全,不能够提供准确税务资料的增值税纳税人。所谓"会计核算不健全"是指其不能够按照国家统一的会计制度规定设置账簿,不能根据合法、有效的凭证进行核算。

自 2018 年 5 月 1 日起,小规模纳税人的认定标准为"年应税销售额在 500 万元及以下"。

> **提示**:年应税销售额,是指纳税人在连续不超过 12 个月的经营期内的累计应纳增值税(不含税)销售额,包括减、免税销售额、纳税评估销售额、稽查查补销售额、发生境外应税行为销售额以及按规定已从销售额中差额扣除的部分。

小规模纳税人适用简易征税办法,除国家税务总局另有规定的情形外,不能使用增值税专用发票抵扣进项税额,自 2020 年 2 月起,可以自愿使用增值税专用发票管理系统开具增值税专用发票,也可由税务机关代开增值税专用发票。

四、增值税的税率和征收率

增值税一般纳税人与小规模纳税人采用不同的计税方法。一般纳税人采用一般计税方法(购进扣税法),适用增值税税率;小规模纳税人采用简易计税方法,适用增值税征收率。一般纳税人发生财政部和国家税务总局规定的特定应税行为时,可以选择适用简易计税方法计税,此时适用征收率。

(一) 税率

自 2019 年 4 月 1 日起,一般纳税人适用的增值税税率有 13%、9%、6% 和零税率四种,一般纳税人增值税税率及适用范围如表 2-1 所示。

表 2-1　　　　　　　　　一般纳税人增值税税率及适用范围

税率	适用范围
13%	1. 销售或进口货物（除适用9%税率的情形外） 2. 提供加工、修理修配劳务 3. 提供有形动产租赁服务
9%	1. 销售或进口以下货物 　（1）农产品（含粮食）、食用植物油 　（2）热水、自来水、暖气、冷气、煤气、石油液化气、天然气、沼气、居民用煤炭制品 　（3）图书、报纸、杂志、音像制品、电子出版物 　（4）饲料、化肥、农药、农机、农膜 　（5）国务院规定的其他货物（如二甲醚、食用盐等） 2. 提供交通运输业服务 3. 提供邮政业服务 4. 提供基础电信服务 5. 提供建筑业服务 6. 提供不动产租赁服务 7. 销售不动产 8. 转让土地使用权
6%	1. 提供增值电信服务 2. 提供金融服务 3. 提供现代服务（有形动产租赁服务、不动产租赁服务除外） 4. 提供生活服务 5. 销售无形资产（土地使用权除外）
零税率	1. 出口货物（国务院另有规定的除外） 2. 境内单位和个人发生财政部和国家税务总局规定范围内的跨境应税行为

（二）征收率

增值税征收率为3%,适用于小规模纳税人以及一般纳税人适用简易计税方法计税的特定项目,财政部和国家税务总局另有规定的除外。

五、增值税的税收优惠

增值税的减免等优惠政策由国务院统一规定,任何地区和部门不得擅自出台优惠政策。

（一）增值税法定免税项目

（1）农业生产者销售的自产初级农产品。

（2）避孕药品和用具。

（3）古旧图书。

（4）直接用于科学研究、科学实验和教学的进口仪器、设备。

（5）外国政府、国际组织无偿援助的进口物资和设备。

（6）由残疾人组织直接进口,供残疾人专用的物品。

（7）销售自己使用过的物品。所谓自己使用过的物品,是指其他个人自己使用过的物品。

(二)"营改增"过渡期间免税政策

(1) 托儿所、幼儿园提供的保育和教育服务。

(2) 养老机构提供的养老服务。

(3) 残疾人福利机构提供的育养服务。

(4) 婚姻介绍服务。

(5) 殡葬服务。

(6) 残疾人员本人为社会提供的服务。

(7) 医疗机构提供的医疗服务。

(8) 从事学历教育的学校提供的教育服务。

(9) 学生勤工俭学提供的服务。

(10) 农业机耕、排灌、病虫害防治、植物保护、农牧保险以及相关技术培训业务,家禽、牲畜、水生动物的配种和疾病防治。

(11) 纪念馆、博物馆、文化馆、文物保护单位管理机构、美术馆、展览馆、书画院、图书馆在自己的场所提供文化体育服务取得的第一道门票收入。

(12) 寺院、宫观、清真寺和教堂举办文化、宗教活动的门票收入。

(13) 行政单位之外的其他单位收取的符合规定条件的政府性基金和行政事业性收费。

(14) 个人转让著作权。

(15) 个人销售自建自用住房。

(16) 2025年12月31日前,公共租赁住房经营管理单位出租、公共租赁住房。

(17) 我国台湾航运公司、航空公司从事海峡两岸海上直航、空中直航业务在大陆取得的运输收入。

(18) 纳税人提供的直接或者间接国际货物运输代理服务。

(19) 符合条件的利息收入,如国家助学贷款、国债、地方政府债、人民银行对金融机构的贷款、住房公积金管理中心用住房公积金在指定的委托银行发放的个人住房贷款等。

(20) 被撤销金融机构以货物、不动产、无形资产、有价证券、票据等财产清偿债务。

(21) 保险公司开办的一年期以上人身保险产品取得的保费收入。

(22) 符合条件的金融商品转让收入,如个人从事金融商品转让业务等。

(23) 金融同业往来利息收入。

(24) 符合规定条件的担保机构从事中小企业信用担保或者再担保业务取得的收入(不含信用评级、咨询、培训等收入)3年内免征增值税。

(25) 国家商品储备管理单位及其直属企业承担商品储备任务,从中央或者地方财政取得的利息补贴收入和价差补贴收入。

(26) 纳税人提供技术转让、技术开发和与之相关的技术咨询、技术服务。

(27) 符合条件的合同能源管理服务。

(28) 2027年12月31日前,科普单位的门票收入,以及县级及以上党政部门和科协开展科普活动的门票收入。

(29) 政府举办的从事学历教育的高等、中等和初等学校(不含下属单位),举办进修班、培训班取得的全部归该学校所有的收入。

(30) 政府举办的职业学校设立的主要为在校学生提供实习场所,并由学校出资自办、由学校负责经营管理,经营收入归学校所有的企业,从事"现代服务"(不含融资租赁服务、广告服务和其他现代服务）、"生活服务"（不含文化体育服务、其他生活服务和桑拿、氧吧）业务活动取得的收入。

(31) 家政服务企业由员工制家政服务员提供家政服务取得的收入。

(32) 福利彩票、体育彩票的发行收入。

(33) 军队空余房产租赁收入。

(34) 为了配合国家住房制度改革，企业、行政事业单位按房改成本价、标准价出售住房取得的收入。

(35) 将土地使用权转让给农业生产者用于农业生产。

(36) 涉及家庭财产分割的个人无偿转让不动产、土地使用权。

(37) 土地所有者出让土地使用权和土地使用者将土地使用权归还给土地所有者。

(38) 县级以上地方人民政府或自然资源行政主管部门出让、转让或收回自然资源使用权（不含土地使用权）。

(39) 随军家属就业。

(40) 军队转业干部就业。

纳税人兼营免税、减税项目的，应当分别核算免税、减税项目的销售额；未分别核算销售额的，不得免税、减税。

纳税人提供应税服务适用免税、减税规定的，可以放弃免税、减税，依照规定缴纳增值税。放弃免税、减税后，36 个月内不得再申请免税、减税。

纳税人提供应税服务，同时适用免税和零税率规定的，优先适用零税率。

(三) 增值税起征点

个人销售货物、提供应税劳务和提供应税服务的销售额未达到增值税起征点的，免征增值税；达到起征点的，全额征收增值税。

增值税起征点幅度如下：

(1) 按期纳税的，为月销售额 5 000～20 000 元（含本数）。

(2) 按次纳税的，为每次（日）销售额 300～500 元（含本数）。

起征点的调整由财政部和国家税务总局规定。省、自治区、直辖市财政厅（局）和国家税务局应当在规定的幅度内，根据实际情况确定本地区适用的起征点，报财政部和国家税务总局备案。

> 提示：增值税起征点规定只限于个人，不包括登记为一般纳税人的个体工商户。

自 2023 年 1 月 1 日起至 2027 年 12 月 31 日，小规模纳税人发生增值税应税销售行为，合计月销售额未超过 10 万元（以 1 个季度为 1 期纳税的，季度销售额未超过 30 万元）的，免征增值税。

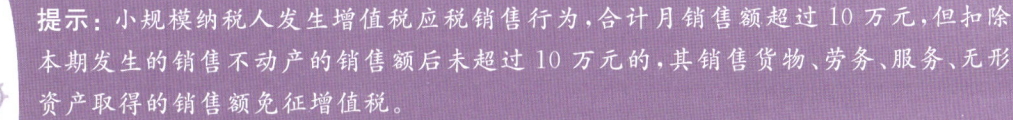

小规模纳税人优惠政策的疑问解答

> 提示：小规模纳税人发生增值税应税销售行为，合计月销售额超过 10 万元，但扣除本期发生的销售不动产的销售额后未超过 10 万元的，其销售货物、劳务、服务、无形资产取得的销售额免征增值税。
>
> 适用增值税差额征税政策的增值税小规模纳税人，以差额后的销售额确定是否可以享受 10 万元（按季纳税 30 万元）以下免征增值税政策。

引例解析

本任务引例中,城达运输公司的年应税营业额为1 000万元,超过一般纳税人的认定标准,应至税务机关登记为一般纳税人。某年1月提供运输服务取得的运输收入和货车出租收入均属于增值税的征税范围,其中运输服务按交通运输业9%的税率计算缴纳增值税,货车出租收入按有形动产租赁13%的税率计算缴纳增值税。

任务二 计算增值税

任务引例

城达运输公司(一般纳税人)某日为甲公司提供运输服务,取得收入12 000元,开具增值税专用发票一张;为乙公司提供运输服务,取得收入3 270元,开具增值税普通发票一张。请分析两项收入是否均应按发票上所载销售额直接计算增值税销项税额。

【知识准备与业务操作】

增值税计算方法包括一般计税方法和简易计税方法。其中,一般计税方法适用于一般纳税人;简易计税方法既适用于小规模纳税人,又适用于一般纳税人按该计税方法计税的特定应税行为。

一、计算一般计税方法下的增值税应纳税额

一般计税方法,即购进扣税法,适用于一般纳税人。其计算公式为:

$$应纳税额 = 当期销项税额 - 当期进项税额$$

(一)计算销项税额

销项税额是指纳税人销售货物、提供应税劳务或发生应税行为,按照销售额以及规定的税率计算并向购买方收取的增值税税额。其计算公式为:

$$销项税额 = 销售额 \times 税率$$

1. 确定一般销售方式下的销售额

销售额是指纳税人销售货物、提供应税劳务或发生应税行为而向购买方收取的全部价款和价外费用,但是不包括收取的销项税额(价外税)。

其中,价外费用,是指价外收取的各种性质的费用,但不包括以下项目:

(1)向购买方收取的销项税额。

(2)同时符合下列条件的代为收取的政府性基金或者行政事业性收费:❶ 由国务院或者财政部批准设立的政府性基金,由国务院或者省级人民政府及其财政、价格主管部门批准设立的行政事业性收费;❷ 收取时开具省级以上财政部门印制的财政票据;❸ 所收款项全

额上缴财政。

(3) 以委托方名义开具发票,代委托方收取的款项。

> **提示**:凡价外费用,无论会计制度如何核算,均应按适用税率还原成不含税价并入销售额计算应纳税额。

在销项税额的计算过程中,销售额如果含税,需要先还原成不含税销售额,再计算销项税额。其计算公式为:

不含税销售额=含税销售额÷(1+税率)

> **提示**:常见的需要还原计算的情形有:
> ❶ 商业企业零售价为含税销售额。
> ❷ 未开具发票时的销售额为含税销售额。
> ❸ 价外费用属于含税销售额。
> ❹ 包装物押金收入属于含税销售额。

【做中学 2-4】

某木器加工厂(增值税一般纳税人)某月销售组合家具100套,增值税专用发票上注明的销售额为200万元。同时,该企业还一次性向购买方收取包装费3.39万元。请计算此业务的销项税额。

计算:销项税额=200×13%+3.39÷(1+13%)×13%=26.39(万元)

2. 确定特殊销售方式下的销售额

(1) 采取折扣销售方式销售。

折扣销售是指销货方在销售货物或提供应税劳务、发生应税行为时,因购货方购货数量较大等原因而给予购货方价格优惠,即采用商业折扣方式销售。采取折扣销售方式销售货物,如果销售额和折扣额在同一张发票上注明,可以按减除折扣后的销售额计税;如果折扣额另开发票,无论会计上如何处理,均不得按折扣后的销售额计税。

【做中学 2-5】

某书店(增值税一般纳税人)批发图书一批,每册标价30元,共计1 000册,由于购买方购买数量多,按七折优惠价格成交,并将折扣部分与销售额同开在一张普通发票上。请计算此业务的计税销售额和销项税额。

分析:此项业务属于折扣销售。销售额和折扣额在同一张发票上分别注明,应以折扣后的余额为计税销售额。

计税销售额=30×1 000×70%÷(1+9%)=19 266.06(元)

销项税额=19 266.06×9%=1 733.95(元)

(2) 采取销售折扣方式销售。

销售折扣是指销货方在销售货物或提供应税劳务、发生应税行为后，为了鼓励购货方及早偿还货款而协议许诺给购货方的一种折扣优待，即采用现金折扣方式销售。销售折扣发生在销货之后，属于一种融资行为，因此折扣额不得从销售额中减除。

【做中学 2-6】

甲企业（增值税一般纳税人）本月销售给某商店 A 商品一批，由于货款及时回笼，根据合同规定，给予该商店 5% 的现金折扣，甲企业实际取得不含税销售额 250 万元。请计算此业务的计税销售额和销项税额。

计算：

计税销售额 = 250 ÷ 95% = 263.157 9（万元）

销项税额 = 263.157 9 × 13% = 34.210 5（万元）

(3) 采取以旧换新方式销售。

采取以旧换新方式销售货物，应按新货物同期售价确定销售额，不能扣除旧货物的回收价格。考虑到金银首饰以旧换新业务的特殊情况，对金银首饰以旧换新业务，可以按销售方实际收取的不含增值税的全部价款征收增值税，即可扣除旧金银首饰的回收价格。

【做中学 2-7】

乙企业（增值税一般纳税人）采用以旧换新方式共销售某电机产品 500 台，每台旧电机产品作价 300 元，扣除旧货收购价后实际取得不含税销售收入 810 000 元。请计算此业务的销项税额。

计算：销项税额 =（810 000 + 500 × 300）× 13% = 124 800（元）

【做中学 2-8】

某金银首饰商店（增值税一般纳税人）销售了 10 条金项链，每条新项链的零售价格为 6 000 元。请计算此业务的销项税额。

计算：销项税额 = 6 000 × 10 ÷（1 + 13%）× 13% = 6 902.65（元）

假设顾客拿来一条旧的项链，要打成和新的一样，以旧换新，抵后实收 4 000 元，计算此业务的销项税额。

计算：销项税额 = 4 000 ÷（1 + 13%）× 13% = 460.18（元）

(4) 采取以物易物方式销售。

采取以物易物方式销售货物，双方都应各自作购销处理，以各自发出的货物核算销售额并计算销项税额，以各自收到的货物按规定核算购货额并计算进项税额。

【做中学 2-9】

丙酒厂(增值税一般纳税人)销售白酒 300 箱给各专卖店,取得不含税销售收入 600 万元;另用白酒 10 箱换回小轿车一辆。请计算此业务的销项税额。

分析:换回小轿车的白酒单价应按同类产品的平均售价确定。

销项税额=(600+600÷300×10)×13%=80.6(万元)

(5) 出租、出借包装物收取的押金。

为销售货物而出租、出借包装物收取的押金,单独记账核算的,不并入销售额计税。但对逾期(1 年)未收回的包装物不再退还的押金,应先换算成不含税收入,按所包装的货物适用的税率计算增值税。此外,从 1995 年 6 月 1 日起,对销售除啤酒、黄酒外的其他酒类产品收取的包装物押金,无论是否返还以及会计上如何核算,均应并入销售额计税。

【做中学 2-10】

丙酒厂(增值税一般纳税人)本月向一小规模纳税人销售白酒,开具的普通发票上注明的金额为 90 400 元;同时收取单独核算的包装物押金 2 000 元。请计算此业务的销项税额。

计算:销项税额=[90 400÷(1+13%)+2 000÷(1+13%)]×13%=10 630.09(元)

(6) 销售使用过的固定资产。

一般纳税人销售自己使用过的固定资产,应区分不同情形征收增值税,其税务处理如表 2-2 所示。

表 2-2　　　　　　　　　　销售使用过的固定资产的税务处理

具体项目	税务处理	计税公式
2008 年 12 月 31 日以前购进或自制的使用过的固定资产(未抵扣进项税额)	按简易办法征税:按照 3%征收率减按 2%征收增值税	增值税应纳税额=售价÷(1+3%)×2%
2009 年 1 月 1 日以后购进或自制的不得抵扣且未抵扣进项税额的使用过的固定资产		
2009 年 1 月 1 日以后购进或自制的已抵扣进项税额的使用过的固定资产	按正常销售货物的适用税率征收增值税	增值税销项税额=售价÷(1+适用税率)×税率

提示:按简易办法征税时,我们计算的是增值税"应纳税额",而非"销项税额"。

【做中学 2-11】

某生产企业（增值税一般纳税人）2023年5月将资产盘点过程中不需要的部分资产进行处理：销售一台2008年3月购入的机器设备，取得收入9 200元；销售一台2015年1月购入的生产用机器设备，取得收入33 900元，增值税税率为13%。请计算此业务应缴纳的增值税。

分析：2008年购入的设备购进时未抵扣进项税额，销售时应按3%征收率减按2%征收增值税；2015年1月购入的生产用设备购入时已抵扣进项税额，销售时应将适用税率征收增值税。

增值税应纳税额 = 9 200 ÷ (1+3%) × 2% = 178.64(元)

增值税销项税额 = 33 900 ÷ (1+13%) × 13% = 3 900(元)

（7）"营改增"试点一般计税方法差额计税项目。

❶ 金融商品转让。金融商品转让，是指转让外汇、有价证券、非货物期货和其他金融商品所有权（包括基金、信托、理财产品等各类资产管理产品和各种金融衍生品）的业务活动。金融商品转让，以卖出价扣除买入价后的余额为销售额。

金融商品转让，不得开具增值税专用发票。

> **提示：** 金融商品的买入价，可以选择按照加权平均法或者移动加权平均法进行核算，选择后36个月内不得变更。
>
> 转让金融商品出现的正负差，以盈亏相抵后的余额为销售额。相抵后出现的负差可结转下一纳税期与下期转让金融商品的销售额相抵，但年末时仍出现负差的，不得再转入下一个会计年度。

❷ 经纪代理服务。经纪代理服务，是指各类经纪、中介、代理服务，包括金融代理、知识产权代理、货物运输代理、代理报关、法律代理、房地产中介、职业中介、婚姻中介、代理记账、拍卖等。经纪代理服务，以取得的全部价款和价外费用，扣除向委托方收取并代为支付的政府性基金或者行政事业性收费后的余额为销售额。

向委托方收取的政府性基金或者行政事业性收费，不得开具增值税专用发票。

❸ 融资租赁和融资性售后回租业务。融资租赁服务，是指具有融资性质和所有权转移特点的租赁活动。即出租人根据承租人所要求的规格、型号、性能等条件购入有形动产或者不动产租赁给承租人，合同期内，租赁物所有权属于出租人，承租人只拥有使用权，合同期满付清租金后，承租人有权按照残值购入租赁物，以拥有其所有权。无论出租人是否将租赁物销售给承租人，均属于融资租赁。

按照标的物的不同，融资租赁服务可分为有形动产融资租赁服务和不动产融资租赁服务。

经人民银行、银保监会或者商务部批准从事融资租赁业务的试点纳税人，提供融资租赁服务的，以取得的全部价款和价外费用，扣除支付的借款利息（包括外汇借款和人民币借款利息）、发行债券利息和车辆购置税后的余额为销售额。

融资性售后回租，是指承租方以融资为目的，将资产出售给从事融资性售后回租业务的企业后，从事融资性售后回租业务的企业将该资产出租给承租方的业务活动。

经人民银行、银保监会或者商务部批准的从事融资租赁业务的试点纳税人,提供融资性售后回租服务,以取得的全部价款和价外费用(不含本金),扣除对外支付的借款利息(包括外汇借款和人民币借款利息)、发行债券利息后的余额为销售额。

融资性售后回租属于贷款服务,不得开具增值税专用发票。

❹ 航空运输服务。航空运输企业的销售额,不包括代收的机场建设费和代售其他航空运输企业客票而代收转付的价款。

❺ 客运场站服务。一般纳税人提供客运场站服务,以其取得的全部价款和价外费用,扣除支付给承运方运费后的余额为销售额。

❻ 旅游服务。纳税人提供旅游服务,可以选择以其取得的全部价款和价外费用,扣除向旅游服务购买方收取并支付给其他单位或者个人的住宿费、餐饮费、交通费、签证费、门票费和支付给其他接团旅游企业的旅游费用后的余额为销售额。

选择上述办法计算销售额的试点纳税人,向旅游服务购买方收取并支付的上述费用,不得开具增值税专用发票,但可以开具普通发票。

【做中学 2-12】

某旅游公司(增值税一般纳税人)某月在境内组织旅游,取得含税收入 125 000 元,其中包括代旅游者支付给其他单位的房费、餐费、交通、门票等费用 72 000 元(含税);在境内组团出境旅游,到境外后由外国旅游团接待,共取得含税收入 189 000 元,支付签证费 9 000 元(含税),支付给境外旅游公司 100 000 元(含税)。该旅游公司选择差额计税方法。请计算该公司当月增值税的计税销售额。

计算:

计税销售额 = (125 000 − 72 000 + 189 000 − 9 000 − 100 000) ÷ (1 + 6%)
= 125 471.70(元)

❼ 销售自行开发的房地产项目。房地产开发企业中的一般纳税人销售其自行开发的房地产项目(选择简易计税方法的房地产老项目除外),以取得的全部价款和价外费用,扣除受让土地时向政府部门支付的土地价款后的余额为销售额。

计税销售额 = 全部价款和价外费用 − 当期允许扣除的土地价款

$$当期允许扣除的土地价款 = \left(\frac{当期销售房地产项目建筑面积}{房地产项目可供销售建筑面积}\right) \times 支付的土地价款$$

提示:一般纳税人销售自行开发的房地产老项目,适用简易计税方法计税的,以取得的全部价款和价外费用为销售额,不得扣除对应的土地价款。

【做中学 2-13】

某房地产开发公司(增值税一般纳税人),通过"招拍挂"方式取得 150 亩净地用于房地产开发,支付土地价款 49 950 万元(含税),可售建筑面积计 18 万平方米,其中,第一期项目开盘即售罄(可售面积 6 万平方米),取得销售收入 13.32 亿元(含税)。请计算该房地产开发公司第一期项目增值税的计税销售额。

计算：

第一期项目应分摊的土地出让金=49 950×60 000÷180 000=16 650(万元)

第一期项目增值税的计税销售额=(133 200-16 650)÷(1+9%)=106 926.61(万元)

> **提示**：试点纳税人按照上述规定从全部价款和价外费用中扣除价款，应当取得符合法律、行政法规和国家税务总局规定的合法有效凭证，否则不得扣除。合法有效凭证是指：
> (1) 支付给境内单位或者个人的款项，以发票为合法有效凭证。
> (2) 支付给境外单位或者个人的款项，以该单位或者个人的签收单据为合法有效凭证，税务机关对签收单据有异议的，可以要求其提供境外公证机构的确认证明。
> (3) 缴纳的税款，以完税凭证为合法有效凭证。
> (4) 扣除的政府性基金、行政事业性收费或者向政府支付的土地价款，以省级以上(含省级)财政部门监(印)制的财政票据为合法有效凭证。
> (5) 国家税务总局规定的其他凭证。
> 纳税人取得的上述凭证属于增值税扣税凭证的，其进项税额不得从销项税额中抵扣。一票不得两用，属于扣额项目的凭证不得用于抵扣进项税额。

(8) 税务机关核定销售额。

纳税人销售货物、提供应税劳务或应税服务的价格明显偏低或者偏高且不具有合理商业目的，或者发生视同销售、视同提供应税劳务或应税服务而无销售额的，主管税务机关有权按照下列顺序确定销售额。

❶ 按照纳税人最近时期销售同类货物、服务、无形资产或者不动产的平均价格确定。
❷ 按照其他纳税人最近时期销售同类货物、服务、无形资产或者不动产的平均价格确定。
❸ 按照组成计税价格确定，组成计税价格计算公式为：

$$组成计税价格=成本\times(1+成本利润率)$$

如果征收增值税的货物同时又征收消费税，那么：

$$组成计税价格=成本\times(1+成本利润率)+消费税$$
$$=成本\times(1+成本利润率)\div(1-消费税比例税率)$$

> **提示**：销售货物的成本利润率由国家税务总局确定为10%，但应征收消费税的货物，其组成计税价格中的成本利润率为《消费税若干具体问题的规定》中规定的成本利润率。销售服务、无形资产、不动产的成本利润率由国家税务总局确定。

【做中学 2-14】

某车床厂(增值税一般纳税人)以一台自制的车床向某企业投资，该车床的同类产品销售价格无法取得，生产成本为10 500元，成本利润率为10%。请计算此业务的增值税销项税额。

计算：销项税额=10 500×(1+10%)×13%=1 501.5(元)

(二) 计算进项税额

进项税额是指纳税人购进货物、加工修理修配劳务、服务、无形资产或者不动产时所支付或负担的增值税税额,它与销售方取得的销项税额相对应。

> **提示**:计算销项税额的重点在于确认销售额,计算进项税额的重点则在于确定进项税额能否抵扣,其次才是数额的确认。

1. 准予从销项税额中抵扣的进项税额

税法规定,准予从销项税额中抵扣进项税额的情况可以分为两类:一类是以票抵税,即取得法定扣税凭证,并符合税法规定,允许抵扣的进项税额;另一类是计算抵税,即没有取得法定扣税凭证,但符合税法抵扣政策,准予计算抵扣的进项税额。

(1) 以票抵税。

纳税人每抵扣一笔进项税额,就要有一份记录该进项税额的法定扣税凭证与之相对应。可以发挥作用的增值税税额包括:

❶ 从销售方或者提供方取得的增值税专用发票(含税控机动车销售统一发票)上注明的增值税税额。

❷ 从海关取得的海关进口增值税专用缴款书上注明的增值税税额。

❸ 接受境外单位或者个人提供的应税服务,从税务机关或者境内代理人处取得的中华人民共和国税收缴款凭证(以下简称税收缴款凭证)上注明的增值税税额。

> **提示**:纳税人凭税收缴款凭证抵扣进项税额的,应当同时备齐书面合同、付款证明和境外单位的对账单或者发票。资料不全的,其进项税额不得从销项税额中抵扣。

【做中学 2-15】

某制药厂(增值税一般纳税人)购进制药原料一批,货款为 400 000 元,取得的增值税专用发票上注明的税款为 52 000 元;为购进该批制药原料支付某运输公司运费 800 元,取得的增值税专用发票上注明的税款为 72 元;另购进制药原料一批,货款为 60 000 元,取得增值税普通发票一张。请计算可抵扣的进项税额。

计算:可抵扣的进项税额=52 000+72=52 072(元)

(2) 计算抵税。

❶ 购进农产品。税法规定,购进农产品,除取得增值税专用发票或者海关进口增值税专用缴款书的情形外,用于生产适用税率为 9% 的初级农副产品的,按照农产品收购发票或者销售发票上注明的农产品买价和 9% 的扣除率计算的进项税额抵扣,用于生产、销售或委托加工增值税税率为 13% 的货物而购进的农产品,扣除率为 10%。

其进项税额的计算公式为:

$$进项税额=买价×扣除率$$

> **提示**:收购农产品的买价,包括纳税人购进农产品时在农产品收购发票或者销售发票上注明的价款和按规定缴纳的烟叶税。

> **提示**：自行计算抵扣进项税额，是以发票、凭证上的规定项目所列金额直接乘以扣除率计算出来的，计算抵扣时的计税基础不必进行价税分离。

【做中学 2-16】
某增值税一般纳税人向一农民购买自产花生加工生产花生油，农产品收购发票上注明的价款为 60 000 元。请计算可以抵扣的进项税额。

计算：可以抵扣的进项税额 = 60 000 × 9% = 5 400（元）

❷ 购进国内旅客运输服务。2019 年 4 月 1 日起，纳税人购进国内旅客运输服务，其进项税额允许从销项税额中抵扣。未取得增值税专用发票的，按照以下规定确定进项税额。

a. 取得增值税电子普通发票的，为发票上注明的税额。

b. 取得注明旅客身份信息的航空运输电子客票行程单的，按照下列公式计算进项税额：

航空旅客运输进项税额 =（票价 + 燃油附加费）÷（1 + 9%）× 9%

c. 取得注明旅客身份信息的铁路车票的，按照下列公式计算进项税额：

铁路旅客运输进项税额 = 票面金额 ÷（1 + 9%）× 9%

d. 取得注明旅客身份信息的公路、水路等其他客票的，按照下列公式计算进项税额：

公路、水路等其他旅客运输进项税额 = 票面金额 ÷（1 + 3%）× 3%

2. 不得从销项税额中抵扣的进项税额

（1）纳税人取得的增值税扣税凭证若不符合法律、行政法规或者国家税务总局有关规定，其进项税额不得从销项税额中抵扣。

（2）下列项目，即使取得合法的增值税扣税凭证，其进项税额仍不得从销项税额中抵扣：

❶ 用于简易计税方法计税项目、免征增值税项目、集体福利或者个人消费的购进货物、加工修理修配劳务、服务、无形资产和不动产。

> **提示**：纳税人的交际应酬消费属于个人消费（业务招待活动中所耗用的各类礼品，包括烟、酒、服装等，进项税额不得抵扣）。
>
> 对纳税人涉及的固定资产、无形资产（不包括其他权益性无形资产）、不动产项目的进项税额，凡发生专用于简易计税方法计税项目、免征增值税项目、集体福利或者个人消费项目的，其进项税额不得予以抵扣；发生兼用于增值税应税项目和上述项目情况的，该进项税额准予全部抵扣。
>
> 纳税人购进其他权益性无形资产，无论专用于简易计税方法计税项目、免征增值税项目、集体福利或者个人消费，还是兼用于上述项目的，进项税额均可以抵扣。

上述"固定资产"，是指使用期限超过 12 个月的机器、机械、运输工具以及其他与生产经营活动有关的设备、工具、器具等有形动产，与会计准则相对照，不包括不动产及不动产在建工程。

上述"不得抵扣且未抵扣进项税额的固定资产、无形资产、不动产"，若用途发生改变，用于允许抵扣进项税额的应税项目，可在用途改变的次月按照下列公式计算可以抵扣的进项税额：

可以抵扣的进项税额＝固定资产、无形资产、不动产净值÷(1＋适用税率)×适用税率

❷ 非正常损失的购进货物及相关的加工修理修配劳务或者交通运输业服务。

❸ 非正常损失的在产品、产成品所耗用的购进货物(不包括固定资产)、加工修理修配劳务或者交通运输业服务。

❹ 非正常损失的不动产，以及该不动产所耗用的购进货物、设计服务和建筑服务。

❺ 非正常损失的不动产在建工程所耗用的购进货物、设计服务和建筑服务。纳税人新建、改建、扩建、修缮、装饰不动产，均属于不动产在建工程。

> 提示：非正常损失，是指因管理不善造成货物被盗、丢失、霉烂变质，以及因违反法律法规造成货物或者不动产被依法没收、销毁、拆除的情形。这些非正常损失是由纳税人自身原因造成的，导致征税对象实体的灭失，其损失应由纳税人自行承担。

❻ 购进的贷款服务、餐饮服务、居民日常服务和娱乐服务。

> 提示：餐饮服务、居民日常服务和娱乐服务的主要接受对象是个人。一般纳税人购买的餐饮服务、居民日常服务和娱乐服务，难以准确地界定接受服务的对象是企业还是个人，因此，一般纳税人购进的餐饮服务、居民日常服务和娱乐服务的进项税额不得从销项税额中抵扣。
>
> 纳税人购买住宿服务产生的进项税额允许按规定抵扣。

用机票、火车票等凭证进行进项税额抵扣的相关疑问解答

❼ 财政部和国家税务总局规定的其他情形。

适用一般计税方法的纳税人，兼营简易计税方法计税项目、免征增值税项目而无法划分不得抵扣的进项税额时，按照下列公式计算不得抵扣的进项税额：

$$\text{不得抵扣的进项税额} = \text{当期无法划分的全部进项税额} \times \left[\left(\text{当期简易计税方法计税项目销售额} + \text{免征增值税项目销售额} \right) \div \left(\text{当期全部销售额} + \text{当期全部营业额} \right) \right]$$

【做中学 2-17】

某厂外购一批材料用于应税货物和免税货物的生产，取得增值税专用发票，价款为 20 000 元，增值税税款为 2 600 元，当月应税货物销售额为 50 000 元，免税货物销售额为 70 000 元。请计算当月不可抵扣的进项税额。

计算：当月不可抵扣的进项税额＝2 600×[70 000÷(50 000＋70 000)]＝1 516.67 (元)

【做中学 2-18】

某制药厂(增值税一般纳税人)某月发生以下业务：

(1) 购进制药原料一批，货款为 50 000 元，增值税专用发票上注明的税款为 6 500 元，该原料用于生产免税药品。

(2) 购进白酒 4 吨，每吨 4 500 元，计 18 000 元，增值税专用发票上注明的税款为 2 340 元。4 吨白酒中，有 0.5 吨用作春节职工福利，有 3.5 吨用作生产药酒。

(3) 支付水费、电费各 20 000 元，取得增值税专用发票，电费价外支付税额 2 600 元，水费价外支付税额 1 800 元，水费、电费中各有 10% 为职工宿舍耗用。请计算当期可抵扣的进项税额。

分析：购进制药原料生产免税药品、购进白酒用于职工福利、职工宿舍耗用水电费的进项税额均不得抵扣，则：

当期可抵扣的进项税额 = 2 340 ÷ 4 × 3.5 + (2 600 + 1 800) × (1 - 10%) = 6 007.5(元)

3. 进项税额转出

(1) 已抵扣进项税额的购进货物(不含固定资产)、劳务、服务，发生上述不得抵扣进项税额的情形(简易计税方法计税项目、免征增值税项目除外)时，应当将该进项税额从当期进项税额中扣减；无法确定该进项税额的，按照当期实际成本计算应扣减的进项税额。

> 提示："从当期发生的进项税额中扣减"意味着：已抵扣进项税额的购进货物或应税劳务是在哪一个时期改变用途的，就从纳税人该期进项税额中扣减，无须追溯这些购进货物或应税劳务抵扣进项税额的具体时期。

【做中学 2-19】

某商业企业月初购进一批饮料，取得增值税专用发票，注明价款 80 000 元，税款 10 400 元，货款已支付；另支付运输企业运费 1 000 元，取得的增值税专用发票上注明税款 90 元。月末将其中的 5% 作为福利发放给职工。请计算当月可以抵扣的进项税额。

计算：可抵扣的进项税额 = (10 400 + 90) × 95% = 9 965.5(元)

(2) 已抵扣进项税额的固定资产、无形资产或者不动产，发生上述不得抵扣进项税额的情形(简易计税方法计税项目、免征增值税项目除外)时，按照下列公式计算不得抵扣的进项税额：

不得抵扣的进项税额 = 固定资产、无形资产或者不动产净值 × 适用税率

固定资产、无形资产或者不动产净值，是指纳税人根据财务会计制度计提折旧或摊销后的余额。

【做中学 2-20】

某企业于某年 5 月购进一辆汽车自用，不含税价为 30 万元，机动车销售统一发票上注明的增值税税款为 3.9 万元，购进当期企业已确认并抵扣了进项税额。汽车采用直线法计提折旧，折旧期限为 5 年。次年 6 月，该汽车被盗。请计算该企业当月的进项税额转出额。

计算：进项税额转出额 = 3.9 ÷ 5 × 4 = 3.12(万元)

（三）计算应纳税额

应纳税额计算公式为：

$$应纳税额＝当期销项税额－当期进项税额$$

1. 计算应纳税额的时间限定

（1）计算销项税额的时限。

❶ 销售货物、提供应税劳务或应税行为的纳税义务发生时间，为收讫销售款项或者取得索取销售款项凭据的当天；先开具发票的，为开具发票的当天。

> **提示**：取得索取销售款项凭据的当天，是指书面合同确定的付款日期；未签订书面合同或者书面合同未确定付款日期的，为销售货物或应税劳务、应税服务完成的当天。

a. 采取直接收款方式销售货物的，不论货物是否发出，均为收到销售款或者取得索取销售款凭据的当天。

b. 采取托收承付和委托银行收款方式销售货物的，为发出货物并办妥托收手续的当天。

c. 采取赊销和分期收款方式销售货物的，为书面合同约定的收款日期的当天；无书面合同的或者书面合同没有约定收款日期的，为货物发出的当天。

d. 采取预收货款方式销售货物的，为货物发出的当天；但生产、销售生产工期超过12个月的大型机械设备、船舶、飞机等货物，为收到预收款或者书面合同约定的收款日期的当天。

e. 委托其他纳税人代销货物的，为收到代销单位的代销清单或者收到全部或者部分货款的当天。未收到代销清单及货款的，为发出代销货物满180天的当天。

❷ 纳税人提供租赁服务采取预收款方式的，其纳税义务发生时间为收到预收款的当天。

❸ 纳税人从事金融商品转让的，为金融商品所有权转移的当天。

❹ 纳税人发生视同销售货物行为的，为货物移送的当天，或劳务、服务、无形资产转让完成的当天，或者不动产权属变更的当天。

❺ 进口货物，为报关进口的当天。

❻ 增值税扣缴义务发生时间为纳税人增值税纳税义务发生的当天。

（2）抵扣进项税额的时限。

为保证准时、准确记录和核算增值税，税法对计入当期进项税额的时间加以严格规定。

❶ 增值税一般纳税人取得增值税专用发票和机动车销售统一发票，应认证或登录增值税发票选择确认平台进行确认，并在认证通过或确认的次月申报期内申报抵扣进项税额。

未办理认证或者确认的，不得作为合法的增值税扣税凭证，不得抵扣进项税额。国家税务总局另有规定的情形除外。

❷ 增值税一般纳税人取得海关进口增值税专用缴款书，应向主管税务机关报送海关完税凭证抵扣清单，申请稽核比对。

对稽核比对结果为"相符"的海关缴款书，纳税人应在税务机关提供稽核比对结果的次月申报期内申报抵扣进项税额。逾期的，其进项税额不予抵扣（当月比对相符，当月抵扣）。国家税务总局另有规定的情形除外。

2. 计算应纳税额时进项税额不足抵扣的处理方法

若当期销项税额小于当期进项税额,当期进项税额不足抵扣的部分可结转下期继续抵扣。

> 提示:符合下列情形之一者,应当按照销售额和增值税税率计算应纳税额,不得抵扣进项税额,也不得使用增值税专用发票:
> (1) 一般纳税人会计核算不健全,或者不能够提供准确税务资料的。
> (2) 应当申请办理一般纳税人资格登记而未办理的。

【做中学 2-21】

某工业企业(增值税一般纳税人),某月购销业务情况如下(假定本月取得的相关发票均在本月确认并抵扣,A、B 产品均适用 13% 的税率):

(1) 购进生产用设备一批,取得的增值税专用发票上注明的价款为 230 000 元,增值税税额为 29 900 元;支付运费 5 000 元,取得的增值税专用发票上注明的增值税税额为 450 元。

(2) 购进钢材 20 吨,取得的增值税专用发票上注明的价款为 80 000 元,增值税税额为 10 400 元;支付运费 1 000 元,取得增值税普通发票。

(3) 直接向农民收购用于生产加工的农产品一批,经税务机关批准的收购凭证上注明的价款为 200 000 元。

(4) 销售 A 产品一批,货已发出并办妥银行托收手续,但货款未到,向买方开具的增值税专用发票上注明销售额为 420 000 元。

(5) 将自产 B 产品赠送给某单位使用,该批产品的生产成本为 20 000 元,成本利润率为 10%,未开具发票。

(6) 月末将本月外购的钢材 20 吨及库存的同价钢材 20 吨移送本企业供修建职工宿舍工程使用。

(7) 期初留抵进项税额 5 000 元。

请根据以上资料,计算该企业当期的增值税应纳税额。

计算:

当期销项税额 = 420 000 × 13% + 20 000 × (1 + 10%) × 13% = 57 460(元)

当期进项税额 = 29 900 + 450 + 10 400 + 200 000 × 9% − 10 400 × 2 = 37 950(元)

增值税应纳税额 = 当期销项税额 − 当期进项税额 − 期初留抵税额
= 57 460 − 37 950 − 5 000 = 14 510(元)

二、计算简易计税方法下的增值税应纳税额

简易计税方法下的应纳税额,是指按照销售额和征收率计算的增值税税额,不得抵扣进项税额。应纳税额计算公式为:

$$应纳税额 = 销售额 \times 征收率$$

> 提示：上述公式中的销售额为不含税销售额。

（一）计算小规模纳税人适用简易计税方法的应纳税额

小规模纳税人在销售货物、提供应税劳务、发生应税行为时，一般只能开具普通发票，因此取得的销售收入均为含税销售额（除由税务机关代开的增值税专用发票上记载的销售额外），应先换算成不含税销售额才能计算应纳税额。换算公式为：

$$不含税销售额 = 含税销售额 \div (1 + 征收率)$$

【做中学 2-22】

某商店为增值税小规模纳税人，某季度购进货物 150 000 元，该季度取得零售收入 120 000 元。请计算该商店该季度的增值税应纳税额。

计算：增值税应纳税额 = 120 000 ÷ (1+3%) × 3% = 3 495.15（元）

（二）计算一般纳税人适用简易计税方法的应纳税额

一般纳税人按简易计税方法计税时不得抵扣进项税额。

一般纳税人发生下列应税行为，可以选择适用简易计税方法计税。

（1）公共交通运输服务，公共交通包括轮客渡、公交客运、地铁、城市轻轨、出租车、长途客运、班车。

（2）经认定的动漫企业为开发动漫产品提供的动漫脚本编撰、形象设计、背景设计、动画设计、分镜、动画制作、摄制、描线、上色、画面合成、配音、配乐、音效合成、剪辑、字幕制作、压缩转码（面向网络动漫、手机动漫格式适配）服务，以及在境内转让动漫版权（包括动漫品牌、形象或者内容的授权及再授权）。

（3）电影放映服务、仓储服务、装卸搬运服务、收派服务和文化体育服务。

（4）以纳入营改增试点之日前取得的有形动产为标的物提供的经营租赁服务。

（5）在纳入营改增试点之日前签订的尚未执行完毕的有形动产租赁合同。

（6）其余可以选择适用简易计税方法计税的项目，其计税方法可参见建筑服务计税方法、销售不动产计税方法、不动产经营租赁服务计税方法。

> 提示：一般纳税人提供财政部和国家税务总局规定的特定应税服务，可以选择适用简易计税方法计税，计税方法一经选择，36 个月内不得变更。

三、建筑服务、销售不动产、不动产经营租赁服务的计税办法

（一）建筑服务的计税方法

（1）一般纳税人以清包工方式提供的建筑服务，可以选择适用简易计税方法计税。

以清包工方式提供建筑服务，是指施工方不采购建筑工程所需的材料或只采购辅助材料，并收取人工费、管理费或者其他费用的建筑服务。

(2) 一般纳税人为甲供工程提供的建筑服务,可以选择适用简易计税方法计税。

甲供工程,是指全部或部分设备、材料、动力由工程发包方自行采购的建筑工程。

(3) 一般纳税人为建筑工程老项目提供的建筑服务,可以选择适用简易计税方法计税。

建筑工程老项目,是指建筑工程施工许可证注明的合同开工日期在2016年4月30日前的建筑工程项目和未取得建筑工程施工许可证的,建筑工程承包合同注明的开工日期在2016年4月30日前的建筑工程项目。

(4) 一般纳税人跨县(市)提供建筑服务,适用一般计税方法计税的,应以取得的全部价款和价外费用为销售额计算应纳税额。纳税人应以取得的全部价款和价外费用扣除支付的分包款后的余额,按照2%的预征率在建筑服务发生地预缴税款后,向机构所在地主管税务机关进行纳税申报。

(5) 一般纳税人跨县(市)提供建筑服务,选择适用简易计税方法计税的,应以取得的全部价款和价外费用扣除支付的分包款后的余额为销售额,按照3%的征收率计算应纳税额。纳税人应按照上述计税方法在建筑服务发生地预缴税款后,向机构所在地主管税务机关进行纳税申报。

(6) 试点纳税人中的小规模纳税人(以下称小规模纳税人)跨县(市)提供建筑服务,应以取得的全部价款和价外费用扣除支付的分包款后的余额为销售额,按照3%的征收率计算应纳税额。纳税人应按照上述计税方法在建筑服务发生地预缴税款后,向机构所在地主管税务机关进行纳税申报。

> **提示**:纳税人提供建筑服务适用简易计税方法的,以取得的全部价款和价外费用扣除支付的分包款后的余额为销售额。

【做中学 2-23】

深圳市福田区A建筑企业为小规模纳税人,某年第三季度在深圳市罗湖区提供建筑服务,取得含税销售收入20.6万元,开具增值税普通发票。同时支付分包款3.09万元,取得增值税普通发票。请计算该建筑企业第三季度的预缴税款金额。

分析:小规模纳税人跨区、市提供建筑服务,以取得的全部价款和价外费用扣除支付的分包款后的余额,按照3%的征收率计算应纳税额,在建筑服务发生地预缴税款后,向机构所在地主管税务机关进行纳税申报。

预缴税款金额 = (206 000 − 30 900) ÷ (1 + 3%) × 3% = 5 100(元)

【做中学 2-24】

A市某建筑公司为增值税一般纳税人,机构所在地为A市。在B市提供一项建筑服务,该工程总价为1 000 000元,合同注明开工日期为2023年5月20日。该公司将工程的一部分分包给B公司(分包价为200 000元,取得的增值税专用发票上注明销售金额为183 486.24元,税率为9%,税额为16 513.76元)。该项目购进建筑材料,价值

300 000 元,取得的增值税专用发票上注明销售金额为 265 486.73 元,税率为 13%,税额为 34 513.27 元。支付设计费用 50 000 元,取得增值税专用发票上注明销售金额为 47 169.81 元,税率为 6%,税额为 2 830.19 元。请计算该项目应预缴的增值税税额及应缴纳的增值税税额。

分析:一般纳税人跨县(市)提供建筑服务,不符合建筑工程老项目条件的,适用一般计税方法计税,应以取得的全部价款和价外费用为销售额计算应纳税额。纳税人应以取得的全部价款和价外费用扣除支付的分包款后的余额,按照 2% 的预征率在建筑服务发生地预缴税款后,向机构所在地主管税务机关进行纳税申报。因此:

向 B 市税务机关预缴税额=(1 000 000−200 000)÷(1+9%)×2%=14 678.90(元)

销项税额=1 000 000÷(1+9%)×9%=82 568.81(元)

进项税额=16 513.76+34 513.27+2 830.19=53 857.22(元)

向 A 市税务机关申报税额=82 568.81−53 857.22=28 711.59(元)

应补缴的增值税税额=28 711.59−14 678.90=14 032.69(元)

(二) 销售不动产的计税方法

(1) 一般纳税人转让其取得的不动产,按照以下规定缴纳增值税:

❶ 一般纳税人转让其 2016 年 4 月 30 日前取得(不含自建)的不动产,可以选择适用简易计税方法计税,以取得的全部价款和价外费用扣除不动产购置原价或者取得不动产时的作价后的余额为销售额,按照 5% 的征收率计算应纳税额。纳税人应按照上述计税方法向不动产所在地主管税务机关预缴税款,向机构所在地主管税务机关申报纳税。

❷ 一般纳税人转让其 2016 年 4 月 30 日前自建的不动产,可以选择适用简易计税方法计税,以取得的全部价款和价外费用为销售额,按照 5% 的征收率计算应纳税额。纳税人应按照上述计税方法向不动产所在地主管税务机关预缴税款,向机构所在地主管税务机关申报纳税。

❸ 一般纳税人转让其 2016 年 4 月 30 日前取得(不含自建)的不动产,选择适用一般计税方法计税的,以取得的全部价款和价外费用为销售额计算应纳税额。纳税人应以取得的全部价款和价外费用扣除不动产购置原价或者取得不动产时的作价后的余额,按照 5% 的预征率向不动产所在地主管税务机关预缴税款,向机构所在地主管税务机关申报纳税。

❹ 一般纳税人转让其 2016 年 4 月 30 日前自建的不动产,选择适用一般计税方法计税的,以取得的全部价款和价外费用为销售额计算应纳税额。纳税人应以取得的全部价款和价外费用,按照 5% 的预征率向不动产所在地主管税务机关预缴税款,向机构所在地主管税务机关申报纳税。

❺ 一般纳税人转让其 2016 年 5 月 1 日后取得(不含自建)的不动产,适用一般计税方法,以取得的全部价款和价外费用为销售额计算应纳税额。纳税人应以取得的全部价款和价外费用扣除不动产购置原价或者取得不动产时的作价后的余额,按照 5% 的预征率向不动产所在地主管税务机关预缴税款,向机构所在地主管税务机关申报

纳税。

❻ 一般纳税人转让其 2016 年 5 月 1 日后自建的不动产,适用一般计税方法,以取得的全部价款和价外费用为销售额计算应纳税额。纳税人应以取得的全部价款和价外费用,按照 5% 的预征率向不动产所在地主管税务机关预缴税款,向机构所在地主管税务机关申报纳税。

(2) 小规模纳税人转让其取得的不动产,按照以下规定缴纳增值税。

❶ 小规模纳税人转让其取得(不含自建)的不动产,以取得的全部价款和价外费用扣除不动产购置原价或者取得不动产时的作价后的余额为销售额,按照 5% 的征收率计算应纳税额。

❷ 小规模纳税人转让其自建的不动产,以取得的全部价款和价外费用为销售额,按照 5% 的征收率计算应纳税额。

除其他个人以外的小规模纳税人,应按上述计税方法向不动产所在地主管税务机关预缴税款,向机构所在地主管税务机关申报纳税;其他个人按照上述计税方法向不动产所在地主管税务机关申报纳税。

(3) 个人转让其购买的住房,按照以下规定缴纳增值税。

❶ 个人转让其购买的住房,按照有关规定全额缴纳增值税的,以取得的全部价款和价外费用为销售额,按照 5% 的征收率计算应纳税额。

❷ 个人转让其购买的住房,按照有关规定差额缴纳增值税的,以取得的全部价款和价外费用扣除购买住房价款后的余额为销售额,按照 5% 的征收率计算应纳税额。

个体工商户应按照以上计税方法向住房所在地主管税务机关预缴税款,向机构所在地主管税务机关申报纳税;其他个人应按照以上计税方法向住房所在地主管税务机关申报纳税。

(4) 房地产开发企业销售房地产,按照以下规定缴纳增值税。

❶ 房地产开发企业中的一般纳税人,销售自行开发的房地产老项目,可以选择适用简易计税方法按照 5% 的征收率计税。

房地产开发企业中的一般纳税人销售房地产老项目,以及一般纳税人出租其 2016 年 4 月 30 日前取得的不动产,适用一般计税方法计税的,应以取得的全部价款和价外费用,按照 3% 的预征率在不动产所在地预缴税款后,向机构所在地主管税务机关进行纳税申报。

❷ 房地产开发企业中的小规模纳税人,销售自行开发的房地产项目,按照 5% 的征收率计税。

❸ 房地产开发企业采取预收款方式销售所开发的房地产项目,在收到预收款时按照 3% 的预征率预缴增值税。

(三) 不动产经营租赁服务的计税方法

(1) 一般纳税人出租不动产,按照以下规定缴纳增值税。

❶ 一般纳税人出租其 2016 年 4 月 30 日前取得的不动产,可以选择适用简易计税方法,按照 5% 的征收率计算应纳税额。

不动产所在地与机构所在地不在同一县(市、区)的,纳税人应按照上述计税方法向不动产所在地主管税务机关预缴税款,向机构所在地主管税务机关申报纳税。

不动产所在地与机构所在地在同一县(市、区)的纳税人,向机构所在地主管税务机关申报纳税。

❷ 一般纳税人出租其2016年5月1日后取得的不动产,适用一般计税方法计税。

不动产所在地与机构所在地不在同一县(市、区)的,纳税人应按照3%的预征率向不动产所在地主管税务机关预缴税款,向机构所在地主管税务机关申报纳税。

不动产所在地与机构所在地在同一县(市、区)的,纳税人应向机构所在地主管税务机关申报纳税。

一般纳税人出租其2016年4月30日前取得的不动产,适用一般计税方法计税的,按照上述规定执行。

(2) 小规模纳税人出租不动产,按照以下规定缴纳增值税。

❶ 单位和个体工商户出租不动产(不含个体工商户出租住房),按照5%的征收率计算应纳税额。个体工商户出租住房,按照5%的征收率减按1.5%计算应纳税额。

不动产所在地与机构所在地不在同一县(市、区)的,纳税人应按照上述计税方法向不动产所在地主管税务机关预缴税款,向机构所在地主管税务机关申报纳税。

不动产所在地与机构所在地在同一县(市、区)的,纳税人应向机构所在地主管税务机关申报纳税。

❷ 其他个人出租不动产(不含住房),按照5%的征收率计算应纳税额,向不动产所在地主管税务机关申报纳税。

❸ 其他个人出租住房,按照5%的征收率减按1.5%计算应纳税额,向不动产所在地主管税务机关申报纳税。

四、计算进口货物的应纳税额

凡是增值税征税范围内的进口货物,不分产地、用途、是否付款,除特殊规定的情形外,都需要缴纳增值税。无论是一般纳税人还是小规模纳税人,申报进口货物,一律按组成计税价格计算增值税进项税额。组成计税价格的计算公式为:

$$组成计税价格 = 关税计税价格 + 关税$$

如果征收增值税的货物同时又征收消费税,那么:

$$组成计税价格 = 关税计税价格 + 关税 + 消费税$$
$$= (关税计税价格 + 关税) \div (1 - 消费税比例税率)$$

$$应纳税额 = 组成计税价格 \times 税率$$

【做中学 2-25】

某贸易公司从德国进口彩色电视机100台,海关审定的关税计税价格为每台2 000元,关税税率为50%,增值税税率为13%。请计算该贸易公司进口该批电视机的增值税应纳税额。

计算:

组成计税价格 = 100×2 000×(1+50%) = 300 000(元)

应纳税额 = 300 000×13% = 39 000(元)

> **引例解析**
>
> 本任务引例中,城达运输公司为甲公司提供运输服务,开具增值税专用发票,发票上所载金额12 000元为不含税金额,可直接乘以税率计算增值税销项税额,即销项税额=12 000×9%=1 080(元);为乙公司提供运输服务,开具的是增值税普通发票,发票上所载金额3 270元为含税金额,应先转化为不含税金额再乘以税率计算增值税销项税额,即销项税额=3 270÷(1+9%)×9%=270(元)。

任务三 申报增值税

> **任务引例**
>
> 城达运输公司位于杭州市江干区,被税务机关认定为增值税一般纳税人,那么当年1月份其应在何时、何地缴纳增值税呢?

一、确定纳税期限

增值税的纳税期限分别为 1日、3日、5日、10日、15日、1个月或者1个季度。纳税人的具体纳税期限,由主管税务机关根据纳税人应纳税额的大小分别核定。以1个季度为纳税期限的规定适用于小规模纳税人、银行、财务公司、信托投资公司、信用社,以及财政部和国家税务总局规定的其他纳税人。不能按固定期限纳税的纳税人,可以按次纳税。

纳税人以1个月或1个季度为1个纳税期的,自期满之日起15日内申报纳税;以1日、3日、5日、10日或15日为一个纳税期的,自期满之日起5日内预缴税款,于次月1日起15日内申报纳税并结清上月的应纳税款。

扣缴义务人解缴税款的期限,依照纳税人的相关规定执行。

纳税人进口货物,应当自海关填发海关进口增值税专用缴款书之日起15日内缴纳税款。

> **提示**:遇纳税期限最后一日为法定节假日的情况时,以休假日期满的次日为最后一日;在每月1日至15日内有连续3日以上法定休假日的,按休假日天数顺延。

二、确定纳税地点

(1) 固定业户应当向其机构所在地或居住地主管税务机关申报纳税。总机构和分支机构不在同一县(市)的,应当分别向各自所在地主管税务机关申报纳税;经财政部和国家税务总局或其授权的财政和税务机关批准,也可由总机构汇总向总机构所在地主管税务机关申报纳税。

(2) 非固定业户销售货物或提供应税劳务、应税服务的,应当向销售地、应税劳务发生地、应税服务发生地主管税务机关申报纳税。未向销售地、应税劳务发生地、应税服务发生地主管税务机关申报纳税的,由其机构所在地或者居住地主管税务机关补征税款。

(3) 其他个人提供建筑服务,销售或者租赁不动产,转让自然资源使用权,应向建筑服务发生地、不动产所在地、自然资源所在地主管税务机关申报纳税。

(4) 进口货物,应当向报关地海关申报纳税。

(5) 扣缴义务人应当向其机构所在地或者居住地主管税务机关申报缴纳其扣缴的税款。

三、填制纳税申报表

(一) 填制增值税一般纳税人纳税申报表

1. 纳税申报前的准备工作

增值税一般纳税人可以开具增值税专用发票,也可以折扣其从销货方取得的增值税专用发票的进项税额,在纳税申报前应先通过增值税防伪税控系统进行增值税专用发票的确认工作。

2. 填制一般纳税人纳税申报表

自 2003 年 7 月 1 日起,增值税一般纳税人进行纳税申报必须实行电子信息采集。使用防伪税控系统开具增值税专用发票的纳税人在发票信息汇总上传成功后,方可进行纳税申报。

(1) 增值税一般纳税人纳税申报表及其附列资料。

自 2021 年 8 月 1 日起,增值税与城市维护建设税、教育费附加、地方教育附加的申报表整合为一,增值税一般纳税人纳税申报表及其附列资料包括:

❶ 增值税及附加税费申报表(一般纳税人适用)(表 2-3)。
❷ 增值税及附加税费申报表附列资料(一)(本期销售情况明细)(表 2-4)。
❸ 增值税及附加税费申报表附列资料(二)(本期进项税额明细)(表 2-5)。
❹ 增值税及附加税费申报表附列资料(三)(服务、不动产和无形资产扣除项目明细)(表 2-6)。

一般纳税人销售服务、不动产和无形资产,在确定服务、不动产和无形资产销售额时,按照有关规定可以从取得的全部价款和价外费用中扣除价款的,须填报增值税及附加税费申报表附列资料(三)。其他情况下,不填写该附列资料。

❺ 增值税及附加税费申报表附列资料(四)(税额抵减情况表)(表 2-7)。
❻ 增值税及附加税费申报表附列资料(五)(附加税费情况表)(表 2-8)。
❼ 增值税减免税申报明细表(表 2-9)。

(2) 纳税申报其他资料。

❶ 已开具的税控机动车销售统一发票和普通发票的存根联。
❷ 符合抵扣条件且在本期申报抵扣的增值税专用发票(含税控机动车销售统一发票)的抵扣联。
❸ 符合抵扣条件且在本期申报抵扣的海关进口增值税专用缴款书、购进农产品取得的普通发票的复印件。

表 2-3

增值税及附加税费申报表

（一般纳税人适用）

根据国家税收法律法规及增值税相关规定制定本表。纳税人不论有无销售额，均应按税务机关核定的纳税期限填写本表，并向当地税务机关申报。

税款所属时间：自 2023 年 9 月 1 日至 2023 年 9 月 30 日　　填表日期：2023 年 10 月 8 日　　金额单位：元（列至角分）

纳税人识别号（统一社会信用代码）：11010023452101110

纳税人名称：乐菲公司			法定代表人姓名		注册地址		生产经营地址	
开户银行及账号			登记注册类型		电话号码		所属行业：生产销售	
	项　目	栏次	一 般 项 目			即征即退项目		
			本月数	本年累计	本月数	本年累计		
销售额	（一）按适用税率计税销售额	1	1 386 000			—		
	其中：应税货物销售额	2	1 320 000			—		
	应税劳务销售额	3	10 000			—		
	纳税检查调整的销售额	4				—		
	（二）按简易办法计税销售额	5				—		
	其中：纳税检查调整的销售额	6				—		
	（三）免、抵、退办法出口销售额	7				—		
	（四）免税销售额	8				—		
	其中：免税货物销售额	9				—		
	免税劳务销售额	10				—		
税款计算	销项税额	11	178 180					
	进项税额	12	109 500					
	上期留抵税额	13						
	进项税额转出	14	5 580					

续表

项目		栏次	一般项目		即征即退项目	
			本月数	本年累计	本月数	本年累计
税款计算	免、抵、退应退税额	15			—	—
	按适用税率计算纳税检查应补缴税额	16			—	—
	应抵扣税额合计	17=12+13-14-15+16	103 920	—	—	—
	实际抵扣税额	18（如17＜11，则为17，否则为11）	103 920		—	—
	应纳税额	19=11-18	74 260			
	期末留抵税额	20=17-18			—	—
	简易计税办法计算的应纳税额	21				
	按简易计税办法计算的纳税检查应补缴税额	22			—	—
	应纳税额减征额	23				
	应纳税额合计	24=19+21-23	74 260			
税款缴纳	期初未缴税额（多缴为负数）	25				
	实收出口开具专用缴款书退税额	26			—	—
	本期已缴税额	27=28+29+30+31				
	①分次预缴税额	28				
	②出口开具专用缴款书预缴税额	29			—	—
	③本期缴纳上期应纳税额	30			—	—
	④本期缴纳欠缴税额	31				

续 表

项 目	栏 次	一般项目 本月数	一般项目 本年累计	即征即退项目 本月数	即征即退项目 本年累计
期末未缴税额(多缴为负数)	32=24+25+26-27				—
其中:欠缴税额(≥0)	33=25+26-27	74 260	—		—
本期应补(退)税额	34=24-28-29		—		—
即征即退实际退税额	35		—		—
期初未缴查补税额	36		—		—
本期入库查补税额	37		—		—
期末未缴查补税额	38=16+22+36-37				—
城市维护建设税本期应补(退)税额	39	5 198.2			
教育费附加本期应补(退)费额	40	2 227.8			
地方教育附加本期应补(退)费额	41	1 485.2			

声明:此表是根据国家税收法律法规及相关规定填写的,本人(单位)对填报内容(及附带资料)的真实性、可靠性、完整性负责。

纳税人(签章):   2023年10月8日

经办人:
经办人身份证号: 受理人:
代理机构签章: 受理税务机关(章):
代理机构统一社会信用代码: 受理日期: 年 月 日

表2-4

增值税及附加税费申报表附列资料（一）

（本期销售情况明细）

纳税人名称：乐菲公司　　　税款所属时间：2023年9月1日至2023年9月30日　　　金额单位：元（列至角分）

项目及栏次			开具增值税专用发票		开具其他发票		未开具发票		纳税检查调整		合计		价税合计	服务、不动产和无形资产扣除项目本期实际扣除金额	扣除后	
			销售额	销项（应纳）税额	销售额	销项（应纳）税额	销售额	销项（应纳）税额	销售额	销项（应纳）税额	销售额	销项（应纳）税额			含税（免税）销售额	销项（应纳）税额
			1	2	3	4	5	6	7	8	9＝1+3+5+7	10＝2+4+6+8	11＝9+10	12	13＝11－12	14＝13÷(100%+税率或征收率)×税率或征收率
一、一般计税方法计税	全部征税项目	13%税率的货物及加工修理修配劳务	1	810 000	105 300	520 000	67 600					1 330 000	172 900			—	—
		13%税率的服务、不动产和无形资产	2			6 000	780					6 000	780	6 780	—	6 780	780
		9%税率的货物及加工修理修配劳务	3														
		9%税率的服务、不动产和无形资产	4			50 000	4 500					50 000	4 500	54 500	—	54 500	4 500
		6%税率	5														
	其中：即征即退项目	即征即退货物及加工修理修配劳务	6	—	—	—	—	—	—	—	—	—	—	—	—	—	—
		即征即退服务、不动产和无形资产	7	—	—	—	—	—	—	—	—	—	—	—	—	—	—

续 表

项目及栏次		开具增值税专用发票		开具其他发票		未开具发票		纳税检查调整		合 计			服务、不动产和无形资产扣除项目本期实际扣除金额	扣除后	
		销售额	销项（应纳）税额	销售额	销项（应纳）税额	销售额	销项（应纳）税额	销售额	销项（应纳）税额	销售额	销项（应纳）税额	价税合计		含税（免税）销售额	销项（应纳）税额
		1	2	3	4	5	6	7	8	9=1+3+5+7	10=2+4+6+8	11=9+10	12	13=11−12	14=13÷(100%+税率或征收率)×税率或征收率
	6%征收率	8													
	5%征收率的货物及加工修理配劳务	9a													
	5%征收率的服务、不动产和无形资产	9b				—	—	—	—				—		—
	4%征收率	10				—	—	—	—			—	—	—	—
二、简易计税方法计税 全部征税项目	3%征收率的货物及加工修理配劳务	11										—	—	—	—
	3%征收率的服务、不动产和无形资产	12										—	—	—	—
	预征率 ％	13a										—	—	—	—
	预征率 ％	13b										—	—	—	—
	预征率 ％	13c										—	—	—	—

续表

项目及栏次		开具增值税专用发票		开具其他发票		未开具发票		纳税检查调整		合计		价税合计	服务、不动产和无形资产扣除项目本期实际扣除金额	含税(免税)销售额	扣除后销项(应纳)税额
		销售额	销项(应纳)税额	销售额	销项(应纳)税额	销售额	销项(应纳)税额	销售额	销项(应纳)税额	销售额	销项(应纳)税额				
		1	2	3	4	5	6	7	8	9=1+3+5+7	10=2+4+6+8	11=9+10	12	13=11-12	14=13÷(100%+税率或征收率)×税率或征收率
二、简易计税方法计税	即征即退货物及加工修理修配劳务	14													
	其中:即征即退项目 即征即退服务、不动产和无形资产	15	—	—	—	—	—	—	—	—	—	—	—	—	—
三、免抵退税	货物及加工修理修配劳务	16	—	—	—	—	—	—	—	—	—	—	—	—	—
	服务、不动产和无形资产	17	—	—	—	—	—	—	—	—	—	—	—	—	—
四、免税	货物及加工修理修配劳务	18	—	—	—	—	—	—	—	—	—	—	—	—	—
	服务、不动产和无形资产	19	—	—	—	—	—	—	—	—	—	—	—	—	—

表 2-5　　　　　　　　增值税及附加税费申报表附列资料(二)
（本期进项税额明细）
所属时间：2023 年 9 月 1 日至 2023 年 9 月 30 日

纳税人名称：乐菲公司　　　　　　　　　　　　　　　　　　金额单位：元(列至角分)

一、申报抵扣的进项税额

项　目	栏　次	份　数	金　额	税　额
(一)认证相符的增值税专用发票	1＝2＋3	11	650 000	82 500
其中：本期认证相符且本期申报抵扣	2	11	650 000	82 500
前期认证相符且本期申报抵扣	3			
(二)其他扣税凭证	4＝5＋6＋7＋8a＋8b	1	300 000	27 000
其中：海关进口增值税专用缴款书	5			
农产品收购发票或者销售发票	6	1	300 000	27 000
代扣代缴税收缴款凭证	7		—	
加计扣除农产品进项税额	8a			
其他	8b			
(三)本期用于购建不动产的扣税凭证	9			
(四)本期用于抵扣的旅客运输服务扣税凭证	10		—	—
(五)外贸企业进项税额抵扣证明	11		—	
当期申报抵扣进项税额合计	12＝1＋4＋11	12	950 000	109 500

二、进项税额转出额

项　目	栏　次	税　额
本期进项税额转出额	13＝14 至 23 之和	5 580
其中：免税项目用	14	
集体福利、个人消费	15	5 580
非正常损失	16	
简易计税方法征税项目用	17	
免抵退税办法不得抵扣的进项税额	18	
纳税检查调减进项税额	19	
红字专用发票信息表注明的进项税额	20	
上期留抵税额抵减欠税	21	
上期留抵税额退税	22	
异常凭证转出进项税额	23a	
其他应作进项税额转出的情形	23b	

三、待抵扣进项税额

项　目	栏　次	份　数	金　额	税　额
(一)认证相符的增值税专用发票	24		—	
期初已认证相符但未申报抵扣	25			
本期认证相符且本期未申报抵扣	26			

续　表

三、待抵扣进项税额					
项　目		栏　次	份　数	金　额	税　额
期末已认证相符但未申报抵扣		27			
其中：按照税法规定不允许抵扣		28			
（二）其他扣税凭证		29＝30至33之和			
其中：海关进口增值税专用缴款书		30			
农产品收购发票或者销售发票		31			
代扣代缴税收缴款凭证		32		—	
其他		33			
		34			

四、其　他

项　目	栏　次	份　数	金　额	税　额
本期认证相符的增值税专用发票	35	11	650 000	82 500
代扣代缴税额	36	—	—	

表 2-6　　　　　　增值税及附加税费申报表附列资料（三）
（服务、不动产和无形资产扣除项目明细）

纳税人名称：（公章）　　税款所属时间：　年　月　日至　年　月　日　　　金额单位：元（列至角分）

项目及栏次		本期服务、不动产和无形资产价税合计额（免税销售额）	服务、不动产和无形资产扣除项目			
^	^	^	期初余额	本期发生额	本期应扣除金额	本期实际扣除金额	期末余额
^	^	1	2	3	4＝2＋3	5（5≤1且5≤4）	6＝4－5
13%税率的项目	1						
9%税率的项目	2						
6%税率的项目（不含金融商品转让）	3						
6%税率的金融商品转让项目	4						
5%征收率的项目	5						
3%征收率的项目	6						
免抵退税的项目	7						
免税的项目	8						

表 2-7　　　　　　　　　增值税及附加税费申报表附列资料(四)
（税额抵减情况表）

纳税人名称：（公章）　　税款所属时间：　　年　月　日至　　年　月　日　　金额单位：元（列至角分）

一、税额抵减情况

序号	抵减项目	期初余额	本期发生额	本期应抵减税额	本期实际抵减税额	期末余额
		1	2	3=1+2	4≤3	5=3-4
1	增值税税控系统专用设备费及技术维护费					
2	分支机构预征缴纳税款					
3	建筑服务预征缴纳税款					
4	销售不动产预征缴纳税款					
5	出租不动产预征缴纳税款					

二、加计抵减情况

序号	加计抵减项目	期初余额	本期发生额	本期调减额	本期可抵减额	本期实际抵减额	期末余额
		1	2	3	4=1+2-3	5	6=4-5
6	一般项目加计抵减额计算						
7	即征即退项目加计抵减额计算						
8	合计						

表 2-8　　　　　　　　　增值税及附加税费申报表附列资料(五)
（附加税费情况表）

税（费）款所属时间：2023 年 9 月 1 日至 2023 年 9 月 30 日

纳税人名称：（公章）乐菲公司　　　　　　　　　　　　　　　　　　金额单位：元（列至角分）

税（费）种		计税（费）依据			税（费）率（%）	本期应纳税（费）额	本期减免税（费）额		试点建设培育产教融合型企业		本期已缴税（费）额	本期应补（退）税（费）额
		增值税税额	增值税免抵税额	留抵退税本期扣除额			减免性质代码	减免税额	减免性质代码	本期抵免金额		
		1	2	3	4	5=(1+2-3)×4	6	7	8	9	10	11=5-7-9-10
城市维护建设税	1	74 260			7%	5 198.2		—				5 198.2
教育费附加	2	74 260			3%	2 227.8						2 227.8
地方教育附加	3	74 260			2%	1 485.2						1 485.2
合计	4	—										

续 表

税(费)种	计税(费)依据			税(费)率(%)	本期应纳税(费)额	本期减免税(费)额		试点建设培育产教融合型企业		本期已缴税(费)额	本期应补(退)税(费)额
	增值税税额	增值税免抵税额	留抵退税本期扣除额			减免性质代码	减免税(费)额	减免性质代码	本期抵免金额		
	1	2	3	4	5=(1+2-3)×4	6	7	8	9	10	11=5-7-9-10
本期是否适用试点建设培育产教融合型企业抵免政策		□是 ■否	当期新增投资额					5			
^^ ^^			上期留抵可抵免金额					6			
^^ ^^			结转下期可抵免金额					7			
可用于扣除的增值税留抵退税额使用情况			当期新增可用于扣除的留抵退税额					8			
^^			上期结存可用于扣除的留抵退税额					9			
^^			结转下期可用于扣除的留抵退税额					10			

表 2-9　　　　　　　　　　　增值税减免税申报明细表

纳税人名称:(公章)　　　　税款所属时间:　年　月　日至　年　月　日　金额单位:元(列至角分)

	一、减税项目

减税性质代码及名称	栏次	期初余额	本期发生额	本期应抵减税额	本期实际抵减税额	期末余额
		1	2	3=1+2	4≤3	5=3-4
合　计	1					
	2					
	3					
	4					

	二、免税项目

免税性质代码及名称	栏次	免征增值税项目销售额	免税销售额扣除项目本期实际扣除金额	扣除后免税销售额	免税销售额对应的进项税额	免税额
		1	2	3=1-2	4	5
合　计	7					
出口免税	8			—	—	—
其中:跨境服务	9			—	—	—
	10					
	11					
	12					

❹ 符合抵扣条件且在本期申报抵扣的税收完税凭证及其清单、书面合同、付款证明和境外单位的对账单或者发票。

❺ 已开具的农产品收购凭证的存根联或报查联。

❻ 纳税人销售服务、不动产和无形资产，在确定服务、不动产和无形资产销售额时，按照有关规定从取得的全部价款和价外费用中扣除价款的合法凭证及其清单。

❼ 主管税务机关规定的其他资料。

以上各项纳税申报资料中，申报表及其附列资料为必报资料。纳税申报其他资料的报备要求由各省、自治区、直辖市和计划单列市的国家税务局确定。

【项目工作任务 2-1】

乐菲公司为增值税一般纳税人，纳税人识别号为1101002345210111110。2023年9月，公司主要发生如下业务：

(1) 销售甲产品一批，取得不含税销售额 800 000 元，开具增值税专用发票一张；同时，取得销售甲产品的送货运费收入 54 500 元，开具增值税普通发票一张，款项尚未收取。

(2) 销售乙产品一批，取得含税销售额 282 500 元，开具增值税普通发票一张，已收到对方开具的银行承兑汇票。

(3) 将试制的一批新产品发给职工作为福利，该批产品的成本为 200 000 元，成本利润率为 10%，该新产品无同类产品市场销售价格，开具增值税普通发票一张。

(4) 受 A 公司委托加工一批产品，收取加工费 10 000 元，收到转账支票并开具增值税专用发票一张。

(5) 销售 2009 年 1 月份购进作为固定资产使用的进口货车 5 辆，取得含税销售额 56 500 元，开具增值税普通发票一张；该货车原值 45 000 元，累计已计提折旧 9 000 元。

(6) 将闲置的生产设备出租给某公司，取得租金收入 6 780 元，开具增值税普通发票一张。

(7) 购进货物，取得增值税专用发票 5 张，发票上注明支付的货款为 600 000 元；另外支付购货运输费用 40 000 元，取得增值税专用发票 5 张。

(8) 向农业生产者购进免税农产品一批，用于生产适用税率为 9% 的产品，支付价款 300 000 元，取得农产品收购发票一张；支付运输单位运费 10 000 元，取得增值税专用发票一张。本月下旬将购进农产品的 20% 用作本企业的职工福利。

假定以上取得的各类增值税专用发票均已申报抵扣。该公司适用的城市维护建设税税率为 7%、教育费附加征收率为 3%、地方教育附加征收率为 2%。

要求：计算该公司当月应纳增值税税额并填制相关申报表。(本题暂不考虑具有时效性的税收优惠政策)

【工作流程】

第一步：分析经济业务类型，区分进项税额、销项税额及其计税依据。

(1) 销售商品，按 13% 的税率计算销项税额，提供运输劳务，单独开具增值税普通发票,按9%的税率计算销项税额,金额为含税价。

(2) 增值税正常销售业务计算销项税额,税率为13%。

(3) 将本企业自产产品用作职工福利,视同销售业务计算销项税额,税率为13%。

(4) 受托加工属于提供增值税应税劳务,收取的加工费应按13%的税率计算销项税额。

(5) 销售使用过的固定资产,购入时已抵扣进项税额,销售时按13%的税率计算销项税额。

(6) 出租生产设备属于有形动产租赁,按13%的税率计算销项税额。

(7) 购进货物计算进项税额,取得增值税专用发票,进项税额予以抵扣。

(8) 购进免税农产品,生产适用税率为9%的产品,取得农产品收购发票,按9%的抵扣率计算进项税额,予以抵扣;支付运费取得增值税专用发票,按9%的税率计算进项税额,予以抵扣。用于职工福利的农产品的进项税额不得抵扣,应作进项税额转出。

第二步:计算各项业务的增值税税额。

(1) 销项税额=800 000×13%+54 500÷(1+9%)×9%=108 500(元)

(2) 销项税额=282 500÷(1+13%)×13%=32 500(元)

(3) 销项税额=200 000×(1+10%)×13%=28 600(元)

(4) 销项税额=10 000×13%=1 300(元)

(5) 销项税额=56 500÷(1+13%)×13%=6 500(元)

(6) 销项税额=6 780÷(1+13%)×13%=780(元)

(7) 进项税额=600 000×13%+40 000×9%=81 600(元)

(8) 进项税额=300 000×9%+10 000×9%=27 900(元)

  进项税额转出=27 900×20%=5 580(元)

第三步:计算本月销项税额、可抵扣进项税额和增值税应纳税额。

本月销项税额=108 500+32 500+28 600+1 300+6 500+780=178 180(元)

本月可抵扣进项税额合计=81 600+27 900-5 580=103 920(元)

本月增值税应纳税额=178 180-103 920=74 260(元)

第四步:计算城市维护建设税、教育费附加、地方教育附加。

城市维护建设税=74 260×7%=5 198.2(元)

教育费附加=74 260×3%=2 227.8(元)

地方教育附加=74 260×2%=1 485.2(元)

第五步:填制增值税一般纳税人纳税申报表。

具体填制内容如表2-3—表2-9所示。

(二) 填制增值税小规模纳税人纳税申报表

自2016年6月1日起,增值税小规模纳税人纳税申报表及其附列资料包括:

(1) 增值税及附加税费申报表(小规模纳税人适用)(表2-10)。

表 2–10　　　　　　　　　增值税及附加税费申报表
（小规模纳税人适用）

纳税人识别号(统一社会信用代码)：330100157811012546
纳税人名称：星光文具公司　　　　　　　　　　　　　　金额单位：元(列至角分)
税款所属期：2023 年 1 月 1 日至 2023 年 1 月 31 日　　　填表日期：2023 年 2 月 8 日

	项　目	栏　次	本　期　数		本年累计	
			货物及劳务	服务、不动产和无形资产	货物及劳务	服务、不动产和无形资产
一、计税依据	(一)应征增值税不含税销售额(3%征收率)	1	1 260 000.00	70 000.00		
	增值税专用发票不含税销售额	2	1 250 000.00			
	其他增值税发票不含税销售额	3	10 000.00			
	(二)应征增值税不含税销售额(5%征收率)	4	—	—	—	—
	增值税专用发票不含税销售额	5	—	—		
	其他增值税发票不含税销售额	6	—	—		
	(三)销售使用过的固定资产不含税销售额	7(7≥8)		—		—
	其中：其他增值税发票不含税销售额	8		—		—
	(四)免税销售额	9=10+11+12				
	其中：小微企业免税销售额	10				
	未达起征点销售额	11				
	其他免税销售额	12				
	(五)出口免税销售额	13(13≥14)				
	其中：其他增值税发票不含税销售额	14				
二、税款计算	本期应纳税额	15	37 800.00	2 100.00		
	本期应纳税额减征额	16				
	本期免税额	17				
	其中：小微企业免税额	18				
	未达起征点免税额	19				
	应纳税额合计	20=15−16	37 800.00	2 100.00		
	本期预缴税额	21			—	—
	本期应补(退)税额	22=20−21			—	—

续表

	项 目	栏 次	本期数 货物及劳务	本期数 服务、不动产和无形资产	本年累计 货物及劳务	本年累计 服务、不动产和无形资产
三、附加税费	城市维护建设税本期应补(退)税额	23	2 793.00			
	教育费附加本期应补(退)费额	24	1 197.00			
	地方教育附加本期应补(退)费额	25	798.00			

声明:此表是根据国家税收法律法规及相关规定填写的,本人(单位)对填报内容(及附带资料)的真实性、可靠性、完整性负责。

纳税人(签章): 　　　年　月　日

经办人: 经办人身份证号: 代理机构签章: 代理机构统一社会信用代码:	受理人: 受理税务机关(章): 受理日期:　　年　月　日

(2)增值税及附加税费申报表(小规模纳税人适用)附列资料(一)(服务、不动产和无形资产扣除项目明细)(表2-11)。

表2-11　　增值税及附加税费申报表(小规模纳税人适用)附列资料(一)
(服务、不动产和无形资产扣除项目明细)

税款所属期:　年　月　日至　年　月　日　　　　　　　　　　填表日期:　年　月　日
纳税人名称(公章):　　　　　　　　　　　　　　　　　　　　金额单位:元(列至角分)

应税行为(3%征收率)扣除额计算			
期初余额	本期发生额	本期扣除额	期末余额
1	2	3(3≤1+2之和,且3≤5)	4=1+2-3

应税行为(3%征收率)计税销售额计算			
全部含税收入 (适用3%征收率)	本期扣除额	含税销售额	不含税销售额
5	6=3	7=5-6	8=7÷1.03

应税行为(5%征收率)扣除额计算			
期初余额	本期发生额	本期扣除额	期末余额
9	10	11(11≤9+10之和,且11≤13)	12=9+10-11

应税行为(5%征收率)计税销售额计算			
全部含税收入 (适用5%征收率)	本期扣除额	含税销售额	不含税销售额
13	14=11	15=13-14	16=15÷1.05

(3)增值税及附加税费申报表(小规模纳税人适用)附列资料(二)(附加税费情况表)(表2-12)。

表2-12　　　增值税及附加税费申报表(小规模纳税人适用)附列资料(二)
(附加税费情况表)

税(费)款所属时间:2023年1月1日至2023年1月31日

纳税人名称:(公章)星光文具公司　　　　　　　　　　　　　金额单位:元(列至角分)

税(费)种	计税(费)依据 增值税税额	税(费)率(%)	本期应纳税(费)额	本期减免税(费)额 减免性质代码	本期减免税(费)额 减免税(费)额	增值税小规模纳税人"六税两费"减征政策 减征比例(%)	增值税小规模纳税人"六税两费"减征政策 减征额	本期已缴税(费)额	本期应补(退)税(费)额
	1	2	3=1×2	4	5	6	7=(3-5)×6	8	9=3-5-7-8
城市维护建设税	39 900.00	7%	2 793.00						2 793.00
教育费附加	39 900.00	3%	1 197.00						1 197.00
地方教育附加	39 900.00	2%	798.00						798.00
合计	—	—	4 788.00	—					4 788.00

小规模纳税人提供服务,在确定服务销售额时,按照有关规定可以从取得的全部价款和价外费用中扣除价款的,应填报增值税纳税申报表(小规模纳税人适用)附列资料。其他情况下,不填写该附列资料。

【项目工作任务2-2】

某市星光文具公司为小规模纳税人,纳税人识别号为330100157811012546,主要从事办公用品批发业务,兼营货物运输业务。2023年一季度发生如下经济业务:

(1)购进办公用品,价值1 000 000元。
(2)零售办公用品,价值1 287 500元,未开具发票。
(3)销售办公用品,不含税价格为10 000元,开具增值税专用发票。
(4)提供运输服务,取得运费收入72 100元,开具增值税普通发票。

该公司适用的城市维护建设税税率为7%,教育费附加征收率为3%,地方教育附加征收率为2%。

要求:计算该公司一季度应缴纳的增值税税额,并填制纳税申报表。(本题不考虑具有时效性的税收优惠政策)

【工作流程】

第一步:分析经济业务类型,确认计税依据。

(1)小规模纳税人采用简易计税办法,不得抵扣进项税额。
(2)零售办公用品未开具发票,须按3%的税率计算增值税,销售额为含税销售额。
(3)销售办公用品,开具增值税专用发票,须按3%的税率计算增值税,销售额为不含税销售额。

(4) 提供运输劳务开具增值税普通发票,须按3%的税率计算增值税,销售额为含税销售额。

第二步:计算各项业务增值税税额及当月应纳税额合计数。

(1) 业务(2)应纳税额=1 287 500÷(1+3%)×3%=37 500(元)

(2) 业务(3)应纳税额=10 000×3%=300(元)

(3) 业务(4)应纳税额=72 100÷(1+3%)×3%=2 100(元)

应纳税额=37 500+300+2 100=39 900(元)

第三步:计算城市维护建设税、教育费附加、地方教育附加。

城市维护建设税=39 900×7%=2 793(元)

教育费附加=39 900×3%=1 197(元)

地方教育附加=39 900×2%=798(元)

第四步:填制增值税小规模纳税人纳税申报表(表2-10、表2-11、表2-12)。

四、缴纳增值税税款

纳税人申报纳税后,由主管税务机关开具税收缴款书,纳税人应于规定期限内将其送交纳税人开户银行办理税款入库手续。纳税人进口货物,应当自海关填发海关进口增值税专用缴款书之日起15日内解缴入库。

引例解析

本任务引例中,城达运输公司位于杭州市江干区,当年1月份的应纳增值税税额应在2月份纳税申报期结束前在公司所在地税务局缴纳,截止时间一般为2月15日,如遇最后一日为法定节假日的,顺延1日;如在2月1日至15日内有连续3个以上法定休假日的,按休假日天数顺延。

任务四　出口货物退(免)增值税

任务引例

乐菲公司是一家具有出口经营权的生产企业,为增值税一般纳税人,某月向美国出口服装,价值总计300 000美元。请分析该公司适用何种增值税出口退税政策以及应采用的增值税退税方法。

一、出口货物退(免)增值税基本规定

出口货物退(免)税是指在国际贸易业务中,对报关出口的货物退还其在国内各生产环节和流转环节按税法规定已缴纳的增值税和消费税,或免征应缴纳的增值税和消费税。它

是在国际贸易中最常采用且为世界各国普遍接受的,目的在于鼓励各国出口货物公平竞争的一种税收措施。出口货物退(免)税的税种仅限于增值税和消费税。

世界各国为了鼓励本国货物出口,在遵循世界贸易组织基本规则的前提下,一般都采取优惠的税收政策。有的国家采取对该货物出口前所包含的税金在出口后予以退还的政策(即出口退税),有的国家采取对出口的货物在出口前即予以免税的政策(即出口免税)。我国则根据本国实际,采取出口退税与免税相结合的政策。我国增值税对出口产品实行零税率,不但在出口环节不必纳税(免税),而且还可以退还以前环节已缴纳的税款(退税)。

(一) 出口货物的税收政策形式

根据出口货物和出口企业的不同,我国出口货物适用的税收政策分为以下三种形式。

1. 出口免税并退税

出口免税是指对货物在出口销售环节不征增值税、消费税;出口退税是指对货物在出口前实际承担的税收负担,按规定的退税率计算后予以退还。

适用出口免税并退税政策的有:

(1) 生产企业自营出口或委托外贸企业代理出口的自产货物。

(2) 有出口经营权的外贸企业收购后直接出口或委托其他外贸企业代理出口的货物。

(3) 一些特定货物的出口。

2. 出口免税不退税

出口免税与上述含义相同。出口不退税是指适用这个政策的出口货物在前一道生产、销售环节或进口环节是免税的,因此,出口时该货物的价格本身就不含税,也无须退税。

下列企业出口的货物,除另有规定的情形外,免税但不予退税:

(1) 属于生产企业的小规模纳税人自营出口或委托外贸企业代理出口的自产货物。

(2) 外贸企业从小规模纳税人购进并持普通发票的货物出口(除特准退税的抽纱、工艺品等12类出口货物以外)。

(3) 外贸企业直接购进国家规定的免税货物(包括免税农产品)出口。

下列出口货物,免税但不予退税:

(1) 来料加工复出口的货物,即原材料进口免税,加工自制的货物出口不退税。

(2) 避孕药品和用具、古旧图书,内销免税,出口也免税。

(3) 出口卷烟。有出口卷烟经营权的企业出口国家出口卷烟计划内的卷烟,在生产环节免征增值税、消费税,出口环节不办理退税。其他非计划内出口的卷烟征收增值税和消费税,出口一律不退税。

(4) 军用品以及军队系统企业出口军需工厂生产或军需部门调拨的货物,免税。

(5) 国家规定的其他免税货物,如农业生产者销售的自产农业产品、饲料、农膜等。

3. 出口不免税也不退税

出口不免税是指对国家限制或禁止出口的某些货物的出口环节视同内销环节,征税;出口不退税是指对这些货物出口不退还出口前其所负担的税款。适用这个政策的主要产品包括:国家计划外出口的原油、援外出口货物、国家禁止出口货物(包括天然牛黄、麝香、白银等)。此外,没有进出口经营权的商贸企业从事出口贸易,不免税也不退税。

(二) 出口货物的退税率

出口货物的退税率,是出口货物的实际退税额与退税计税依据的比例,它是出口退税政策的核心,体现着国家在一定时期的财政、价格和对外贸易政策,体现着出口货物的实际征收水平和在国际市场上的竞争能力。退税率的高低,影响和刺激对外贸易和国民经济的发展速度,也关系着国家、出口企业的经济利益,甚至会影响进口企业的经济利益。

我国现行的货物增值税退税率每年都在调整,目前有15%、11%、8%、6%、5%等几档。

> **提示**:不同退税率的货物应分开核算,凡未分开核算而划分不清适用税率的,一律从低适用税率计算退税。

二、计算出口货物退(免)增值税税额

我国《出口货物退(免)税管理办法》规定了两种增值税退(免)税计算办法:一是"免、抵、退"办法,主要适用于自营和委托出口自产货物的生产企业;二是"先征后退"办法,目前主要用于收购货物出口的外(工)贸企业。

(一)计算生产企业出口退(免)增值税税额

生产企业自营或委托外贸企业代理出口的自产货物和视同自产货物,除另有规定的情形外,增值税一律实行"免、抵、退"管理办法。生产企业是指独立核算,经主管税务机关认定为增值税一般纳税人,并且具有实际生产能力的企业和企业集团。增值税小规模纳税人出口自产货物,实行免征增值税的办法。

"免、抵、退"办法的"免",是指对生产企业出口的自产货物和视同自产货物,免征本企业生产销售环节增值税;"抵",是指生产企业出口自产货物和视同自产货物所耗用的原材料、零部件、燃料、动力等所含应予退还的进项税额,抵顶内销货物的应纳税额;"退",是指生产企业出口的自产货物和视同自产货物,在当月内应抵顶的进项税额大于应纳税额时,对未抵顶完的税额部分按规定予以退税。

1. 计算免、抵、退税不得免征和抵扣税额

$$\text{免、抵、退税不得免征和抵扣税额} = \text{当期出口货物离岸价格} \times \text{外汇人民币牌价} \times (\text{出口货物征税率} - \text{出口货物退税率}) - \text{免、抵、退税不得免征和抵扣税额抵减额}$$

其中:免、抵、退税不得免征和抵扣税额抵减额 = 免税购进原材料价格 × (出口货物征税率 - 出口货物退税率)。

2. 计算当期应纳税额

$$\text{当期应纳税额} = \text{当期内销货物销项税额} - (\text{当期进项税额} - \text{当期免、抵、退税不得免征和抵扣税额}) - \text{上期留抵税额}$$

> **提示**:计算结果为正数,说明企业从内销货物销项税额中抵扣有余,应该缴纳增值税,则本期应退税额为零;反之则应退税。

3. 计算免、抵、退税额

$$\text{免、抵、退税额} = \text{出口货物离岸价格} \times \text{外汇人民币牌价} \times \text{出口货物退税率} - \text{免、抵、退税额抵减额}$$

其中:免、抵、退税额抵减额 = 免税购进原材料价格 × 出口货物退税率。

4. 计算当期应退税额和当期免、抵税额

(1) 当期期末留抵税额≤当期免、抵、退税额时：

$$当期应退税额＝当期期末留抵税额$$

$$当期免、抵税额＝当期免、抵、退税额－当期应退税额$$

(2) 当期期末留抵税额＞当期免、抵、退税额时：

$$当期应退税额＝当期免、抵、退税额$$

$$当期免、抵税额＝0$$

> **提示**：上式中，期末留抵税额为当期增值税及附加税费申报表的期末留抵税额，是计算确定当期应退税额与当期免、抵税额的重要依据。

【做中学 2-26】

某一有出口经营权的生产企业为增值税一般纳税人，1月份出口收入为398.4万元，内销收入为440万元，增值税税率为13%，退税率为8%，1月份共取得增值税进项税额70万元。该企业没有免税购进原材料，期初没有留抵税额。请计算该企业1月份的免、抵、退税额。

计算：

(1) 当期免、抵、退税不得免征和抵扣税额＝3 984 000×(13%－8%)＝199 200(元)

(2) 当期应纳税额＝4 400 000×13%－(700 000－199 200)＝71 200(元)

(3) 出口货物免、抵、退税额＝3 984 000×8%＝318 720(元)

(4) 当期期末留抵税额＝0，小于当期免、抵、退税额318 720元，当期应退税额＝0。

(5) 当期免、抵税额＝当期免抵退税额－当期应退税额＝318 720－0＝318 720(元)

(6) 1月份应缴纳增值税71 200元。

【做中学 2-27】

接上例，假定该企业2月份出口收入为268.8万元，内销收入为400万元，2月份共取得增值税进项税额85万元，当期没有免税购进原材料。请计算该企业2月份的免、抵、退税额。

计算：

(1) 当期免、抵、退税不得免征和抵扣税额＝2 688 000×(13%－8%)＝134 400(元)

(2) 当期应纳税额＝4 000 000×13%－(850 000－134 400)＝－195 600(元)

(3) 出口货物免、抵、退税额＝2 688 000×8%＝215 040(元)

(4) 当期期末留抵税额为195 600元，小于当期免、抵、退税额215 040元，当期应退税额＝195 600(元)

(5) 当期免、抵税额＝当期免、抵、退税额－当期应退税额＝215 040－195 600＝19 440(元)

(6) 退税后，2月末留抵税额为零。

【做中学 2-28】
接上例,假设该企业 3 月份出口收入为 464.8 万元,内销收入为 140 万元,3 月份共取得增值税进项税额 116 万元,当期没有免税购进原材料。请计算该企业 3 月份的免、抵、退税额。
计算:
(1) 当期免、抵、退税不得免征和抵扣税额 = 4 648 000 × (13% − 8%) = 232 400(元)
(2) 当期应纳税额 = 1 400 000 × 13% − (1 160 000 − 232 400) = −745 600(元)
(3) 出口货物免、抵、退税额 = 4 648 000 × 8% = 371 840(元)
(4) 当期期末留抵税额为 745 600 元,大于当期免、抵、退税额 371 840 元,当期应退税额 = 371 840(元)
(5) 当期免、抵税额 = 当期免、抵、退税额 − 当期应退税额 = 371 840 − 371 840 = 0
(6) 3 月末留抵税额 = 745 600 − 371 840 = 373 760(元)

【做中学 2-29】
某自营出口生产企业,本月外购原材料、动能等支付价款 600 万元,支付进项税额 78 万元,本月海关核销免税进口料件价格 100 万元,本月内销货物销售额为 500 万元,自营进料加工复出口货物折合人民币金额 600 万元,该企业内、外销货物适用的增值税税率为 13%(非消费税应税消费品),复出口货物的退税率为 8%。假设上期无留抵税款,本月未发生其他进项税额。请按免、抵、退方法计算该企业当期应纳(退)的增值税税额。
计算:
(1) 当期免、抵、退税不得免征和抵扣税额 = 600 × (13% − 8%) − 100 × (13% − 8%) = 25(万元)
(2) 当期应纳税额 = 500 × 13% − (78 − 25) = 12(万元)
(3) 出口货物免、抵、退税额 = 600 × 8% − 100 × 8% = 40(万元)
(4) 当期期末留抵税额为 0,小于当期免、抵、退税额 40 万元,当期应退税额 = 0。
(5) 当期免、抵税额 = 40 − 0 = 40(万元)
(6) 本期应纳税额为 12 万元。

(二) 计算外贸企业出口退(免)增值税税额

1. 外贸企业收购一般纳税人出口货物增值税的退税规定

外贸企业以及实行外贸企业财务制度的工贸企业向一般纳税人收购货物出口,其出口销售环节的增值税免征;外贸企业在支付收购货款的同时也支付了生产经营该类商品的企业已纳的增值税税款,因此,在货物出口后按收购成本与退税率计算退税额退还给外贸企业,征、退税之差计入成本。

外贸企业出口货物增值税应退税额应依据购进出口货物增值税专用发票上所注明的进项税额和退税率计算。其计算公式为:

应退税额 = 外贸收购不含增值税购进金额 × 退税率

2. 外贸企业收购小规模纳税人出口货物增值税的退税规定

外贸企业从小规模纳税人购进并持有普通发票的货物用于出口,免税但不予退税。

外贸企业从小规模纳税人购进税务机关代开增值税专用发票的出口货物,按以下公式计算应退税额:

$$应退税额 = 增值税专用发票注明的金额 \times 3\%$$

【做中学 2-30】

某进出口公司 4 月从某小规模纳税人处购进西服 500 套,全部出口,取得税务机关代开的增值税专用发票,发票注明的金额为 500 000 元,退税率为 3%。请计算该企业的应退税额。

计算:应退税额 = 500 000 × 3% = 15 000(元)

3. 外贸企业委托生产企业加工出口货物的退税规定

外贸企业委托生产企业加工收回后报关出口的货物,按购进国内原辅材料的增值税专用发票上注明的进项税额,依原辅材料的退税率计算原辅材料的应退税额。支付的加工费,凭受托方开具货物的退税率,计算加工费的应退税额。

【做中学 2-31】

某进出口公司 6 月购进牛仔布委托加工成服装出口,购进牛仔布取得增值税专用发票一张,注明计税金额 10 000 元(退税率为 8%);支付服装加工费,取得增值税专用发票一张,注明计税金额 2 000 元(退税率为 11%)。请计算该企业的增值税应退税额。

计算:应退税额 = 10 000 × 8% + 2 000 × 11% = 1 020(元)

三、出口服务和无形资产退(免)税政策

(一)出口服务和无形资产退(免)税基本政策

出口服务和无形资产退(免)税分为出口免税并退税(适用增值税零税率)和出口免税(适用增值税免税政策)两种。

1. 出口免税并退税(适用增值税零税率)

境内的单位和个人销售下列服务和无形资产,适用增值税零税率。

(1)国际运输服务,是指:❶ 在境内载运旅客或者货物出境;❷ 在境外载运旅客或者货物入境;❸ 在境外载运旅客或者货物。

(2)航天运输服务。

(3)向境外单位提供的完全在境外消费的下列服务:❶ 研发服务;❷ 合同能源管理服务;❸ 设计服务;❹ 广播影视节目(作品)的制作和发行服务;❺ 软件服务;❻ 电路设计及测试服务;❼ 信息系统服务;❽ 业务流程管理服务;❾ 离岸服务外包业务;❿ 转让技术。

(4)财政部和国家税务总局规定的其他服务。

2. 出口免税(适用增值税免税政策)

境内的单位和个人销售下列服务和无形资产,免征增值税,但财政部和国家税务总局规定适用增值税零税率的情形除外。

(1) 下列服务:❶ 工程项目在境外的建筑服务;❷ 工程项目在境外的工程监理服务;❸ 工程、矿产资源在境外的工程勘察勘探服务;❹ 会议展览地点在境外的会议展览服务;❺ 存储地点在境外的仓储服务;❻ 标的物在境外使用的有形动产租赁服务;❼ 在境外提供的广播影视节目(作品)的播映服务;❽ 在境外提供的文化体育服务、教育医疗服务、旅游服务。

(2) 为出口货物提供的邮政服务、收派服务、保险服务(包括出口货物保险和出口信用保险)。

(3) 向境外单位提供的完全在境外消费的下列服务和无形资产:❶ 电信服务;❷ 知识产权服务;❸ 物流辅助服务(仓储服务、收派服务除外);❹ 鉴证咨询服务;❺ 专业技术服务;❻ 商务辅助服务;❼ 广告投放地在境外的广告服务;❽ 无形资产。

(4) 以无运输工具承运方式提供的国际运输服务。

(5) 为境外单位之间的货币资金融通及其他金融业务提供的直接收费金融服务,且该服务与境内的货物、无形资产和不动产无关。

(6) 财政部和国家税务总局规定的其他服务。

> 提示:境内的单位和个人销售适用增值税零税率的服务或无形资产的,可以放弃适用增值税零税率,选择免税或按规定缴纳增值税。放弃适用增值税零税率后,36个月内不得再申请适用增值税零税率。

(二) 零税率出口服务和无形资产的退税率

零税率出口服务和无形资产的退税率为销售服务和无形资产时适用的增值税税率,即6%、9%和13%三档。

(三) 计算出口服务和无形资产退(免)增值税税额

境内的单位和个人提供适用增值税零税率的服务或者无形资产,属于适用简易计税方法的,实行免征增值税办法;属于适用增值税一般计税方法的,生产企业实行免、抵、退税办法,外贸企业外购服务或者无形资产出口实行免、退税办法,外贸企业直接将服务或自行研发的无形资产出口,视同生产企业连同其出口货物统一实行免、抵、退办法。

实行退(免)税办法的服务和无形资产,主管税务机关如果认定出口价格偏高,有权按照核定的出口价格计算退(免)税额,核定的出口价格低于外贸企业购进价格的,低于部分对应的进项税额不予退税,转入成本。

引例解析

本任务引例中,乐菲公司生产的服装在出口前已负担了购买原材料的增值税进项税额,因此适用出口免税并退税政策,由于公司具有出口经营权,其向美国出口的服装采用免、抵、退办法退还增值税。

练 习 题

一、判断题

1. 我国现行增值税为消费型增值税,实行一次课征制。（　　）
2. 增值税一般纳税人将自产的货物无偿赠送他人,不征收增值税。（　　）
3. 境外单位或者个人向境内单位或者个人销售完全在境外发生的服务,不属于在境内销售服务或者无形资产。（　　）
4. 一般纳税人发生财政部和国家税务总局规定的特定应税行为,可以选择适用简易计税方法计税,计税方式一经选择,2年内不得变更。（　　）
5. 纳税人兼营销售货物、加工修理修配劳务、服务、无形资产或者不动产,没有分别核算销售额的,应从高适用税率或征收率计算缴纳增值税。（　　）
6. 单位或个人向其他单位或者个人无偿提供服务,应视同销售征收增值税,但用于公益事业或者以社会公众为对象的情形除外。（　　）
7. 符合一般纳税人认定条件的纳税人应当向主管税务机关进行资格登记,未办理一般纳税人资格登记手续的,可适用简易计税办法计税。（　　）
8. 金融商品转让,应采用差额计税法,以卖出价扣除买入价后的余额为销售额。（　　）
9. 购进免税农产品准予抵扣的进项税额是以农产品收购发票或销售发票上注明的买价按6%的扣除率计算出来的。（　　）
10. 发生非正常损失的购进货物及相关的加工修理修配劳务或者交通运输业服务的进项税额不得从销项税额中抵扣。（　　）

二、单项选择题

1. 按照现行规定,下列各项中应被认定为小规模纳税人的是（　　）。
   A. 年不含税销售额为600万元的从事货物生产的纳税人
   B. 年不含税销售额为550万元的提供应税服务的纳税人
   C. 年含税销售额为600万元的从事货物零售的纳税人
   D. 年含税销售额为550万元的服装加工厂
2. 纳税人收到防伪税控系统开具的增值税专用发票,应进行确认,并且在确认通过的（　　）内申报抵扣。
   A. 180日　　　B. 360日　　　C. 90日　　　D. 次月
3. 下列各项中,属于混合销售行为,应按销售货物征收增值税的是（　　）。
   A. 饭店在提供餐饮服务的同时销售酒水
   B. 汽车制造公司在生产、销售汽车的同时为其他客户提供修理服务
   C. 防盗门商店在销售产品的同时为客户提供安装服务
   D. 卡拉OK厅在提供娱乐服务的同时销售烟、酒、饮料、食品
4. 根据增值税法律制度的规定,纳税人发生的下列行为中,应当视同销售缴纳增值税的是（　　）。
   A. 外购货物用于职工福利　　　B. 外购货物用于交际应酬
   C. 外购货物用于无偿赠送　　　D. 外购货物用于生产免税产品

5. 一般纳税人对外既提供运输服务又提供咨询服务,未分别核算销售额的,应按(　　)的标准征税。
A. 3%　　　　　B. 6%　　　　　C. 9%　　　　　D. 13%

6. 下列纳税人出租、出借包装物收取押金的税务处理方法中,正确的是(　　)。
A. 出租、出借包装物收取的押金,凡单独记账核算又未逾期的,一律不征收增值税
B. 销售除啤酒、黄酒以外的其他酒类产品收取的包装物押金,一律应在收取押金当期计征增值税
C. 销售酒类产品收取的包装物押金,一律应在收取押金当期计征增值税
D. 收取押金与收取租金的税务处理方法相同,一律按价外收费计征增值税

7. 某企业本月份将自产的一批生产成本为20万元(耗用上月外购材料15万元)的食品发给职工,下列说法中,正确的是(　　)。
A. 应反映销项税额 2.86 万元　　　B. 应反映销项税额 2.6 万元
C. 应反映应纳税额 2.6 万元　　　D. 应转出进项税额 1.95 万元

8. 下列各项中,依现行增值税法律制度的有关规定,可以作为进项税额抵扣的是(　　)。
A. 外购低值易耗品　　　　　　　B. 外购货物被盗
C. 外购货物用于生产免税产品　　D. 外购货物分给职工

9. 商贸企业进口机器一台,关税计税价格为200万元,假设进口关税税率为20%,支付国内运输企业的运输费用0.2万元,取得增值税专用发票;本月将机器售出,取得不含税销售额350万元,则本月应纳增值税税额为(　　)万元。
A. 28.5　　　　B. 40.8　　　　C. 14.282　　　D. 18.7

10. 以1个月为1个纳税期的增值税纳税人,应在期满后(　　)日内申报纳税。
A. 1　　　　　B. 5　　　　　C. 10　　　　　D. 15

三、多项选择题

1. 下列业务中,按规定应征收增值税的有(　　)。
A. 电器修理　　B. 房屋装修　　C. 有形动产租赁　　D. 交通运输

2. 现行增值税的适用税率有(　　)。
A. 9%　　　　　B. 10%　　　　C. 13%　　　　D. 6%

3. 下列各项中,应按"生活服务"税目计征增值税的有(　　)。
A. 歌厅在提供唱歌服务的同时销售啤酒　　B. 商店销售空调并负责安装
C. 快餐店在销售饭菜的同时销售饮料　　　D. 汽车修理厂修理汽车并销售汽车零部件

4. 单位或个体经营者的下列行为中,应视同销售计征增值税的有(　　)。
A. 饭店将购入的啤酒用于餐饮服务　　B. 食品厂将购入的原料赠送他人
C. 商场将库存商品发给职工作福利　　D. 个体商店代销鲜奶

5. 一般纳税人向购买方收取的(　　)须计入销售额计算销项税额。
A. 包装物押金　　B. 手续费　　C. 包装物租金　　D. 销项税额

6. 根据增值税法律制度的规定,下列各项业务的处理方法中,不正确的有(　　)。
A. 纳税人销售货物或提供应税劳务,价税合并定价并合并收取,以不含增值税的销售额为计税销售额
B. 纳税人以价格折扣方式销售货物,不论折扣额是否在同一张发票上注明,均以扣除折

扣额后的销售额为计税销售额

C. 纳税人采取以旧换新方式销售货物,以扣除旧货物折价款后的销售额为计税销售额

D. 纳税人采取以物易物方式销售货物,购销双方均应作购销处理,以各自发出的货物核算计税销售额并计算销项税额,以各自收到的货物核算购货额并计算进项税额

7. 下列各项中,属于营改增试点一般纳税人差额计税项目的有(　　)。

A. 经纪代理服务　　B. 旅游服务　　C. 金融商品转让　　D. 融资租赁服务

8. 下列各项中,进项税额不得抵扣的有(　　)。

A. 企业为职工购买的服装　　　　　B. 购进的旅客运输服务

C. 生产用的水、电　　　　　　　　D. 因管理不善而霉烂变质的货物

9. 按照增值税纳税义务发生时间的相关规定,下列说法中,错误的有(　　)。

A. 采取委托银行收款结算方式的,为发出货物并办妥托收手续的当天

B. 采取直接收款方式销售货物的,不论货物是否发出,均为收到销售额或取得索取销售额的凭据,并将提货单交给买方的当天

C. 采取赊销和分期收款结算方式,无书面合同的,为发出货物的当天

D. 将货物交付给他人代销的,为收到受托人送交货款的当天

10. 根据增值税法律制度的规定,下列关于增值税的纳税地点的说法中,正确的有(　　)。

A. 固定业户应当向其机构所在地或居住地主管税务机关申报纳税

B. 非固定业户销售货物或提供应税劳务、发生应税行为的,应当向销售地、应税劳务发生地、应税行为发生地的主管税务机关申报纳税

C. 进口货物的应纳增值税,应当向纳税人所在地的海关申报缴纳

D. 扣缴义务人应当向其机构所在地或者居住地的主管税务机关申报缴纳其应扣缴的税款

四、业务题

1. 某服装厂(增值税一般纳税人)位于市区,某年6月发生下列业务:

(1) 购进A种面料,取得增值税专用发票,注明价款为40 000元,税额为5 200元,支付采购运费价税合计545元,取得增值税专用发票。

(2) 进口一批面料,关税计税价格为36 000元,关税税率为5%,取得海关进口增值税专用缴款书。

(3) 领用面料生产300件连衣裙,单位成本为40元;将其中200件委托某商厦代销,当月月末收到商厦代销清单,注明售出100件,商厦与该厂结算的含税金额为15 255元,尚未开出增值税专用发票。

(4) 生产600件西服,单位成本为100元,成本中外购比例为60%(假设成本中不含运费),将其中100件发给本厂职工作为福利,将其中400件以每件180元的不含税出厂价格销售给某商业企业,30件因保管不善而丢失。

假设当月取得的相关票据符合税法规定,在当月确认抵扣。

要求:(1) 计算当月的销项税额。

(2) 计算当月可抵扣的进项税额。

(3) 计算当月应缴纳的增值税税额。

2. 某运输公司为增值税一般纳税人,某年10月份发生如下经济业务:

(1) 取得客运收入 109 万元,开具增值税普通发票;取得货运收入 200 万元,开具增值税专用发票。

(2) 为某单位开展职工活动,无偿提供运输服务,同类运输服务的市场价为 2.18 万元。

(3) 当月外购汽油 30 万元,取得增值税专用发票上注明的增值税税额为 3.9 万元。

(4) 购入运输车辆,价值 20 万元,取得机动车销售统一发票,注明的增值税税额为 2.6 万元。

(5) 发生联运支出 50 万元,取得增值税专用发票,注明的增值税税额为 4.5 万元。

(6) 购入作为劳保用品的职工工作服一批,取得增值税专用发票注明的价款为 1 万元,增值税税额为 0.13 万元。

要求:(1) 计算当月的销项税额。
(2) 计算当月可抵扣的进项税额。
(3) 计算当月应缴纳的增值税税额。

3. 某电子企业为增值税一般纳税人,某年 2 月份发生下列经济业务:

(1) 销售 A 产品 50 台,不含税单价为 8 000 元。货款收到后,向购买方开具了增值税专用发票,并将提货单交给了购买方。截至月底,购买方尚未提货。

(2) 将 20 台新试制的 B 产品分配给投资者,单位成本为 6 000 元。该产品尚未投放市场。

(3) 单位职工宿舍改造,领用甲材料 1 000 千克,单位成本为 50 元。

(4) 改、扩建单位幼儿园,领用甲材料 200 千克,单位成本为 50 元,同时领用 A 产品 5 台。

(5) 当月丢失库存乙材料 800 千克,单位成本为 20 元,作待处理财产损溢处理。

(6) 当月发生购进货物的全部进项税额为 70 000 元。

其他相关资料:上月进项税额已全部抵扣完毕,本月取得的进项税额抵扣凭证均可以抵扣。买卖货物的增值税税率均为 13%,税务局核定 B 产品的成本利润率为 10%。

要求:(1) 计算当月的销项税额。
(2) 计算当月可抵扣的进项税额。
(3) 计算当月应缴纳的增值税税额。

4. 某商业企业是增值税一般纳税人,某年 4 月初的留抵税额为 2 000 元,4 月发生下列业务:

(1) 购入商品一批,取得发票,价款为 10 000 元,税款为 1 300 元。

(2) 3 个月前从农民手中收购的一批粮食,因保管不善而毁损,账面成本为 5 400 元。

(3) 从农民手中收购大豆 1 吨,税务机关规定的收购凭证上注明的收购款为 1 500 元。

(4) 从小规模纳税人处购买商品一批,取得税务机关代开的增值税专用发票,价款为 30 000 元,税款为 900 元,款已付清,货物未入库。

(5) 购买建材一批,用于修缮职工食堂,价款为 20 000 元,税款为 2 600 元。

(6) 零售日用商品,取得含税收入 150 000 元。

(7) 将 2 个月前购入的一批布料捐赠受灾地区,账面成本为 20 000 元,同类产品不含税销售价格为 30 000 元。

(8) 外购电脑 20 台,取得增值税专用发票,每台不含税单价为 6 000 元,购入后,其中 5 台用于办公,5 台捐赠希望小学,另外 10 台全部零售,零售价为每台 8 000 元。

要求:(1) 计算当期可从销项税额中抵扣的增值税进项税额合计数(考虑转出的进项税额)。
(2) 计算当期的增值税销项税额。
(3) 计算当期的应纳增值税税额。

5. 某生产企业为增值税一般纳税人,某年 6 月外购原材料,取得增值税专用发票,注明进项税额为 137.7 万元。当月内销货物取得不含税销售额 150 万元,外销货物取得收入 920 万元,该企业适用的增值税税率为 13%,出口退税率为 8%。请计算该企业 6 月的免、抵、退税额。

五、项目实训

1. 杭远贸易公司(增值税一般纳税人)主要从事货物的批发和零售业务,同时提供餐饮住宿服务,纳税人识别号为 110100234521023654。2023 年 1 月初"应交税费——应交增值税"账户借方余额为 4 000 元。1 月份发生如下涉税业务:

(1) 1—10 日,销售货物五批,开具 5 张增值税专用发票,注明的价款合计数为 12.8 万元,增值税税额合计数为 1.664 万元,对方均通过转账支票支付。

(2) 4 日,向海华公司采购一批货物,支付价款 160 万元,增值税税额为 20.8 万元,购入时取得对方开具的增值税专用发票 6 张,已确认并申报抵扣。

(3) 11 日,向达发公司销售货物一批,开具增值税普通发票,发票上注明含税的销售额为 90.4 万元,价格条件为 3/10、1/20、n/30,双方约定在 10 日内付款。

(4) 15 日,杭远贸易公司汽车损坏,委托腾飞汽车修理厂进行修理,支付修理费 1.808 万元,取得对方开具的增值税专用发票 1 张,注明价款为 1.6 万元,增值税税额为 0.208 万元。

(5) 20 日,将上月购进的一批货物用作本企业的职工福利,购进当月已申报抵扣进项税额。该批货物的进价为 5.2 万元,售价为 6 万元。

(6) 20 日,与京华公司联营开办一超市,按照协议,公司将一批外购货物作为投资提供给超市,该批商品的进价为 45 万元,按照公司同类货物的不含税销售价格计算,销售额应为 60 万元,未开具发票。

(7) 20 日,收到达发公司用于支付货款的转账支票 1 张,金额为 88 万元。

(8) 22 日,向外地力达公司销售货物一批,合同规定由杭远贸易公司支付运费 0.6 万元,取得增值税专用发票 1 张,发票上注明的增值税税额为 0.054 万元,已确认并申报抵扣。

(9) 25 日,仓库倒塌,损毁货物一批,进价为 6 万元,进项税额为 0.78 万元(该批货物系以前月份购进,已申报抵扣进项税额)。

(10) 26 日,向外地双峰公司发出货物一批,开具的增值税专用发票上注明的价款为 18 万元,增值税税额为 2.34 万元,用转账支票代对方支付运费 0.4 万元,合同规定采取托收承付方式进行结算,27 日办妥托收手续。

(11) 1 月,公司所属杭远大酒店营业收入 22.472 万元,开具增值税专用发票 10 张,注明的价款合计数为 8 万元,增值税税额合计数为 0.48 万元;开具增值税普通发票 35 张,注明的金额合计数为 13.992 万元。当月发生的餐饮成本、住宿成本,取得增值税专用发票 5 张,注明的价款合计数为 3.5 万元,增值税税额合计数为 0.367 万元(其中,适用 13% 税率的价款合计 1.6 万元,增值税税额为 0.208 万元,适用 9% 税率的价款合计 1.5 万元,增值税税额为 0.135 万元,适用 6% 税率的价款合计数为 0.4 万元,增值税税额为 0.024 万元);取得农产品收购发票 15 张,注明的买价合计 3.8 万元。

请根据以上资料计算杭远贸易公司 2023 年 1 月份的增值税销项税额、进项税额以及应纳税额。

项 目 小 结

项目二学习内容结构如图 2-1 所示。

项目小结

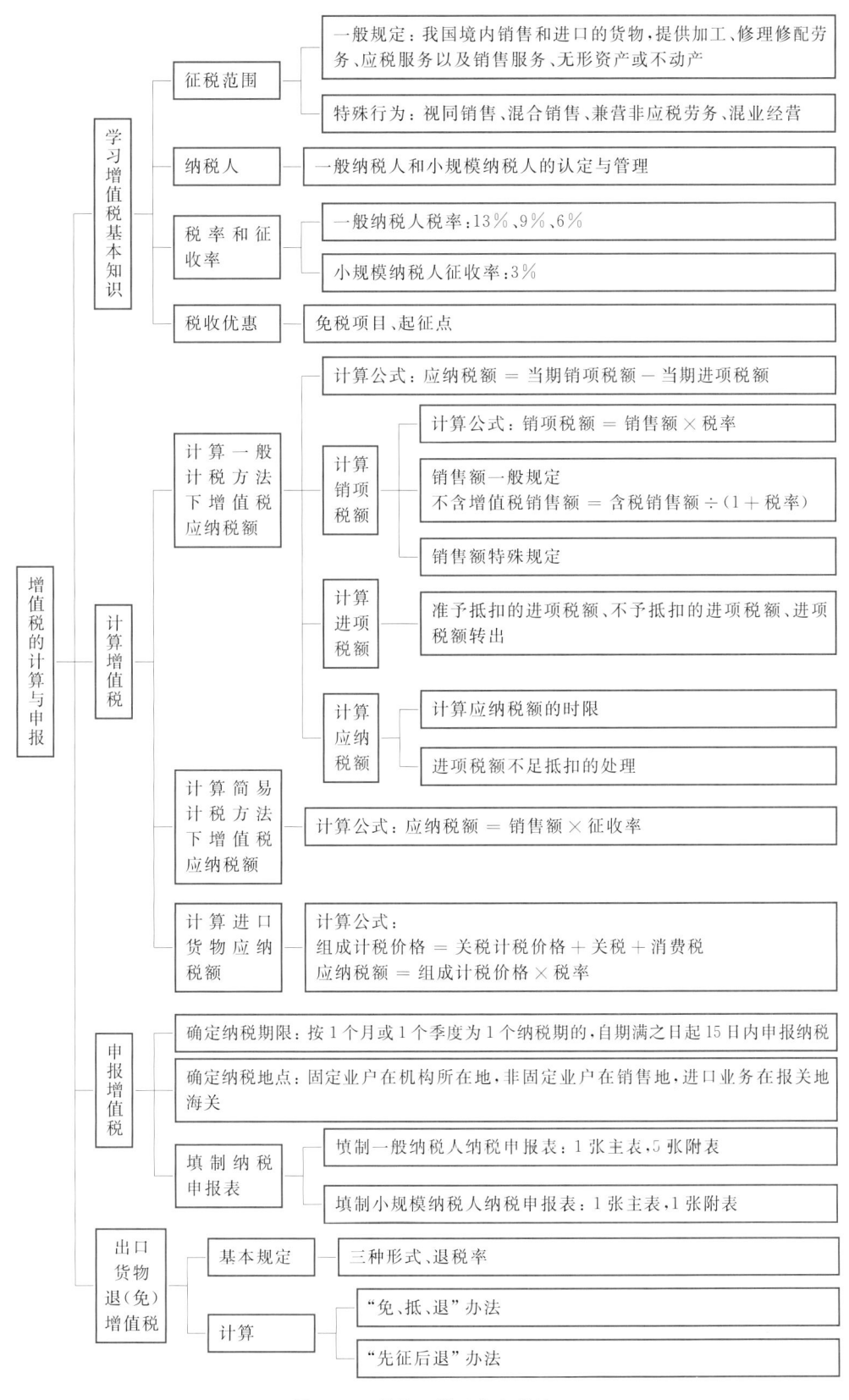

```
增值税的计算与申报
├── 学习增值税基本知识
│   ├── 征税范围
│   │   ├── 一般规定：我国境内销售和进口的货物，提供加工、修理修配劳务、应税服务以及销售服务、无形资产或不动产
│   │   └── 特殊行为：视同销售、混合销售、兼营非应税劳务、混业经营
│   ├── 纳税人 —— 一般纳税人和小规模纳税人的认定与管理
│   ├── 税率和征收率
│   │   ├── 一般纳税人税率：13%、9%、6%
│   │   └── 小规模纳税人征收率：3%
│   └── 税收优惠 —— 免税项目、起征点
├── 计算增值税
│   ├── 计算一般计税方法下增值税应纳税额
│   │   ├── 计算公式：应纳税额＝当期销项税额－当期进项税额
│   │   ├── 计算销项税额
│   │   │   ├── 计算公式：销项税额＝销售额×税率
│   │   │   ├── 销售额一般规定
│   │   │   │   不含增值税销售额＝含税销售额÷(1＋税率)
│   │   │   └── 销售额特殊规定
│   │   ├── 计算进项税额 —— 准予抵扣的进项税额、不予抵扣的进项税额、进项税额转出
│   │   └── 计算应纳税额
│   │       ├── 计算应纳税额的时限
│   │       └── 进项税额不足抵扣的处理
│   ├── 计算简易计税方法下增值税应纳税额
│   │   └── 计算公式：应纳税额＝销售额×征收率
│   └── 计算进口货物应纳税额
│       └── 计算公式：
│           组成计税价格＝关税计税价格＋关税＋消费税
│           应纳税额＝组成计税价格×税率
├── 申报增值税
│   ├── 确定纳税期限：按1个月或1个季度为1个纳税期的，自期满之日起15日内申报纳税
│   ├── 确定纳税地点：固定业户在机构所在地，非固定业户在销售地，进口业务在报关地海关
│   └── 填制纳税申报表
│       ├── 填制一般纳税人纳税申报表：1张主表，5张附表
│       └── 填制小规模纳税人纳税申报表：1张主表，1张附表
└── 出口货物退(免)增值税
    ├── 基本规定 —— 三种形式、退税率
    └── 计算
        ├── "免、抵、退"办法
        └── "先征后退"办法
```

图 2-1 项目二学习内容结构

项目三　消费税的计算与申报

◇ **职业能力目标**
- 了解消费税的纳税人、征税范围、税目、税率
- 掌握消费税的计税依据和计算方法
- 掌握消费税的纳税申报方法
- 了解消费税出口货物退（免）税的适用范围、适用办法及计算方法

◇ **典型工作任务**
- 判断应征消费税项目及适用税率
- 计算消费税的应纳税额
- 填制消费税纳税申报表并进行纳税申报

任务一　学习消费税基本知识

任务引例

醉春风酒业有限公司，是一家以生产、销售各类酒产品为主营业务的企业，为增值税一般纳税人。某年1月销售白酒400千克，销售额为72 000元；销售黄酒6 000千克，销售额为240 000元。请问以上销售业务是否需要缴纳消费税？如果需要缴纳，两笔业务分别适用何种税率？

【知识准备与业务操作】

一、消费税的含义和特点

消费税是指对特定消费品和消费行为征收的一种间接税。目前我国消费税是对在我国境内从事生产、委托加工和进口应税消费品的单位和个人，就其应税消费品的销售额或销售量征收的一种税。

消费税是一种选择性商品税，是与增值税相配套的税种。它是在对商品和非商品的流转额普遍征收增值税的基础上，根据国家政策的需要，有选择地对部分消费品征收的。也就是说，属于消费税列举的税目的消费品，既要征收消费税，又要征收增值税。这样，可以充分

发挥税收对生产和消费的调节作用,限制某些高能耗消费品的生产,引导正确的消费方向,也有利于保证国家财政收入。

我国现行消费税的基本法律依据是2008年修订的《中华人民共和国消费税暂行条例》(以下简称《消费税暂行条例》)与财政部和国家税务总局发布的《中华人民共和国消费税暂行条例实施细则》(以下简称《消费税暂行条例实施细则》),修订的条例与细则自2009年1月1日起施行。

我国现行消费税具有以下特点:

(1) 征收范围具有选择性。现行消费税只选择消费品中的特殊消费品如烟、酒、奢侈品(如贵重首饰)、高能耗消费品(如小汽车)和不可再生的资源消费品(如汽油、柴油等)共15类为征税对象。这种选择性,使消费税对生产与消费的调节作用十分明显。

(2) 征收环节具有单一性。现行消费税只在消费品的生产环节和进口环节(金银首饰、卷烟和电子烟、超豪华小汽车除外)一次性征收,其他环节不再征收。

(3) 计税方法具有灵活性。现行消费税根据每一课税对象的特点,选择从价定率和从量定额以及复合计税等不同的计税方法,充分发挥其调节作用。

(4) 税率、税额具有差别性。现行消费税对应税消费品实行产品差别税率、税额,一物一税,有利于国家对产业结构和消费结构进行宏观调节。

(5) 税收负担具有转嫁性。消费税是一种价内税,无论在哪一个环节征收,消费品价格中所含的消费税税款最终都要转嫁到消费者身上,由最终的消费者承担。

二、消费税的纳税人

消费税的纳税人,是在中华人民共和国境内生产、委托加工和进口应税消费品的单位和个人,以及国务院确定的销售应税消费品的其他单位和个人。

"单位"是指企业、行政单位、事业单位、军事单位、社会团体及其他单位。"个人"是指个体工商户及其他个人。

"在中华人民共和国境内"是指生产、委托加工和进口应税消费品的起运地或所在地在中国境内。

自1995年1月1日起,黄金首饰、铂金首饰、钻石及钻石饰品的消费税改在零售环节征收;自2009年5月1日起,对卷烟在批发环节加征一道消费税;自2016年12月1日起,对超豪华小汽车在零售环节加征一道消费税;自2022年11月1日起,对生产(进口)、批发电子烟征收消费税。因此,从事金银首饰、铂金首饰、钻石及钻石饰品零售业务、卷烟和电子烟批发、超豪华小汽车零售的单位和个人,也属于消费税的纳税人。

> 提示:税法规定,在委托加工应税消费品行为中,除受托方是个体经营者的情形外,消费税应由受托方代收代缴。

【做中学3-1】

甲烟草公司提供烟叶,委托乙公司(非个体经营者)加工一批烟丝。加工完成后,甲公司将一部分烟丝用于生产卷烟,另一部分烟丝出售给丙公司。在这项委托加工烟丝业务和出售业务中,消费税的纳税义务人是谁?

A. 甲公司   B. 乙公司   C. 丙公司   D. 甲公司和丙公司

分析:

应选择A。委托加工应税消费品的委托方是甲公司,因此甲公司是纳税人,税法规定该消费税由乙公司代收代缴,因此乙公司是扣缴义务人。此外,甲公司将收回的一部分卷烟出售给丙公司,甲公司是纳税人。由于该烟丝的消费税在委托加工过程中已由乙公司代收代缴,出售时若价格不高于乙公司的计税价格,则不需再缴纳消费税;高于乙公司的计税价格,则按规定计税,但可扣除乙公司已代收代缴的消费税。

三、消费税的征收范围

作为兼具选择性和调节性的税种,消费税的征收范围是有针对性的。一般来说,国家会根据以下原则选择几类消费品征收消费税。

第一类:过度消费会对人身健康、社会秩序、生态环境等方面造成危害的特殊消费品,如烟、酒、鞭炮焰火等。第二类:奢侈类商品,如贵重首饰及珠宝玉石、高尔夫球及球具、高档手表等。第三类:高能耗及高档消费品,如摩托车、小汽车、游艇等。第四类:不可再生或替代的稀缺资源消费品,如成品油、木制一次性筷子、实木地板等。第五类:税基宽广、消费普遍、征税后不影响居民基本生活并具有一定财政意义的消费品,如高档化妆品等。

根据以上原则,目前我国消费税的征税范围包括烟、酒、高档化妆品、贵重首饰及珠宝玉石、鞭炮及焰火、成品油、摩托车、小汽车、高尔夫球及球具、高档手表、游艇、木制一次性筷子、实木地板、电池、涂料等15个税目,有的税目还进一步划分为若干子目。具体范围划分如下:

(1)烟。本税目的征收范围是以烟叶为原料加工生产的产品,下设卷烟、雪茄烟、烟丝、电子烟四个子目。其中,对卷烟和电子烟既在生产环节征收,也在批发环节征收,对雪茄烟和烟丝只在生产环节征收。

(2)酒。本税目的征收范围是酒精度在1度以上的各种酒类饮料,下设白酒、黄酒、啤酒、其他酒四个子目。

(3)高档化妆品。本税目的征收范围包括高档美容、修饰类化妆品,高档护肤类化妆品和成套化妆品,指在生产(进口)环节销售(完税)价格(不含增值税)在10元/毫升(克)或15元/片(张)以上的美容、修饰类化妆品和护肤类化妆品。

(4)贵重首饰及珠宝玉石。本税目的征收范围包括各种金银珠宝首饰和经采掘、打磨、加工的各种珠宝玉石。

(5)鞭炮、焰火。本税目的征收范围包括喷花类、旋转类、组合烟花类等各种鞭炮、焰火。体育上的发令枪、鞭炮引线,不按本税目征收消费税。

(6)成品油。本税目下设汽油、柴油、石脑油、溶剂油、航空煤油、润滑油、燃料油七个子目。

(7)摩托车。本税目的征收范围包括轻便摩托车和摩托车,税率按排量分档设置。

(8)小汽车。本税目下设乘用车、中轻型商用客车和超豪华小汽车三个子目,税率按气缸容量(即排气量)的大小分档设置。其中,超豪华小汽车征税范围为每辆零售价格90万元(不含增值税)及以上的各种动力类型(含纯电动、燃料电池等动力类型)乘用车和中轻型商用客车。

对纯电动、燃料电池等没有气缸容量(排气量)的超豪华小汽车仅在零售环节征收消费税。纳税人销售二手超豪华小汽车,不征收消费税。

其他电动汽车、沙滩车、雪地车、卡丁车、高尔夫车不征收消费税。

企业生产销售达到低污染排放标准(相当于欧洲Ⅱ号标准)的小轿车、越野车和小客车,可减征30%的消费税。

(9) 高尔夫球及球具。本税目的征收范围包括高尔夫球、高尔夫球杆、高尔夫球包(袋)。

(10) 高档手表。本税目的征收范围为销售价格(不含增值税)在每只 10 000 元(含)以上的各类手表。

(11) 游艇。本税目的征收范围包括艇身长度大于 8 米(含)小于 90 米(含),主要用于水上运动和休闲娱乐等非谋利活动的各类机动艇。

(12) 木制一次性筷子。本税目的征收范围包括各种规格的木制一次性筷子。

(13) 实木地板。本税目的征收范围包括各类规格的实木地板、实木指接地板、实木复合地板及用于装饰墙壁、天棚的侧端面为榫、槽的实木装饰板。

(14) 电池。本税目的征收范围包括原电池、蓄电池、燃料电池、太阳能电池和其他电池。

(15) 涂料。本税目的征收范围包括涂于物体表面能形成具有保护、装饰或特殊性能的固态涂膜的各类液体或固体涂料。

四、消费税的税率

消费税实行比例税率、定额税率和从量定额与从价定率相结合的复合计税三种形式。大多数消费品采用比例税率;对黄酒、啤酒、成品油实行定额税率;对卷烟、白酒实行从量定额与从价定率相结合的复合计税办法。

应税消费品名称、税率和计量单位对照表如表 3-1 所示。

表 3-1　　　　　应税消费品名称、税率和计量单位对照表

应税消费品名称	比例税率	定额税率	计量单位
一、烟			
1. 卷烟			
(1) 工业			
❶ 甲类卷烟(调拨价 70 元(不含增值税)/条以上(含 70 元))	56%	30 元/万支	万支
❷ 乙类卷烟(调拨价 70 元(不含增值税)/条以下)	36%	30 元/万支	
(2) 商业批发	11%	50 元/万支	
2. 雪茄烟	36%	—	支
3. 烟丝	30%	—	千克
4. 电子烟			
(1) 工业	36%	—	盒
(2) 商业批发	11%	—	盒
二、酒			
1. 白酒	20%	0.5 元/500 克(毫升)	500 克(毫升)
2. 黄酒	—	240 元/吨	吨
3. 啤酒			
(1) 甲类啤酒(出厂价格 3 000 元(不含增值税)/吨以上(含 3 000 元))	—	250 元/吨	吨
(2) 乙类啤酒(出厂价格 3 000 元(不含增值税)/吨以下)	—	220 元/吨	

续表

应税消费品名称	比例税率	定额税率	计量单位
4. 其他酒	10%	—	吨
三、高档化妆品	15%	—	实际使用计量单位
四、贵重首饰及珠宝玉石			
1. 金银首饰、铂金首饰和钻石及钻石饰品	5%		实际使用计量单位
2. 其他贵重首饰和珠宝玉石	10%		
五、鞭炮、焰火	15%	—	实际使用计量单位
六、成品油			
1. 汽油	—	1.52元/升	
2. 柴油	—	1.20元/升	
3. 航空煤油	—	1.20元/升	
4. 石脑油	—	1.52元/升	升
5. 溶剂油	—	1.52元/升	
6. 润滑油	—	1.52元/升	
7. 燃料油	—	1.20元/升	
七、摩托车			
1. 气缸容量（排气量，下同）=250毫升	3%	—	辆
2. 气缸容量>250毫升	10%	—	
八、小汽车			
1. 乘用车			
（1）气缸容量（排气量，下同）≤1.0升	1%	—	
（2）1.0升<气缸容量≤1.5升	3%	—	
（3）1.5升<气缸容量≤2.0升	5%	—	
（4）2.0升<气缸容量≤2.5升	9%	—	
（5）2.5升<气缸容量≤3.0升	12%	—	辆
（6）3.0升<气缸容量≤4.0升	25%	—	
（7）气缸容量>4.0升	40%	—	
2. 中轻型商用客车	5%	—	
3. 超豪华小汽车	10%	—	
九、高尔夫球及球具	10%	—	实际使用计量单位
十、高档手表	20%	—	只
十一、游艇	10%	—	艘
十二、木制一次性筷子	5%	—	万双
十三、实木地板	5%	—	平方米
十四、电池	4%	—	只
十五、涂料	4%	—	吨

> **提示**：兼营不同税率的应税消费品，应当分别核算其销售额或销售数量。未分别核算销售额或销售数量的，或者将不同税率的应税消费品组成成套消费品销售的，从高适用税率。

引例解析

本任务引例中，醉春风酒业有限公司为增值税一般纳税人。因为其主要生产、销售各种酒类产品，所以也是消费税的纳税人。其销售的白酒和黄酒均属于消费税应税消费品，应缴纳消费税。其中，销售白酒适用复合税率，比例税率为20%，定额税率为0.5元/500克，黄酒适用的定额税率为240元/吨。

任务二 计算消费税

任务引例

醉春风酒业有限公司某月将白酒、红葡萄酒组成套装礼品盒销售，每盒销售价格为180元，共销售350盒，其中每盒白酒、红葡萄酒各1瓶（均为500克装）；又将委托其他企业加工收回的白葡萄酒100千克按回收价格直接销售，销售额为8 000元，该批白葡萄酒收回时已由加工企业代收代缴消费税。请问以上业务是否需要缴纳消费税？如果需要缴纳，分别应如何计税？

【知识准备与业务操作】

消费税采用从价定率计征、从量定额计征和从价从量复合计征等三种方法，分别对不同的应税消费品计算应纳消费税。其中，对价格变动较大且便于按价格计税的税目采用从价定率计征；对价格变动较小，品种、规格比较单一的税目采用从量定额计征；对卷烟、白酒采用从价从量复合计征。消费税计税方法一览表如表3-2所示。

表3-2 消费税计税方法一览表

计税方法	计算公式	适用范围
从价定率办法	应纳税额=销售额×比例税率	表3-1中实行比例税率的应税消费品
从量定额办法	应纳税额=销售数量×定额税率	表3-1中实行定额税率的应税消费品（黄酒、啤酒、成品油）
复合计税办法	应纳税额=销售额×比例税率+销售数量×定额税率	表3-1中实行复合税率的应税消费品（卷烟、白酒）

一、计算对外销售应税消费品的应纳税额

（一）计算从价定率办法下的应纳税额

按从价定率办法计算应纳税额的基本计算公式为：

$$应纳税额=计税销售额×比例税率$$

1. 确定一般情况下的计税销售额

销售应税消费品的计税依据是计税销售额。计税销售额为纳税人销售应税消费品向购买方收取的全部价款和价外费用。消费税和增值税实行交叉征收,而消费税是价内税,增值税是价外税,因此实行从价定率征收消费税的消费品,其消费税计税依据和增值税计税依据基本上是一致的,即都是含消费税而不含增值税的销售额。因此,前面有关增值税确认销售额的规定同样适用于消费税。

【做中学3-2】

B化妆品厂销售高档化妆品一批,开具的增值税专用发票上注明不含税价款为10 000元,货款已收到,高档化妆品的消费税税率为15%。请计算此项业务中的应纳消费税税额。

计算：

应纳消费税税额＝10 000×15%＝1 500(元)

2. 确定特殊情况下的计税销售额

(1) 包装物押金计税销售额的确定。

应税消费品连同包装物销售的,无论包装物如何计价,也无论在会计上如何核算,均应并入应税消费品的销售额中征收消费税。如果包装物只收取押金,不作价随同产品销售,则其押金不并入应税消费品的销售额中征税。但逾期未收回的包装物不再退还的押金和已收取一年以上的押金,按所包装的应税消费品的适用税率征收消费税。对既作价随同应税消费品销售,又另外收取押金的包装物押金,凡纳税人在规定的期限内不予退还的,也应并入应税销售额,按应税消费品的适用税率征收消费税。

> 提示：酒类产品生产企业销售除啤酒、黄酒外的其他酒类产品收取的包装物押金,无论是否返还及会计上如何核算,均须并入酒类产品销售额中,依酒类产品的适用税率征收消费税。

(2) 纳税人用于换取生产资料和消费资料、投资入股和抵偿债务等方面的应税消费品,应当以纳税人同类应税消费品的最高销售价格为计税依据计算消费税。

【做中学3-3】

某葡萄酒生产企业本月销售葡萄酒价值1 000 000元,另拿200吨葡萄酒换取生产资料。该葡萄酒最高售价为每吨200元,最低售价为每吨180元,平均售价为每吨190元。试计算此项业务涉及的应纳消费税税额和应纳增值税税额。

计算：

应纳消费税税额＝1 000 000×10%＋200×200×10%＝104 000(元)

应纳增值税税额＝1 000 000×13%＋200×190×13%＝134 940(元)

(3) 纳税人通过自设的非独立核算门市部销售的自产应税消费品,应当按照门市部实际对外销售额征收消费税。

（4）白酒生产企业销售给销售单位的白酒，生产企业消费税计税价格低于销售单位对外销售价格（不含增值税）70%以下的，税务机关应核定消费税最低计税价格。已核定最低计税价格的白酒，生产企业实际销售价格高于消费税最低计税价格的，按实际销售价格申报纳税；实际销售价格低于消费税最低计税价格的，按最低计税价格申报纳税。若销售单位对外销售价格持续上涨或下降，时间超过3个月，累计上涨或下降幅度在20%以上（含20%）的白酒，税务机关应重新核实最低计税价格。上述销售单位是指销售公司、购销公司以及委托境内其他单位或个人包销本企业生产白酒的商业机构，其中销售公司、购销公司是指专门购进并销售白酒生产企业生产的白酒，并与该白酒生产企业存在关联性质的公司。

【做中学 3-4】

B化妆品厂销售甲高档化妆品一批，不含税销售额为50 000元，同时收取小件包装盒价款共计565元以及大件包装箱押金300元。请计算本项业务所涉及的应纳消费税税额。

计算：

甲高档化妆品应纳消费税税额 = 50 000 × 15% = 7 500（元）

小件包装盒应纳消费税税额 = 565 ÷ (1 + 13%) × 15% = 75（元）

大件包装箱收取的押金不缴纳消费税。

（二）计算从量定额办法下的应纳税额

按从量定额办法计算应纳税额的计算公式为：

$$应纳税额 = 销售数量 \times 定额税率$$

1. 确定应税消费品的数量

(1) 销售应税消费品的，为应税消费品的销售数量。

(2) 自产自用应税消费品的，为应税消费品的移送使用数量。

(3) 委托加工应税消费品的，为纳税人收回的应税消费品数量。

(4) 进口应税消费品的，为海关核定的应税消费品的进口征税数量。

2. 换算相关的计量单位

从量计征的应税消费品的应纳消费税税额必须正确依消费税税率表中的计量单位来计算，相关计量单位的换算方法如下：

黄酒：1吨 = 962升	啤酒：1吨 = 988升
汽油：1吨 = 1 388升	柴油：1吨 = 1 176升
航空煤油：1吨 = 1 246升	石脑油：1吨 = 1 385升
溶剂油：1吨 = 1 282升	润滑油：1吨 = 1 126升
燃料油：1吨 = 1 015升	

【做中学 3-5】

C酒厂销售黄酒2 886升，不含税销售额为10 000元，请计算本项业务所涉及的应纳消费税税额。

计算：

计量单位换算黄酒1吨 = 962升，2 886 ÷ 962 = 3（吨）。

应纳消费税税额 = 3 × 240 = 720（元）

(三)计算复合计税办法下的应纳税额

复合计税办法是两种方法的结合,应纳税额的计算公式为:

$$应纳税额 = 销售额 \times 比例税率 + 销售数量 \times 定额税率$$

> **提示**:计算批发环节的卷烟消费税时,应注意以下问题:
> (1)纳税人销售给纳税人以外的单位和个人的卷烟于销售时纳税,纳税人之间销售的卷烟不缴纳消费税。
> (2)应将卷烟销售额与其他商品销售额分开核算,未分开核算的,一并征收消费税。
> (3)在生产和批发两个环节对卷烟征收消费税后,批发企业在计算纳税时不得扣除已含的生产环节消费税。

【做中学 3-6】

C 卷烟厂生产甲、乙两种品牌卷烟,其消费税税率分别为 56%、36%。某月销售甲种卷烟 20 大箱,每大箱 25 000 元(不含税),乙种卷烟 10 大箱,每大箱 15 000 元(不含税)。请计算该卷烟厂的应纳消费税税额。

计算:应纳消费税税额 = (20×25 000×56% + 20×150) + (10×15 000×36% + 10×150)
= 338 500(元)

(四)计算已纳消费税的扣除

为避免重复征税,用外购的已税消费品连续生产应税消费品,准予从应纳消费税税额中按<u>当期生产领用数量</u>计算扣除外购已税消费品的已纳消费税税额。

1. 确定准予扣除的范围

准予扣除外购已税消费品已纳税额的应税消费品,包括:

(1)以外购已税烟丝为原料生产的卷烟。
(2)以外购已税高档化妆品为原料生产的高档化妆品。
(3)以外购已税珠宝玉石为原料生产的贵重首饰及珠宝玉石(金银首饰消费税改变纳税环节后,用已税珠宝玉石连续生产镶嵌首饰,在计算时一律不得扣除已纳的消费税税款)。
(4)以外购已税鞭炮、焰火为原料生产的鞭炮、焰火。
(5)以外购已税木制一次性筷子为原料生产的木制一次性筷子。
(6)以外购已税实木地板为原料生产的实木地板。
(7)以外购已税杆头、杆身和握把为原料生产的高尔夫球杆。
(8)以外购已税汽油、柴油、石脑油、燃料油、润滑油为原料生产的应税成品油。
(9)以外购、进口葡萄酒为原料生产的葡萄酒。

用外购已税消费品连续生产应税消费品的纳税人从增值税一般纳税人购进已税消费品,外购已税消费品的抵扣凭证为增值税专用发票(含销货清单)。纳税人未提供增值税专用发票和销货清单的不可扣除外购已税消费品已纳消费税。

从增值税小规模纳税人购进已税消费品,外购已税消费品的抵扣凭证为主管税务机关代开的增值税专用发票。

> **提示**:连续生产,是指应税消费品生产出来后直接转入下一生产环节,未经市场流通。

2. 计算用外购已税消费品连续生产应税消费品可抵扣消费税的已纳税款

(1) 计算从价定率法下允许抵扣的已纳税额。

当期准予扣除的税款 = 当期准予扣除的外购应税消费品买价 × 外购应税消费品适用税率

当期准予扣除的外购应税消费品买价 = 期初库存的外购应税消费品买价 + 当期购进的外购应税消费品买价 − 期末库存的外购应税消费品买价

外购应税消费品买价为纳税人取得发票(含销货清单)注明的应税消费品的销售额。

(2) 计算从量定额法下允许抵扣的已纳税额。

当期准予扣除的外购应税消费品已纳税款 = 当期准予扣除的外购应税消费品数量 × 外购应税消费品单位税额

当期准予扣除的外购应税消费品数量 = 期初库存的外购应税消费品数量 + 当期购进的外购应税消费品数量 − 期末库存的外购应税消费品数量

外购应税消费品数量为发票(含销货清单)注明的应税消费品的销售数量。

【做中学 3-7】

B 化妆品厂某月外购高档化妆品甲一批,取得增值税专用发票,注明的不含税价款为 20 000 元,用于生产高档化妆品乙。当月销售高档化妆品乙的价值为 50 000 元。已知该厂月初库存的外购高档化妆品甲的买价为 5 000 元,月末库存的外购高档化妆品甲的买价为 1 000 元。请计算该厂当月的应纳消费税税额(以上均为不含税价)。

计算:

允许扣除的外购高档化妆品买价 = 5 000 + 20 000 − 1 000 = 24 000(元)

应纳消费税税额 = 50 000 × 15% − (5 000 + 20 000 − 1 000) × 15% = 3 900(元)

二、计算自产自用应税消费品的应纳税额

自产自用,是指纳税人生产应税消费品后,不将其用于直接对外销售,而将其用于自己连续生产应税消费品或其他方面。

纳税人自产自用的应税消费品,用于连续生产应税消费品的,不纳税;凡用于其他方面的,于移送使用时纳税。"用于其他方面",是指纳税人用于生产非应税消费品或企业用于在建工程、管理部门、非生产机构、提供劳务,以及用于馈赠、赞助、集资、广告、样品、职工福利、奖励等方面的应税消费品。

> **提示**：自产自用的应税消费品，用于连续生产应税消费品的不征税，是为了避免重复征税。自产应税消费品用于其他方面，属于税法所规定的范围的，都要视同销售，依法缴纳消费税。
> 　　自产自用的应税消费品用于其他方面，其消费税应纳税额的计算，也有从价定率、从量定额和复合计税三种情形。

（一）计算从价定率办法下的应纳税额

纳税人自产自用的应税消费品，按照纳税人同类消费品销售价格计算纳税；没有同类消费品销售价格的，按照组成计税价格计算纳税。

（1）有同类消费品销售价格时，计算公式为：

$$应纳消费税税额 = 同类消费品销售价格 \times 销售数量 \times 比例税率$$

（2）没有同类消费品销售价格时，按组成计税价格计税，计算公式为：

$$组成计税价格 = (成本 + 利润) \div (1 - 比例税率)$$
$$= 成本 \times (1 + 成本利润率) \div (1 - 比例税率)$$
$$应纳消费税税额 = 组成计税价格 \times 比例税率$$

上述公式中的"成本"，是指应税消费品的产品生产成本；"利润"是指根据应税消费品的全国平均成本利润率计算的利润。

> **提示**：从价定率计算的自产自用应税消费品按组成计税价格计算增值税和消费税时，公式中的成本利润率由国家税务总局确定，应税消费品全国平均成本利润率表如表3-3所示。

表3-3　　　　　　　　　应税消费品全国平均成本利润率表

序号	种类	成本利润率	序号	种类	成本利润率
1	甲类卷烟	10%	12	摩托车	6%
2	乙类卷烟	5%	13	乘用车	8%
3	雪茄烟	5%	14	中轻型商用客车	5%
4	电子烟	10%	15	高尔夫球及球具	10%
5	烟丝	5%	16	高档手表	20%
6	粮食白酒	10%	17	游艇	10%
7	薯类白酒	5%	18	木制一次性筷子	5%
8	其他酒	5%	19	实木地板	5%
9	高档化妆品	5%	20	电池	4%
10	鞭炮、焰火	5%	21	涂料	7%
11	贵重首饰及珠宝玉石	6%			

【做中学 3-8】

B化妆品厂将自产的一批高档化妆品丙作为福利发放给本厂职工,该批高档化妆品无同类产品销售价格,生产成本为5 800元。请计算本项业务所涉及的应纳消费税税额。

计算:

组成计税价格=[5 800×(1+5%)]÷(1-15%)=7 164.71(元)

应纳消费税税额=7 164.71×15%=1 074.71(元)

(二) 计算从量定额办法下的应纳税额

自产自用应税消费品采用从量定额法计征的,其计税依据为应税消费品的移送使用数量,此时,应纳消费税税额的计算公式为:

应纳消费税税额=移送使用数量×定额税率

(三) 计算复合计税办法下的应纳税额

实行复合计税办法计算消费税时,组成计税价格与应纳消费税税额的计算公式为:

组成计税价格=(成本+利润+自产自用数量×定额税率)÷(1-比例税率)
=[成本×(1+成本利润率)+自产自用数量×定额税率]÷(1-比例税率)

应纳消费税税额=组成计税价格×比例税率+自产自用数量×定额税率

【做中学 3-9】

某酒厂将特制粮食白酒2吨作为福利分给本厂职工,该粮食白酒无同类产品销售价格,生产成本为每吨50 000元。请计算本项业务所涉及的应纳消费税税额。

计算:

组成计税价格=[50 000×2×(1+10%)+2×2 000×0.5]÷(1-20%)
=140 000(元)

应纳消费税税额=140 000×20%+2×2 000×0.5=30 000(元)

三、计算委托加工应税消费品的应纳税额

委托加工应税消费品,是指由委托方提供原料和主要材料,受托方只收取加工费和代垫部分辅助材料加工的应税消费品。

作为委托加工的应税消费品,必须满足两个条件:一是委托方提供原料和主要材料;二是受托方只收取加工费和代垫部分辅助材料。无论是委托方还是受托方,凡不符合以上规定条件的,都不能按委托加工应税消费品进行税务处理,只能按照销售自制应税消费品缴纳消费税。

> **提示:** 对于由受托方提供原材料生产的应税消费品,或者受托方先将原材料卖给委托方,然后再接受加工的应税消费品,以及由受托方以委托方名义购进原材料生产的应税消费品,无论纳税人在财务上是否作销售处理,都不得作为委托加工应税消费品,而应当按照销售自制应税消费品缴纳消费税。

委托加工应税消费品,应由受托方在向委托方交货时代收代缴消费税,向受托方机构所在地的主管税务机关解缴消费税税款。但是,纳税人委托个体经营者加工应税消费品的,消费税则由委托方收回后在委托方所在地缴纳。

委托加工环节代收代缴消费税应纳税额的计算方法,也有从价定率、从量定额和复合计税三种情形。

(一) 计算从价定率办法下的应纳税额

委托加工应税消费品,按受托方同类消费品销售价格计算纳税。受托方没有同类消费品销售价格的,按组成计税价格计算纳税。

(1) 受托方有同类消费品销售价格时,计算公式为:

$$应纳消费税税额 = 受托方同类消费品的销售价格 \times 委托加工数量 \times 比例税率$$

(2) 没有同类消费品销售价格时,按组成计税价格计税,计算公式为:

$$组成计税价格 = (材料成本 + 加工费) \div (1 - 比例税率)$$

$$应纳消费税税额 = 组成计税价格 \times 比例税率$$

> **提示**:公式中的"材料成本",是指委托方所提供加工材料的实际成本。公式中的"加工费",是指受托方加工应税消费品向委托方收取的全部费用(包括代垫辅助材料的实际成本,不包括增值税税额)。

【做中学 3-10】

B化妆品厂委托C厂加工高档化妆品丁,提供原料的成本为90 000元,C厂收取加工费10 000元,无同类产品销售价格。请计算此项委托加工业务中C厂应代收代缴的消费税税额。

计算:

组成计税价格 = (90 000 + 10 000) ÷ (1 - 15%) = 117 647.06(元)

C厂应代收代缴的消费税税额 = 117 647.06 × 15% = 17 647.06(元)

(二) 计算从量定额办法下的应纳税额

委托加工应税消费品采用从量定额办法计征消费税的,其计税依据为纳税人收回应税消费品的数量,计算公式为:

$$应纳消费税税额 = 收回应税消费品的数量 \times 定额税率$$

(三) 计算复合计税办法下的应纳税额

实行复合计税办法计算纳税时,组成计税价格与应纳消费税税额的计算公式为:

$$组成计税价格 = (材料成本 + 加工费 + 收回数量 \times 定额税率) \div (1 - 比例税率)$$

$$应纳消费税税额 = 组成计税价格 \times 比例税率 + 收回数量 \times 定额税率$$

【做中学 3-11】

某酒厂提供粮食一批,委托 A 酒厂加工粮食白酒 4 吨,该批粮食的成本为 80 000 元,共支付加工费 20 000 元,且特制粮食白酒无同类产品销售价格。请计算此项委托加工业务中 A 酒厂应代收代缴的消费税税额。

计算:

组成计税价格 = (80 000 + 20 000 + 4 × 2 000 × 0.5) ÷ (1 - 20%)
= 130 000(元)

A 酒厂应代收代缴的消费税税额 = 130 000 × 20% + 4 × 2 000 × 0.5 = 30 000(元)

(四) 委托加工应税消费品收回后的处理

1. 委托加工应税消费品收回后直接用于销售

委托加工的应税消费品,若受托方在交货时已代收代缴消费税,委托方收回后直接出售,销售价格不高于受托方计税价格的,不再征收消费税。由受托方代收的消费税,随同支付的加工费一并计入委托加工应税消费品的成本。委托方将委托加工收回的应税消费品以高于受托方的计税价格出售的,应按照规定缴纳消费税,符合税法规定的扣税范围的,加工环节已纳的消费税允许扣除。

> 提示:这里所说的"直接出售",是指委托方将收回的应税消费品以不高于受托方的计税价格出售。此外,如果受托方没有代收代缴消费税,委托方应补交税款。

【做中学 3-12】

B 化妆品厂发出原材料一批,委托 C 化工厂加工成高档化妆品丙,收回后用于销售,C 化工厂无同类产品。已知发出材料价值 10 000 元,加工费为 3 000 元。产品已收回,所有款项均支付完毕。本月出售化妆品丙,不含税售价为 18 571 元。请计算本项业务所涉及的消费税。

计算:

组成计税价格 = (10 000 + 3 000) ÷ (1 - 15%) = 15 294.12(元)

C 化工厂应代收代缴的消费税税额 = 15 294.12 × 15% = 2 294.12(元)

由于 B 化妆品厂销售高档化妆品丙时的不含税售价 18 571 元高于 15 294.12 元,销售高档化妆品丙时的应纳消费税税额 = 18 571 × 15% = 2 785.65(元),允许扣除委托加工环节已纳的消费税。

B 化妆品厂应纳销费税税额 = 2 785.65 - 2 294.12 = 491.53(元)

2. 委托加工应税消费品收回后用于连续生产应税消费品

与用外购已税消费品连续生产应税消费品相似,委托加工的应税消费品,受托方在交货时已代收代缴消费税,委托方收回后用于连续生产应税消费品的,其已纳税款准予按当期生产领用数量从连续生产的应税消费品的应纳消费税税额中抵扣。

按照税务总局的规定,其准予抵扣的范围与外购已税品准予抵扣的范围大体一致,包括:

(1) 用委托加工收回的已税烟丝生产的卷烟。
(2) 用委托加工收回的已税高档化妆品生产的高档化妆品。
(3) 用委托加工收回的已税珠宝玉石生产的贵重首饰及珠宝玉石(金银首饰消费税改变纳税环节后,用已税珠宝玉石连续生产镶嵌首饰,在计算时一律不得扣除已纳的消费税税款)。
(4) 用委托加工收回的已税鞭炮、焰火生产的鞭炮、焰火。
(5) 用委托加工收回的已税木制一次性筷子为原料生产的木制一次性筷子。
(6) 用委托加工收回的已税实木地板为原料生产的实木地板。
(7) 用委托加工收回的已税杆头、杆身和握把为原料生产的高尔夫球杆。
(8) 用委托加工收回的已税汽油、柴油、石脑油、燃料油、润滑油为原料生产的应税成品油。

计算当期准予扣除的委托加工应纳消费品已纳税款的公式为:

当期准予扣除的委托加工应税消费品已纳税款 = 期初库存的委托加工应税消费品已纳税款 + 收回的委托加工应税消费品已纳税款 − 期末库存的委托加工应税消费品已纳税款

委托加工应税消费品已纳税款为代扣代收税款凭证注明的受托方代收代缴的消费税。

【做中学 3-13】

B 化妆品厂发出原材料一批,委托 C 化工厂将其加工成高档化妆品丁,收回后用于连续加工另一种高档化妆品戊。已知发出原材料的成本为 20 000 元,加工费及代垫辅料费共 3 000 元。产品已收回,并于当月全部领用。以上业务所有款项均支付完毕,本月出售高档化妆品戊一批,不含税售价为 45 000 元,本企业高档化妆品丁在月初、月末均无库存。请计算本项业务所涉及的消费税。

计算:

收回委托加工品,C 厂代扣代缴消费税税额 = [(20 000 + 3 000) ÷ (1 − 15%)] × 15% = 4 058.82(元)。

允许抵扣的收回委托加工品应纳税额 = 4 058.82(元)

出售高档化妆品戊的应纳消费税税额 = 45 000 × 15% − 4 058.82 = 2 691.18(元)

四、计算进口应税消费品的应纳税额

进口应税消费品的消费税于报关时缴纳,由海关代征。进口应税消费品应纳税额的计算,也有从价定率、从量定额和复合计税三种情形。

(一) 计算从价定率办法下的应纳税额

进口的应税消费品若属于从价定率计征税目,应按组成计税价格和适用税率计算应纳消费税税额,相关公式如下:

组成计税价格 = (关税计税价格 + 关税) ÷ (1 − 比例税率)
             = 关税计税价格 × (1 + 关税税率) ÷ (1 − 比例税率)

应纳消费税税额 = 组成计税价格 × 比例税率

【做中学 3-14】
C 贸易公司进口韩国高档化妆品一批,经海关核定的关税计税价格为 300 000 元,已纳进口关税为 50 000 元。请计算本项业务所涉及的消费税。

计算:
组成计税价格 = (300 000 + 50 000) ÷ (1 − 15%) = 411 764.71(元)
应纳消费税税额 = 411 764.71 × 15% = 61 764.71(元)

(二) 计算从量定额办法下的应纳税额

进口的应税消费品采用从量定额办法计征消费税的,其计税依据为海关核定的进口数量,相关公式如下:

$$应纳消费税税额 = 海关核定的进口数量 × 定额税率$$

(三) 计算复合计税办法下的应纳税额

实行复合计税法时,相关公式为:

$$组成计税价格 = \frac{关税计税价格 + 关税 + 进口数量 × 定额税率}{1 − 比例税率}$$

$$应纳消费税税额 = 组成计税价格 × 比例税率 + 进口数量 × 定额税率$$

公式中所称的"关税计税价格",是指海关核定的关税计税价格。

【做中学 3-15】
某烟草公司从国外进口卷烟 25 大箱,每标准条进口卷烟的价格为 134.53 元,关税计税价格为 467 850 元,进口卷烟的关税税率为 25%。请计算本项业务所涉及的消费税。

计算:
每标准条进口卷烟价格大于 70 元,适用的比例税率为 56%。
组成计税价格 = (467 850 + 467 850 × 25% + 25 × 150) ÷ (1 − 56%)
= 1 337 642.05(元)
应纳消费税税额 = 1 337 642.05 × 56% + 25 × 150 = 752 829.55(元)

不同情形下消费税的纳税环节如表 3-4 所示。

表 3-4　　　　　　　　　　不同情形下消费税的纳税环节

方式	目标		产品性质	移送环节	销售环节
加工生产	直接销售		应税消费品		纳税
	自用	其他方面	应税消费品	纳税	
		连续生产	应税消费品	不纳税	纳税
			非应税消费品	纳税	不纳税

续 表

方 式	目 标	产品性质	移送环节	销售环节
委托加工收回已税消费品	直接销售			不纳税
	连续生产	非应税消费品	不纳税	不纳税
		应税消费品	不纳税	纳税,可抵扣已纳税额
外购已税消费品	直接销售			不纳税
	连续生产	非应税消费品		不纳税
		应税消费品		纳税,可抵扣已纳税额

引例解析

本任务引例中,醉春风酒业有限公司将白酒、红葡萄酒组成套装礼品盒销售,应缴纳消费税,将不同税率的应税消费品组成成套消费品销售的,应以套装产品的销售价格和销售量从高按白酒适用税率和税额复合计税;其将委托其他企业加工收回的已税白葡萄酒以原价直接销售,按规定无须再缴纳消费税。

任务三 申报消费税

任务引例

醉春风酒业有限公司某年1月委托其他企业加工白葡萄酒一批。请分析其应纳消费税税款应在何时、何地以何种方式缴纳。该笔消费税税款如何在相关的纳税申报表中加以反映。

【知识准备与业务操作】

一、确定纳税义务发生时间

消费税纳税义务发生时间以货物结算方式或行为的发生时间确定。

(一) 纳税人销售应税消费品的纳税义务发生时间

(1) 采取赊销和分期收款结算方式的,为书面合同约定的收款日期的当天,书面合同没有约定收款日期或者无书面合同的,为发出应税消费品的当天。

(2) 采取预收款结算方式的,为发出应税消费品的当天。

(3) 采取托收承付和委托银行收款方式销售的,为发出应税销售品并办妥托收手续的当天。

(4) 采取其他结算方式的,为收讫销售款或者取得索取销售款凭据的当天。

(二) 纳税人自产自用应税消费品的纳税义务发生时间

纳税人自产自用应税消费品的纳税义务发生时间,为移送使用的当天。

（三）纳税人委托加工应税消费品的纳税义务发生时间

纳税人委托加工应税消费品的纳税义务发生时间，为纳税人提货的当天。

（四）纳税人进口应税消费品的纳税义务发生时间

纳税人进口应税消费品的纳税义务发生时间，为报关进口的当天。

二、确定纳税期限

消费税的纳税期限分别为 1 日、3 日、5 日、10 日、15 日或者 1 个月，纳税人的具体纳税期限由主管税务机关根据纳税人应纳税额的大小核定。不能按固定期限纳税的，可以按次纳税。

纳税人以 1 个月为 1 个纳税期的，自期满之日起 15 日内申报纳税；以 1 日、3 日、5 日、10 日或者 15 日为 1 个纳税期的，自期满之日起 5 日内预缴税款，于次月 1 日起 15 日内申报纳税并结清上月应纳税款。

纳税人进口货物，应当自海关填发税款缴纳凭证之日起 15 日内申报缴纳税款。

三、确定纳税地点

消费税的纳税地点原则上采取属地征收的方法加以确认，即纳税人机构所在地或者居住地的主管税务机关。具体规定如下：

（1）纳税人销售的应税消费品，以及自产自用的应税消费品，除国务院财政、税务主管部门另有规定的情形外，应当向纳税人机构所在地或者居住地的主管税务机关申报纳税。

（2）委托加工的应税消费品，除受托方为个人的情形外，由受托方向机构所在地或居住地的主管税务机关解缴消费税税款。委托个人加工的应税消费品，由委托方向其机构所在地或者居住地主管税务机关申报纳税。

（3）进口的应税消费品，由进口人或者其代理人向报关地海关申报纳税。

（4）纳税人到外县（市）销售或者委托外县（市）代销自产应税消费品的，于应税消费品销售后，向机构所在地或者居住地主管税务机关申报纳税。

（5）纳税人的总机构与分支机构不在同一县（市）的，应当分别向各自机构所在地的主管税务机关申报纳税；经财政部、国家税务总局或者其授权的财政、税务机关批准，可以由总机构汇总向总机构所在地的主管税务机关申报纳税。

四、填制纳税申报表

自 2021 年 8 月 1 日起，消费税的申报表与城市维护建设税、教育费附加、地方教育附加整合。消费税及附加税费申报表及其附表包括：

（1）消费税及附加税费申报表（表 3-5）。

（2）本期准予扣除税额计算表（表 3-6）。

（3）本期准予扣除税额计算表（成品油消费税纳税人适用）（表 3-7）。

（4）本期减（免）税额明细表（表 3-8）。

（5）本期委托加工收回情况报告表（表 3-9）。

（6）卷烟批发企业月份销售明细清单（卷烟批发环节消费税纳税人适用）（表 3-10）。

（7）卷烟生产企业合作生产卷烟消费税情况报告表（卷烟生产环节消费税纳税人适用）（表 3-11）。

（8）消费税附加税费计算表（表 3-12）。

表 3-5 消费税及附加税费申报表

税款所属期：自 2023 年 1 月 1 日至 2023 年 1 月 31 日
纳税人识别号(统一社会信用代码)：330100213584125460
纳税人名称：嘉华日用化工有限公司　　　　　　　　　金额单位：人民币元(列至角分)

应税消费品名称	适用税率 定额税率	适用税率 比例税率	计量单位	本期销售数量	本期销售额	本期应纳税额
	1	2	3	4	5	6=1×4+2×5
高档化妆品 B		15%	(略)	(略)	42 850.00	6 427.50
高档化妆品 C		15%	(略)	(略)	100 000.00	15 000.00
高档化妆品 D		15%	(略)	(略)	50 000.00	7 500.00
高档化妆品 E		15%	(略)	(略)	9 882.35	1 482.35
合　计	—	—	—	—	—	30 409.85

	栏次	本期税费额
本期减(免)税额	7	
期初留抵税额	8	
本期准予扣除税额	9	10 588.24
本期应扣除税额	10=8+9	10 588.24
本期实际扣除税额	11[10<(6-7)，则为 10，否则为 6-7]	10 588.24
期末留抵税额	12=10-11	
本期预缴税额	13	
本期应补(退)税额	14=6-7-11-13	19 821.61
城市维护建设税本期应补(退)税额	15	1 387.51
教育费附加本期应补(退)费额	16	594.65
地方教育附加本期应补(退)费额	17	396.43

声明：此表是根据国家税收法律法规及相关规定填写的，本人(单位)对填报内容(及附带资料)的真实性、可靠性、完整性负责。

　　　　　　　　　　　　　　　　　　　　纳税人(签章)：　　　　年　月　日

经办人： 经办人身份证号： 代理机构签章： 代理机构统一社会信用代码：	受理人： 受理税务机关(章)： 受理日期：　　　年　月　日

表 3-6　　　　　　　　　　　　本期准予扣除税额计算表

金额单位：元(列至角分)

准予扣除项目		应税消费品名称		化妆品B		合计
一、本期准予扣除的委托加工应税消费品已纳税款计算		期初库存委托加工应税消费品已纳税款	1	0		
		本期收回委托加工应税消费品已纳税款	2	10 588.24		10 588.24
		期末库存委托加工应税消费品已纳税款	3	0		
		本期领用不准予扣除委托加工应税消费品已纳税款	4	0		
		本期准予扣除委托加工应税消费品已纳税款	5=1+2-3-4	10 588.24		10 588.24
二、本期准予扣除的外购应税消费品已纳税款计算	（一）从价计税	期初库存外购应税消费品买价	6			
		本期购进应税消费品买价	7			
		期末库存外购应税消费品买价	8			
		本期领用不准予扣除外购应税消费品买价	9			
		适用税率	10			
		本期准予扣除外购应税消费品已纳税款	11=(6+7-8-9)×10			
	（二）从量计税	期初库存外购应税消费品数量	12			
		本期外购应税消费品数量	13			
		期末库存外购应税消费品数量	14			
		本期领用不准予扣除外购应税消费品数量	15			
		适用税率	16			
		计量单位	17			
		本期准予扣除的外购应税消费品已纳税款	18=(12+13-14-15)×16			
三、本期准予扣除税款合计			19=5+11+18	10 588.24		10 588.24

表 3-7　　　　　　　　　　本期准予扣除税额计算表

（成品油消费税纳税人适用）

金额单位：元(列至角分)

一、扣除税额及库存计算

扣除油品类别	上期库存数量	本期外购入库数量	委托加工收回连续生产数量	本期准予扣除数量	本期准予扣除税额	本期领用未用于连续生产不准予扣除数量	期末库存数量
1	2	3	4	5	6	7	8＝2＋3＋4－5－7
汽油							
柴油							
石脑油							
润滑油							
燃料油							
合计							

二、润滑油基础油（废矿物油）和变性燃料乙醇领用存

产品名称	上期库存数量	本期入库数量	本期生产领用数量	期末库存数量
1	2	3	4	5＝2＋3－4
润滑油基础油（废矿物油）				
变性燃料乙醇				

表 3-8　　　　　　　　　　本期减(免)税额明细表

金额单位：元(列至角分)

应税消费品名称 \ 项目	减(免)性质代码	减(免)项目名称	减(免)税销售额	适用税率（从价定率）	减(免)税销售数量	适用税率（从量定额）	减(免)税额
1	2	3	4	5	6	7	8＝4×5＋6×7
出口免税	—						
合计	—	—					

表 3-9　本期委托加工收回情况报告表

金额单位：元（列至角分）

一、委托加工收回应消费品代收代缴税款情况

应税消费品名称	商品和服务税收分类编码	委托加工收回应消费品数量	委托加工收回应消费品计税价格	适用税率 定额税率	适用税率 比例税率	受托方已代收代缴的税款	受托方（扣缴义务人）名称	受托方（扣缴义务人）识别号	税收缴款书（代扣代收专用）号码	税收代缴款书（代扣代收专用）开具日期
1	2	3	4	5	6	7=3×5+4×6	8	9	10	11
化妆品 B	（略）	（略）	70 588.24		15%	10 588.24	美源化妆品厂	330100135178111005	（略）	（略）

二、委托加工收回应消费品领用存情况

应税消费品名称	商品和服务税收分类编码	上期库存数量	本期委托加工收回入库数量	本期委托加工收回直接销售数量	本期委托加工收回用于连续生产数量	本期结存数量
1	2	3	4	5	6	7=3+4-5-6
化妆品 B	（略）	（略）	（略）	5	6	（略）

表3-10　　　　　　　　　　卷烟批发企业月份销售明细清单
(卷烟批发环节消费税纳税人适用)

卷烟条包装商品条码	卷烟牌号规格	卷烟类别	卷烟类型	销售价格	销售数量	销售额	备注
1	2	3	4	5	6	7	8

表3-11　　　　　　　　卷烟生产企业合作生产卷烟消费税情况报告表
(卷烟生产环节消费税纳税人适用)

品牌输出方		品牌输入方		卷烟条包装商品条码	卷烟牌号规格	销量	销售价格	销售额	品牌输入方已缴纳税款
企业名称	统一社会信用代码	企业名称	统一社会信用代码						
1	2	3	4	5	6	7	8	9	10
			合计						

表3-12　　　　　　　　消费税附加税费计算表　　　　　　金额单位：元(列至角分)

税(费)种	计税(费)依据 消费税税额	税(费)率(征收率)(%)	本期应纳税(费)额	本期减免税(费)额		本期是否适用增值税小规模纳税人"六税两费"减征政策 □是 □否		本期已缴税(费)额	本期应补(退)税(费)额
				减免性质代码	减免税(费)额	减征比例(%)	减征额		
	1	2	3=1×2	4	5	6	7=(3-5)×6	8	9=3-5-7-8
城市维护建设税	19 821.61	7%	1 387.51						1 387.51
教育费附加	19 821.61	3%	594.65						594.65
地方教育附加	19 821.61	2%	396.43						396.43
合　计	—	—	2 378.59	—					2 378.59

【项目工作任务 3-1】

嘉华日用化工有限公司(简称嘉华公司)是增值税一般纳税人,纳税人识别号为330100213584125460。2023年1月生产经营情况如下:

(1) 1月2日,购买原料A一批,取得增值税专用发票,注明的不含税价款为50 000元。

(2) 1月3日,将购买的原料A全部发往美源化妆品厂(简称美源厂,纳税人识别号为330100135178111005),委托加工成高档化妆品B一批。

(3) 1月18日,收回美源化妆品厂加工的化妆品B,收到增值税专用发票,注明不含税加工费为10 000元;全部款项及对方代收的消费税均已付清。

(4) 1月20日,将收回的高档化妆品B一半用于销售,取得不含税销售收入42 850元,另一半本月全部领用,继续生产高档化妆品C。高档化妆品B期初期末库存余额均为零。

(5) 1月26日,销售高档化妆品C一批,开具增值税专用发票,注明不含税价款为100 000元,款已收到。

(6) 1月27日,将研制生产的新高档化妆品E(总共500件)赠送给老顾客免费试用,该高档化妆品无市场销售价格,成本为8 000元。

(7) 1月28日,销售自产高档化妆品D一批,开出的增值税专用发票上注明价款为50 000元,货已发出,款已收到。

以上款项均以银行存款收付结清,所有发票已经完成确认。化妆品B、C、D、E均为高档化妆品。

该公司适用的城市维护建设税税率为7%,教育费附加征收率为3%,地方教育附加征收率为2%。(本题不考虑具有时效性的税收优惠政策)

请计算嘉华公司当月应纳消费税税额并填制相关纳税申报表。

【工作流程】

第一步:分析经济业务类型并确定计税方法和计税依据。

(1) 购进材料,不涉及消费税的缴纳问题。

(2)(3) 委托加工业务,对方按组成计税价格代收代缴消费税。

(4) 委托加工产品收回后一半用于销售,若售价不高于对方计税价格,属于直接销售,不用缴纳消费税;若售价高于对方计税价格,则应计算缴纳消费税,并抵扣已纳消费税。另一半本月全部领用,继续生产高档化妆品C,涉及已纳税款的抵扣问题。

(5) 销售高档化妆品C一批,属于用委托加工收回已税消费品连续加工为应税消费品后出售的情形,应缴纳消费税。

(6) 将新产品赠送给老顾客免费试用,属于自产自用,无同类产品销售价格,应按组成计税价格计税。

(7) 销售自产高档化妆品D一批,属于自产应税消费品直接对外销售,按销售额计算应纳消费税。

第二步:计算各项业务应纳消费税税额。

(1) 购入原料,无消费税应纳税额。

(2)(3)(4)三项业务的计算如下：

高档化妆品 B 组成计税价格 =（50 000 + 10 000）÷（1 - 15%）= 70 588.24（元）

美源厂代收代缴消费税税额 = 70 588.24 × 15% = 10 588.24（元）

当期领用委托加工收回已税高档化妆品 B 一批继续生产，当期可抵扣的已纳消费税税额 = 10 588.24 ÷ 2 = 5 294.12（元）。

销售委托加工收回已税高档化妆品 B 一批，销售价格高于受托方计税价格，应计算缴纳消费税，并抵扣已纳消费税。

销售高档化妆品 B 应纳消费税税额 = 42 850 × 15% = 6 427.5（元）

可抵扣的已纳消费税税额 = 10 588.24 ÷ 2 = 5 294.12（元）

(5) 销售高档化妆品 C 应纳消费税税额 = 100 000 × 15% = 15 000（元）

(6) 高档化妆品 E 组成计税价格 = 8 000 ×（1 + 5%）÷（1 - 15%）= 9 882.35（元）

应纳消费税税额 = 9 882.35 × 15% = 1 482.35（元）

(7) 计税销售额 = 50 000（元）

应纳消费税税额 = 50 000 × 15% = 7 500（元）

第三步：计算本月应纳消费税总额。

本期销售化妆品应纳消费税税额 = 6 427.5 + 15 000 + 1 482.35 + 7 500 = 30 409.85（元）

本期允许抵扣的委托加工收回消费品已纳税额 = 5 294.12 + 5 294.12 = 10 588.24（元）

本期应纳消费税税额 = 30 409.85 - 10 588.24 = 19 821.61（元）

本期美源厂代收代缴消费税税额 = 10 588.24（元）

第四步：计算附加税费。

城市维护建设税 = 19 821.61 × 7% = 1 387.51（元）

教育费附加 = 19 821.61 × 3% = 594.65（元）

地方教育附加 = 19 821.61 × 2% = 396.43（元）

第五步：填制消费税及附加税费申报表。

具体填制内容如表 3-5、表 3-6、表 3-9、表 3-12 所示。

引例解析

本任务引例中，醉春风酒业有限公司某年 1 月委托其他企业加工白葡萄酒，按规定应由受托加工企业代收代缴消费税，其应纳消费税应在 2 月份纳税申报期结束前由受托方在其机构所在地税务局缴纳，一般为 2 月 15 日前，如遇最后一日为法定节假日的情况，应顺延 1 日；如在 2 月 1 日至 15 日内有连续 3 日以上法定休假日的，应按休假日天数顺延。委托方应将该笔代收代缴的消费税在消费税及附加税费申报表的附表——本期委托加工收回情况报告表中加以反映。

任务四　出口货物退(免)消费税

任务引例

醉春风酒业有限公司委托天远进出口公司出口白酒 50 吨,出口销售额为 100 万元。请分析该批白酒适用何种出口货物消费税退(免)政策。

【知识准备与业务操作】

出口货物退(免)消费税,是指对报关出口的应税消费品退还或免征其在国内生产环节或委托加工环节按税法规定已缴纳的消费税。

一、出口货物退(免)消费税的基本规定

(一)确定出口货物的税收政策形式

1. 免税并退税

免税并退税政策适用于有出口经营权的外贸企业购进应税消费品直接出口,以及外贸企业受其他外贸企业委托代理出口应税消费品的情形。符合条件的纳税人在报关出口时,退还其在生产环节或委托加工环节已征收的消费税税款。

2. 免税不退税

免税不退税政策适用于有出口经营权的生产企业自营出口或生产企业委托外贸企业代理出口自产的应税消费品,依据实际出口数量免征消费税,不予退还消费税。免征消费税,是指对生产企业按实际出口数量免征生产环节的消费税。不予退还消费税,是指因生产环节的消费税已免征,该应税消费品出口时已不含消费税,也就无须再退还消费税。

3. 不免税也不退税

生产企业、外贸企业以外的其他企业(具体指一般商贸企业)委托外贸企业代理出口应税消费品,一律不予退(免)税。

(二)消费税退税率

出口应税消费品的消费税退税率(或单位税额)与其征税率相同,即按该应税消费品所适用的消费税税率确定。

> 提示:办理出口退税的企业应将不同税率的出口应税消费品分开核算和申报,凡未分开核算而划分不清适用税率的,一律从低适用税率计算退免税额。

二、计算出口货物退(免)消费税税额

出口货物退(免)消费税税额的计算,适用于外贸企业从生产企业购进货物直接出口或受其他外贸企业委托代理出口应税消费品的情形。

外贸企业从生产企业购进货物直接出口或受其他外贸企业委托代理出口应税消费品的应退消费税税款,结合下列情况分别处理。

(一) 计算从价定率办法下的应退税额

采用从价定率办法计征消费税的应税消费品,应按照外贸企业从工厂购进货物时征收消费税的价格计算应退消费税税额。计算公式为:

$$应退消费税税额 = 出口货物的出厂销售额 \times 比例税率$$

> **提示**:出口货物的出厂销售额不可含增值税,若含增值税,则应换算为不含增值税的销售额。

(二) 计算从量定额办法下的应退税额

采用从量定额办法计征消费税的应税消费品,应按货物报关出口的数量计算应退消费税税额。计算公式为:

$$应退消费税税额 = 出口数量 \times 定额税率$$

(三) 计算复合计税办法下的应退税额

采用复合计税办法计征消费税的,计算公式为:

$$应退消费税税额 = 出口货物的出厂销售额 \times 比例税率 + 出口数量 \times 定额税率$$

【做中学 3-16】

某外贸企业从某化工厂购进高档化妆品用于出口,购进时增值税专用发票和消费税专用缴款书列明的购进单价为 55 元,数量为 2 800 支,消费税税额为 23 100 元。本期出口购入的该批化妆品共 2 000 支。试计算该外贸企业消费税应退税额。

计算:消费税应退税额 = 出口销售数量 × 购进单价 × 比例税率 = 2 000 × 55 × 15% = 16 500(元)

引例解析

本任务引例中,醉春风酒业有限公司委托天远进出口公司代理出口自产的白酒,应适用出口免税不退税的政策,在出口环节依据实际出口数量免征消费税,不办理消费税退税。

练 习 题

一、判断题

1. 某卷烟厂通过自设独立核算门市部销售自产卷烟,应当按照门市部对外销售额或销售数量计缴消费税。 ( )

2. 应税消费品在计征消费税时,其计税销售额不包括增值税税额;在计征增值税时,则应包括消费税税额。（ ）

3. 纳税人将不同税率的应税消费品组成成套消费品销售的,应按不同税率分别计算不同消费品的应纳消费税税额。（ ）

4. 对销售除啤酒、黄酒外的其他酒类产品收取的包装物押金,无论是否返还以及会计上如何核算,均应并入当期销售额计征增值税。（ ）

5. 消费税纳税人生产两种以上不同税率的应税消费品,没有分别计算销售额、销售数量的,应从高适用税率计算纳税。（ ）

6. 消费税应税消费品的计税依据一律为纳税人取得的销售收入。（ ）

7. 纳税人自产自用应税消费品,均应视同销售,在移送使用时缴纳消费税。（ ）

8. 纳税人委托个体经营者加工应税消费品,一律于委托方收回后在委托方所在地缴纳消费税。（ ）

9. 委托加工应税消费品收回后直接销售的,应按销售额和规定税率计征消费税。（ ）

10. 受托方以委托方名义购买原材料生产应税消费品的,可作为委托加工的应税消费品,在受托方向委托方交货时代收代缴消费税。（ ）

二、单项选择题

1. 下列应税消费品中,在零售环节征收消费税的是（ ）。
   A. 高档化妆品　　B. 摩托车　　C. 金银首饰　　D. 汽油

2. 根据消费税法律制度的规定,下列消费品中,不属于消费税征税范围的是（ ）。
   A. 汽车轮胎　　B. 高尔夫球及球具　　C. 烟丝　　D. 实木地板

3. 下列应税消费品中,适用复合计税方法计征消费税的是（ ）。
   A. 白酒　　B. 游艇　　C. 成品油　　D. 摩托车

4. 根据《消费税暂行条例》的规定,纳税人自产的用于下列用途的应税消费品中,不需要缴纳消费税的是（ ）。
   A. 用于赞助的消费品　　　　B. 用于职工福利的消费品
   C. 用于广告的消费品　　　　D. 用于连续生产应税消费品的消费品

5. 纳税人用委托加工收回的应税消费品连续生产应税消费品,在计算纳税时,其委托加工应税消费品已纳消费税税款应按（ ）的办法处理。
   A. 该已纳税款不得扣除
   B. 该已纳税款当期可全部扣除
   C. 该已纳税款当期可扣除 50%
   D. 可对收回的委托加工应税消费品当期生产领用部分的已纳税款予以扣除

6. 某外贸进出口公司进口 100 辆小轿车,每辆车关税计税价格为人民币 14.3 万元,缴纳关税 4.1 万元。已知小轿车适用的消费税税率为 8%。该批进口小轿车应缴纳的消费税税额为（ ）万元。
   A. 76　　B. 87　　C. 123　　D. 160

7. 某酒厂（增值税一般纳税人）销售粮食白酒 2 吨,取得销售收入 13 560 元（含增值税）。已知粮食白酒消费税定额税率为 0.5 元/500 克,比例税率为 20%。该酒厂应缴纳的消费税税额为(　　)元。

A. 4 808　　　　B. 4 400　　　　C. 2 400　　　　D. 2 000

8. 某啤酒厂销售甲类啤酒 20 吨给副食品公司,开具增值税专用发票,收取价款 58 000 元,收取包装物押金 3 000 元;销售乙类啤酒 10 吨给宾馆,开具增值税普通发票,取得收入 31 640 元,收取包装物押金 1 500 元,则该啤酒厂应缴纳的消费税税额是(　　)元。

A. 5 000　　　　B. 6 600　　　　C. 7 200　　　　D. 7 500

9. 某卷烟厂将一批特制的烟丝作为福利分给本厂职工,已知这批烟丝的生产成本为 10 000 元,则其应纳消费税税额为(　　)元。

A. 4 200　　　　B. 4 500　　　　C. 3 000　　　　D. 4 285

10. 纳税人采取预收货款结算方式销售应税消费品,其纳税义务发生时间为(　　)。

A. 发出应税消费品的当天　　　　B. 销售合同约定的收款日期的当天
C. 收到预收款的当天　　　　　　D. 办妥托收手续的当天

三、多项选择题

1. 消费税是对在我国境内从事生产、委托加工、进口应税消费品的单位和个人,就其(　　)在特定环节征收的一种税。

A. 销售额　　　B. 所得额　　　C. 生产额　　　D. 销售数量

2. 根据消费税法律制度的规定,下列各项中,属于消费税征收范围的消费品有(　　)。

A. 高档手表　　B. 木制一次性筷子　　C. 实木地板　　D. 高档西服

3. 根据消费税法律制度的规定,纳税人用于(　　)的应税消费品,应当以纳税人同类应税消费品的最高销售价格为计税依据计算征收消费税。

A. 换取生产资料　　B. 换取消费资料　　C. 投资入股　　D. 抵偿债务

4. 根据消费税法律制度的规定,下列各项中,应当缴纳消费税的有(　　)。

A. 销售白酒而取得的包装物作价收入　　　B. 销售白酒而取得的包装物押金收入
C. 将自产白酒作为福利发给本厂职工　　　D. 使用自产白酒生产白酒

5. 下列各项中,符合应税消费品销售数量规定的有(　　)。

A. 生产销售应税消费品的,为应税消费品的销售数量
B. 自产自用应税消费品的,为应税消费品的生产数量
C. 委托加工应税消费品的,为纳税人收回的应税消费品数量
D. 进口应税消费品的,为海关核定的应税消费品进口征税数量

6. 下列情况中,应征收消费税的有(　　)。

A. 委托加工的应税消费品(受托方已代收代缴消费税),委托方收回后直接销售的
B. 进口应税消费品
C. 自制应税消费品用于连续生产应税消费品
D. 自制应税消费品用于连续生产非应税消费品

7. 下列应税消费品中,在销售时可以扣除外购已税消费品已纳税额的有(　　)。

A. 以外购已税烟丝生产的卷烟　　　B. 以外购已税葡萄酒生产的葡萄酒
C. 以外购已税白酒生产的白酒　　　D. 以外购已税高档化妆品生产的高档化妆品

8. 下列纳税人中,自产自用应税消费品需要缴纳消费税的有(　　)。

A. 炼油厂用于本企业基建部门车辆的自产汽油

B. 汽车厂用于管理部门的自产汽车

C. 日化厂用作交易会样品的自产高档化妆品

D. 卷烟厂用于生产卷烟的自制烟丝

9. 下列关于纳税人委托个体经营者加工应税消费品的说法中，错误的有（　　　　）。

A. 消费税由受托方代收代缴

B. 由委托方在受托方所在地缴纳

C. 由委托方收回后在委托方所在地缴纳

D. 由委托方收回后在委托方或受托方所在地缴纳

10. 下列各项中，不符合消费税纳税义务发生时间判定规则的有（　　　　）。

A. 进口的应税消费品，为取得进口货物的当天

B. 自产自用的应税消费品，为移送使用的当天

C. 委托加工的应税消费品，为支付加工费的当天

D. 采取预收货款结算方式的，为收到预收款的当天

四、业务题

1. 甲化妆品公司为增值税一般纳税人，主要从事高档化妆品的生产、进口和销售业务，某年3月发生以下经济业务：

(1) 从国外进口一批化妆品，海关核定的关税计税价格为112万元，公司按规定向海关缴纳了关税、消费税和进口环节增值税，取得了相关完税凭证。

(2) 为庆祝三八"妇女节"，公司特别生产精美套装化妆品，全公司600名职工每人发一套。此套化妆品没有供应市场，每套生产成本为100元。

(3) 委托乙公司加工一批化妆品，提供的材料成本为86万元，支付乙公司加工费5万元，当月收回该批委托加工的化妆品准备用于出售。乙公司没有同类消费品销售价格。

已知：以上化妆品均为高档化妆品，适用的消费税税率为15%，关税税率为25%。

要求：

(1) 计算该公司当月进口环节的增值税和消费税应纳税额。

(2) 计算该公司当月作为职工福利发放的高档化妆品的增值税和消费税应纳税额。

(3) 计算乙公司受托加工的高档化妆品在交货时应代收代缴的增值税和消费税税额。

2. 某酒厂特制白酒5吨赠送有关客户。该批白酒无同类产品销售价格，已知该批白酒的生产成本为80 000元，成本利润率为10%，消费税比例税率为20%，定额税率为0.5元/500克。

要求：计算酒厂赠送该批白酒应缴纳的增值税与消费税税额。

3. 某酒厂为增值税一般纳税人，某年6月份发生以下经济业务：

(1) 从商品流通企业购进粮食，价值160 000元，支付增值税14 400元，取得增值税专用发票。

(2) 从农业生产者处收购粮食，价值20 000元，取得农产品收购发票。

(3) 外购水、电各50 000元，取得增值税专用发票，其中10%用于职工福利，85%用于生产车间，5%用于管理部门。

(4) 支付运费20 000元，取得货物运输业增值税专用发票。

(5) 销售粮食白酒50吨，不含税单价为3 200元。

(6) 销售黄酒80吨，不含税单价为2 500元，收取包装物租金11 300元（含税）。

假设取得的增值税扣税凭证均已完成确认。

要求：计算该厂当月的消费税和增值税应纳税额。

4. A卷烟厂某年8月份发生如下经济业务：

(1) 8月5日，购买一批烟叶，取得增值税专用发票注明的价款为10万元，增值税为1.3万元。

(2) 8月15日，将8月5日购进的烟叶发往B烟厂，委托B烟厂加工烟丝，收到的专用发票注明的支付加工费为4万元，税款为5 200元。

(3) A卷烟厂收回烟丝后领用一半，用于卷烟生产，另一半直接出售，取得价款18万元，增值税为23 400元。

(4) 8月25日，A卷烟厂销售卷烟100箱，每箱不含税售价为5 000元，款项存入银行。

(5) B烟厂无同类烟丝销售价格。

要求：计算该厂当期的消费税应纳税额。

5. 某外贸企业从某化妆品厂购入高档化妆品一批，增值税专用发票注明价款为250万元，增值税为32.5万元。外贸企业将该批高档化妆品销往国外，离岸价为272万元，并按规定申报办理增值税、消费税退税。消费税退税率为15%，增值税退税率为11%。上述款项均已结算。

要求：计算该外贸企业的增值税和消费税应退税额。

五、项目实训

金醇酒业有限公司（简称金醇公司）是一家主营业务为白酒和啤酒生产、销售的企业，主要生产"金酿"牌粮食白酒和"纯生"牌啤酒，纳税人识别号为110100023411225002。2023年1月，金醇公司主要发生如下涉税业务：

(1) 销售啤酒10吨，取得销售收入50 000元（不含增值税），该啤酒出厂价为3 100元/吨（含包装物200元/吨），货款已收到。

(2) 委托外地某酒厂加工粮食白酒，发出粮食价值60 000元，加工完毕收回白酒8吨，取得该酒厂开具的增值税专用发票，发票上注明加工费为25 000元，代垫辅助材料价值15 000元。加工的白酒无同类产品市场价格，提货时由受托方代收代缴消费税。当月金醇公司共售出7吨收回的白酒，取得不含税销售额112 000元，货款已收到。

(3) 销售自产的"金酿"牌粮食白酒20吨，取得不含税销售额400 000元，货款尚未收到。

(4) 以自产"金酿"牌粮食白酒5吨抵偿华海农场债务。

(5) 将自产某粮食白酒2吨发放给职工作为春节福利，该白酒无同类产品价格，生产成本为18 000元/吨。

(6) 为某酒厂加工啤酒10吨，同类产品不含税销售价格为2 800元/吨，产品已交付新兴酒厂，已收取加工费15 000元并代收代缴消费税。

假设取得的增值税扣税凭证均已完成确认。

要求：

(1) 根据以上资料，计算本月应纳消费税税额及代收代缴消费税税额。

(2) 填制消费税及附加税费的相关纳税申报表及附表。

项 目 小 结

项目三学习内容结构如图3-1所示。

项目小结

```
消费税的计算与申报
├── 学习消费税基本知识
│   ├── 纳税人 —— 境内生产、委托加工和进口应税消费品的单位和个人
│   ├── 征税范围 —— 15个税目
│   └── 税率 —— 三种形式：比例税率、定额税率、复合计税
├── 计算消费税
│   ├── 计算对外销售应税消费品应纳税额
│   │   ├── 从价定率 —— 应纳税额＝计税销售额×比例税率
│   │   ├── 从量定额 —— 应纳税额＝销售量×定额税率
│   │   ├── 复合计税 —— 应纳税额＝销售额×比例税率＋销售数量×定额税率
│   │   └── 计算外购已税消费品已纳税额的扣除：按当期生产领用量
│   ├── 计算自产自用应税消费品应纳税额
│   │   ├── 从价定率
│   │   │   ├── 组成计税价格＝成本×(1＋成本利润率)÷(1－比例税率)
│   │   │   └── 应纳税额＝同类产品售价或组成计税价格×比例税率
│   │   ├── 从量定额 —— 应纳税额＝移送使用数量×定额税率
│   │   └── 复合计税
│   │       ├── 组成计税价格＝［成本×(1＋成本利润率)＋自产自用数量×定额税率］÷(1－比例税率)
│   │       └── 应纳税额＝同类产品售价或组成计税价格×比例税率＋自产自用数量×定额税率
│   ├── 计算委托加工应税消费品应纳税额
│   │   ├── 从价定率
│   │   │   ├── 组成计税价格＝(材料成本＋加工费)÷(1－比例税率)
│   │   │   └── 应纳税额＝同类产品售价或组成计税价格×比例税率
│   │   ├── 从量定额 —— 应纳税额＝收回应税消费品数量×定额税率
│   │   ├── 复合计税
│   │   │   ├── 组成计税价格＝(材料成本＋加工费＋收回数量×定额税率)÷(1－比例税率)
│   │   │   └── 应纳税额＝同类产品售价或组成计税价格×比例税率＋收回数量×定额税率
│   │   └── 收回后处理
│   │       ├── 不高于受托方计税价格直接销售的，不再缴纳消费税
│   │       └── 用于连续生产应税消费品的，计算委托加工已税消费品已纳税额的扣除：按当期生产领用数量
│   └── 计算进口应税消费品应纳税额
│       ├── 从价定率
│       │   ├── 组成计税价格＝(关税完税价格＋关税)÷(1－比例税率)
│       │   └── 应纳税额＝同类产品售价或组成计税价格×比例税率
│       ├── 从量定额 —— 应纳税额＝海关核定的进口数量×定额税率
│       └── 复合计税
│           ├── 组成计税价格＝(关税完税价格＋关税＋进口数量×定额税率)÷(1－比例税率)
│           └── 应纳税额＝同类产品售价或组成计税价格×比例税率＋进口数量×定额税率
├── 申报消费税
│   ├── 确定纳税义务发生时间
│   ├── 确定纳税期限：按期纳税的，次月15日前完成纳税申报
│   ├── 确定纳税地点：属地征收
│   └── 填制消费税纳税申报表：5类
└── 出口货物退(免)消费税
    ├── 基本规定
    └── 计算出口货物退(免)消费税税额
```

图 3-1　项目三学习内容结构

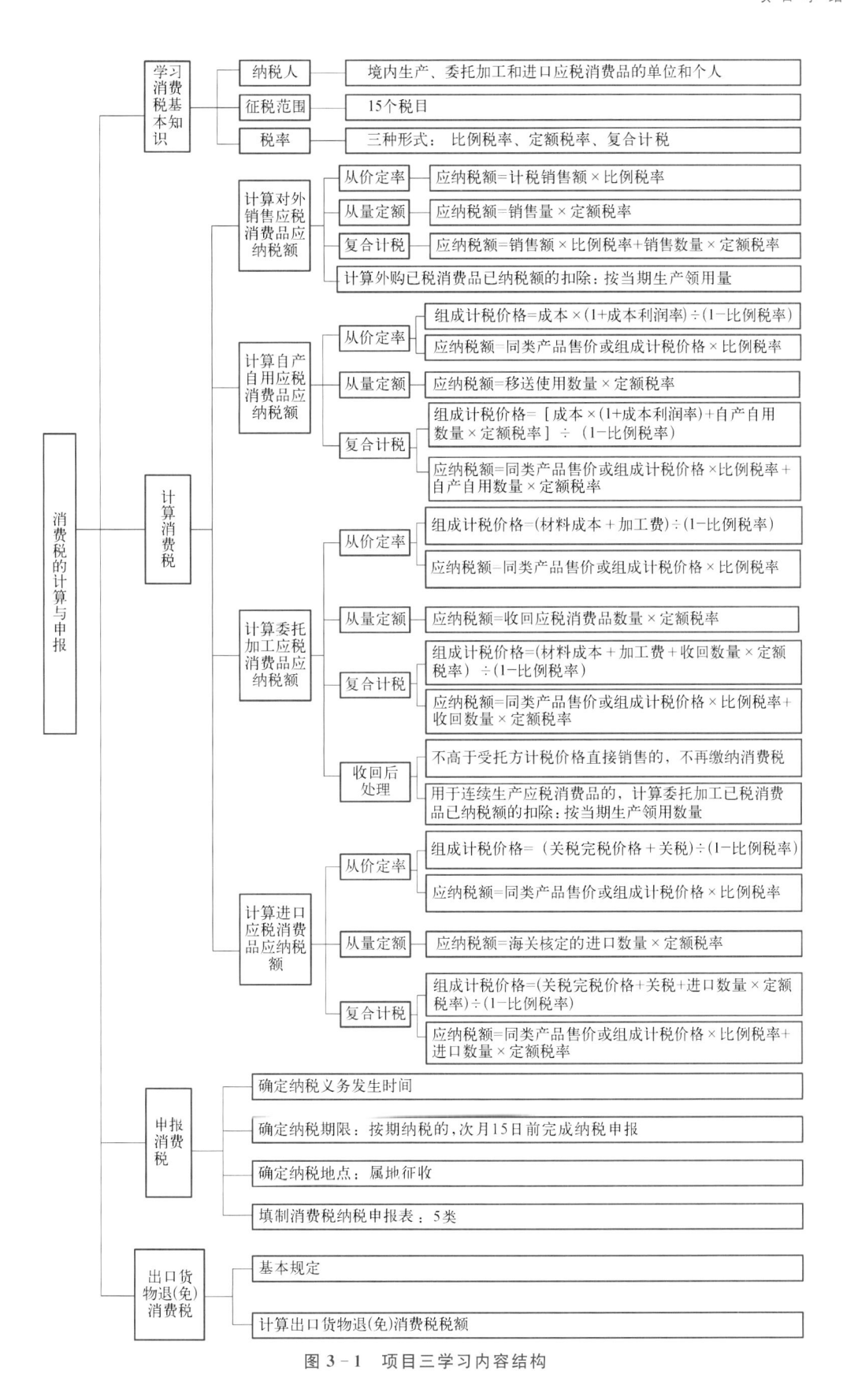

项目四　关税的计算与缴纳

◇ **职业能力目标**
➢ 了解关税的特点；掌握关税的征税范围、纳税人和税率的类别
➢ 掌握关税的基本计算方法；了解关税的缴纳方法
◇ **典型工作任务**
➢ 判断关税的纳税人
➢ 运用关税的优惠政策
➢ 计算进口关税和出口关税的应纳税额，缴纳关税

任务一　学习关税基本知识

任务引例

2017年11月22日，经国务院批准，国务院关税税则委员会发文，从2017年12月1日起，我国以暂定税率的方式降低187项消费品进口关税，平均税率由13.7%降至7.7%。这是我国自2015年以来第四次降低部分消费品的进口关税。在此次降低进口关税的消费品中，大部分与一般消费者的生活息息相关。

我国为何屡次降低消费品的进口关税？降低消费品进口关税，除满足人民群众的消费需求外，还能发挥什么作用？

【知识准备与业务操作】

一、关税的含义和特点

关税是依法对进出关境的货物、物品征收的一种税。2024年4月26日，《中华人民共和国关税法》（以下简称《关税法》）由全国人大常委会表决通过，并于2024年12月1日实施。

关境又称海关境域或关税领域，是指一国海关法规可以全面实施的领域。国境是一个主权国家的领土范围，包括领土、领海和领空。一般情况下，一个国家的国境与关境是一致

的,但当一个国家在国境内设立自由贸易港、自由贸易区、保税区、保税仓库时,关境就小于国境;当几个国家结成关税同盟,成员国之间相互取消关税,对外实行共同的关税税则时,对其成员国而言,关境就大于国境。

相对于其他税种而言,关税的征收对象是进出口货物,涉及国家间的贸易往来和经济利益,对国家经济利益的影响很大,故种类较为复杂。具体来说,关税有如下几类。

(一) 以通过关境的流动方向分类

(1) 进口关税。海关对输入本国的货物或物品征收的关税。进口关税是执行关税政策的主要手段,一国的关税收入主要来源于进口关税。

(2) 出口关税。海关对输出本国的货物或物品征收的关税。

(3) 过境关税。海关对外国运经本国关境,到达另一国的货物征收的关税。

(二) 以关税的计征方式分类

(1) 从量关税,以征税对象的数量、重量、容量等为计税依据,按每单位数量和应纳税额计征。

(2) 从价关税,以征税对象的价格为计税依据,根据一定比例的税率计征。

(3) 复合关税,对一种进口货物同时采用从价、从量两种方式,分别计算税额,以两个税额之和为该货物的应征税额。

(4) 滑准税,也称滑动税,是根据货物的不同价格适用不同税率的特殊从价关税,一般情况下,货物的价格越高,进口关税税率越低。

(三) 以关税的差别分类

(1) 普通关税。普通关税是对与本国没有签署贸易或经济互惠协定的国家原产的货物征收的非优惠性关税。

(2) 歧视关税。歧视关税是对于来自某些输出国或生产国的产品,因某些原因(如报复、保护等方面的需要)而加重征收的关税,包括反倾销关税、反补贴关税和报复性关税。

(3) 优惠关税。优惠关税是指对来自某些国家的进口货物使用较低于普遍税率的优惠税率征收的关税,是对特定受惠国在税收上给予的优惠待遇,包括互惠关税、特惠关税等。

二、关税的纳税人

(一) 贸易性商品的纳税人

进口货物的收货人,主要是依法取得对外贸易经营权并进口货物的法人或者其他社会团体。出口货物的发货人,主要是依法取得对外贸易经营权并出口货物的法人或者其他社会团体。

(二) 进出境物品的纳税人

进出境物品的纳税人是指进出境物品的携带人或者收件人。

个人合理自用的进境物品,按照简易办法征收关税,超过个人合理自用数量的进境物品,按照进口货物征收关税。

(三) 扣缴义务人

从事跨境电子商务零售进口的电子商务平台经营者、物流企业和报关企业,以及法律、行政法规规定负有代扣代缴、代收代缴关税税款义务的单位和个人,是关税的扣缴义务人。

三、关税的征税对象和征税范围

(一)关税的征税对象

关税的征税对象是进出国境或关境的货物和物品。货物,是指贸易性商品;物品,是指入境旅客随身携带的行李物品、个人邮递物品、各种运输工具上的服务人员携带进口的自用物品、馈赠物品以及以其他方式进境的个人物品。

(二)关税的征税范围

(1)进口关税的征税范围包括国家准许进出口的货物、进境物品,由海关依照《关税法》和有关法律、行政法规的规定征收关税。对从境外采购进口的原产于中国境内的货物,海关也要依照海关税则征收进口关税。具体地说,除国家规定享受减免税的货物可以免征或减征关税外,所有进口货物均属于关税的征税范围。

(2)出口关税的征税范围较小,目前我国仅对少数资源性产品及需要控制盲目出口、规范出口秩序的货物征收出口关税。现行海关税则对征收出口关税的货物的名称作了详细列举,主要包括鳗鱼苗、部分有色金属矿砂及其精矿、生锑、磷、氟钽酸钾、苯、山羊板皮、部分铁合金、钢铁废碎料、铜和铝原料及其制品、镍锭、锌锭、锑锭。

(3)入境货物的征税范围为一切入境旅客随身携带的行李和物品、各种运输工具上服务人员携带进口的自用物品、个人邮递物品、馈赠物品及以其他方式入境的个人物品。

四、关税的税率

(一)进口关税的税率

进口关税的税率主要有:最惠国税率、协定税率、特惠税率、普通税率、配额税率、暂定税率等。

(1)最惠国税率,适用原产于与我国共同适用最惠国待遇条款的世界贸易组织(WTO)成员的进口货物,或原产于与我国缔结或者共同参加含有相互给予最惠国待遇条款的国际条约、协定的国家或地区的进口货物,以及原产于我国境内的进口货物。

(2)协定税率,适用原产于与我国缔结或者共同参加含有关税优惠条款的国际条约、协定的国家或者地区且符合国际条约、协定有关规定的进口货物。

(3)特惠税率,适用原产于我国给予特殊关税优惠安排的国家或地区且符合国家原产地管理规定的进口货物。

(4)普通税率,适用原产于上述国家或地区以外的其他国家或地区的进口货物,以及原产地不明的进口货物。

(5)配额税率。配额税率即配额内关税的税率。配额内关税是对一部分实行关税配额的货物,按低于配额外税率的进口税率征收的关税。按照国家规定实行关税配额管理的进口货物,如部分进口农产品和化肥产品实行关税配额制度,关税配额内的,适用较低的关税配额税率;有暂定税率的适用暂定税率。关税配额外的,其税率的适用按上述税率的形式的规定执行,适用较高的配额外税率。

(6)暂定税率,是对某些税号中的部分货物在适用最惠国税率的前提下,通过法律程序暂时实施的进口税率,具有非全税目的特点,低于最惠国税率。

适用最惠国税率的进口货物有暂定税率的,适用暂定税率;适用协定税率、特惠税率的进口货物有暂定税率的,应当从低适用税率;适用普通税率的进口货物,不适用暂定税率。

(二) 出口关税税率

出口关税税率没有普通税率和优惠税率之分,但有暂定税率。适用出口税率的出口货物有暂定税率的,适用暂定税率。为鼓励国内企业出口创汇,同时控制一些商品的盲目出口,我国对绝大部分出口货物不征收出口关税,只对少数资源性产品和易于竞相杀价、需要规范出口秩序的半制成品征收出口关税。

(三) 特别关税

特别关税包括报复性关税、反倾销关税与反补贴关税、保障性关税等。征收特别关税的货物、适用国别、税率、期限和征收办法,由国务院关税税则委员会决定,海关总署负责实施。

(1) 报复性关税,是指对违反与我国缔结或者共同参加的国际条约、协定,对我国在贸易方面采取禁止、限制、加征关税或者其他影响正常贸易的国家或地区所采取的一种进口附加税。

(2) 反倾销关税与反补贴关税,指进口国海关对外国的倾销货物,在征收关税的同时附加征收的一种特别关税,其目的在于提高他国的货物在本国的销售价格,保护本国产品。

(3) 保障性关税,是指当某类货物进口量剧增,对我国相关产业带来巨大威胁或损害时,按照世界贸易组织的有关规则采取的一般保障措施,主要采取提高关税的形式。

> 提示:关税税率的注意事项:进出口货物应当按海关接受该货物申报进口或出口之日的税率计税。不同税率的运用是以进口货物的原产地为标准的。确定进境货物原产国的主要原因之一,是便于正确运用进口税则的各栏税率,对产自不同国家或地区的进口货物适用不同的关税税率。

五、关税的税收优惠

关税的税收优惠主要为关税减免,关税减免是对某些纳税人和征税对象给予鼓励和照顾的一种特殊调节手段。关税减免分为法定减免、特定减免和临时减免。

(一) 法定减免

法定减免是税法中明确列出的减税或免税政策。我国《关税法》明确规定了关于进口货物、物品予以减免关税的情形。

(1) 国务院规定的免征额度内的一票货物,海关总署规定数额以内的个人合理自用进境物品,可免征关税。

(2) 无商业价值的广告品和货样,可免征关税。

(3) 外国政府、国际组织无偿赠送的物资,可免征关税。

(4) 进出境运输工具装载的途中必需的燃料、物料和饮食用品,可免征关税。

(5) 经海关批准暂时进境或者暂时出境,并在6个月内复运出境或者复运进境的货样、展览品、施工机械、工程车辆、工程船舶、供安装设备时使用的仪器和工具、电视或者电影摄制器械、盛装货物的包装材料以及剧团服装道具,开展教研、教学、医疗卫生活动使用的仪器、设备等,可以依法暂不缴纳关税。

(6) 为境外厂商加工、装配成品和为制造外销产品而进口的原材料、辅料、零件、部件、配套件和包装物料,海关按照实际加工出口的成品数量免征进口关税;或者对进口料、件先征进口关税,再按照实际加工出口的成品数量予以退税。

(7) 因品质、规格原因或不可抗力,中国出口货物自出口之日起1年内原状复运进境的,经海关审查属实,可予免征进口关税。

(8) 因品质、规格原因或不可抗力,境外进口货物自进口之日起1年内原状复运出境的,经海关审查属实,可予免征出口关税。

(9) 进口货物如有以下情形,经海关查明属实,可酌情减免进口关税:❶ 在境外运输途中或者在起卸时,遭受损坏或者损失的;❷ 起卸后海关放行前,因不可抗力遭受损坏或者损失的;❸ 海关查验时已经破漏、损坏或者腐烂,经证明不是保管不善造成的。

(10) 无代价抵偿货物,即进口货物在征税放行后,发现货物残损、短少或品质不良,而由国外承运人、发货人或保险公司免费补偿或者更换的同类货物,可以免税。但有残损或质量问题的原进口货物如未退运国外,其进口的无代价抵偿货物应依法征税。

(11) 我国缔结或者共同参加的国际条约、协定规定减征、免征关税的货物、物品,按照规定予以减免关税。

(12) 有关法律规定减征、免征的其他货物。

(二) 特定减免

特定减免也称政策性减免,是指在法定减免之外,国家按照国际通行规则和我国实际情况,制定发布的有关货物关税减免的政策。特定减免的货物一般有地区、企业和用途的限制,海关需要进行后续管理,也需要进行减免税统计。

(三) 临时减免

临时减免是指以上法定和特定减免以外的其他减免,即由国务院根据相关法律对某个单位、某类商品、某个项目或某批进出口货物的特殊情况,给予特别照顾,一案一批,专文下达的减免政策。

引例解析

根据本任务引例中的消息,财政部有关负责人指出,大力度降低消费品的关税,除了能更好地满足人民群众的消费需求外,还旨在推动、扩大国内有效供给,助力对外开放,维持进出口贸易平衡,促进经济增长方式的转变和经济社会的可持续发展。

这一政策首先有助于将大量外流的消费留在国内。据相关数据,中国游客是境外旅游消费最多的游客,而消费品的国内外差价是消费外流的重要原因。有专家指出,我国居民每年在境外的消费若有三分之一或三分之二回流,就能拉动消费增长一个百分点。消费品进口关税降低力度加大,除有助于进一步扩大国内需求之外,也将有利于进口产品同国内产品开展竞争,对国内生产形成压力,对国内相关消费品行业的转型升级产生倒逼作用,有助于推动我国企业转型升级,跟上消费需求变化,在更高的水平维持供需的动态平衡。

任务二　计算缴纳关税

任务引例

某市大型商贸公司为增值税一般纳税人,某年10月进口一批化妆品,支付国外买价200万元、国外采购代理人的佣金3万元、国外的经纪费4万元;支付运抵我国海关地前的运输费用20万元、装卸费用和保险费11万元;支付海关地再运往商贸公司的运输费用8万元、装卸费用和保险费3万元。这些相关费用中,哪些应计入计税价格?

【知识准备与业务操作】

一、计算计税价格

关税计税价格是海关计征关税所使用的计税价格,是海关以进出口货物的实际成交价格为基础审定的价格。实际成交价格是一般贸易项下进口或出口货物的买方为购买该项货物向卖方实际支付或应当支付的价格。纳税人向海关申报的价格不一定等于计税价格,只有海关审核并接受的申报价格才能作为计税价格。

(一) 一般进口货物的计税价格

1. 以成交价格为基础的计税价格

一般进口货物的计税价格为以海关审定的进口应税货物的成交价格为基础的到岸价格。货物成交价格,是指卖方向中国境内销售该货物时,买方为进口货物向卖方实付、应付的价款总额。到岸价格包括进口应税货物的成交价格以及该货物运抵我国境内输入地点起卸前的运输及相关费用、保险费和其他劳务费。

(1)下列费用应包括在进口货物的计税价格中:

❶ 由买方负担的除购货佣金以外的佣金和经纪费。购货佣金是指买方为购买进口货物而向自己的采购代理人支付的劳务费用;经纪费是指买方为购买进口货物而向代表买卖双方利益的经纪人支付的劳务费用。

❷ 由买方负担的与该货物视为一体的容器的费用。

❸ 由买方负担的包装材料和包装劳务费用。

❹ 与该货物的生产和向我国境内销售有关的,由买方以免费或者以低于成本的方式提供并可以按适当比例分摊的料件、工具、模具、消耗材料及类似货物的价款,以及境外开发、设计等相关服务的费用。

❺ 作为卖方向我国境内销售该货物的条件,应当由买方直接或间接支付的,与该货物有关的特许权使用费。

❻ 卖方直接或间接从买方获得的该货物进口后转售、处置或者使用的收益。

(2)下列费用、税款,若进口时在货物的价款中列明,则不计入该货物的计税价格:

❶ 厂房、机械、设备等货物进口后进行建设、安装、装配、维修和技术服务的费用,但保修费用除外。

❷ 进口货物运抵境内输入地点起卸后的运输及其相关费用、保险费。

❸ 进口关税及其他国内税收。

2. 海关估定的计税价格

对于价格不符合成交条件或成交价格不能确定的进口货物，其计税价格由海关估定。海关估价依次使用的方法包括：

（1）相同或类似货物成交价格方法，以与被估的进口货物同时或大约同时（在海关接受申报进口之日的前后各45天以内）进口的相同或类似货物的成交价格为基础，估定计税价格。

（2）倒扣价格方法，以与被估的进口货物同时或大约同时进口的相同或类似的进口货物在境内第一级销售环节销售给无特殊关系买方最大销售总量的单位价格，扣除通常的利润和一般费用以及通常支付的佣金为基础估定计税价格。

（3）计算价格方法，按下列各项目的总和计算出的价格估定计税价格，有关项目为：❶ 生产该货物所使用的原材料价值和进行装配或其他加工的费用；❷ 与向境内出口销售同等级或同种类货物的利润、一般费用相符的利润和一般费用；❸ 货物运抵境内输入地点起卸前的运输及相关费用、保险费。

（4）其他合理的方法，根据计税价格办法规定的估价原则，以在境内获得的数据资料为基础估定计税价格。

（二）特殊进口货物的计税价格

（1）运往境外加工的货物的计税价格。出境时已向海关报明，并在海关规定的期限内复运进境的，应当以境外加工费和料件费，以及复运进境的运输费、保险费及其相关费用审查确定计税价格。

（2）运往境外修理的机械器具、运输工具或者其他货物的计税价格。出境时已向海关报明，并在海关规定的期限内复运进境的，应以境外修理费和料件费审查确定计税价格。

（3）租赁方式进口货物的计税价格。以租赁方式进境的货物，以海关审查确定的该货物的租金为计税价格；留购的租赁物，以海关审定的留购价格为计税价格。

（4）对于国内单位留购的进口货样、展览品和广告陈列品，以海关审定的留购价格为计税价格。但对于留购货样、展览品和广告陈列品的买方，除按留购价格付款外，又直接或间接给卖方一定利益的，海关可以另行确定上述货物的计税价格。

（5）以易货贸易、寄售、捐赠、赠送等其他方式进口的货物，应当按照一般进口货物估价办法的规定，估定计税价格。

（三）出口货物的计税价格

出口货物的计税价格，由海关以出口货物的成交价格以及该货物运至中国境内输出地点装载前的运输及其相关费用、保险费为基础确定。出口关税不计入计税价格。

出口货物的成交价格，是指该货物出口时卖方为出口该货物应当向买方直接收取和间接收取的价款总额。

出口货物的成交价格不能确定时，计税价格由海关依次使用下列方法估定：

（1）同时或大约同时向同一国家或地区出口的相同货物的成交价格。

（2）同时或大约同时向同一国家或地区出口的类似货物的成交价格。

（3）根据境内生产相同或类似货物的料件成本、加工费用、通常的利润和一般费用、境内发生的运输及其相关费用、保险费计算所得的价格。

（4）按照合理方法估定的价格。

(四) 计税价格中运输及相关费用、保险费(运、保费)的计算

1. 一般进口情况

海运进口的运、保费算至运抵境内的卸货口岸；陆运进口的算至运抵关境的第一口岸或目的口岸；空运进口的算至进入境内的第一口岸或目的口岸。

无法确定实际运、保费的，按照同期同行业运费率计算，即按"(货价＋运费)×3‰"计算保险费，将计算出的运、保费并入计税价格。

2. 其他方式进口情况

邮运进口的，以邮费为运输及其相关费用、保险费；境外口岸成交的，以货价的1%计算运输及其相关费用、保险费；自驾进口的，不另行计入运费。

3. 出口货物

出口货物的销售价格如果包括离境口岸至境外口岸之间的运、保费，该运、保费应当扣除。

二、计算进口货物应纳税额

(一) 从价计税的计算方法

从价计税，是以进口货物的计税价格为计税依据的一种关税计征方法。从价税关税应纳税额的计算公式为：

$$关税应纳税额 = 关税计税价格 \times 比例税率$$

具体有以下几种情况：

(1) 以我国口岸到岸价格(cost, insurance and freight,以下简称CIF)成交的，或者和我国毗邻的国家以两国共同边境地点交货价格成交的进口货物，其成交价格即为计税价格。应纳关税税额计算公式为：

$$应纳关税税额 = CIF \times 比例税率$$

【做中学4-1】

某进出口公司某年10月从日本进口A产品，到岸价格为CIF广州USD 500 000，另外在货物成交过程中，公司向卖方支付佣金USD 20 000，当日外汇牌价(中间价)为USD100＝￥710，A产品进口关税税率为15%。请计算应纳关税税额。

计算：

计税价格＝(500 000＋20 000)×7.10＝3 692 000(元)

应纳关税税额＝3 692 000×15%＝553 800(元)

(2) 以国外口岸离岸价格(free on board,以下简称FOB)或国外口岸到岸价格成交的，应另加从发货口岸或国外交货口岸运到我国口岸以前的运杂费和保险费作为计税价格。应纳关税税额的计算公式为：

$$应纳关税税额 = (FOB + 运杂费 + 保险费) \times 比例税率$$

在国外口岸成交的情况下，计税价格中包括的运杂费、保险费，原则上按照实际支出的金额计算，若无法得到实际支出的金额，也可以外贸系统海运进口运杂费率计算运杂费，保险费则按中国人民保险公司的保险费率计算，计算公式为：

$$应纳税额 =(FOB+运杂费)\div(1-保险费率)\times 比例税率$$

【做中学 4-2】
某进出口公司某年 11 月从美国进口 B 产品 50 吨,进口申报价格为 FOB 旧金山 USD325 000,运费为每吨 USD40,保险费率为 0.3%,当日外汇牌价(中间价)为 USD100=¥682,B 产品的关税税率为 14%。请计算应纳关税税额。

计算:
运费 $=50\times 40\times 6.82=13\,640$(元)
计税价格 $=$ FOB$+$运费$+$保险费 $=$ (FOB$+$运费)$\div$(1$-$保险费率)
$\qquad\qquad =(325\,000\times 6.82+13\,640)\div(1-0.3\%)=2\,236\,850.55$(元)
应纳关税税额 $=2\,236\,850.55\times 14\%=313\,159.08$(元)

(3) 以国外口岸离岸价格加运费(cost and freight,以下简称 CFR)成交的,应另加保险费作为计税价格。其应纳税额计算公式为:

$$应纳税额 =(CFR+保险费)\times 比例税率$$
$$=CFR\div(1-保险费率)\times 比例税率$$

【做中学 4-3】
某公司某年 11 月从新加坡进口设备,该设备的总成交价格为 CFR 上海 USD 100 000,保险费率为 0.3%,设备进口关税税率为 10%,当日外汇牌价为 USD100= ¥682。请计算应纳关税税额。

计算:
计税价格 $=100\,000\times 6.82\div(1-0.3\%)=684\,052.16$(元)
应纳关税税额 $=684\,052.16\times 10\%=68\,405.22$(元)

(二) 从量计税的计算方法

从量计税,是指以进口货物的重量、长度、容量、面积等计量单位为计税依据的一种关税计征方法。从量计税下关税应纳税额的计算公式为:

$$关税应纳税额 = 应税进口货物数量\times 定额税率$$

(三) 复合计税的计算方法

复合计税,是指对某种进口货物同时采用从价计征和从量计征办法的一种关税计征方法。复合计税下关税应纳税额的计算公式为:

$$关税应纳税额 = 应税进口货物数量\times 定额税率 + 应税进口货物数量\times 单位计税价格\times 比例税率$$

三、计算出口货物应纳税额

(一) 从价计税的计算方法

具体分为以下几种情况:
(1) 以我国口岸离岸价格(FOB)成交的出口关税应纳税额计算公式为:

$$应纳税额 = FOB \div (1 + 出口关税税率) \times 出口关税比例税率$$

(2) 以国外口岸到岸价格(CIF)成交的出口关税应纳税额计算公式为：

$$应纳税额 = (CIF - 保险费 - 运费) \div (1 + 出口关税税率) \times 出口关税比例税率$$

(3) 以国外口岸价格加运费(CFR)成交的出口关税应纳税额计算公式为：

$$应纳税额 = (CFR - 运费) \div (1 + 出口关税税率) \times 出口关税比例税率$$

【做中学 4-4】

某进出口公司出口一批产品，成交价格为 FOB 上海 USD 193 800，其中含支付的 2% 的国外佣金，进口方还支付货物包装费 USD 5 000，当日外汇牌价为 USD100＝￥682，关税税率为 10%。请计算出口关税税额。

分析：FOB 价格内包含的支付国外的佣金应扣除，而买方在出口货物 FOB 价格外另支付的包装费应计入计税价格。则：

不含佣金的 FOB 价格 = 193 800 ÷ (1 + 2%) = USD 190 000

计税价格 = (190 000 + 5 000) ÷ (1 + 10%) = USD 177 272.73

出口关税税额 = 177 272.73 × 6.82 × 10% = 120 900(元)

(二) 从量计税的计算方法

从量计税下关税应纳税额的计算公式为：

$$关税应纳税额 = 应税出口货物数量 \times 定额税率$$

(三) 复合计税的计算方法

复合计税下关税应纳税额的计算公式为：

$$关税应纳税额 = 应税出口货物数量 \times 定额税率 + 应税出口货物数量 \times 单位计税价格 \times 比例税率$$

四、缴纳关税

(一) 确定关税的申报和缴纳期限

进口货物自运输工具申报进境之日起 14 日内，向货物的进境地海关申报，如实填写海关进口货物报关单，并提交进口货物的发票、装箱清单、进口货物提货单或运单、关税免税或免予查验的证明文件等。出口货物在货物运抵海关监管区后装货的 24 小时以前，向货物的出境地海关申报。

海关根据税则归类和计税价格计算应缴纳的关税和进口环节代征税，填发海关进(出)口关税专用缴款书(表 4-1)。纳税人、扣缴义务人应当在完成申报之日起 15 日内向指定银行缴纳税款。符合海关规定条件并提供担保的，可以于次月第五个工作日结束前汇总缴纳税款。若关税缴纳期限的最后 1 日是周末或法定节假日，则关税缴纳期限顺延至周末或法定节假日过后的第 1 个工作日。

关税纳税人若因不可抗力或在国家税收政策调整的情形下不能按期缴纳税款，经向海关申请并提供担保，可以延期缴纳税款，但最长不得超过 6 个月。

(二) 确定关税的纳税地点

根据纳税人的申请及进出口货物的具体情况，关税可以在关境地缴纳，也可在主管地缴纳。

在关境地缴纳是指进出口货物在哪里通关,纳税人即在哪里缴纳关税,这是最常见的做法。在主管地缴纳是指纳税人住址所在地海关监管其通关并征收关税,它只适用于集装箱运载的货物。

表 4-1　　　　　　　　　　　海关进(出)口关税专用缴款书

收入系统:　　　　　　填发日期:年　月　日　　　　　　　　　　No.

收款单位	收入机关				缴款单位(人)	名　称	
	科目		预算级次			账　号	
	收款国库					开户银行	
税　号	货物名称	数　量		单　位	计税价格(¥)	税率(%)	税款金额(¥)
金额人民币(大写)	万 仟 佰 拾 元 角 分					合计(¥)	
申请单位编号			报关单编号			填制单位	收款国库(银行)
合同(批文)号			运输工具(号)				
缴款期限			提/装货单号				
备注	一般征税 国际代码					制单人 复核人	

从填发缴款书之日起限 15 日内缴纳(期末遇法定节假日顺延),逾期按日征收税款总额万分之五的滞纳金。

(三) 了解关税强制措施

纳税人、扣缴义务人未按规定期限缴纳税款,由海关责令其限期缴纳,逾期仍未缴纳且无正当理由的,经直属海关关长或者其授权的隶属海关关长批准,海关可以采取下列强制措施:❶ 书面通知其开户银行或者其他金融机构从其存款中扣缴税款;❷ 查封、扣押并依法拍卖或变卖其价值相当于应纳税款的货物或者其他财产,以拍卖或变卖所得抵缴税款。

(四) 了解关税的退补政策

1. 退税

对于多征的税款,海关发现后应当及时退还;纳税义务人发现的,自缴纳税款之日起 3 年内,可以要求海关退还。符合下列情形之一的,进出口货物的收发货人或者他们的代理人,可以自缴纳税款之日起 1 年内,书面声明理由,连同原纳税收据向海关申请退税,逾期海关将不予受理:

(1) 已征进口关税的货物,因品质、规格原因或者不可抗力,一年内原状退货复运出境的。

(2) 已征出口关税的货物,因品质、规格原因或者不可抗力,一年内原状退货复运进境,并已重新缴纳因出口而退还的国内环节有关税款的。

(3) 已征出口关税的货物,因故未装运出口,申报退关,经海关查验属实的。

海关应在受理退税申请之日起 30 日内作出书面答复并通知退税申请人。

按规定退还关税的,应当加并银行同期活期存款利息。

2. 补征和追征

进出口货物、进出境物品放行后,海关若发现少征或者漏征税款,应当自缴纳税款或者货物、物品放行之日起 3 年内,向纳税人、扣缴义务人补征。纳税人、扣缴义务人违反规定而造成的少征或者漏征税款,海关在 3 年以内可以追征,并从缴纳税款或货物放行之日起按日加收少征或者漏征税款万分之五的滞纳金。

> **引例解析**
>
> 本任务引例中,进口应税货物的成交价格以及该货物运抵我国境内输入地点起卸前的运输及相关费用、保险费和其他劳务费、由买方负担的除购货佣金以外的佣金和经纪费应计入计税价格。而买方负担的购货佣金、进口货物运抵境内输入地点起卸后的运输及其相关费用、保险费,若于进口时在货物的价款中列明,则不计入该货物的计税价格。故引例中的计税价格应为:
>
> 计税价格=200+4+20+11=235(万元)

【项目工作任务4-1】

浙江宁波新光公司为增值税一般纳税人,并具有进出口经营权。该公司某年3月发生的相关经营业务如下:

1. 3月1日从美国进口小轿车一辆,支付买价40 000美元、相关费用3 000美元,支付到达我国海关起卸点前的运输费用4 000美元、保险费用2 000美元。

2. 3月10日将生产中使用的价值500 000元的设备运往美国修理,出境时已向海关报明,支付给境外的修理费为50 000元,料件费为100 000元,在海关规定的期限内收回了该设备。

3. 3月25日从美国进口卷烟80 000条(每条200支),支付买价200 000美元,运费12 000美元,保险费用8 000美元。

根据上述资料,计算进口小轿车、修理设备和进口卷烟应缴纳的关税。(注:进口关税税率均为20%,小轿车消费税税率为9%,3月1日和3月25日的外汇牌价为USD100=￥710)

【工作流程】

第一步:分析经济业务类型并确定计税方法和计税依据。

(1) 业务1,进口小轿车需要缴纳关税,按照计税价格加上运输费、保险费作为计税依据。

(2) 业务2,运往境外修理的设备需要缴纳关税。出境时已向海关报明,并在海关规定的期限内复运进境的,其境外修理费和料件费应供审查以作为计税依据。

(3) 业务3,进口卷烟需要缴纳关税,以买价与运费、保险费之和为计税价格。

第二步:计算各项业务应缴纳的关税。

(1) 进口小轿车关税计税价格=(40 000+3 000+4 000+2 000)×7.1=347 900(元)

进口小轿车应缴纳的关税=347 900×20%=69 580(元)

(2) 修理设备应缴纳的关税=(50 000+100 000)×20%=30 000(元)

(3) 进口卷烟应缴纳的关税=(200 000+12 000+8 000)×7.1×20%=312 400(元)

第三步:计算该企业3月份应缴纳的关税合计数。

应缴纳的关税合计数=69 580+30 000+312 400=411 980(元)

第四步:缴纳关税。

练 习 题

一、判断题

1. 出口货物以海关审定的成交价格为基础的售予境外的离岸价格,为关税的计税价格。（ ）
2. 因海关误征而多纳的税款,纳税人可在缴纳税款之日起 5 年内向海关申请退税,逾期不予受理。（ ）
3. 由买方负担的除购货佣金以外的佣金和经纪费,应包括在进口货物的计税价格中。（ ）
4. 如果一国境内设有自由贸易区、自由港等,则该国的关境大于国境。（ ）
5. 进出口货物完税后,若发现少征或者漏征关税税款,海关应当自缴纳税款或者货物放行之日起 3 年内向收发货人或者他们的代理人补征。（ ）

二、单项选择题

1. 进口货物计税价格中不应包括(   )。
   A. 机器设备进口后的安装费用
   B. 运抵我国境内起卸前的保险费
   C. 卖方从买方将该货物进口后转售所得中获得的收益
   D. 买方支付的特许权使用费
2. 纳税人应当自海关填发税款缴款书之日起(   )日内向指定银行缴纳税款。
   A. 3   B. 5
   C. 15   D. 30
3. 我国关税由(   )负责征收。
   A. 税务机关   B. 海关
   C. 财政部门   D. 工商管理部门
4. 下列项目中,适用法定减免的是(   )。
   A. 关税税额在人民币 5 元以下的一票货物
   B. 关税税额在人民币 10 元以下的一票货物
   C. 关税税额在国务院规定的免征额度内的一票货物
   D. 关税税额在人民币 500 元以下的一票货物
5. 对于多缴纳的关税税款,经海关查验属实的,纳税人可以从缴纳税款之日起的(   )年内书面声明理由,申请退税。
   A. 6   B. 1
   C. 3   D. 2

三、多项选择题

1. 下列各项中,应征进口关税的货物有(   )。
   A. 运往境外加工并复运进境的货物

B. 用于在国内举办展览会的进口汽车展品

C. 外国政府无偿赠送的物资

D. 海关核准免验进口的货物

2. 下列情形中,经海关确定可申请退税的有(　　　)。

A. 因海关误征,多缴纳税款

B. 已征收出口关税的货物,因故发生退货

C. 已征收出口关税的货物,因故未装运出口

D. 海关核准免验进口的货物,在完税后发现有短缺

3. 进口关税的计税方法包括(　　　)。

A. 从价定率   B. 从量定额

C. 超额累进计税   D. 复合计税

4. 下列货物中,经海关审查无讹,可以免税的有(　　　)。

A. 关税税额在人民币 100 元以下的货物

B. 无商业价值的广告品和货样

C. 外国政府、国际组织无偿赠送的物资

D. 进出境运输工具装载的途中必需的燃料

5. 进口货物以海关审定的成交价格为基础的,到岸价格为计税价格。到岸价格包括货价,加上货物运抵中国关境内输入地起卸前发生的(　　　)。

A. 包装费   B. 其他劳务费

C. 保险费   D. 运输费

四、业务题

1. 某进出口公司从英国进口货物一批,货物以离岸价格成交,成交价折合人民币为 1 300 万元(不包括因使用该货物而向境外支付的软件费 50 万元、向卖方支付的佣金 15 万元),另支付货物运抵我国上海港的运费、保险费等 30 万元。假设该货物适用的关税税率为 20%,增值税税率为 13%。请计算该公司的关税应纳税额。

2. 某进出口公司于某年 6 月从日本进口货物一批,货物以离岸价格成交,成交价折合人民币 8 120 万元(包括单独计价并经海关审查属实的货物进口后的装配调试费用 50 万元,买方负担的经纪费 20 万元),另支付运费 18 万元,保险费 80 万元。假设该货物适用的关税税率为 20%,请计算该公司的关税应纳税额。

3. 某公司进口货物一批,货物以到岸价格成交,成交价格为人民币 500 万元,含单独计价并经海关审核属实的进口后装配调试费用 20 万元,该货的进口关税税率为 10%,请计算其关税应纳税额。

项 目 小 结

项目四学习内容结构如图 4-1 所示。

项目四　关税的计算与缴纳

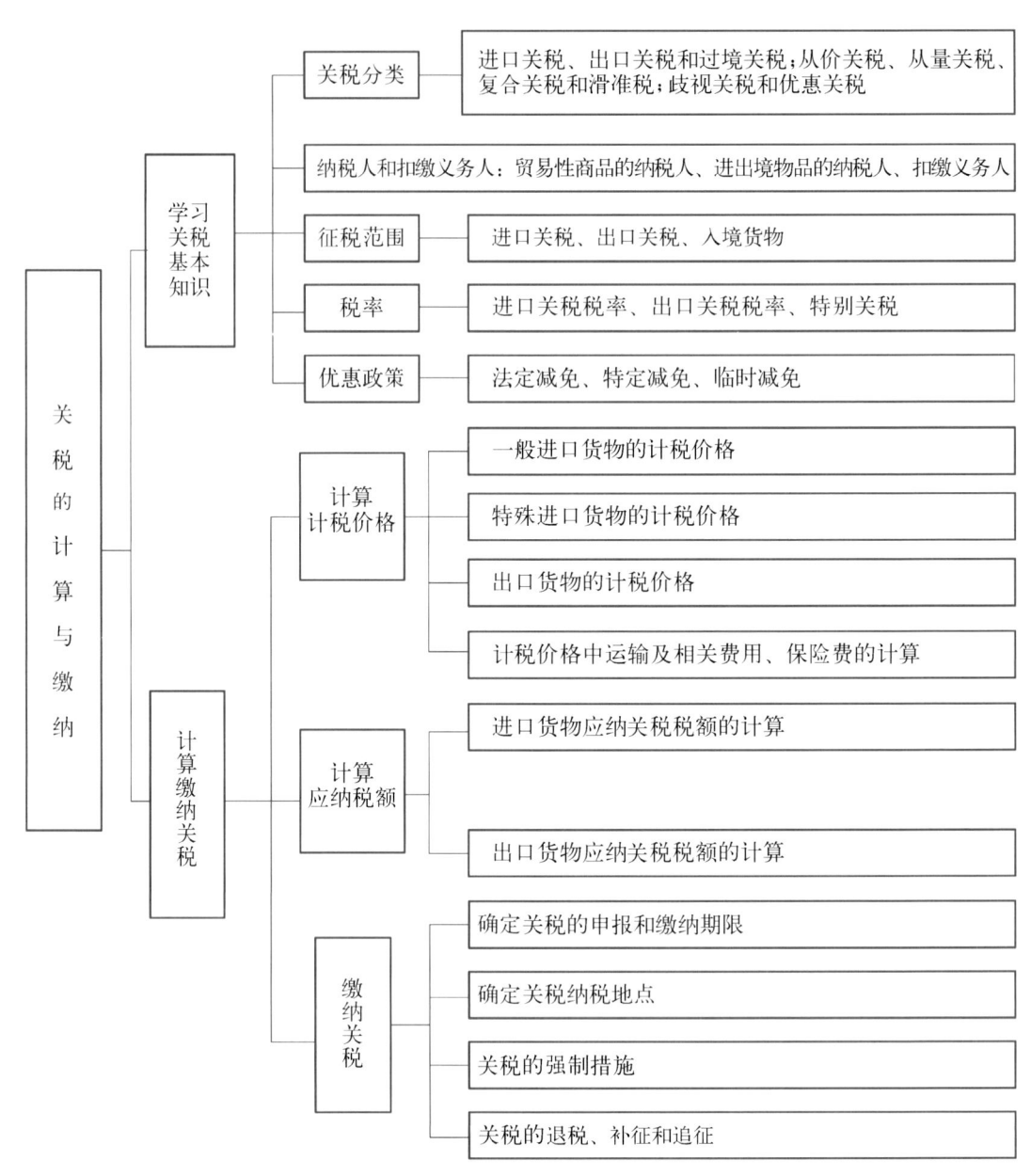

```
关税的计算与缴纳
├── 学习关税基本知识
│   ├── 关税分类 ── 进口关税、出口关税和过境关税；从价关税、从量关税、复合关税和滑准税；歧视关税和优惠关税
│   ├── 纳税人和扣缴义务人：贸易性商品的纳税人、进出境物品的纳税人、扣缴义务人
│   ├── 征税范围 ── 进口关税、出口关税、入境货物
│   ├── 税率 ── 进口关税税率、出口关税税率、特别关税
│   └── 优惠政策 ── 法定减免、特定减免、临时减免
└── 计算缴纳关税
    ├── 计算计税价格
    │   ├── 一般进口货物的计税价格
    │   ├── 特殊进口货物的计税价格
    │   ├── 出口货物的计税价格
    │   └── 计税价格中运输及相关费用、保险费的计算
    ├── 计算应纳税额
    │   ├── 进口货物应纳关税税额的计算
    │   └── 出口货物应纳关税税额的计算
    └── 缴纳关税
        ├── 确定关税的申报和缴纳期限
        ├── 确定关税纳税地点
        ├── 关税的强制措施
        └── 关税的退税、补征和追征
```

图 4-1　项目四学习内容结构

项目五　企业所得税的计算与申报

◇ **职业能力目标**

➤ 掌握企业所得税的基本知识与相关税收法规的内容，会区分居民企业和非居民企业，明确两种企业适用的税率

➤ 掌握企业所得税的纳税调整方法，会根据业务资料计算企业所得税的应纳税所得额

➤ 掌握企业所得税的优惠政策，会计算企业所得税的应纳税额

➤ 熟悉企业所得税分季（月）预缴、年终汇算清缴的相关政策，会根据业务资料填制企业所得税纳税申报表，能办理企业所得税年终汇算清缴工作

◇ **典型工作任务**

➤ 判定居民企业和非居民企业

➤ 确定企业所得税的征税对象并选择企业所得税税率

➤ 运用企业所得税的税收优惠政策

➤ 计算企业所得税的应纳税所得额

➤ 申报企业所得税

➤ 办理企业所得税的年终汇算清缴工作

任务一　学习企业所得税基本知识

任务引例

某日本企业（实际管理机构不在中国境内）在中国境内设立分支机构，某年该机构在中国境内取得咨询收入500万元，在中国境内培训技术人员，取得日方支付的培训收入200万元，在中国取得与该分支机构无实际联系的所得80万元。另一家美国企业在中国无任何分支机构，但同年有来源于中国境内的所得50万元，来源于美国的所得60万元。这两家企业在当年是否为我国企业所得税的纳税人？是否要就各项收入纳税？适用的税率分别是多少？

【知识准备与业务操作】

一、企业所得税的含义和特点

企业所得税是对在我国境内的企业和其他取得收入的组织（包括居民企业和非居民企业）就其应纳税所得额（生产经营所得和其他所得）依法征收的一种税。我国现行的企业所得税法规是《中华人民共和国企业所得税法》（以下简称企业所得税法）和《中华人民共和国企业所得税法实施条例》（以下简称企业所得税法实施条例）。

我国现行的企业所得税具有以下这些特点：

第一，征收广泛。我国现行的企业所得税，从征收范围来看，其应税所得既包括来源于中国境内的所得也包括来源于境外的所得；既包括生产经营所得又包括来源于其他各方面的所得。因此，所得税具有征收上的广泛性。

第二，税负公平。我国现行的企业所得税对所有企业征收，不分所有制，不分地区、行业，实行统一的比例税率。因此，企业所得税能够较好地体现公平税负和税收中性的原则。

第三，税基约束力强。企业所得税的税基是应纳税所得额，即纳税人每一纳税年度的收入总额减去准予扣除项目金额后的余额。为了保护税基，企业所得税法明确了收入总额、扣除项目金额的确定规则以及资产的税务处理方法等内容，使得应纳税所得额的计算相对独立于企业的会计核算，体现了税法的强制性与统一性。

第四，调节性强。纳税人与负税人相一致，税收负担不能转嫁，可以直接调节纳税人的收入。

第五，监督性强。应纳税额的计算涉及纳税人成本、费用的各个方面，有利于加强税务监督，促使纳税人建立、健全财务会计制度并改善经营管理。

二、企业所得税的纳税人

企业所得税的纳税人，是指在中华人民共和国境内的企业和其他取得收入的组织。具体包括：公司、企业、事业单位、社会团体以及取得收入的其他组织。在我国境内，个人独资企业、合伙企业不征收企业所得税而征收个人所得税。为了更好地保障我国税收管辖权的有效行使，按照国际惯例，企业所得税的纳税人又可以分为居民企业和非居民企业。

> 提示：个人独资企业和合伙企业，出资人对外承担无限连带责任，因此，在我国，个人独资企业和合伙企业不具有法人资格，需要缴纳个人所得税，不是企业所得税的纳税人。

（一）居民企业

居民企业是指依法在中国境内成立的，或者依照外国（地区）法律成立但实际管理机构在中国境内的企业。满足上述条件之一的企业就是居民企业，其中，注册地标准是主要标准，实际管理机构标准是附加标准。

实际管理机构，是指对企业的生产经营、人员、账务、财产等实施实质性全面管理和控制的机构。一般来说，要同时符合以下三个方面条件的机构才能被认定为实际管理机构：一是对企业进行实质性管理和控制；二是对企业实行全面的管理和控制；三是管理和控制的内容是企业的生产经营、人员、账务、财产等。例如，在我国注册成立的一汽大众汽车有限公司、戴尔计算机（中国）有限公司，就是我国的居民企业，在法国、英国等国家注册成立，但实际管理机构仍在我国境内的企业，也是我国的居民企业。

（二）非居民企业

非居民企业是指依照外国（地区）法律成立且实际管理机构不在中国境内，但在中国境内设立机构、场所的企业，或在中国境内未设立机构、场所，但有来源于中国境内的所得的企业。

具体来说，主要存在三类非居民企业：

第一类，在境内设立机构、场所，且境内外所得与境内机构有联系的非居民企业，例如在我国设立了代表处及分支机构的外国企业。

第二类，在境内设立机构、场所，有来源于境内的所得，但境内所得与该机构无联系的非居民企业。

第三类，在境内未设立机构、场所，但有来源于境内所得的非居民企业。

三、企业所得税的征税对象

企业所得税的征税对象是指纳税人的生产经营所得和其他所得，主要有销售货物所得、提供劳务所得、转让财产所得、股息红利等权益性投资所得、利息所得、租金所得、特许权使用费所得、接受捐赠所得和其他所得以及经国务院财政、税收部门确认的其他营利事业取得的境内外所得等。

（一）居民企业的征税对象

我国的居民企业，对我国承担无限纳税义务，应当就其来源于中国境内、境外的所得缴纳企业所得税。

（二）非居民企业的征税对象

非居民企业，对我国承担有限纳税义务，应就其所设机构、场所取得的来源于中国境内的所得，以及发生在中国境外但与其在我国境内所设机构、场所有实际联系的所得，向我国缴纳企业所得税。

非居民企业在中国境内未设立机构、场所的，或者虽设立机构、场所但取得的所得与其所设机构、场所没有实际联系的，应当就其来源于中国境内的所得缴纳企业所得税。

"实际联系"，是指非居民企业在中国境内设立的机构、场所拥有的据以取得所得的股权、债权，以及拥有、管理、控制据以取得所得的财产。

所得来源地的确定方法如下：

销售货物所得，为交易活动发生地；提供劳务所得，为提供劳务发生地；不动产转让所得，为不动产所在地；动产转让所得，为转让动产的企业或者机构、场所所在地；权益性投资资产转让所得，为被投资企业所在地；股息、红利等权益性投资所得，为分配所得的企业所在地；利息所得、租金所得、特许权使用费所得，为负担或者支付所得的企业或机构、场所所在地或个人的住所所在地；其他所得，由国务院财政、税务主管部门确定。

> 提示：在中国境内注册并进行生产经营的企业，不论其产品是否用于出口，均属于中国居民企业；而在外国注册经营，实际管理机构不在中国境内的企业，不论其投资者是否为中国人，都不属于中国居民企业。

四、企业所得税税率

我国企业所得税实行比例税率，现行的税率主要有：

(一) 法定税率

居民企业适用的企业所得税法定税率为 25%。同时,在中国境内设有机构、场所且所得与该机构、场所有实际联系的非居民企业,应当就其来源于中国境内、境外的所得缴纳企业所得税,税率为 25%。

(二) 优惠税率

优惠税率是指按低于我国法定的 25% 税率,对一部分特殊纳税人征收的特别税率,我国在税收法规中针对不同情况规定了多种优惠税率,具体如下:

1. 预提税率

非居民企业在我国境内未设立机构、场所而取得的来源于我国境内的所得,或者虽设有机构、场所,但取得的所得与该机构、场所没有实际联系的所得,适用 20% 预提税率,减按 10% 征收所得税。

2. 小型微利企业税率

为照顾规模小、利润薄的企业,税法设置了一款 20% 的比例税率,小型微利企业是指从事国家非禁止和非限制行业,且同时符合以下条件的企业。

❶ 年度应纳税所得额不超过 300 万元;❷ 从业人数不超过 300 人;❸ 资产总额不超过 5 000 万元。

3. 高新技术企业税率

国家需要重点扶持的高新技术企业适用 15% 的比例税率。

国家需要重点扶持的高新技术企业,是指拥有核心自主知识产权且同时符合下列条件的企业:产品(服务)属于《国家重点支持的高新技术领域》规定的范围;研究开发费用占销售收入的比例不低于规定比例;高新技术产品(服务)收入占企业总收入的比例不低于规定比例;科技人员占企业职工总数的比例不低于规定比例;高新技术企业认定管理办法规定的其他条件。

《国家重点支持的高新技术领域》和相关认定管理办法由国务院科技、财政、税务主管部门会同有关部门共同制定,报国务院批准后施行。

4. 技术先进型服务企业税率

自 2019 年 1 月 1 日起,对经认定的技术先进型服务企业,减按 15% 的税率征收企业所得税。

5. 第三方防治企业税率

符合条件的从事污染防治的第三方企业,减按 15% 的税率征收企业所得税。

6. 海南自由贸易港优惠税率

注册在海南自由贸易港并开展实质性运营的鼓励类产业企业,自 2020 年 1 月 1 日至 2024 年 12 月 31 日,减按 15% 的税率征收企业所得税。

7. 西部大开发鼓励类产业企业优惠税率

自 2021 年 1 月 1 日至 2030 年 12 月 31 日,对设在西部地区的鼓励类产业企业,减按 15% 的税率征收企业所得税。

企业所得税税率表如表 5-1 所示。

表 5-1　　　　　　　　　　企业所得税税率表

税率	适 用 范 围
25%	居民企业
	在中国境内设有机构、场所且所得与机构、场所有关联的非居民企业

续　表

税率	适　用　范　围
20%（实际10%）	中国境内未设立机构、场所，但有来源于境内所得的非居民企业
	虽设立机构、场所但取得的所得与其所设机构、场所没有实际联系的非居民企业
20%	小型微利企业
15%	高新技术企业、技术先进型服务企业、第三方防治企业、海南自由贸易港、西部大开发鼓励类产业企业

【引例解析】

本任务引例中，两家企业都是非居民企业，但日本企业由于在我国设立了机构、场所，取得境内的咨询收入500万元和日方支付的培训收入200万元都属于与境内机构、场所有关联的收入，都应该按25%的税率纳税；取得的与该分支机构无实际联系的80万元应按10%的税率纳税。美国公司由于没在境内设立分支机构，只需要就来源于境内的50万元所得纳税，税率为10%，而来源于美国的60万元所得不需要纳税。

五、企业所得税的税收优惠

税法规定的企业所得税的税收优惠主要包括免税、减税、加计扣除、加速折旧、减计收入、税额抵免等，常见形式如下。

（一）免税收入

税法规定，下列收入免征企业所得税。

1. 国债利息收入免税

国债利息收入免税，是指国债到期时取得的利息收入免税，不包括国债未到期之前的转让收益。

2. 符合条件的居民企业之间的股息、红利等权益性投资收益

"符合条件"是指：❶ 居民企业之间，不包括对个人独资企业、合伙企业、非居民企业的投资；❷ 直接投资，不包括间接投资；❸ 连续持有居民企业公开发行并上市流通的股票一年（12个月）以上取得的投资收益；❹ 权益性投资，非债权性投资。

3. 在中国境内设立机构、场所的非居民企业从居民企业取得与该机构、场所有实际联系的股息、红利等权益性投资收益

股息、红利等权益性投资收益，不包括连续持有居民企业公开发行并上市流通的股票不足12个月取得的投资收益。

4. 符合条件的非营利组织的收入

符合条件的非营利组织的下列收入为免税收入：接受其他单位或者个人捐赠的收入；除《企业所得税法》第七条规定的财政拨款以外的其他政府补助收入，但不包括因政府购买服务而取得的收入；按照省级以上民政、财政部门规定收取的会费；不征税收入和免税收入孳生的银行存款利息收入；财政部、国家税务总局规定的其他收入。

非营利公益组织是指符合下列条件的组织：第一，依法履行非营利组织登记手续；第二，从事公益性或非营利性活动；第三，取得的收入除用于与组织有关的、合理的支出以外，

全部用于章程规定的公益性或非营利性事业;第四,财产及其孳息不用于分配;第五,注销后的剩余财产应当按照其章程的规定用于公益性或非营利性目的,无法按照章程规定处理的,由登记管理机关转赠给与该组织性质、宗旨相同的组织,并向社会公告;第六,投入人对投入该组织的财产不保留或享有任何财产权利;第七,工作人员及其高级管理人员的报酬控制在当地平均工资水平的一定幅度内,不变相分配组织财产。

符合以上条件的组织经过国务院主管财政、税务机关的认定,可成为非营利公益组织。符合条件的非营利公益组织的收入,不包括从事营利性活动所取得的收入。

(二)免征与减征

企业的下列所得,可以免征、减征企业所得税。企业如果从事国家限制和禁止发展的项目,不得享受企业所得税税收优惠。

1. 从事农、林、牧、渔业项目的所得

(1)免征企业所得税:蔬菜、谷物、薯类、油料、豆类、棉花、麻类、糖料、水果、坚果的种植;农作物新品种的选育;中药材的种植;林木的培育和种植;牲畜、家禽的饲养;林产品的采集;灌溉、农产品初加工、兽医、农技推广、农机作业和维修等农、林、牧、渔服务业项目;远洋捕捞。

(2)减半征收企业所得税:花卉、茶及其他饮料和香料作物的种植;海水养殖、内陆养殖。

2. 从事国家重点扶持的公共基础设施项目投资经营的所得

企业从事《公共基础设施项目企业所得税优惠目录》内的港口码头、机场、铁路、公路、电力、水利等项目的投资经营所得,从项目取得第一笔生产经营收入所属纳税年度起,3年免税,3年减半征税。

3. 从事符合条件的环境保护、节能节水项目的所得

企业从事符合条件的环境保护、节能节水项目的所得,从项目取得第一笔生产经营收入所属纳税年度起,3年免税,3年减半征税。

符合条件的环境保护、节能节水项目,包括公共污水处理、公共垃圾处理、风力发电、潮汐发电、海水淡化等。

4. 符合条件的技术转让所得,免征或减半征收企业所得税

一个纳税年度内居民企业技术所有权转让所得不超过500万元的部分免征企业所得税,超过500万元的部分减半征收企业所得税。

> **提示**:技术转让所得,不是技术转让收入。技术转让所得=技术转让收入-技术转让成本-相关税费。

【做中学5-1】

某境内甲公司某年将自行开发的一项专利权转让,取得转让收入800万元,与该项技术转让有关的成本和费用为200万元。请计算甲公司的应纳企业所得税税额。

计算:

在本题中,技术转让收入为800万元。

技术转让所得=800-200=600(万元)

技术转让所得中500万元以内的部分免征企业所得税,超过500万元的部分,减半征收企业所得税。

因此,应纳企业所得税税额=(800-200-500)×25%×50%=12.5(万元)。

5. 创业投资企业的创业投资

创业投资企业采取股权投资方式投资未上市的中小高新技术企业2年以上(含2年)，可按其对中小高新技术企业投资额的70%抵扣该创业投资企业的应纳税所得额。符合抵扣条件并在当年不足抵扣的，可在以后纳税年度逐年延续抵扣。

6. 小微企业普惠性所得税减免

自2023年1月1日至2023年12月31日，从事国家非限制和禁止行业，且同时符合年度应纳税所得额不超过300万元、从业人数不超过300人、资产总额不超过5 000万元等三个条件的企业，其年应纳税所得额不超过300万元的部分，减按25%计入应纳税所得额，按20%的税率缴纳企业所得税。

在预缴企业所得税时，企业可直接按当年度截至期末的资产总额、从业人数、应纳税所得额等情况加以判断。

【做中学 5-2】

假设经核查，某企业2023年度符合小型微利企业的标准。当年应纳税所得额是280万元，请计算在享受小型微利企业所得税优惠政策后，当年需缴纳的企业所得税。

计算：

当年需缴纳的企业所得税 = 280 × 25% × 20% = 14(万元)

(三) 税前扣除

1. 加计扣除

企业的下列支出，可以在计算应纳税所得额时加计扣除。

(1) 开发新技术、新产品、新工艺发生的研究开发费用。除烟草制造业、住宿和餐饮业、批发和零售业、房地产业、租赁和商务服务业、娱乐业以外，其他企业只要财务核算健全并能准确归集核算研发费用，均可享受研发费用加计扣除政策。

可享受加计扣除政策的企业开展研发活动过程中实际发生的研发费用，未形成无形资产计入当期损益的，在按规定据实扣除的基础上，自2023年1月1日起，再按照实际发生额的100%在税前加计扣除；形成无形资产的，自2023年1月1日起，按照无形资产成本的200%在税前摊销。

【做中学 5-3】

某制造业企业2023年度新技术研究开发费用一共3 000万元，其中研究阶段的支出为1 000万元，开发阶段符合资本化条件的支出为2 000万元。请计算该企业当年税前可以扣除的研究开发费用。

计算：

研究开发费用中未形成无形资产计入当期损益的，可以税前扣除 2 000 万元（1 000＋1 000×100%）。

形成无形资产的，除另有规定外，至少分 10 年摊销，每年税前可以扣除的摊销额＝2 000×200%÷10＝400（万元）。

税前可以扣除的研究开发费用合计＝2 000＋400＝2 400（万元）

（2）安置残疾人员及国家鼓励安置的其他就业人员所支付的工资。企业安置残疾职工，按实际支付给残疾职工工资的 100% 加计扣除。企业安置国家鼓励安置的其他就业人员所支付的工资的加计扣除办法，由国务院另行规定。

（3）自 2022 年 1 月 1 日起，对企业出资给非营利性科学技术研究开发机构（简称科研机构）、高等学校和政府性自然科学基金用于基础研究的支出，在计算应纳税所得额时可按实际发生额在税前扣除，并可按 100% 在税前加计扣除。

（4）除烟草制造业、住宿和餐饮业、批发和零售业、房地产业、租赁和商务服务业、娱乐业以外的科技型中小企业，开展研发活动中实际发生的研发费用，未形成无形资产计入当期损益的，在按规定据实扣除的基础上，自 2022 年 1 月 1 日起，再按照实际发生额的 100% 在税前加计扣除；形成无形资产的，自 2022 年 1 月 1 日起，按无形资产成本的 200% 在税前摊销。

2. 加速折旧

采取缩短折旧年限或者采取加速折旧方法的固定资产包括：由于科技进步，产品更新换代较快的固定资产；常年处于强震动、高腐蚀状态的固定资产。

采取缩短折旧年限方法的，最低折旧年限不得低于规定折旧年限的 60%；采取加速折旧方法的，可选用双倍余额递减法或者年数总和法。

符合以下条件的固定资产，允许一次性计入当期成本费用，在计算应纳税所得额时扣除，不再分年度计提折旧：

❶ 2014 年起，所有行业企业持有的价值不超过 5 000 元的固定资产。

❷ 企业在 2018 年 1 月 1 日至 2027 年 12 月 31 日期间新购进的研发仪器、设备，单位价值不超过 500 万元的。

3. 减计收入

企业以《资源综合利用目录》内的资源为主要原材料，生产非国家限定并符合国家和行业相关标准的产品所取得的收入，减按 90% 计入收入总额。

提供社区养老、托育、家政服务取得的收入，减按 90% 计入收入总额。

（四）税额抵免

企业购置并实际使用的环境保护专用设备、节能节水专用设备、安全生产专用设备，其设备投资额的 10% 可抵免企业当年的应纳所得税税额。当年不足抵免的，可以在以后 5 个纳税年度结转抵免。

企业享受税额抵免优惠的环境保护、节能节水、安全生产等专用设备，应是企业实际购置并自身实际投入使用的设备，企业购置上述设备在五年内转让、出租的，应停止享受相应税收优惠政策并补缴已抵免的税款。

任务二 计算企业所得税

任务引例

软东电脑有限责任公司是一家从事计算机技术开发服务的公司,年末资产为 4 500 万元,有员工 45 人。某年取得全年销售收入 4 000 万元,其他业务收入为 1 000 万元,会计利润为 85 万元。该企业该年度的有关部门账册资料如下:

(1) 企业当年实际列支工资、津贴、奖金 300 万元,其中支付给残疾职工的工资为 30 万元;实际发生职工福利费 50 万元,拨缴职工工会经费 10 万元,发生职工教育经费 31.5 万元。

(2) 企业长期借款账户中记载:年初向银行借款 10 万元,年利率为 10%;向其他企业借款 20 万元,年利率为 20%。上述借款均用于生产经营,利息支出均已列入财务费用。

(3) 管理费用项目中列支业务招待费 25 万元。

(4) 8 月份缴纳税收滞纳金 1 万元,10 月份通过希望工程基金会向希望小学捐赠 10 万元,均在营业外支出中列支。

(5) 企业投资收益中有国债利息收入 2 万元。

(6) 全年发生新产品研究开发费用 30 万元,列入管理费用。

请根据以上资料进行年度纳税调整,计算该企业当年的应纳所得税。

【知识准备与业务操作】

一、计算应纳税所得额

所得税的计税依据,称为应纳税所得额。应纳税所得额,是指纳税人每一纳税年度的收入总额减去不征税收入、免税收入、各项扣除以及允许弥补的以前年度亏损后的余额,是计算企业所得税额的依据。很明显,它的计算与企业会计核算所得的利润有所不同。这是因为会计核算是根据会计准则进行的,应纳税所得额是按照《企业所得税法》的规定确定的。会计准则和税法的规定不完全一致,应纳税所得额往往需要在年终汇算清缴时在会计利润的基础上按照税法规定进行纳税调整后取得,其具体公式如下。

$$应纳税所得额 = 会计利润 \pm 税收调整项目金额 = 收入总额 - 不征税收入 - 免税收入 - 各项扣除 - 允许弥补的以前年度亏损$$

(一) 计算收入总额

收入总额包括企业生产经营收入和其他各项收入,具体包括以下几项。

1. 销售货物收入

销售货物收入是指企业销售商品、产品、原材料、包装物、低值易耗品以及其他存货取得的收入。

2. 提供劳务收入

提供劳务收入是指企业从事建筑安装、修理修配、交通运输、仓储租赁、金融保险、邮电通信、咨询经纪、文化体育、科学研究、技术服务、教育培训、餐饮住宿、中介代理、卫生保健、社区服务、旅游、娱乐、加工以及其他劳务服务活动取得的收入。

3. 转让财产收入

转让财产收入是指纳税人转让各类财产所取得的收入,包括转让固定资产、生物资产、无形资产、股权、债权等财产取得的收入。其中,股权转让收入应于转让协议生效且完成股权变更手续时确认实现。

4. 股息、红利等权益性投资收益

股息、红利等权益性投资收益是指企业因权益性投资而从被投资方处取得的收入,按照被投资方作出利润分配决定的日期确认收入的实现。

从经济性质上说,股息、红利属于税后利润分配,这部分投资收益已经是征过所得税的,将它们纳入收入总额,是因为股息、红利是纳税人进行权益性投资获得的经济回报,是导致纳税人净资产增加的经济利益流入的重要组成部分。但是,由于股息、红利是被投资企业的税后利润分配,如果股息、红利再全额并入应税收入中征收所得税,将会出现针对同一经济来源所得的重复征税的现象。经过的投资层次越多,融资结构越复杂,重复征税的程度就会越严重。消除公司间股息、红利的重复征税是防止税收政策扭曲投资方式和融资结构,保持税收中性的必然要求,也是各国的普遍做法。因此,税法中将符合条件的居民企业之间的股息、红利收入作为免税收入处理,以此来消除公司间股息、红利的重复征税问题。

5. 利息收入

利息收入是指企业将资金提供给他人使用但不构成权益性投资,或者因他人占用本企业资金而取得的收入,包括存款利息、贷款利息、债券利息、欠款利息等收入。利息收入按照合同约定的债务人应付利息的日期确认收入的实现。

6. 租金收入

租金收入是指纳税人出租固定资产、包装物以及其他财产而取得的租金收入。但租赁企业主营租赁业务取得的收入,则应当在其生产、经营收入中反映。租金收入按合同约定的承租人应付租金的日期确认收入的实现。

7. 特许权使用费收入

特许权使用费收入是指纳税人提供或者转让专利权、非专利技术、商标权、著作权以及其他特许权的使用权而取得的收入。特许权使用费收入按照合同约定的特许权使用费的日期确认。

8. 接受捐赠收入

接受捐赠收入是指企业接受的来自其他企业、组织或者个人无偿给予的货币性资产、非货币性资产,通常按照实际收到捐赠资金的日期确认接受捐赠收入的实现。

9. 其他收入

其他收入是指纳税人除上述各项收入以外的一切收入,包括企业资产溢余收入、逾期未退包装物押金收入、确实无法偿付的应付款项、已作坏账损失处理后又收回的应收款项、债务重组收入、补贴收入、违约金收入、汇兑收益等。

> **提示:** 企业资产溢余收入、逾期未退包装物押金收入、确实无法偿付的应付款项、已作坏账损失处理后又收回的应收款项、债务重组收入、补贴收入、违约金收入、汇兑收益等其他收入,在会计上通常通过"其他收益""营业外收入"科目核算。

10. 其他规定

除以上收入外,对一些较为特殊的收入,税法也有明确规定。

(1) 分期收款方式销售货物的,按照合同约定的收款日期确认收入的实现,视同销售。

(2) 视同销售。企业发生非货币性资产交换,以及将货物、财产、劳务用于捐赠、偿债、赞助、集资、广告、样品、职工福利和利润分配等用途的,应当视同销售货物、转让财产和提供劳务。自制的资产,按同类资产同期对外的售价确定销售收入;外购的资产,符合条件的,可按购入时的价格确定销售收入。

企业发生下列情形的资产处置,除将资产转移至境外以外,由于资产所有权属在形式和实质上均不发生改变,故可作为内部处置资产,不视同销售确认收入,相关资产的计税基础延续计算。情形包括:❶ 将资产用于生产、制造、加工另一产品;❷ 改变资产形状、结构或性能;❸ 改变资产用途(如自建商品房转为自用或经营);❹ 将资产在总机构及其分支机构之间进行转移;❺ 上述两种或两种以上情形的混合;❻ 其他不改变资产所有权属的用途。

(3) 企业受托加工制造大型机械设备、船舶、飞机,以及从事建筑、安装、装配工程业务或者提供其他劳务等,持续时间超过 12 个月的,按照纳税年度内完工进度或者完成的工作量确认收入的实现。

(二) 计算不征税收入

税法规定,以下收入不征收企业所得税。

1. 财政拨款

财政拨款是指各级人民政府对纳入预算管理的事业单位、社会团体等组织拨付的财政资金,但国务院和国务院财政、税务主管部门另有规定的除外。

2. 依法收取并纳入财政管理的行政事业性收费、政府性基金

行政事业性收费,是指依照法律、法规等有关规定,按照国务院规定程序批准,在实施社会公共管理,以及在向公民、法人或者其他组织提供特定公共服务过程中,向特定对象收取并纳入财政管理的费用。政府性基金,是指企业依照法律、行政法规等有关规定,代政府收取的具有专项用途的财政资金。

3. 国务院规定的其他不征税收入

国务院规定的其他不征税收入是指企业取得的,由国务院财政、税务主管部门规定专项用途并经国务院批准的财政性资金。具体包括:

(1) 企业取得的各类财政性资金,除属于国家投资的和使用后要求归还本金的以外,均应计入企业当年收入总额。

(2) 企业取得的由国务院财政、税务主管部门规定专项用途并经国务院批准的财政性资金,准予作为不征税收入,在计算应纳税所得额时从收入总额中减除。

(3) 纳入预算管理的事业单位、社会团体等组织按照核定的预算和经费报领关系收到的由财政部门或上级单位拨入的财政补助收入,准予作为不征税收入,在计算应纳税所得额时从收入总额中减除,但国务院和国务院财政、税务主管部门另有规定的除外。

这里说的"财政性资金",是指企业取得的来源于政府及其有关部门的财政补助、补贴、贷款贴息,以及其他各类财政专项资金,包括直接减免的增值税和即征即退、先征后退、先征后返的各种税收,但不包括企业按照规定取得的出口退税款。其他的除出口退税款以外的财政性资金,是否属于不征税收入,取决于该笔资金是否有专项用途。例如,软件生产企业实行增值税即征即退政策所退还的税款,由企业用于研究开发软件产品和扩大再生产,不作

为企业所得税应税收入，不征收企业所得税。但如果没有专项用途，则应并入企业利润征收企业所得税。例如，对于直接减免和即征即退、先征后返、先征后退等情形，都应征收企业所得税。

> **提示**：企业的不征税收入用于支出所形成的费用或财产，不得扣除或计算对应的折旧、摊销金额。而企业免税收入用于支出所形成的费用或财产，则可以扣除或计算对应的折旧、摊销金额。

（三）计算免税收入

免税收入包括国债利息收入，符合条件的居民企业之间的股息、红利等权益性投资收益，在中国境内设立机构、场所的非居民企业从居民企业取得与该机构、场所有实际联系的股息、红利等权益性投资收益和符合条件的非营利组织的收入。这些内容在税收优惠部分中已经提到过，在此不再赘述。

（四）确定准予扣除项目的范围

准予扣除项目是指企业实际发生的与取得收入有关的、合理的支出，包括成本、费用、税金、损失和其他支出，这些支出准予在计算应纳税所得额时扣除。具体来说：

1. 成本

税前可扣除的成本，是指企业在生产经营活动中发生的销售成本、销货成本、业务支出以及其他耗费，即企业销售商品（产品、材料、下脚料、废料、废旧物资等）、提供劳务、转让固定资产、无形资产（包括技术转让）的成本。企业外销货物的成本包括不得免征和抵扣的增值税。

2. 费用

税前可扣除的费用，是指企业在生产经营活动中发生的销售费用、管理费用和财务费用（已经计入成本的有关费用除外）。

3. 税金

税前可扣除的税金，包括消费税、城市维护建设税、资源税、关税、土地增值税、教育费附加（不包括增值税）等产品销售税金及附加，以及房产税、车船税、城镇土地使用税、印花税等税金。已经计入成本和费用的税金不再重复扣除。税前扣除税金一览表如表5-2所示。

表5-2　　　　　　　　　税前扣除税金一览表

准予扣除的税金的方式		可扣除税金举例
在发生当期扣除	通过计入税金及附加在当期扣除	消费税、城市维护建设税、关税、资源税、土地增值税、教育费附加等税金及附加、房产税、车船税、城镇土地使用税、印花税等
在发生当期计入相关资产的成本，在以后各期分摊扣除		车辆购置税、契税

4. 损失

（1）损失的范围，指企业在生产经营活动中发生的固定资产和存货的盘亏、毁损、报废损失,转让财产损失,呆账损失,坏账损失,自然灾害等不可抗力因素造成的损失以及其他损失等。

(2) 可税前扣除损失的金额。企业发生的损失,减除责任人赔偿和保险赔款后的余额,按规定扣除。企业存货因非正常损失而发生的进项税额转出,应视同企业财产损失,准予与存货损失一并在税前扣除。

(3) 企业已经作为损失处理的资产,在以后纳税年度又全部收回或者部分收回时,应当计入当期收入。

【做中学 5-4】

某企业某年因人为管理不善毁损一批库存外购材料(已抵扣进项税额),账面成本为 10 000 元,保险公司审理后同意赔付 8 000 元,该企业的损失得到税务机关的审核和确认,请计算在所得税税前可扣除的损失金额。

计算:

不得抵扣的进项税税额 = 10 000 × 13% = 1 300(元)

在所得税税前可扣除的损失金额 = 10 000 + 1 300 - 8 000 = 3 300(元)

5. 其他支出

其他支出,是指除成本、费用、税金、损失以外,企业在生产经营活动中发生的与生产经营有关的、合理的支出。企业在生产经营活动中发生的支出多种多样、千差万别,有些支出可能还不能完全归集到成本、费用、税金、损失中,为保证企业权益,企业经营中实际发生的有关的、合理的支出允许得到扣除。

> **提示:** 企业在纳税年度内应计未计的扣除项目,包括各类应计未计的费用、应提未提的折旧等,不得转移到以后年度补扣。保险公司的理赔款和未发生意外事故保险公司给予的奖励,应计入当年应纳税所得额缴纳所得税。

(五) 确定准予税前扣除项目的标准

在确定企业的扣除项目时,企业的财务会计处理与税法规定不一致的,应依照税法规定予以调整,按税法规定允许扣除的金额,准予扣除。下面具体说明准予扣除项目的标准。

1. 工资、薪金支出

企业实际发生的合理的工资薪金,准予扣除。

工资薪金,是指企业每一纳税年度支付给在本企业任职或者受雇的员工的所有现金和非现金形式的劳动报酬,包括基本工资、奖金、津贴、补贴、年终加薪、加班工资,以及与任职或者受雇有关的其他支出。

企业安置残疾人员职工的,按实际支付给残疾职工工资的 100% 加计扣除。企业安置国家鼓励安置的其他就业人员所支付的工资,可以在计算应纳税所得额时加计扣除,具体比例由国务院另行规定。税法加计扣除的工资支出,应调减应纳税所得额。

单位每年组织员工进行体检的费用可否在企业所得税税前扣除

> **提示**：企业税前扣除项目的工资薪金支出，应该是企业已经实际支付给其职工的金额，而不是应该支付的职工薪酬。
>
> 例如，企业"应付职工薪酬"账户贷方发生额600万元，借方实际发放工资500万元，企业所得税税前只能扣除500万元，而不是600万元。

2. 职工工会经费、职工福利费、职工教育经费、党组织工作经费

（1）企业拨缴的工会经费，按照工资薪金总额的2%计算扣除，超过部分不得扣除，调增应纳税所得额。

工资薪金总额，是指企业实际支付的合理的工资薪金，不包括企业的职工福利费、职工教育经费、工会经费以及五险一金。

（2）企业实际发生的职工福利费支出，按照工资薪金总额的14%计算扣除，超过部分不得扣除，调增应纳税所得额。

职工福利费包括的内容：尚未实行分离办社会职能的企业，其内设福利部门发生的设备、设施和人员费用；为职工保健、生活、住房、交通等发放的补贴和非货币性福利；其他职工福利费。

（3）企业发生的职工教育经费支出，在工资总额8%以内准予据实扣除。超过部分，准予在以后纳税年度结转扣除。即本年度应调增应纳税所得额，以后纳税年度结转扣除时则调减应纳税所得额。

软件生产企业发生的职工教育经费中的职工培训费用，可以全额扣除；其余部分按法定比例扣除。

（4）党组织工作经费，实际支出不超过年度工资总额的1%的部分，准予据实扣除。

3. 保险费用

（1）企业依照国务院有关主管部门或省级人民政府规定的范围和标准，为职工缴纳的五险一金，包括基本养老保险费、基本医疗保险费、失业保险费、工伤保险费、生育保险费（生育保险和基本医疗保险合并实施）等基本社会保险费和住房公积金，准予在税前扣除。

（2）企业为投资者或者职工支付的补充养老保险费、补充医疗保险费，分别在不超过职工工资总额5%的标准内的部分，在计算应纳税所得额时准予扣除；超过的部分，不予扣除，超过部分应调增应纳税所得额。

（3）企业参加财产保险，按照规定缴纳的保险费，准予扣除；企业为投资者或者职工支付的商业保险费，不得扣除，应调增应纳税所得额。企业依照国家有关规定为特殊工种职工支付的人身安全保险费和符合国务院财政、税务主管部门的规定可以扣除的商业保险费，准予扣除。

> **提示**：企业的职工在取得劳动报酬以外，可能还持有其所在企业的股权，从而获取股息收入。因此，必须将工资、薪金支出与股息分配加以区别，股息分配不得在税前扣除。

【做中学 5-5】

某企业某年发生工资、薪金支出100万元，其中包括支付给残疾职工的工资20万元，为职工缴纳的基本养老保险费、基本医疗保险费、失业保险费、工伤保险费、生育保

险费等基本社会保险费和住房公积金,共计15万元,为高层管理人员购买商业人寿保险,花费10万元。本年实际发生职工福利费20万元,职工教育经费支出10万元,拨缴的工会经费8万元。请计算各项支出允许税前扣除的金额以及纳税调整额。

计算：

允许在税前扣除的工资为100万元。

残疾人员工资允许加计100%扣除,因此还可在税前加计扣除20万元,纳税调减20万元。

允许在税前扣除的五险一金为15万元。

职工福利费扣除限额=100×14%=14(万元),企业支出了20万元,允许在税前扣除14万元,纳税调增6万元。

工会经费扣除限额=100×2%=2(万元),企业支出了8万元,允许在税前扣除2万元,纳税调增6万元。

当年职工教育经费扣除限额=100×8%=8(万元),企业支出了10万元,允许在税前扣除8万元,纳税调增2万元,多支付的部分可结转下期处理。

为高层管理人员购买商业人寿保险花费的10万元不得在税前扣除,纳税调增10万元。

因此,纳税调减20万元,纳税调增24万元(6+6+2+10)。

4. 借款利息

(1) 非金融企业向金融企业借款发生的利息支出、金融企业的各项存款利息支出和同业拆借利息支出、企业经批准发行债券的利息支出,可据实扣除。

(2) 非金融企业向非金融企业借款发生的利息支出,不超过按照金融企业同期同类贷款利率计算的数额的部分可以扣除。超过部分不予扣除,应调增应纳税所得额。

(3) 关联企业利息费用的扣除。纳税人(金融企业除外)从关联方取得的借款,借款金额在注册资本的50%以内的部分,借款利率不超过金融机构同期利率的部分,准予扣除。超过部分不予扣除,应调增应纳税所得额。企业能证明关联方相关交易活动符合独立交易原则的,或者该企业的实际税负不高于境内关联方的,实际支付给关联方的利息支出,在计算应纳税所得额时准予扣除。

企业资本化的利息支出计入有关资产的成本,不计入利息费用,在税前扣除,这点与会计核算的规定相一致,无须进行纳税调整。

【做中学5-6】

A企业某年度共发生借款项目如下：从银行借款100万元,年利率为4%,其中40万元是生产用借款,60万元是为建造固定资产借入的,该固定资产尚未完工;从B企业借款30万元,年利率为7%。请计算A企业允许在税前扣除的借款利息。

计算：

允许在税前扣除的借款利息=40×4%+30×4%=2.8(万元)

5. 业务招待费

企业发生的与生产经营活动有关的业务招待费支出,按照发生额的60%扣除,但最高不得超过当年销售(营业)收入的5‰,超过部分应调增应纳税所得额。

> **提示:**
> (1) 允许扣除的标准是实际发生额的60%与销售(营业)收入的5‰的孰小者。
> (2) 这里指的销售(营业)收入包括销售货物收入、让渡资产使用权(收取资产租金或使用费)收入、提供劳务收入等主营业务收入,还包括其他业务收入、视同销售收入等,但是不含营业外收入、让渡固定资产或无形资产所有权收入、投资收益。
>
> 销售(营业)收入=主营业务收入+其他业务收入+视同销售收入

【做中学 5-7】

某企业某年度取得销售货物收入 2 800 万元,让渡专利使用权收入 800 万元,债务重组收益 100 万元,对外赠送不含税市场价值 200 万元的货物,固定资产转让收入 50 万元,包装物出租收入 200 万元,接受捐赠收入 20 万元,国债利息收入 30 万元,当年实际发生的业务招待费为 30 万元。该企业当年计算业务招待费扣除限额的销售收入如何确定?

计算:

销售(营业)收入=2 800+800+200(对外赠送货物价款)+200(包装物出租收入)
　　　　　　　=4 000(万元)

6. 广告费和业务宣传费

企业发生的符合条件的广告费和业务宣传费,除国务院财政、税务主管部门另有规定的情形外,不超过当年销售(营业)收入15%的部分,准予扣除;超过部分,准予在以后纳税年度结转扣除。烟草企业的烟草广告费和业务宣传费支出,一律不得扣除。

自2021年1月1日至2025年12月31日,对化妆品制造或销售、医药制造和饮料制造(不含酒类制造)企业发生的广告费和业务宣传费支出,不超过当年销售(营业)收入30%的部分,准予扣除;超过部分,准予在以后纳税年度结转扣除。

【做中学 5-8】

A 企业某年度实际发生的与经营活动有关的业务招待费为 100 万元,全年共开支广告费 1 600 万元,该公司当年的销售收入为 10 000 万元。那么,该公司业务招待费的税前扣除标准是多少?

计算:

当年实际发生的业务招待费的60%:100×60%=60(万元)

当年销售(营业)收入的5‰:10 000×5‰=50(万元)

业务招待费的税前允许扣除标准为50万元。
广告费的税前扣除限额=10 000×15%=1 500(万元)
业务招待费调增应纳税所得额=100-50=50(万元)
广告费调增应纳税所得额=1 600-1 500=100(万元)

> **提示**：企业计算业务招待费、广告费和业务宣传费的扣除限额时，计算依据都是企业销售（营业）收入，主要涉及会计核算中主营业务收入、其他业务收入以及所得税视同销售收入三部分，但不包括营业外收入和投资收益。

7. 研究和开发费用

除烟草制造业、住宿和餐饮业、批发和零售业、房地产业、租赁和商务服务业、娱乐业以外的企业，研发费用计入当期损益未形成无形资产的，允许再按其当年研发费用实际发生额的100%，直接抵扣当年的应纳税所得额。计算会计利润时，研发费用已计入管理费用全额扣除；在计算应纳税所得额时，研发费用再加扣100%，调减应纳税所得额。

研发费用形成无形资产的，按照该无形资产成本的200%分期在税前摊销。除法律另有规定的情形外，摊销年限不低于10年。研究阶段的支出费用化；开发阶段的支出，符合资本化条件的应当资本化。而在摊销的时候，税前可以扣除的摊销额也比会计核算中每年摊销的金额要多，故应调减应纳税所得额。

企业当年不论是盈利还是亏损，其发生的符合条件的研发费用均可以加计扣除。企业应对研发费用和生产经营费用分别核算，准确归集。对划分不清的，不得加计扣除。

【做中学 5-9】

某企业2023年度共发生新产品研发费用70万元，其中30万元未形成无形资产，记入"管理费用"账户；开发费用40万元形成无形资产，记入"无形资产"账户。假设该无形资产按10年摊销。请计算纳税调整的相关金额。

计算：
允许税前扣除的研究开发费用=30+30×100%+40×200%÷10=68(万元)
会计上扣除的研究开发费用=30+40÷10=34(万元)
纳税调减额=68-34=34(万元)

8. 坏账损失和坏账准备金

金融企业根据法律、行政法规以及国务院的规定提取的准备金，符合国务院财政、税务主管部门规定的条件和标准的，准予扣除。

非金融企业不符合国务院财政、税务主管部门规定的各项资产减值准备、风险准备等准备金支出，不得扣除。企业只能在资产实际发生损失时(如实体发生毁损等)，按税法规定确认损失，税前扣除。

也就是说，企业提取的资产跌价准备或减值准备，在提取年度税前不允许扣除，应调增应纳税所得额。但企业资产损失实际发生时，在实际发生年度允许扣除实际损失。这是因为企业提取各种准备金实际上是为了减少市场经营风险，但这种风险应由企业自己承担，不

9. 固定资产及其折旧

(1) 固定资产的折旧范围。

纳税人以经营租赁方式从出租方取得固定资产,符合独立纳税人交易原则的租金可根据受益时间,均匀扣除。纳税人以融资租赁方式从出租方取得固定资产,租金支出不得扣除,但可按照规定构成融资租入固定资产价值的部分应当提取折旧费用,分期扣除。

税法规定,房屋、建筑物以外未投入使用的固定资产不得计提折旧。

(2) 固定资产折旧的计提方法。

固定资产按照直线法计算的折旧,准予扣除。企业的固定资产由于技术进步等原因,确需加速折旧的,可以缩短折旧年限或者采取加速折旧的方法。采取缩短折旧年限方法的,最低折旧年限不得低于法定折旧年限的60%;采取加速折旧方法的,可以采取双倍余额递减法或者年数总和法。

(3) 固定资产折旧的计提年限。

除国务院财政、税务主管部门另有规定的情形外,固定资产计提折旧的最低年限如下:

❶ 房屋、建筑物,为20年。

❷ 飞机、火车、轮船、机器、机械和其他生产设备,为10年。

❸ 与生产经营活动有关的器具、工具、家具等,为5年。

❹ 飞机、火车、轮船以外的运输工具,为4年。

❺ 电子设备,为3年。

10. 专项基金

企业依照法律、行政法规有关规定提取的用于环境保护、生态恢复等方面事项的专项资金,准予扣除。上述专项资金提取后改变用途的,不得扣除。

11. 劳动保护费

企业根据劳动保护法等有关法规的规定,确因工作需要为雇员配备或提供工作服、手套、安全保护用品、防暑降温用品等所引发的合理支出,准予扣除。

12. 企业之间支付相关费用

企业之间支付的管理费、企业内营业机构之间支付的租金和特许权使用费,以及非银行企业内营业机构之间支付的利息,不得扣除。非居民企业在中国境内设立的机构、场所,就其境外总机构实际发生的与本机构、场所生产、经营有关的费用,能够提供总机构出具的费用汇集范围、定额、分配依据和方法等证明文件,并合理计算分摊的,准予扣除。

13. 资产损失

纳税人当期发生的固定资产和流动资产盘亏、毁损净损失,由其提供清查盘存资料,经主管税务机关审核后,准予扣除。纳税人因存货盘亏、毁损、报废等原因不得从销项税金中抵扣的进项税金,应视同企业财产损失,准予与存货损失一起在所得税税前按规定进行扣除。

14. 公益性捐赠

公益性捐赠是指企业通过公益性社会团体或者县级以上人民政府及其部门,用于《中华人民共和国公益事业捐赠法》规定的公益事业的捐赠。

企业发生的公益救济性捐赠支出,在年度利润总额12%以内的部分,准予扣除,超过部分准予结转以后3年内在计算应纳税所得额时扣除。在计算应纳税所得额时,企业在对公益性捐赠支出计算扣除时,应先扣除以前年度结转的捐赠支出再扣除当年发生的捐赠支出。

> 提示:
> (1) 年度利润总额,是指按国家统一会计制度核算的年度会计利润。
> (2) 公益性捐赠的扣除,必须同时符合三个条件:第一,这种捐赠必须是公益性的,非公益性的捐赠不得扣除;第二,这种捐赠必须是间接发生的,直接发生的捐赠不得扣除;第三,这种捐赠必须是通过非营利机构或政府机构发生的,通过营利机构或个人发生的则不得扣除。

【做中学 5-10】

某企业某年度实现会计利润 100 万元,通过红十字会向四川灾区捐款 20 万元,另外捐助某贫困儿童学费 5 000 元。请计算该企业公益性捐赠税前扣除额。

计算:

公益性捐赠扣除限额 = 100 × 12% = 12(万元)

非公益性捐赠不得在税前扣除。

因此,企业公益性捐赠税前扣除额为 12 万元,超过的 8 万元可以在以后 3 年内继续在税前扣除。

(六) 计税时不得扣除的项目

以下项目在计算应纳税所得额时不得扣除:

(1) 向投资者支付股息、红利等权益性投资收益款项。
(2) 企业所得税税款。
(3) 税收滞纳金。
(4) 罚金、罚款和被没收财物的损失。
(5) 不符合税法规定的捐赠支出,包括非公益性捐赠支出。
(6) 企业发生的与生产经营活动无关的各种非广告性质的赞助支出;广告性质的赞助支出,可参照广告费用的相关规定扣除。
(7) 未经核定的准备金支出不得在税前扣除,具体指企业未经国务院财政、税务主管部门核定而提取的各项资产减值准备、风险准备等准备金。
(8) 与取得收入无关的其他支出。

> 提示:上述第(4)条所说的罚金、罚款等指因违反法律、行政法规而支付的罚款、罚金和滞纳金。企业正常经营中发生的违约金、罚款和诉讼费可在税前扣除。纳税人按照经济合同规定支付的违约金(包括银行罚息)、罚款和诉讼费可以扣除。这是因为经营中的违约金、罚款和诉讼费均与经济合同直接相关,属生产经营中的责任赔偿行为,并非属违反国家法规的行政处罚行为。

(七) 弥补亏损

企业某一纳税年度发生的亏损可以用下一年度的所得弥补,下一年度的所得不足以弥补的,可以逐年延续弥补,但最长不得超过 5 年。

亏损弥补应注意以下问题：

(1) 亏损的含义。亏损是指企业依照《企业所得税法》和《企业所得税法实施条例》的规定,将每一纳税年度的收入总额减除不征税收入、免税收入和各项扣除后小于零的数额。也就是说,这里的亏损,不是企业财务报表中反映的亏损额,而是税务机关按税法规定核实调整后的亏损额。

(2) 亏损的弥补时间。企业发生年度亏损的,可以用下一纳税年度的所得弥补;下一纳税年度的所得不足以弥补的,可以逐年延续弥补,但延续弥补期最长不得超过 5 年。5 年内,不论企业是盈利还是亏损,都作为弥补年限计算。企业如果连续发生亏损,其亏损弥补期应按每个年度分别计算,先亏先补,按顺序连续计算弥补期。

(3) 企业在汇总计算缴纳企业所得税时,其境外营业机构的亏损不得抵减境内营业机构的盈利。

(4) 自 2018 年 1 月 1 日起,当年具备高新技术企业和科技型中小企业资格的企业,其具备资格年度之前 5 个年度发生的尚未弥补完的亏损,准予结转以后年度弥补,最长亏损结转年限延长至 10 年。

(5) 受疫情影响较大的困难行业(包括交通运输、餐饮、住宿、旅游四大类)企业以及电影行业企业 2020 年度发生的亏损,最长结转年限由 5 年延长至 8 年。

【做中学 5-11】

表 5-3 为经税务机关审定的某企业各年度应纳税所得额的情况,假设该企业一直执行 5 年亏损弥补规定,请计算该企业 7 年间补亏情况。

表 5-3　　　　　各年度应纳税所得额表　　　　　单位:万元

年度	2017	2018	2019	2020	2021	2022	2023
应纳税所得额情况	-165	-56	30	30	40	60	60

计算：

2017 年亏损额:2018—2022 年为弥补期,到 2022 年年末尚有未弥补的亏损 5 万元,不再向后结转。

2018 年亏损额:2019—2023 年为弥补期,56 万元的亏损额全部得到弥补。

2019—2022 年弥补亏损后应纳税所得额为 0。

2023 年弥补亏损后应纳税所得额=60-56=4(万元)

二、计算应纳税额

(一) 计算应预缴的企业所得税

企业所得税实行按年计征、分月(季)预缴、年终汇算清缴、多退少补的办法,实行查账征收方式申报并缴纳。居民纳税人以及在中国境内设立机构的非居民纳税人在月度或季度预缴企业所得税时可采用如下方法。

1. 据实缴纳

据实缴纳是指按本年一个月或一个季度的应纳税所得额实际发生数计算缴纳企业所得税。

$$本月(季)度应缴所得税税额 = 实际利润累计额 \times 税率 - 减免所得税税额 - 已累计预缴的所得税税额$$

其中,实际利润累计额是指纳税人按会计制度核算的利润总额,暂不作纳税调整,待会计年度终了再作纳税调整。统一按25%的税率计算应纳税所得额,减免所得税税额是指纳税人当期实际享受的减免所得税税额,包括小型微利企业、高新技术企业等的税率优惠。

2. 按上一个纳税年度应纳税所得额的平均额预缴

以上一个纳税年度应纳税所得额实际数除以12或4,可以得出每个月或季的应纳税所得额,再统一按25%的税率计算应纳税额。

(二) 计算年终汇算清缴的企业所得税

年度终了,企业按照有关财务会计制度规定计算的利润,必须按税法规定进行必要的调整后,才能作为应纳税所得额,计算缴纳所得税。

应纳税额的计算公式为:

$$实际应纳税额 = 应纳税所得额 \times 适用税率 - 减免税额 - 抵免税额$$

$$本年应补(退)的所得税税额 = 实际应纳税额 - 本年累计实际已预缴的所得税税额$$

减免税额和抵免税额,是指根据税法或者国务院的税收优惠规定减征、免征和抵免的应纳税额。减征和免征的相关内容在学习税收优惠时已经介绍过,下面的内容主要涉及抵免税额。抵免税额主要包括境外所得已纳税额的抵免以及境内设备投资额的抵免。

1. 境外所得已纳税额的抵免

境外所得,是指境外收入按照我国税法规定计算的计税所得。其包括:

(1) 居民企业来源于中国境外的应税所得;居民企业从其直接或者间接控制的外国企业分得的来源于中国境外的股息、红利等权益性投资收益。

(2) 非居民企业在中国境内设立机构、场所,取得发生在中国境外但与该机构、场所有实际联系的应税所得。这些所得,均应按我国税法汇总计算缴纳企业所得税。

为防止重复征税,纳税人来源于中国境外的所得,已在境外实际缴纳的所得税税款,准予在汇总纳税时从其应纳税额中抵免,但是抵免额不得超过其境外所得按照我国税法计算的应纳税额。

上文中提到的"境外缴纳的税款",是指在境外实际缴纳的所得税税款,不包括减免税或纳税后又得到补偿以及由他人代为承担的税款。中外双方已签订避免双重征税协定的,按协定的规定执行。

境外所得按照我国税法计算的应纳税额,是企业的境外所得依据我国企业所得税法的有关规定计算的应纳税额,称为抵免限额。该抵免限额应当分国(地区)不分项计算,其计算公式如下:

$$境外所得税额的抵免限额 = 境内、境外所得按税法计算的应纳税总额 \times \left[\frac{来源于某国(地区)的所得额}{境内、境外所得总额} \right]$$

企业来源于境外所得实际缴纳的所得税税款,如果低于按规定计算的抵免限额,可以从应纳税额中如数扣除其在境外实际缴纳的所得税税款;如果超过扣除限额,其超过部分不得在本年度作为税额扣除,也不得列为费用支出,但可以在次年起的连续 5 个年度内,用税额扣除不超过限额的余额补扣。

【做中学 5-12】

甲企业在 A 国设有分公司甲$_A$,在 B 国设有分公司甲$_B$。某纳税年度内,甲在国内取得所得 1 000 万元,甲$_A$ 有所得 500 万元,甲$_B$ 有所得 300 万元。A 国所得税税率为 40%,B 国所得税税率为 20%。请计算甲企业的应纳所得税额。

计算:

(1) 该企业境内外所得应纳税额:

甲应纳税额=(1 000+500+300)×25%=450(万元)

(2) 计算甲企业 A 国的抵免税额:

甲$_A$ 已纳 A 国所得税=500×40%=200(万元)

因抵免额不得超过其境外所得按照我国税法计算的应纳税额,故抵免限额计算如下:

抵免限额=450×(500÷1 800)=125(万元)

A 国的抵免税额为 125 万元。

(3) 计算甲企业 B 国的抵免税额:

甲$_B$ 已纳 B 国所得税=300×20%=60(万元)

抵免限额=450×(300÷1 800)=75(万元)

B 国的抵免税额为 60 万元。

(4) 汇总甲企业实际应纳税额:

甲应纳所得税税额=450-125-60=265(万元)

甲$_A$ 所得未抵免完的 75 万元(200-125)可以在以后 5 年内用抵免限额抵免当年应抵税额后的余额进行抵补。

2. 境内设备投资额的抵免

企业购置并实际使用规定的环境保护、节能节水、安全生产等专用设备,其设备投资额的 10%可以从企业当年的应纳税额中抵免;当年不足抵免的,可以在以后 5 个纳税年度结转抵免。上述专用设备,应当是企业实际购置并自身实际投入使用的设备;企业购置上述设备在 5 年内转让、出租的,应当停止执行本条规定的企业所得税优惠政策,补缴已经抵免的企业所得税税款。

> **提示:**
> (1) 税额抵免直接抵免应纳所得税税额,而不是抵免应纳税所得额。
> (2) 进行税额抵免时,若增值税进项税额允许抵扣,其专用设备投资额不再包括增值税进项税额;若增值税进项税额不允许抵扣,其专用设备投资额应为增值税专用发票上注明的价税合计金额。企业购买专用设备取得普通发票的,其专用设备投资额为普通发票中注明的金额。

【做中学 5-13】

某小型微利企业(增值税一般纳税人)2022年购买并实际使用国产环保设备一台,取得的增值税普通发票上注明价税合计金额为 11.3 万元。2022 年经审核的应纳税所得额为 15 万元,2023 年经审核的应纳税所得额为 15 万元。请计算该企业 2022、2023 年实际应缴纳的企业所得税税额。

计算:

2022 年国产设备投资抵免限额 = 11.3 × 10% = 1.13(万元)

2022 年应纳税额 = 15 × 25% × 20% = 0.75 万元 < 抵免限额 1.13 万元,国产设备投资额可以在 2022 年抵免 0.75 万元,抵免后,2022 年应纳税额为 0,剩余 0.38 万元留抵到 2023 年。

2023 年企业应纳税额 = 15 × 25% × 20% = 0.75(万元)

2023 年抵免后实际应缴纳的企业所得税税额 = 0.75 - 0.38 = 0.37(万元)

引例解析

本任务引例中,根据相关规定,当年软东电脑有限公司的纳税调整事项列如下:

(1) 工资支出:合理的工资薪金 300 万元可以在税前扣除,不需要进行纳税调整;残疾人员工资在据实扣除的基础上还可以按照 100% 的标准加计扣除,纳税调减 30 万元。

三项经费:

准予在税前扣除的职工福利费扣除限额 = 300 × 14% = 42(万元),企业实际支出 50 万元,超过了扣除限额,纳税调增额 = 50 - 42 = 8(万元);

准予在税前扣除的职工工会经费扣除限额 = 300 × 2% = 6(万元),企业实际支出 10 万元,超过了扣除限额,纳税调增额 = 10 - 6 = 4(万元);

准予在税前扣除的职工教育经费扣除限额 = 300 × 8% = 24(万元),企业实际支出 31.5 万元,超过了扣除限额,纳税调增额 = 31.5 - 24 = 7.5(万元),可以向以后年度结转。

(2) 利息支出:银行的借款利息支出可以据实扣除,无须进行纳税调整。向其他企业借款支付利息 4 万元(20 × 20%),超过同期同类银行贷款利息 = 20 × (20% - 10%) = 2(万元),纳税调增利息支出 2 万元。

(3) 业务招待费:业务招待费的 60% = 25 × 60% = 15(万元),销售收入的 5‰ = (4 000 + 1 000) × 5‰ = 25(万元),因此,税前扣除限额为 15 万元,企业实际发生的业务招待费为 25 万元,超出扣除限额的部分 10 万元(25 - 15)应进行纳税调增。

(4) 罚款支出:税收滞纳金不得在税前扣除,应纳税额调增 1 万元。

公益性捐赠:公益性捐赠扣除限额 = 85 × 12% = 10.2(万元),企业实际发生公益性捐赠 10 万元,没有超过扣除限额,无须进行纳税调整。

(5) 投资收益:国债利息是免税收入,不缴纳所得税,应纳税额应调减 2 万元。

(6) 研究开发费用:研究开发费用可以加计扣除,可在税前加计扣除的研发费用 = 30 × 100% = 30(万元),实际发生的研发费用为 30 万元,纳税调减 30 万元。

(7) 应纳税所得额=85-30+8+4+7.5+2+10+1-2-30=55.5(万元)

(8) 该公司同时符合小型微利企业的三个判定条件,应按20%的税率缴纳企业所得税,其应纳税所得额不超过100万元的部分,减按12.5%计入应纳税所得额,因此:

应纳税额=55.5×25%×20%=2.775(万元)

三、关联交易特别纳税调整

企业与其关联方之间的业务往来,不符合独立交易原则的,或者企业实施其他不具有合理商业目的安排的,税务机关有权在该业务发生的纳税年度起10年内进行纳税调整。

(一)关联企业关联方的含义

关联企业关联方,是指与企业有下列关系之一的企业、个人和其他组织:

(1) 在资金、经营、购销等方面,存在直接或者间接的拥有或者控制关系。

(2) 直接或者间接地同为第三者所拥有或者控制。

(3) 在利益上具有相关联的其他关系。

(二)独立交易原则

独立交易原则,是指没有关联关系的企业之间、企业与个人或其他组织之间,按照公平成交价格和营业常规进行业务往来所遵循的原则。

作出特别纳税调整的企业,对补征的税款,应当自税款所属纳税年度的次年6月1日起至补缴税款之日止的期间,按日加收利息。利息率按照税款所属纳税年度中国人民银行公布的与补税期间同期的人民币贷款基准利率加5个百分点计算。为此所支付的利息,不得在计算应纳税所得额时扣除。

(三)受控外国企业特别纳税调整

由居民企业,或者由居民企业和中国居民控制的设立在实际税负明显低于我国企业所得税规定税率水平的国家(地区)的企业,并非由于合理的经营需要而对利润不作分配或者减少分配的,上述利润中应归属于该居民企业的部分,应当计入该居民企业的当期收入。

(四)利息支出特别纳税调整

企业从其关联方接受的债权性投资与权益性投资的比例超过规定标准而发生的利息支出,不得在计算应纳税所得额时扣除。

四、企业所得税的核定征收

为了加强企业所得税的征收管理,规范企业所得税的核定征收工作,保障国家税款及时足额地入库,维护纳税人合法权益,根据《企业所得税法》及其实施条例、《税收征管法》及其实施细则的有关规定,制定了核定征收企业所得税的有关规定。

(一)居民企业核定征收企业所得税的范围

居民企业,符合以下情形之一的,核定征收企业所得税:依照法律、行政法规的规定可以不设置账簿的;依照法律、行政法规的规定应当设置但未设置账簿的;擅自销毁账簿或者拒不提供纳税资料的;虽设置账簿,但账目混乱或者成本资料、收入凭证、费用凭证残缺不全,难以查账的;发生纳税义务,未按规定期限办理纳税申报,税务机关责令限期申报,逾期不申报的；申报计税依据明显偏低，又无正当理由的。

> **提示**：企业所得税的征收方式包括查账征收和核定征收。对于财务制度健全，能准确计算收入，核算成本、费用和利润，能按规定申报缴纳税款的纳税人，采用查账征收的方式征收企业所得税。征收方式确定后，在一个纳税年度内一般不得变更。

特殊行业、特殊类型的纳税人和一定规模以上的纳税人不适用核定征收的方法，只能采用查账征收的方式征税。这类"特定纳税人"包括以下类型的企业：享受特定所得税优惠政策的企业、汇总纳税企业、上市公司、银行等金融企业、会计等社会中介机构、国家税务总局规定的其他企业。

（二）核定征收的办法

核定征收的办法包括核定应税所得率征收和定额征收两种，税务机关应根据纳税人的具体情况，对核定征收企业所得税的纳税人，核定应税所得率或者应纳所得税税额。

1. 核定应税所得率征收

纳税人符合下列情形之一的，税务机关应当核定其应税所得率。

（1）能正确核算（查实）收入总额，但不能正确核算（查实）成本费用总额的。

（2）能正确核算（查实）成本费用总额，但不能正确核算（查实）收入总额的。

（3）通过合理方法，能计算和推定纳税人收入总额或成本费用总额的。

核定应税所得率征收是指税务机关采用一定的标准、程序和方法，预先核定纳税人的应税所得率，由纳税人根据纳税年度内的收入总额或成本费用等项目的实际发生额，按预先由税务机关核定的应税所得率计算缴纳企业所得税的办法，在这种方法下：

$$应纳税所得额 = 收入总额 \times 应税所得率$$

或：

$$应纳税所得额 = 成本（费用）支出额 \div (1 - 应税所得率) \times 应税所得率$$

$$应纳所得税税额 = 应纳税所得额 \times 适用税率$$

应税所得率统一执行表如表5-4所示。

表5-4　　　　　　　　　　应税所得率统一执行表

行　业	应税所得率
农、林、牧、渔业	3%～10%
制造业	5%～15%
批发和零售贸易业	4%～15%
交通运输业	7%～15%
建筑业	8%～20%
饮食业	8%～25%
娱乐业	15%～30%
其他行业	10%～30%

实行应税所得率方式核定征收企业所得税的纳税人,经营多业的,无论其经营项目是否单独核算,均由税务机关根据其主营项目确定适用的应税所得率。

【做中学 5-14】

某年某居民企业向主管税务机关申报应税收入总额120万元,成本费用支出总额127.5万元,全年亏损7.5万元。经税务机关检查,成本费用核算准确,但收入总额不能确定。税务机关对该企业采取核定征收的办法,应税所得率为25%。请计算当年度该企业的企业所得税应纳税额。

计算:

该企业应纳税所得额 = 127.5 ÷ (1 - 25%) × 25% = 42.5(万元)

企业所得税应纳税额 = 应纳税所得额 × 25% = 42.5 × 25% = 10.625(万元)

2. 定额征收

定额征收是指税务机关按照一定的标准、程序和方法,直接核定纳税人年度应纳企业所得税税额,由纳税人按规定进行申报缴纳的办法,对既不能正确核算收入,又不能正确核算成本、费用,因此不能履行纳税义务的纳税人采取的核定定额的征收方式。

【项目工作任务 5-1】

某年1月,某会计师事务所派小李负责A企业(制造企业)代理报税业务,面对企业所得税的年终汇算清缴工作,小李查阅了企业相关资料,收集企业上年的信息如下:

(1) A企业年度会计报表利润为705万元,应依25%的税率缴纳企业所得税。该公司已预缴了企业所得税100万元。

(2) A企业全年境内主营业务收入6 000万元,销售成本4 000万元,销售税金420万元(含增值税220万元)。

(3) 企业全年实际列支工资、津贴、奖金400万元,包括支付给残疾职工的工资30万元;实际发生职工福利费60万元,拨缴职工工会经费10万元,发生职工教育经费37万元。

(4) 企业长期借款账户中记载:年初向工行借款20万元,年利率10%;向其他企业借款10万元,年利率15%,上述借款均用于生产经营,利息支出均已列入财务费用。本年度财务费用共发生155万元。

(5) 发生管理费用297万元,其中含业务招待费25万元,全年发生新产品研发费用30万元,未形成无形资产。

(6) 发生销售费用650万元,其中含广告费550万元。

(7) 营业外收入5万元。营业外支出25万元,包括年中因违法行为而被处以的罚款1万元,通过红十字会向某灾区捐款20万元,向困难职工捐赠1万元,固定资产出售净损失3万元。

(8) 企业共取得投资收益27万元,含国债利息收入2万元,12个月以上的权益性投资收益25万元(已在被投资方所在地缴纳了企业所得税)。

(9) 当年购置安全生产专用设备,价值 80 万元,已投入生产。

要求:运用企业所得税相关政策,分别对 A 企业的相关业务进行纳税调整,帮助 A 企业计算应纳企业所得税税额。

【工作流程】

第一步:确定会计利润。

会计利润 = 6 000 − 4 000 − (420 − 220) − 297 − 650 − 155 + 5 − 25 + 27 = 705(万元)

第二步:计算纳税调整增加额。

(1) 职工福利费扣除限额 = 400×14% = 56(万元),纳税调增额 = 60 − 56 = 4(万元)。

(2) 职工工会经费扣除限额 = 400×2% = 8(万元),纳税调增额 = 10 − 8 = 2(万元)。

(3) 职工教育经费扣除限额 = 400×8% = 32(万元),纳税调增额 = 37 − 32 = 5(万元)。

(4) 利息调增 = 10×(15% − 10%) = 0.5(万元)。

(5) 业务招待费的 60% = 25×60% = 15(万元),销售收入的 5‰ = 6 000×5‰ = 30(万元),业务招待费的扣除额 = 15(万元),纳税调增额 = 25 − 15 = 10(万元)。

(6) 广告费扣除限额 = 6 000×15% = 900(万元),实际发生 550 万元,不作纳税调整。

(7) 违法经营罚款不得在税前扣除,应纳税调增 1 万元。

(8) 公益性捐赠扣除限额 = 705×12% = 84.6(万元),实际捐款 20 万元,无须进行纳税调整。

非公益性捐赠不得扣除,纳税调增 1 万元。

纳税调整增加额合计数 = 4 + 2 + 5 + 0.5 + 10 + 1 + 1 = 23.5(万元)

第三步:计算免税、减计收入和加计扣除金额。

(1) 残疾人员工资可以加计 100% 扣除,应纳税调减 30 万元。

(2) 国债利息为免税收入,应纳税调减 2 万元。

(3) 权益性的投资收益为免税收入,应纳税调减 25 万元。

(4) 研究开发费用加计扣除额 = 30×100% = 30(万元),纳税调减 30 万元。

纳税调整减少额合计数 = 30 + 2 + 25 + 30 = 87(万元)

第四步:计算应纳税所得额。

应纳税所得额 = 705 + 23.5 − 87 = 641.5(万元)

第五步:计算抵免所得税税额。

安全生产专用设备投资抵免所得税税额 = 80×10% = 8(万元)

第六步:计算应纳税额。

应纳税额 = 641.5×25% − 8 = 152.375(万元)

第七步:计算本年应补(退)所得税税额。

本年应补(退)所得税税额 = 152.375 − 100 = 52.375(万元)

任务三 申报缴纳企业所得税

> **任务引例**
>
> 某年1月1日起,某会计师事务所派小张负责某企业代理报税业务,每月应在税务机关指定的日期前完成各税种的纳税申报工作。该企业上年全年正常经营,主管税务机关确定该企业按月预缴企业所得税,小张应该如何进行该企业的所得税预缴申报和年度纳税申报工作?

【知识准备与业务操作】

一、确定纳税期限

企业所得税实行按年计算,按月或季预缴,年终汇算清缴,多退少补的征收办法。企业所得税按纳税年度计算,自公历1月1日起至12月31日止为一个纳税年度;企业在一个纳税年度中间开业,或者终止经营活动,使该纳税年度的实际经营期不足12个月的,应当以其实际经营期为1个纳税年度;企业依法清算时,应当以清算期间为1个纳税年度。企业应当在办理注销登记前,就其清算所得向税务机关申报并依法缴纳企业所得税。

企业应当自月份或者季度终了之日起15日内,向税务机关报送预缴企业所得税纳税申报表;在年度终了之日起5个月内,向税务机关报送年度企业所得税纳税申报表、财务会计报告和其他有关资料,完成企业所得税的汇算清缴工作。

纳税申报期限的最后1日是法定休假日的,以休假日期满的次日为期限的最后1日;在期限内有连续3日以上法定休假日的,按休假日天数顺延。

二、确定纳税地点

(一)居民企业纳税地点

除税收法律、行政法规另有规定的情形外,居民企业以企业登记注册地为纳税地点,登记注册地在境外的,以实际管理机构所在地为纳税地点。居民企业在中国境内设立不具有法人资格的营业机构的,应当汇总计算并缴纳企业所得税。除国务院另有规定的情形外,企业之间不得合并缴纳企业所得税。登记注册地,是指企业依照国家有关规定登记注册的住所地。

(二)非居民企业纳税地点

非居民企业在中国境内设立机构、场所的,应当就其所设机构、场所取得的来源于中国境内的所得,以及发生在中国境内但与其所设机构、场所有实际联系的所得,以机构、场所所在地为纳税地点。非居民企业在中国境内设立两个或者两个以上机构、场所的,经税务机关审核批准,可以选择由其主要机构、场所汇总缴纳企业所得税。非居民企业在中国境内未设立机构、场所的,或者虽设立机构、场所但取得的所得与其所设机构、场所没有实际联系的,以扣缴义务人所在地为纳税地点。

除国务院另有规定的情形外,企业之间不得合并缴纳企业所得税。

三、申报缴纳

(一) 企业所得税预缴申报

企业在纳税年度内无论盈利或者亏损,都应当自月份或者季度终了之日起 15 日内,向税务机关报送企业所得税月(季)度预缴纳税申报表。查账征收企业所得税的居民纳税人及在中国境内设立机构的非居民纳税人申报时应填制中华人民共和国企业所得税月(季)度预缴纳税申报表(A 类)(表 5-5);实行核定征收管理办法缴纳企业所得税的纳税人,申报时应填制中华人民共和国企业所得税月(季)度预缴和年度纳税申报表(B 类)(表 5-6)。

表 5-5　　　　中华人民共和国企业所得税月(季)度预缴纳税申报表(A 类)

税款所属期间：　　年　月　日至　　年　月　日

纳税人识别号(统一社会信用代码)：□□□□□□□□□□□□□□□□□□

纳税人名称：　　　　　　　　　　　　　　　　　　金额单位：人民币元(列至角分)

优惠及附报事项有关信息										
项　　目	一季度		二季度		三季度		四季度		季度平均值	
^	季初	季末	季初	季末	季初	季末	季初	季末	^	
从业人数										
资产总额(万元)										
国家限制或禁止行业	□是□否						小型微利企业			□是□否	
附报事项名称										金额或选项	
事项1	(填写特定事项名称)										
事项2	(填写特定事项名称)										
预缴税款计算										本年累计	
1	营业收入										
2	营业成本										
3	利润总额										
4	加：特定业务计算的应纳税所得额										
5	减：不征税收入										
6	减：资产加速折旧、摊销(扣除)调减额(填写 A201020)										
7	减：免税收入、减计收入、加计扣除(7.1+7.2+…)										
7.1	(填写优惠事项名称)										

续 表

	预缴税款计算	本年累计
7.2	（填写优惠事项名称）	
8	减：所得减免(8.1+8.2+…)	
8.1	（填写优惠事项名称）	
8.2	（填写优惠事项名称）	
9	减：弥补以前年度亏损	
10	实际利润额(3+4-5-6-7-8-9)\按照上一纳税年度应纳税所得额平均额确定的应纳税所得额	
11	税率(25%)	
12	应纳所得税额(10×11)	
13	减：减免所得税额(13.1+13.2+…)	
13.1	（填写优惠事项名称）	
13.2	（填写优惠事项名称）	
14	减：本年实际已缴纳所得税额	
15	减：特定业务预缴(征)所得税额	
16	本期应补(退)所得税额(12-13-14-15)\税务机关确定的本期应纳所得税额	

汇总纳税企业总分机构税款计算

17	总机构	总机构本期分摊应补(退)所得税额(18+19+20)	
18		其中：总机构分摊应补(退)所得税额(16×总机构分摊比例____%)	
19		财政集中分配应补(退)所得税额(16×财政集中分配比例____%)	
20		总机构具有主体生产经营职能的部门分摊所得税额(16×全部分支机构分摊比例____%×总机构具有主体生产经营职能部门分摊比例____%)	
21	分支机构	分支机构本期分摊比例	
22		分支机构本期分摊应补(退)所得税额	

实际缴纳企业所得税计算

23	减：民族自治地区企业所得税地方分享部分：□ 免征 □ 减征：减征幅度____%	本年累计应减免金额[(12-13-15)×40%×减征幅度]
24	实际应补(退)所得税额	

谨声明：本纳税申报表是根据国家税收法律法规及相关规定填报的，是真实的、可靠的、完整的。

纳税人(签章)：　　年　月　日

经办人： 经办人身份证号： 代理机构签章： 代理机构统一社会信用代码：	受理人： 受理税务机关(章)： 受理日期：　　年　月　日

国家税务总局监制

表 5-6　　中华人民共和国企业所得税月(季)度预缴和年度纳税申报表(B类)

税款所属期间：　　年　月　日至　　年　月　日

纳税人识别号(统一社会信用代码)：□□□□□□□□□□□□□□□□□□

纳税人名称：　　　　　　　　　　　　　　　　　　　　　金额单位：人民币元(列至角分)

核定征收方式	□核定应税所得率(能核算收入总额的)　□核定应税所得率(能核算成本费用总额的) □核定应纳所得税额								
按季度填报信息										
项目	一季度		二季度		三季度		四季度		季度平均值
	季初	季末	季初	季末	季初	季末	季初	季末	
从业人数									
资产总额(万元)									
国家限制或禁止行业	□是□否				小型微利企业				□是□否
按年度填报信息										
从业人数(填写平均值)					资产总额(填写平均值，单位：万元)				
国家限制或禁止行业	□是□否				小型微利企业				□是□否

行次	项目	本年累计金额
1	收入总额	
2	减：不征税收入	
3	减：免税收入(4+5+10+11)	
4	国债利息收入免征企业所得税	
5	符合条件的居民企业之间的股息、红利等权益性投资收益免征企业所得税(6+7.1+7.2+8+9)	
6	其中：一般股息红利等权益性投资收益免征企业所得税	
7.1	通过沪港通投资且连续持有H股满12个月取得的股息红利所得免征企业所得税	
7.2	通过深港通投资且连续持有H股满12个月取得的股息红利所得免征企业所得税	
8	居民企业持有创新企业CDR取得的股息红利所得免征企业所得税	
9	符合条件的居民企业之间属于股息、红利性质的永续债利息收入免征企业所得税	
10	投资者从证券投资基金分配中取得的收入免征企业所得税	
11	取得的地方政府债券利息收入免征企业所得税	
12	应税收入额(1-2-3)\成本费用总额	
13	税务机关核定的应税所得率(%)	
14	应纳税所得额(第12×13行)\[第12行÷(1-第13行)×第13行]	
15	税率(25%)	

续　表

行次	项　目	本年累计金额
16	应纳所得税额(14×15)	
17	减：符合条件的小型微利企业减免企业所得税	
18	减：实际已缴纳所得税额	
L19	减：符合条件的小型微利企业延缓缴纳所得税额(是否延缓缴纳所得税　□是　□否)	
19	本期应补(退)所得税额(16－17－18－L19)\税务机关核定本期应纳所得税额	
20	民族自治地方的自治机关对本民族自治地方的企业应缴纳的企业所得税中属于地方分享的部分减征或免征(□免征　□减征：减征幅度____%)	
21	本期实际应补(退)所得税额	

谨声明：本纳税申报表是根据国家税收法律法规及相关规定填报的，是真实的、可靠的、完整的。

　　　　　　　　　　　　　　　　　　　　　　　纳税人(签章)：　　年　月　日

经办人： 经办人身份证号： 代理机构签章： 代理机构统一社会信用代码：	受理人： 受理税务机关(章)： 受理日期：　　年　月　日

国家税务总局监制

分月或者分季预缴企业所得税时，应当按照月度或者季度的实际利润额预缴；按照月度或者季度的实际利润额预缴有困难的，可以按照上一纳税年度应纳税所得额的月度或者季度平均额预缴，或者按照经税务机关认可的其他方法预缴。预缴方法一经确认，该纳税年度内不得随意变更。

(二) 企业所得税年度申报

实行核定应税所得率方式的纳税人在年度纳税申报时填报中华人民共和国企业所得税月(季)度预缴和年度纳税申报表(B类)(表5-6)。

查账征收企业所得税的纳税人在年度汇算清缴时，无论盈利或亏损，都必须在年度终了后5个月内进行纳税申报，年度纳税申报主要通过填报企业基础信息表、中华人民共和国企业所得税年度纳税申报表(A类)及其附表来完成。

企业所得税年度纳税申报表填报表单(表5-7)中列示了中华人民共和国企业所得税年度纳税申报表(A类)(以下简称申报表)全部表单名称及编号。纳税人在填报申报表之前，根据表单以及企业的涉税业务，选择"填报"或"不填报"。选择"填报"的，须完成该表格相关内容的填报；选择"不填报"的，可以不填报该表格。对选择"不填报"的表格，可以不向税务机关报送。

表5-7　　　　　　　企业所得税年度纳税申报表填报表单(A类)

表单编号	表　单　名　称	是否填报
A000000	企业所得税年度纳税申报基础信息表	√
A100000	中华人民共和国企业所得税年度纳税申报表(A类)	√

续表

表单编号	表单名称	是否填报
A101010	一般企业收入明细表	☐
A101020	金融企业收入明细表	☐
A102010	一般企业成本支出明细表	☐
A102020	金融企业支出明细表	☐
A103000	事业单位、民间非营利组织收入、支出明细表	☐
A104000	期间费用明细表	☐
A105000	纳税调整项目明细表	☐
A105010	视同销售和房地产开发企业特定业务纳税调整明细表	☐
A105020	未按权责发生制确认收入纳税调整明细表	☐
A105030	投资收益纳税调整明细表	☐
A105040	专项用途财政性资金纳税调整明细表	☐
A105050	职工薪酬支出及纳税调整明细表	☐
A105060	广告费和业务宣传费等跨年度纳税调整明细表	☐
A105070	捐赠支出及纳税调整明细表	☐
A105080	资产折旧、摊销及纳税调整明细表	☐
A105090	资产损失税前扣除及纳税调整明细表	☐
A105100	企业重组及递延纳税事项纳税调整明细表	☐
A105110	政策性搬迁纳税调整明细表	☐
A105120	贷款损失准备金及纳税调整明细表	☐
A106000	企业所得税弥补亏损明细表	☐
A107010	免税、减计收入及加计扣除优惠明细表	☐
A107011	符合条件的居民企业之间的股息、红利等权益性投资收益优惠明细表	☐
A107012	研发费用加计扣除优惠明细表	☐
A107020	所得减免优惠明细表	☐
A107030	抵扣应纳税所得额明细表	☐
A107040	减免所得税优惠明细表	☐
A107041	高新技术企业优惠情况及明细表	☐
A107042	软件、集成电路企业优惠情况及明细表	☐
A107050	税额抵免优惠明细表	☐
A108000	境外所得税收抵免明细表	☐
A108010	境外所得纳税调整后所得明细表	☐
A108020	境外分支机构弥补亏损明细表	☐

续表

表单编号	表单名称	是否填报
A108030	跨年度结转抵免境外所得税明细表	□
A109000	跨地区经营汇总纳税企业年度分摊企业所得税明细表	□
A109010	企业所得税汇总纳税分支机构所得税分配表	□

说明：企业应当根据实际情况选择需要填报的表单。

查账征收涉及的企业所得税年度纳税申报表共有37张。其中企业所得税年度纳税申报基础信息表(A000000)(表5-8)为必填表，它主要反映纳税人的基本信息，包括纳税人基本信息、重组事项、企业主要股东及分红情况等。纳税人填报申报表时，首先填报此表，为后续申报提供指引。中华人民共和国企业所得税年度纳税申报表(A类)(A100000)(表5-9)为必填表，它是纳税人计算申报缴纳企业所得税的主表。

表5-8　　A000000　企业所得税年度纳税申报基础信息表

基本经营情况（必填项目）			
101 纳税申报企业类型(填写代码)		102 分支机构就地纳税比例(%)	
103 资产总额(填写平均值，单位：万元)		104 从业人数(填写平均值，单位：人)	
105 所属国民经济行业(填写代码)		106 从事国家限制或禁止行业	□是□否
107 适用会计准则或会计制度(填写代码)		108 采用一般企业财务报表格式(2019年版)	□是□否
109 小型微利企业	□是□否	110 上市公司	是(□境内□境外)□否
有关涉税事项情况（存在或者发生下列事项时必填）			
201 从事股权投资业务	□是	202 存在境外关联交易	□是
203 境外所得信息	203-1 选择采用的境外所得抵免方式	□分国(地区)不分项□不分国(地区)不分项	
	203-2 新增境外直接投资信息	□是(产业类别：□旅游业□现代服务业□高新技术产业)	
204 有限合伙制创业投资企业的法人合伙人	□是	205 创业投资企业	□是
206 技术先进型服务企业类型(填写代码)		207 非营利组织	□是
208 软件、集成电路企业类型(填写代码)		209 集成电路生产项目类型	□130纳米 □65纳米 □28纳米
210 科技型中小企业	210-1 年(申报所属期年度)入库编号1		210-2 入库时间1	
	210-3 年(所属期下一年度)入库编号2		210-4 入库时间2	
211 高新技术企业申报所属期年度有效的高新技术企业证书	211-1 证书编号1		211-2 发证时间1	
	211-3 证书编号2		211-4 发证时间2	
212 重组事项税务处理方式	□一般性□特殊性	213 重组交易类型(填写代码)	
214 重组当事方类型(填写代码)		215 政策性搬迁开始时间	＿年＿月

续 表

有关涉税事项情况(存在或者发生下列事项时必填)			
216 发生政策性搬迁且停止生产经营无所得年度	□是	217 政策性搬迁损失分期扣除年度	□是
218 发生非货币性资产对外投资递延纳税事项	□是	219 非货币性资产对外投资转让所得递延纳税年度	□是
220 发生技术成果投资入股递延纳税事项	□是	221 技术成果投资入股递延纳税年度	□是
222 发生资产(股权)划转特殊性税务处理事项	□是	223 债务重组所得递延纳税年度	□是
224 研发支出辅助账样式		□2015 版　□2021 版　□自行设计	

主要股东及分红情况(必填项目)					
股东名称	证件种类	证件号码	投资比例(%)	当年(决议日)分配的股息、红利等权益性投资收益金额	国籍(注册地址)
其余股东合计	—	—			—

表 5-9　　A100000　中华人民共和国企业所得税年度纳税申报表(A 类)

行次	类别	项　　目	金　额
1		一、营业收入(填写 A101010\101020\103000)	60 000 000
2		减:营业成本(填写 A102010\102020\103000)	40 000 000
3		减:税金及附加	2 000 000
4		减:销售费用(填写 A104000)	6 500 000
5	利润总额计算	减:管理费用(填写 A104000)	2 970 000
6		减:财务费用(填写 A104000)	1 550 000
7		减:资产减值损失	
8		加:公允价值变动收益	
9		加:投资收益	270 000
10		二、营业利润(1-2-3-4-5-6-7+8+9)	7 250 000
11		加:营业外收入(填写 A101010\101020\103000)	50 000
12		减:营业外支出(填写 A102010\102020\103000)	250 000
13		三、利润总额(10+11-12)	7 050 000

续　表

行次	类别	项　　　目	金　　额
14	应纳税所得额计算	减：境外所得（填写 A108010）	
15		加：纳税调整增加额（填写 A105000）	235 000
16		减：纳税调整减少额（填写 A105000）	
17		减：免税、减计收入及加计扣除（填写 A107010）	870 000
18		加：境外应税所得抵减境内亏损（填写 A108000）	
19		四、纳税调整后所得（13－14＋15－16－17＋18）	6 415 000
20		减：所得减免（填写 A107020）	
21		减：弥补以前年度亏损（填写 A106000）	
22		减：抵扣应纳税所得额（填写 A107030）	
23		五、应纳税所得额（19－20－21－22）	6 415 000
24	应纳税额计算	税率（25%）	25%
25		六、应纳所得税税额（23×24）	1 603 750
26		减：减免所得税税额（填写 A107040）	
27		减：抵免所得税税额（填写 A107050）	800 00
28		七、应纳税额（25－26－27）	1 523 750
29		加：境外所得应纳所得税税额（填写 A108000）	
30		减：境外所得抵免所得税税额（填写 A108000）	
31		八、实际应纳所得税税额（28＋29－30）	1 523 750
32		减：本年累计实际已缴纳的所得税税额	1 000 000
33		九、本年应补（退）所得税税额（31－32）	523 750
34		其中：总机构分摊本年应补（退）所得税税额（填写 A109000）	
35		财政集中分配本年应补（退）所得税税额（填写 A109000）	
36		总机构主体生产经营部门分摊本年应补（退）所得税税额（填写 A109000）	
37	实际应纳税额计算	减：民族自治地区企业所得税地方分享部分：（□免征　□减征：减征幅度____％）	
38		十、本年实际应补（退）所得税税额（33－37）	

此外，纳税申报表还包括附表 35 张。附表的结构主要包括：收入费用明细表（6 张，编号 A101010、A101020、A102010、A102020、A103000、A104000）、纳税调整明细表（1 张，编号 A105000）及其附表（12 张，编号 A105010—A105120）、企业所得税弥补亏损明细表（1 张，编号 A106000）、税收优惠明细表（0 张）及其附表（5 张，编号 A107010—A107050）以及三级附表（4 张，编号为 H107011、A107012、A107041、A107042）、境外所得税抵免明细表（1 张，编号 A108000）及其附表（3 张，编号 A108010—A108030）、企业所得税汇总纳税分支机构所得税分配表（1 张，编号 A109000）及其附表（1 张，编号 A109010）。企业所得税申报表结构图如图 5-1 所示。（篇幅所限，本书除项目工作任务所需表格外，不一一列示）

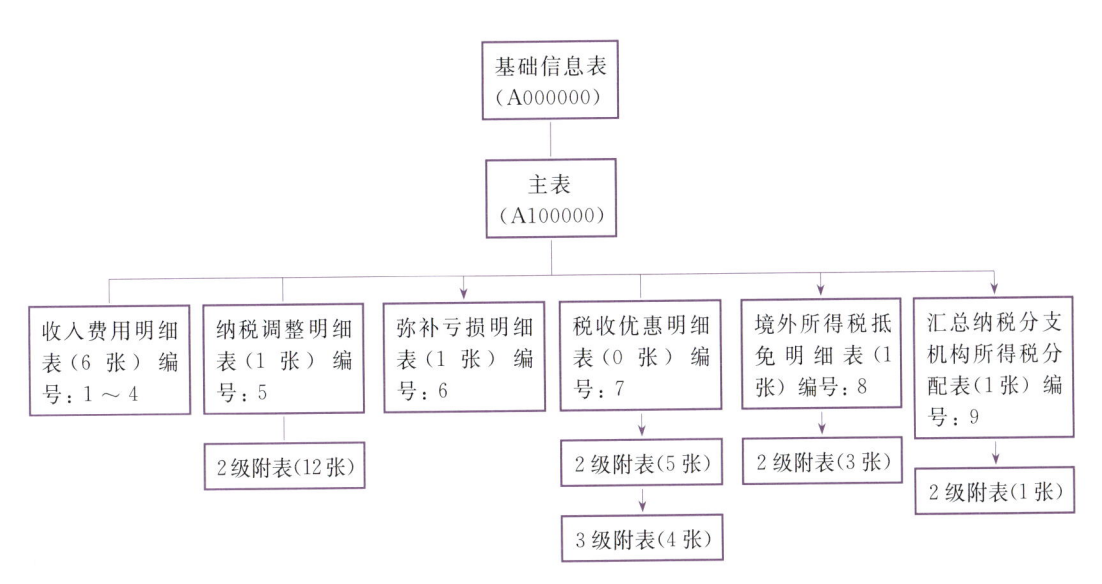

```
                    ┌──────────────┐
                    │ 基础信息表    │
                    │ (A000000)    │
                    └──────┬───────┘
                           │
                    ┌──────┴───────┐
                    │   主表       │
                    │ (A100000)    │
                    └──────┬───────┘
                           │
   ┌──────────┬────────────┼────────────┬────────────┬──────────┐
┌──┴───┐ ┌────┴───┐ ┌──────┴──┐ ┌───────┴──┐ ┌───────┴──┐ ┌─────┴────┐
│收入费│ │纳税调整│ │弥补亏损 │ │税收优惠  │ │境外所得税│ │汇总纳税分│
│用明细│ │明细表  │ │明细表   │ │明细表    │ │抵免明细表│ │支机构所得│
│表(6张)│ │(1张)编│ │(1张)编 │ │(0张)编   │ │(1张)编   │ │税分配表  │
│编号: │ │号:5    │ │号:6    │ │号:7      │ │号:8      │ │(1张)编  │
│1~4   │ │        │ │         │ │          │ │          │ │号:9     │
└──────┘ └────┬───┘ └─────────┘ └────┬─────┘ └────┬─────┘ └────┬─────┘
              │                       │             │            │
         ┌────┴─────┐            ┌────┴────┐   ┌────┴────┐  ┌────┴────┐
         │2级附表   │            │2级附表  │   │2级附表  │  │2级附表  │
         │(12张)    │            │(5张)    │   │(3张)    │  │(1张)    │
         └──────────┘            └────┬────┘   └─────────┘  └─────────┘
                                      │
                                 ┌────┴────┐
                                 │3级附表  │
                                 │(4张)    │
                                 └─────────┘
```

图 5 - 1　企业所得税申报表结构图

(三) 企业所得税税款的缴纳

纳税人在向税务机关报送纳税申报表后,可以取得税务机关开具的税收缴款书,纳税人应在规定期限内完成税款的缴纳工作。

【项目工作任务 5 - 2】

根据本项目任务二的工作任务实例(项目工作任务 5 - 1),跟着事务所小李完成 A 企业年终企业所得税汇算清缴纳税申报表格的填制工作。

【工作流程】

第一步:填报收入、成本、费用明细表。

填制一般企业收入明细表(表 5 - 10)、一般企业成本支出明细表(表 5 - 11)、期间费用明细表(略)。这些附表根据企业的财务会计资料直接填入。

第二步:填写纳税调整项目明细表及附表。

先根据汇算清缴相关资料填写附表,主要有职工薪酬支出及纳税调整明细表(表 5 - 12)、广告费和业务宣传费等跨年度纳税调整明细表(表 5 - 13)、捐赠支出及纳税调整明细表(表 5 - 14);然后根据这些附表资料及会计资料填写纳税调整项目明细表(表 5 - 15)。

第三步:填报免税、减计收入及加计扣除优惠明细表及其附表。

先根据汇算清缴的相关资料填制符合条件的居民企业之间的股息、红利等权益性投资收益优惠明细表(表 5 - 16)、研发费用加计扣除优惠明细表(略),再根据这些附表资料填制免税、减计收入及加计扣除优惠明细表(表 5 - 17)。

第四步:填报税额抵免优惠明细表。

根据汇算清缴的相关资料填制税额抵免优惠明细表(表 5 - 18)。

第五步:填报企业所得税年度纳税申报表。

企业所得税年度纳税申报表(A类)(表 5 - 9)主要根据前面涉及的附表内容填列。

表 5-10　　　　　　　　A101010　一般企业收入明细表

行次	项目	金额
1	一、营业收入(2+9)	60 000 000
2	（一）主营业务收入(3+5+6+7+8)	60 000 000
3	1.销售商品收入	60 000 000
4	其中：非货币性资产交换收入	
5	2.提供劳务收入	
6	3.建造合同收入	
7	4.让渡资产使用权收入	
8	5.其他	
9	（二）其他业务收入(10+12+13+14+15)	
10	1.销售材料收入	
11	其中：非货币性资产交换收入	
12	2.出租固定资产收入	
13	3.出租无形资产收入	
14	4.出租包装物和商品收入	
15	5.其他	
16	二、营业外收入(17+18+19+20+21+22+23+24+25+26)	50 000
17	（一）非流动资产处置利得	50 000
18	（二）非货币性资产交换利得	
19	（三）债务重组利得	
20	（四）政府补助利得	
21	（五）盘盈利得	
22	（六）捐赠利得	
23	（七）罚没利得	
24	（八）确实无法偿付的应付款项	
25	（九）汇兑收益	
26	（十）其他	

表 5-11　　　　　　A102010　一般企业成本支出明细表

行次	项目	金额
1	一、营业成本(2+9)	40 000 000
2	（一）主营业务成本(3+5+6+7+8)	40 000 000
3	1.销售商品成本	40 000 000
4	其中：非货币性资产交换成本	
5	2.提供劳务成本	
6	3.建造合同成本	
7	4.让渡资产使用权成本	
8	5.其他	
9	（二）其他业务成本(10+12+13+14+15)	
10	1.材料销售成本	
11	其中：非货币性资产交换成本	
12	2.出租固定资产成本	
13	3.出租无形资产成本	
14	4.包装物出租成本	
15	5.其他	
16	二、营业外支出(17+18+19+20+21+22+23+24+25+26)	250 000
17	（一）非流动资产处置损失	30 000
18	（二）非货币性资产交换损失	
19	（三）债务重组损失	
20	（四）非常损失	
21	（五）捐赠支出	210 000
22	（六）赞助支出	
23	（七）罚没支出	10 000
24	（八）坏账损失	
25	（九）无法收回的债券股权投资损失	
26	（十）其他	

表 5-12　A105050　职工薪酬支出及纳税调整明细表

行次	项目	账载金额 1	实际发生额 2	税收规定扣除率 3	以前年度累计结转扣除额 4	税收金额 5	纳税调整金额 6(1−5)	累计结转以后年度扣除额 7(1+4−5)
1	一、工资薪金支出	4 000 000	4 000 000	*	*	4 000 000	*	*
2	其中：股权激励			*	*			*
3	二、职工福利费支出	600 000	600 000	14%	*	560 000	40 000	*
4	三、职工教育经费支出	370 000	370 000	*	*	320 000	50 000	50 000
5	其中：按税收规定比例扣除的职工教育经费	370 000	370 000	8%	0	320 000	50 000	50 000
6	按税收规定全额扣除的职工培训费用	0	0	*	*	0	0	*
7	四、工会经费支出	100 000	100 000	2%	*	80 000	20 000	*
8	五、各类基本社会保障性缴款			*	*			*
9	六、住房公积金			*	*			*
10	七、补充养老保险			*	*			*
11	八、补充医疗保险			*	*			*
12	九、其他			*	*			*
13	合计(1+3+4+7+8+9+10+11+12)	5 070 000	5 070 000	*	0	4 960 000	110 000	50 000

表 5-13　　　　A105060　广告费和业务宣传费等跨年度纳税调整明细表

行次	项目	金额
1	一、本年支出	5 500 000
2	减：不允许扣除的支出	
3	二、本年符合条件的支出(1-2)	5 500 000
4	三、本年计算扣除限额的基数	60 000 000
5	税收规定扣除率	15%
6	四、本企业计算的扣除限额(4×5)	9 000 000
7	五、本年结转以后年度扣除额(3>6,本行=3-6;3≤6,本行=0)	0
8	加：以前年度累计结转扣除额	
9	减：本年扣除的以前年度结转额[3>6,本行=0;3≤6,本行=8或(6-3)孰小值]	
10	六、按照分摊协议归集至其他关联方的金额(10≤3或6孰小值)	
11	按照分摊协议从其他关联方归集至本企业的金额	
12	七、本年支出纳税调整金额(3>6,本行=2+3-6+10-11;3≤6,本行=2+10-11-9)	0
13	八、累计结转以后年度扣除额(7+8-9)	0

表 5-14　　　　A105070　捐赠支出及纳税调整明细表

行次	项目	账载金额	以前年度结转可扣除的捐赠额	按税收规定计算的扣除限额	税收金额	纳税调增金额	纳税调减金额	可结转以后年度扣除的捐赠额
		1	2	3	4	5	6	7
1	一、非公益性捐赠		*	*	*		*	*
2	二、限额扣除的公益性捐赠(3+4+5+6)	200 000	0	846 000	200 000	0	0	0
3	前三年度(　　年)	*		*	*		*	*
4	前二年度(　　年)	*		*	*		*	*
5	前一年度(　　年)	*		*	*		*	*
6	本年(　　年)	200 000	*	846 000	200 000	0		0
7	三、全额扣除的公益性捐赠		*	*	*		*	*
8	1.		*	*	*		*	*
9	2.		*	*	*		*	*
10	3.		*	*	*		*	*
11	合计(1+2+7)							
附列资料	2015年度至本年发生的公益性扶贫捐赠合计金额		*	*	*		*	*

表 5-15   A105000   纳税调整项目明细表

行次	项目	账载金额 1	税收金额 2	调增金额 3	调减金额 4
1	一、收入类调整项目(2+3+…+8+10+11)	*	*		
2	（一）视同销售收入(填写 A105010)	*			*
3	（二）未按权责发生制原则确认的收入(填写 A105020)				
4	（三）投资收益(填写 A105030)				
5	（四）按权益法核算长期股权投资对初始投资成本调整确认收益	*	*	*	
6	（五）交易性金融资产初始投资调整				*
7	（六）公允价值变动净损益				
8	（七）不征税收入	*	*		
9	其中：专项用途财政性资金(填写 A105040)	*	*		
10	（八）销售折扣、折让和退回				
11	（九）其他				
12	二、扣除类调整项目(13+14+…+24+26+27+28+29+30)	*	*	235 000	
13	（一）视同销售成本(填写 A105010)	*		*	
14	（二）职工薪酬(填写 A105050)	5 070 000	4 960 000	110 000	
15	（三）业务招待费支出	250 000	150 000	100 000	*
16	（四）广告费和业务宣传费支出(填写 A105060)	*	*		
17	（五）捐赠支出(填写 A105070)	200 000	200 000	0	
18	（六）利息支出	15 000	10 000	5 000	
19	（七）罚金、罚款和被没收财物的损失	10 000	*	10 000	*
20	（八）税收滞纳金、加收利息		*		*
21	（九）赞助支出	10 000	*	10 000	*
22	（十）与未实现融资收益相关在当期确认的财务费用				
23	（十一）佣金和手续费支出(保险企业填写 A105060)				
24	（十二）不征税收入用于支出所形成的费用	*	*		*
25	其中：专项用途财政性资金用于支出所形成的费用(填写 A105040)	*	*		*
26	（十三）跨期扣除项目				

续表

行次	项目	账载金额 1	税收金额 2	调增金额 3	调减金额 4
27	（十四）与取得收入无关的支出		*		*
28	（十五）境外所得分摊的共同支出	*	*		*
29	（十六）党组织工作经费				
30	（十七）其他				
31	三、资产类调整项目(32＋33＋34＋35)	*	*		
32	（一）资产折旧、摊销（填写 A105080）				
33	（二）资产减值准备金		*		
34	（三）资产损失（填写 A105090）	*	*		
35	（四）其他				
36	四、特殊事项调整项目(37＋38＋…＋43)	*	*		
37	（一）企业重组及递延纳税事项（填写 A105100）				
38	（二）政策性搬迁（填写 A105110）	*	*		
39	（三）特殊行业准备金(39.1＋39.2＋39.4＋39.5＋39.6＋39.7)	*	*		
39.1	1.保险公司保险保障基金				
39.2	2.保险公司准备金				
39.3	其中：已发生未报案未决赔款准备金				
39.4	3.证券行业准备金				
39.5	4.期货行业准备金				
39.6	5.中小企业融资（信用）担保机构准备金				
39.7	6.金融企业、小额贷款公司准备金（填写 A105120）	*	*		
40	（四）房地产开发企业特定业务计算的纳税调整额（填写 A105010）	*			
41	（五）合伙企业法人合伙人应分得的应纳税所得额				
42	（六）发行永续债利息支出				
43	（七）其他	*	*		
44	五、特别纳税调整应税所得	*	*		
45	六、其他	*	*		
46	合计(1＋12＋31＋36＋44＋45)	*	*	235 000	

表 5-16　A107011　符合条件的居民企业之间的股息、红利等权益性投资收益优惠明细表

行次	被投资企业	被投资企业统一社会信用代码（纳税人识别号）	投资性质	投资成本	投资比例	被投资企业作出利润分配或转股决定时间	依决定归属于本公司的股息、红利等权益性投资收益金额	分得的被投资企业清算剩余资产	被清算企业累计未分配利润和累计盈余公积应享有部分	应确认的股息所得（8与9孰小）	从被投资企业撤回或减少投资取得的资产	减少投资比例	收回初始投资成本（4×12）	取得资产中超过收回初始投资成本部分（11－13）	撤回或减少享有被投资企业累计未分配利润和盈余公积	应确认的股息所得（14与15孰小）	合计（7+10+16）
	1	2	3	4	5	6	7	8	9	10(8与9孰小)	11	12	13(4×12)	14(11－13)	15	16(14与15孰小)	17(7+10+16)
1	X企业						250 000										250 000
2																	
3																	
4																	
5																	
6																	
7																	
8	合计																
9	其中：直接投资或非H股票投资																
10	股票投资——沪港通H股																
11	股票投资——深港通H股																
12	创新企业CDR																
13	永续债																

表 5-17　　A107010　免税、减计收入及加计扣除优惠明细表

行次	项　目	金　额
1	一、免税收入(2+3+9+…+16)	270 000
2	（一）国债利息收入免征企业所得税	20 000
3	（二）符合条件的居民企业之间的股息、红利等权益性投资收益免征企业所得税(4+5+6+7+8)	250 000
4	1. 一般股息红利等权益性投资收益免征企业所得税(填写 A107011)	250 000
5	2. 内地居民企业通过沪港通投资且连续持有 H 股满 12 个月取得的股息红利所得免征企业所得税(填写 A107011)	
6	3. 内地居民企业通过深港通投资且连续持有 H 股满 12 个月取得的股息红利所得免征企业所得税(填写 A107011)	
7	4. 居民企业持有创新企业 CDR 取得的股息红利所得免征企业所得税(填写 A107011)	
8	5. 符合条件的永续债利息收入免征企业所得税(填写 A107011)	
9	（三）符合条件的非营利组织的收入免征企业所得税	
10	（四）中国清洁发展机制基金取得的收入免征企业所得税	
11	（五）投资者从证券投资基金分配中取得的收入免征企业所得税	
12	（六）取得的地方政府债券利息收入免征企业所得税	
13	（七）中国保险保障基金有限责任公司取得的保险保障基金等收入免征企业所得税	
14	（八）中国奥委会取得北京冬奥组委支付的收入免征企业所得税	
15	（九）中国残奥委会取得北京冬奥组委分期支付的收入免征企业所得税	
16	（十）其他(16.1+16.2)	
16.1	1. 取得的基础研究资金收入免征企业所得税	
16.2	2. 其他	
17	二、减计收入(18+19+23+24)	
18	（一）综合利用资源生产产品取得的收入在计算应纳税所得额时减计收入	
19	（二）金融、保险等机构取得的涉农利息、保费减计收入(20+21+22)	
20	1. 金融机构取得的涉农贷款利息收入在计算应纳税所得额时减计收入	

续 表

行次	项 目	金 额
21	2. 保险机构取得的涉农保费收入在计算应纳税所得额时减计收入	
22	3. 小额贷款公司取得的农户小额贷款利息收入在计算应纳税所得额时减计收入	
23	(三)取得铁路债券利息收入减半征收企业所得税	
24	(四)其他(24.1+24.2)	
24.1	1. 取得的社区家庭服务收入在计算应纳税所得额时减计收入	
24.2	2. 其他	
25	三、加计扣除(26+27+28+29+30)	600 000
26	(一)开发新技术、新产品、新工艺发生的研究开发费用加计扣除(填写A107012)	300 000
27	(二)科技型中小企业开发新技术、新产品、新工艺发生的研究开发费用加计扣除(填写 A107012)	
28	(三)企业为获得创新性、创意性、突破性的产品进行创意设计活动而发生的相关费用加计扣除(加计扣除比例及计算方法：_____)	
28.1	其中：第四季度相关费用加计扣除	
28.2	前三季度相关费用加计扣除	
29	(四)安置残疾人员所支付的工资加计扣除	300 000
30	(五)其他(30.1+30.2+30.3)	
30.1	1. 企业投入基础研究支出加计扣除	
30.2	2. 高新技术企业设备器具加计扣除	
30.3	3. 其他	
31	合计(1+17+25)	870 000

引例解析

本任务引例中，企业所得税适用"按年计算，按月或季预缴，年终汇算清缴，多退少补"的征收办法。主管税务机关已经确定该企业按月预缴企业所得税。因此，该年，小张应该在 1 月 15 日内，代理该企业向税务机关报送上年 12 月的预缴企业所得税纳税申报表；并于当年 5 月 31 日前向税务机关报送该企业上年度企业所得税纳税申报表、财务会计报告和其他有关资料，完成企业所得税的汇算清缴工作。

表 5-18 税额抵免优惠明细表

行次	项目	年度	本年抵免前应纳税额	本年允许抵免的专用设备投资额	本年可抵免税额	以前年度已抵免额 前五年度	前四年度	前三年度	前二年度	前一年度	小计	本年实际抵免的各年度税额	可结转以后年度抵免的税额
			1	2	3	4(3×10%)	5	6	7	8	9	10(5+…+9)	11	12(4-10-11)
1	前五年度													
2	前四年度						*							
3	前三年度						*	*						
4	前二年度						*	*	*					
5	前一年度						*	*	*	*				0
6	本年度		391 250	800 000	80 000								80 000	*
7	本年实际抵免税额合计												80 000	
8	可结转以后年度抵免的税额													0
9	专用设备投资情况	本年允许抵免的环境保护专用设备投资额											800 000	
10		本年允许抵免节能节水的专用设备投资额												
11		本年允许抵免的安全生产专用设备投资额												

练 习 题

一、判断题

1. 我国企业所得税法对居民企业的判定标准采取的是登记注册地标准和实际管理控制地标准相结合的原则，依照这一标准，在境外登记注册的企业属于非居民企业。（   ）

2. 企业为开发新技术、新产品、新工艺而发生的研究开发费用，形成无形资产的，按照无形资产成本的175%摊销。（   ）

3. 居民企业来源于中国境外的应税所得，可以从其当期应纳税额中抵免，抵免限额为该项所得依照企业所得税法规定计算的应纳税额；超过抵免限额的部分，不得抵免。（   ）

4. 企业在纳税年度内无论盈利或者亏损，都应当向税务机关报送预缴企业所得税纳税申报表、年度企业所得税纳税申报表、财务会计报告和税务机关规定应当报送的其他有关资料。（   ）

5. 企业接受其他单位的捐赠物资，不计入应纳税所得额。（   ）

6. 限额抵免法适用于非居民企业在中国境内设立机构、场所，取得发生在中国境外但与该机构、场所有实际联系的应税所得。（   ）

7. 企业发生非货币性资产交换，以及将货物、财产、劳务用于捐赠、偿债、赞助、集资、广告、样品、职工福利或者利润分配等用途的，应当视同销售货物、转让财产或者提供劳务，确认计税收入，结转计税成本，确定应纳税所得额。（   ）

8. 除国务院财政、税务主管部门另有规定的情形外，企业发生的职工教育经费支出，不超过工资薪金总额8%的部分，准予扣除；超过部分，不得扣除。（   ）

9. 企业发生的损失，减除责任人赔偿和保险赔款后的余额，准予在所得税税前扣除。但企业已作损失处理的资产，在以后纳税年度又全部收回或者部分收回时，应当计入当期收入。（   ）

10. 按照《企业所得税法》的规定准予在计算应纳税所得额时扣除的税金，是指企业在生产经营活动中发生的增值税、消费税、城市维护建设税、教育费附加、资源税和土地增值税。（   ）

二、单项选择题

1. 按照《企业所得税法》的规定，下列企业中，不缴纳企业所得税的是（   ）。
   A. 国有企业　　　　　　　　　B. 私营企业
   C. 合伙企业　　　　　　　　　D. 外商投资企业

2. 某工业企业当年的应纳税所得额为50万元，以其弥补上年度亏损后，余额为8万元，企业当年从业人数为50人，资产总额为800万元，则企业当年适用的企业所得税税率为（   ）。
   A. 18%　　　　　　　　　　　B. 20%
   C. 25%　　　　　　　　　　　D. 27%

3. 国家需要重点扶持的高新技术企业，减按（   ）的税率征收企业所得税。
   A. 10%　　　　　　　　　　　B. 12%
   C. 15%　　　　　　　　　　　D. 20%

4. 企业的下列收入中,属于应税收入的是( )。
   A. 国债利息收入
   B. 符合条件的居民企业之间的股息、红利等权益性投资收益
   C. 符合条件的非营利组织的收入
   D. 银行存款利息收入

5. 下列各项中,能作为业务招待费税前扣除限额计算依据的是( )。
   A. 转让无形资产使用权的收入
   B. 因债权人原因确实无法支付的应付款项
   C. 转让无形资产所有权的收入
   D. 出售固定资产的收入

6. 依据《企业所得税法》的相关规定,采取缩短折旧年限方法进行加速折旧时,最低折旧年限不得低于规定折旧年限的( )。
   A. 40%   B. 50%   C. 60%   D. 70%

7. 依据《企业所得税法》的规定,纳税人在我国境内的公益性捐赠支出,可以( )。
   A. 在税前全额扣除
   B. 在年度应纳税所得额12%以内的部分准予扣除
   C. 在年度利润总额12%以内的部分准予扣除
   D. 在年度应纳税所得额30%以内的部分准予扣除

8. 依据《企业所得税法》及其实施条例的规定,下列各项关于收入确认时点的表述中,正确的是( )。
   A. 利息收入,按照合同约定的债务人应付利息的日期确认收入的实现
   B. 租金收入,按照承租人实际支付租金的日期确认收入的实现
   C. 接受捐赠收入,按照签订捐赠合同的日期确认收入的实现
   D. 权益性投资收益,按照投资方取得收益的日期确认收入的实现

9. 依据《企业所得税法》及其实施条例的有关规定,下列关于所得来源确定方式的表述中,正确的是( )。
   A. 利息所得,按照收到利息的企业所在地确定
   B. 权益性投资资产转让所得,按照被投资企业所在地确定
   C. 提供劳务所得,按照所得支付地确定
   D. 转让动产,按照动产所在地确定

10. 依据《企业所得税法》及其实施条例的规定,下列有关企业所得税税率的说法中,不正确的是( )。
    A. 居民企业适用的税率为25%
    B. 国家重点扶持的高新技术企业,减按15%的税率征收企业所得税
    C. 符合条件的小型微利企业适用的税率为20%
    D. 未在中国境内设立机构、场所的非居民企业取得来源于中国境内的所得,适用的税率为15%

三、多项选择题

1. 下面有关企业所得税税率的说法中,正确的有( )。

A. 企业所得税的税率为25%

B. 非居民企业在中国境内未设立机构、场所的,其来源于中国境内的所得适用的税率为20%

C. 符合条件的小型微利企业适用的税率为20%

D. 国家需要重点扶持的高新技术企业适用的税率为15%

2. 按照我国《企业所得税法》的相关规定,(　　)收入或所得不纳入企业所得税的计征范围。

A. 财政拨款　　　　　　　　B. 行政事业收费

C. 政府性基金　　　　　　　D. 其他不征税收入

3. 根据《企业所得税法》的相关规定,下列各项中,应计入应纳税所得额的有(　　)。

A. 股权转让收入

B. 因债权人缘故确实无法支付的应付款项

C. 依法收取并纳入财政管理的行政事业性收费

D. 接受捐赠收入

4. 下列各项中,可在企业所得税税前扣除的税金有(　　)。

A. 增值税　　　　　　　　　B. 土地增值税

C. 出口关税　　　　　　　　D. 资源税

5. 企业实际发生的与取得收入有关的、合理的支出,包括(　　)和其他支出,准予在计算应纳税所得额时扣除。

A. 成本　　　　　　　　　　B. 费用

C. 税金　　　　　　　　　　D. 损失

6. 下列企业支出项目中,不准在所得税税前扣除的有(　　)。

A. 被没收财物的损失　　　　B. 赞助支出

C. 存货跌价准备　　　　　　D. 向环保部门缴纳的罚款

7. 下列各项中,在计算应纳税所得额时不得扣除的有(　　)。

A. 被没收财物的损失　　　　B. 计提的固定资产减值损失

C. 迟纳税款的滞纳金　　　　D. 非公益性捐赠

8. 《企业所得税法实施条例》规定,下列各项中,可以全额在税前扣除的项目有(　　)。

A. 非金融机构向金融机构借款的利息支出

B. 金融机构的各项存款利息支出和同业拆借利息支出

C. 企业经批准发行债券的利息支出

D. 非金融企业之间的借款利息支出

9. 下列各项中,超过税法规定的扣除限额,可以结转以后年度扣除的有(　　)。

A. 职工教育经费支出超过工资薪金总额8%的部分

B. 向非金融企业借款的利息支出超过按照金融企业同期同类贷款利率计算的数额的部分

C. 业务招待费超过税法规定标准的部分

D. 广告费和业务宣传费支出超过当年销售(营业)收入15%的部分

10. 下列各项中,可以在计算应纳税所得额时加计扣除的有( )。
A. 开发新技术、新产品、新工艺发生的研究开发费用
B. 安置残疾人员及国家鼓励安置其他就业人员所支付的工资
C. 购买国产设备
D. 创业投资企业从事国家需要重点扶持和鼓励的创业投资

四、业务题

1. 我国某生产企业于某年1月注册成立并进行生产经营,当年生产经营情况如下:
(1) 销售产品,取得不含税收入9 000万元。
(2) 产品销售成本3 300万元。
(3) 税金及附加200万元。
(4) 销售费用1 000万元(其中广告费350万元),财务费用200万元。
(5) 管理费用1 200万元(其中业务招待费85万元,新产品研究开发费30万元)。
(6) 营业外支出800万元(其中通过政府部门向贫困地区捐款150万元,存货盘亏损失60万元,赞助支出50万元)。
(7) 全年提取并实际支付工资1 000万元,职工工会经费、职工教育经费、职工福利费,分别按工资总额2%、8%、14%的比例提取,均实际支出。
(8) 假设该企业适用税率为25%,已知成本、费用中未包含工资和三项经费。
要求:根据所给资料,确定纳税调整项目及调整金额,计算应纳税所得额及应纳税额。

2. 某生产企业某年度有关会计资料如下:
(1) 该企业全年销售收入为2 000万元,年度会计利润总额为200万元。
(2) "管理费用"账户中列支的业务招待费为25万元,广告费和业务宣传费为350万元。
(3) "营业外支出"账户中列支的税收罚款为1万元,公益性捐赠支出为25万元。
(4) "投资收益"账户中国债利息收入为5万元,从深圳某联营企业分回利润17万元。
假设该企业适用的所得税税率为25%。
要求:计算该企业该年度应缴纳的企业所得税。

3. 某企业某年度发生下列经济业务:
(1) 销售产品取得收入2 000万元,全年销售成本1 000万元。
(2) 接受捐赠材料一批,取得捐赠方开具的发票,注明价款10万元,增值税1.3万元。
(3) 转让一项商标所有权,取得营业外收入60万元。
(4) 收取当年让渡资产使用权的专利实施许可费,取得其他业务收入10万元。
(5) 取得国债利息收入2万元。
(6) 全年销售费用500万元,含广告费400万元;全年管理费用300万元,含业务招待费80万元,新产品开发费用70万元;全年财务费用50万元。
(7) 全年营业外支出40万元,含通过政府部门对灾区进行的捐款20万元;直接对私立小学捐款10万元;违反政府规定,被市场监督管理局罚款2万元。
要求:(1) 计算该企业的会计利润总额。
(2) 计算该企业的企业所得税应纳税额。

4. 泰达公司(适用的企业所得税税率为25%)某纳税年度的境内所得为1 500万元,同年在甲国的分支机构取得所得,折合人民币500万元,其中包括生产经营所得400万元,特许权使

用费所得 100 万元,甲国生产经营所得税税率为 30%,特许权使用费所得税税率为 20%。

要求:

(1) 请计算该公司当年应缴纳的企业所得税。

(2) 假设特许权使用费 100 万元来自乙国另一分支机构,税率为 20%,试问该公司当年应缴纳多少企业所得税?

5. 甲公司某年度利润表中利润总额为 3 000 万元,该公司适用的所得税税率为 25%。递延所得税资产及递延所得税负债不存在期初余额。与所得税核算事项有关的情况如下所示。

当年发生的有关交易和事项中,会计处理与税收处理存在差别的有:

(1) 当年 1 月开始计提折旧的一项固定资产,成本为 1 500 万元,使用年限为 10 年,净残值为零。会计上按照双倍余额递减法计提折旧,税收上按照直线法计提折旧。假定税法规定的使用年限及净残值与会计规定相同。

(2) 向关联方企业捐赠现金 500 万元。假定按照税法规定,企业向关联方的捐赠不允许在税前扣除。

(3) 当期取得作为交易性金融资产核算的股票投资成本 800 万元,当年 12 月 31 日的公允价值为 1 200 万元。税法规定,以公允价值计量的金融资产在持有期间发生的市价变动不计入应纳税所得额。

(4) 违反环保规定,应支付罚款 250 万元。

(5) 期末对持有的存货计提了 75 万元的存货跌价准备。

要求:根据以上资料,计算该企业该年度的企业所得税应纳税额。

五、项目实训

远东贸易有限公司某年年度税前会计利润总额为 300 万元,其中,公司全年销售收入为 5 000 万元,销售成本为 4 200 万元,期间费用为 300 万元,营业外支出为 24 万元,全年缴纳增值税 407 万元、消费税 123 万元、城市维护建设税和教育费附加共计 53 万元。公司当年不符合小微企业标准。利润表(简表)如表 5-19 所示。

表 5-19　　　　　　　　　　　利润表(简表)

编制单位:远东贸易有限公司　　　　　　　　　　　　　　　　　　　　单位:元

项　　目	本期金额	上期金额
一、营业收入	50 000 000	
减:营业成本	42 000 000	
税金及附加	1 760 000	
销售费用	500 000	
管理费用	2 450 000	
财务费用	50 000	
资产减值损失		

续 表

项 目	本期金额	上期金额
其他收益		
加：投资收益（损失以"－"号填列）		
其中：对联营企业和合营企业的投资收益		
公允价值变动收益（损失以"－"号填列）		
资产处置收益（损失以"－"号填列）		
二、营业利润（亏损以"－"号填列）	3 240 000	
加：营业外收入		
减：营业外支出	240 000	
三、利润总额（亏损总额以"－"号填列）	3 000 000	
减：所得税费用		
四、净利润（净亏损以"－"号填列）		
五、每股收益：		
（一）基本每股收益		
（二）稀释每股收益		

公司的其他资料如下：

（1）当年列支人员工资支出200万元。其中，因安置残疾人员而支付给残疾职工的工资为40万元，全年发生职工福利费支出30万元，拨缴工会经费6万元，发生职工教育经费支出21万元。

（2）"财务费用"账户下有5万元为借款利息支出。其中：向银行借款10万元，年利率为10%；向其他企业借款20万元，年利率为20%，上述借款均用于生产经营。

（3）"管理费用"账户中列支全年业务招待费30万元，开发新产品的研究费用为30万元，为职工支付商业保险费10万元。

（4）"销售费用"账户下有50万元为广告费支出。

（5）"营业外支出"账户中列示：通过民政部门向希望工程捐赠20万元，直接捐赠给灾区农民现金1万元，因未按期纳税而缴纳滞纳金和罚款，共计3万元。

要求：

（1）确认纳税调整项目及纳税调整金额，计算应纳税所得额及应纳税额。

（2）填制企业所得税年度纳税申报表及附表。

项 目 小 结

项目五学习内容结构如图5-2所示。

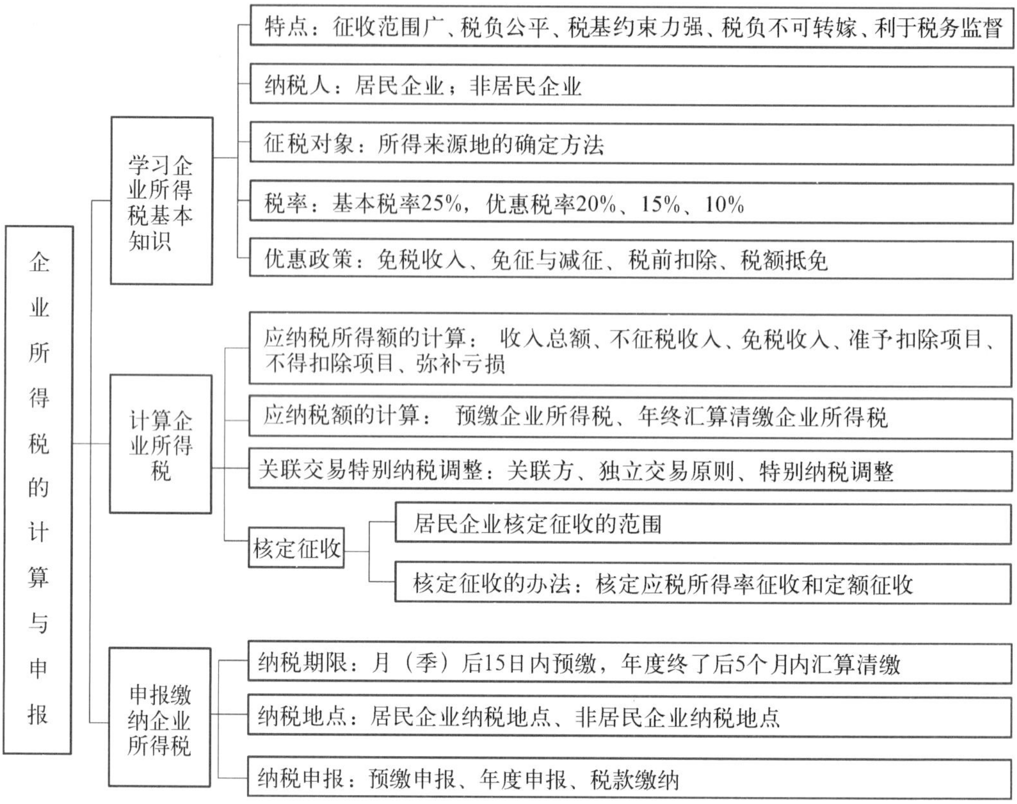

```
企业所得税的计算与申报
├── 学习企业所得税基本知识
│   ├── 特点：征收范围广、税负公平、税基约束力强、税负不可转嫁、利于税务监督
│   ├── 纳税人：居民企业；非居民企业
│   ├── 征税对象：所得来源地的确定方法
│   ├── 税率：基本税率25%，优惠税率20%、15%、10%
│   └── 优惠政策：免税收入、免征与减征、税前扣除、税额抵免
├── 计算企业所得税
│   ├── 应纳税所得额的计算：收入总额、不征税收入、免税收入、准予扣除项目、不得扣除项目、弥补亏损
│   ├── 应纳税额的计算：预缴企业所得税、年终汇算清缴企业所得税
│   ├── 关联交易特别纳税调整：关联方、独立交易原则、特别纳税调整
│   └── 核定征收
│       ├── 居民企业核定征收的范围
│       └── 核定征收的办法：核定应税所得率征收和定额征收
└── 申报缴纳企业所得税
    ├── 纳税期限：月（季）后15日内预缴，年度终了后5个月内汇算清缴
    ├── 纳税地点：居民企业纳税地点、非居民企业纳税地点
    └── 纳税申报：预缴申报、年度申报、税款缴纳
```

图 5-2 项目五学习内容结构

项目六　个人所得税的计算与申报

◇ **职业能力目标**
➢ 掌握个人所得税的基本知识与税收法规内容,能判断居民纳税人和非居民纳税人,明确征税对象
➢ 掌握个人所得税各类应税所得的确定方法,明确各项所得适用的税率,会计算各项所得的应纳税所得额
➢ 掌握个人所得税的优惠政策,会计算个人所得税税额
➢ 熟悉个人所得税的申报方法,能根据个人所得收入填制各类个人所得税纳税申报表

◇ **典型工作任务**
➢ 判定个人所得税居民纳税人和非居民纳税人
➢ 确定个人所得税征税对象并选择税率
➢ 运用个人所得税优惠政策
➢ 计算个人所得税各项所得的应纳税额
➢ 申报个人所得税

任务一　学习个人所得税基本知识

任务引例

某年6月,赵明从任职公司领取工资收入8 500元,当月奖金为3 000元;为一家公司设计图纸,取得报酬5 000元;购买国债,取得到期利息2 000元;转让商品房一套,取得转让所得20 0000元。

请问:赵明6月份的5项所得,是否属于个人所得税的应税所得?如果需要缴税,是否需要合并计算个人所得税?这些所得属于个人所得税中的哪些税目?

【知识准备与业务操作】

一、个人所得税的含义和特点

个人所得税是以自然人取得的各项应税所得为征税对象征收的一种所得税,是政府利用

税收对个人收入进行调节的一种手段。我国现行的个人所得税法,包括2019年1月1日开始实施的《中华人民共和国个人所得税法》《中华人民共和国个人所得税法实施条例》和《个人所得税专项附加扣除暂行办法》。

现行个人所得税具有以下特点:

(1)我国个人所得税实行综合征收与分类征收相结合的征收方法。目前世界各国的个人所得税制大体分为三种类型:分类所得税制、综合所得税制和综合与分类相结合所得税制。我国现行个人所得税采用的是综合与分类相结合所得税制,即将居民个人取得的工资、薪金所得、劳务报酬所得、稿酬所得以及特许权使用费所得并入综合所得实行综合征收,对利息、股息、红利所得,财产租赁所得,财产转让所得,偶然所得实行分类征收,并适用不同的税率和费用减除规定。这种计税方法,更有利于发挥税收对个人收入的调节作用。

(2)累进税率与比例税率并用。我国现行个人所得税根据各类个人所得的不同性质和特点,实行累进税率与比例税率并用的征收方法。其中,对居民取得的综合所得,经营所得采用累进税率,量能负担;对利息、股息、红利所得,财产租赁所得,财产转让所得,偶然所得采用比例税率,等比负担。这样既能充分发挥累进税制的调节作用,又有利于降低计税难度,方便纳税人计算纳税额度。

(3)个人所得税采取定额定率扣除费用,扣除额较宽。我国个人所得税本着费用扣除从宽、从简的原则,对费用采用定额扣除和定率扣除两种方法,扣除额较宽。

(4)个人所得税的申报方法采取课源制和申报制两种征纳方法。为方便纳税人纳税,减轻税务机关工作强度,防止偷漏税行为的发生,我国对个人所得税的征纳采用课源制和申报制两种方法。对于由单位团体发放的个人收入,如工资、薪金,平时由发放单位在预缴时代为扣缴个人所得税,在年终汇算清缴时由个人自行申报。

二、个人所得税的纳税人

个人所得税的纳税人是指在中国境内有住所,或者虽无住所而一个纳税年度内在中国境内居住累计满183天的个人,以及在中国境内无住所又不居住,或者无住所而一个纳税年度内在中国境内居住不满183天,但有来源于中国境内所得的个人,包括中国公民(含香港、澳门、台湾同胞)、个体工商户、外籍个人等。

我国的个人独资企业和合伙企业,也是个人所得税的纳税人。

依据住所和居住时间两个标准,可将上述纳税人区分为居民纳税人和非居民纳税人。

(一)居民纳税人

居民纳税人,是指在中国境内有住所,或者无住所而在中国境内居住满183天的个人。

在中国境内有住所的个人,是指因户籍、家庭、经济利益关系而在中国境内习惯性居住的个人。在境内居住满183天,是指一个纳税年度(即公历1月1日起至12月31日止)内,在中国境内居住满183天。纳税人只要符合以上两个判定条件之一,就是中国的居民纳税人。

居民纳税义务人对我国负有无限纳税义务,应就其来源于中国境内和境外的所得缴纳个人所得税。

> **提示**：税收上所说的居民，我们称为"税收居民"，指对某国承担无限纳税义务的人，它与我们在日常生活中所说的居民不一样，不以国籍来判定。因此，外国人也可能是中国的税收居民。

在中国境内无住所的居民个人，在中国境内居住累计满 183 天的年度连续不满 6 年的，经向主管税务机关备案，其来源于中国境外且由境外单位或者个人支付的所得，免予缴纳个人所得税；在中国境内居住累计满 183 天的任一年度中有一次离境超过 30 天的，其在中国境内居住累计满 183 天的年度的连续年限重新起算。

比如，约翰先生为某外国居民，2019 年 1 月 1 日来深圳工作，2026 年 8 月 30 日回国工作，在此期间，除 2025 年 2 月 1 日至 3 月 15 日临时回国处理公务外，其余时间一直停留在深圳，则：

2019 年至 2024 年期间，约翰先生在境内居住累计满 183 天的年度连续不满六年，其取得的境外支付的境外所得，可以免缴个人所得税。

2025 年，约翰先生在境内居住满 183 天，且从 2019 年开始计算，他在境内居住累计满 183 天的年度已经连续满六年（2019 年至 2024 年），且没有单次离境超过 30 天的情形，2025 年，约翰先生应就其在境内和境外取得的全部所得缴纳个人所得税。

2026 年，由于约翰先生在 2025 年有单次离境超过 30 天的经历（2025 年 2 月 1 日至 3 月 15 日），其在我国居住累计满 183 天的连续年限清零，重新起算，2026 年当年，约翰先生取得的境外支付的境外所得，可以免缴个人所得税。

> **提示**：无住所个人一个纳税年度内在中国境内累计居住天数，按照个人在中国境内累计停留的天数计算。在中国境内停留的当天满 24 小时的，计入中国境内居住天数，在中国境内停留的当天不足 24 小时的，不计入中国境内居住天数。
>
> 比如，阮先生为越南居民，在广西某地工作，自 2023 年 1 月 1 日起，每周一早上来广西上班，周五晚上返回越南。周一和周五当天停留不足 24 小时，因此不计入境内居住天数，再加上周六、周日 2 天也不计，每周可计的境内居住天数仅为 3 天。按全年 52 周计算，阮先生全年在境内的居住天数为 156 天，未超过 183 天，不构成居民纳税人。

（二）非居民纳税人

非居民纳税人，是指在中国境内无住所又不居住，或者无住所而一个纳税年度内在中国境内居住不满 183 天的个人。非居民纳税义务人承担有限纳税义务，仅就其来源于中国境内的所得，向中国缴纳个人所得税。

在中国境内无住所，但是在一个纳税年度中在中国境内连续或者累计居住不超过 90 日的个人，其来源于中国境内的所得，由境外雇主支付并且不由该雇主在中国境内的机构、场所负担的部分，免予缴纳个人所得税。

非居民纳税人和居民纳税人纳税义务的规定如表 6-1 所示。

表 6-1　　　　　　　　　　非居民纳税人和居民纳税人纳税义务的规定

纳税人性质		居住时间	来源于境内所得		来源于境外所得	
			境内支付	境外支付	境内支付	境外支付
非居民	无住所又不居住，无住所而一个纳税年度内在境内居住累计不满183天	90天以内	√	免税	×	×
		90天~183天	√	√	×	×
居民	无住所而一个纳税年度内在境内居住累计满183天	不满6年	√	√	√	免税
		满6年	√	√	√	√
	境内有住所		√	√	√	√

【做中学 6-1】

请分析下列人员在 2023 年属于中国居民纳税人还是非居民纳税人：

(1) 外籍个人甲 2022 年 9 月 1 日入境，2023 年 5 月 1 日离境。

(2) 外籍个人乙 2022 年 9 月 1 日入境，2023 年 10 月 1 日回国探亲，2023 年 12 月 28 日返回中国，2024 年 2 月 1 日离境。

分析：

(1) 外籍个人甲 2023 年未在"一个纳税年度内"在中国境内居住满 183 日，不属于居民纳税人。

(2) 外籍个人乙 2021 年在"一个纳税年度内"在中国境内居住满 183 日，属于居民纳税人。

(三) 确定所得来源地

税法对居民纳税人和非居民纳税人的纳税义务有不同的规定，居民纳税人应就其来源于中国境内外的所得缴纳个人所得税，非居民纳税人仅就来源于中国境内的所得缴纳个人所得税，因此，判断哪些所得来源于中国境内，就显得十分重要。

下列所得，不论支付地点是否在中国境内，均为来源于中国境内的所得：

(1) 因任职、受雇、履约等在中国境内提供劳务而取得的所得。

(2) 将财产出租给承租人在中国境内使用而取得的所得。

(3) 许可各种特许权在中国境内使用而取得的所得。

(4) 转让中国境内的不动产等财产或者在中国境内转让其他财产取得的所得。

(5) 从中国境内企业、事业单位、其他组织以及居民个人取得的利息、股息、红利所得。

提示：所得来源地和所得支付地不是一个概念。来源于中国境内的所得，支付地可能在境内，也可能在境外；来源于中国境外的所得，支付地可能在境外，也可能在境内。

三、个人所得税的课税对象

个人所得税的课税对象是纳税人取得的各项应税所得,个人所得税法用列举的方式列出了个人所得税的应税所得项目,共9项。

(一) 工资、薪金所得

工资、薪金所得是指个人因任职或者受雇取得的工资、薪金、奖金、年终加薪、劳动分红、津贴、补贴以及与任职或者受雇有关的其他所得,包括现金、实物和有价证券。退休人员再任职取得的收入,也按"工资、薪金所得"项目征税。

(二) 劳务报酬所得

劳务报酬所得是指个人从事劳务取得的所得,包括从事设计、装潢、安装、制图、化验、测试、医疗、法律、会计、咨询、讲学、翻译、审稿、书画、雕刻、影视、录音、录像、演出、表演、广告、展览、技术服务、介绍服务、经纪服务、代办服务以及其他劳务取得的所得。

商品营销活动中,企业和单位对营销业绩突出的非雇员以培训班、研讨会、工作考察等名义组织旅游活动,通过免收差旅费、旅游费对个人实行的营销业绩奖励(包括实物、有价证券等),应以所发生费用的全额为该营销人员当期的劳务收入,按照劳务报酬所得项目征收个人所得税,并由提供上述费用的企业和单位代扣代缴。

个人担任公司董事、监事且不在公司任职受雇所取得的董事费、监事费收入,按"劳务报酬所得"项目征税。个人在公司任职、受雇,同时兼任董事、监事的,应将董事费、监事费与个人工资收入合并,统一按"工资、薪金所得"项目缴纳个人所得税。

> 提示:工资、薪金所得与劳务报酬所得的区别主要在于:劳务报酬所得是个人独立从事自由职业或独立提供某种劳务取得的所得,不存在雇佣关系;工资、薪金所得则是个人从事非独立劳动,从所在单位领取的报酬,存在着雇佣关系。比如演员从剧团领取的工资应属于工资、薪金的范围,演员利用业余时间从事非本单位组织的商业性演出取得的报酬则属于劳务报酬的范围。

网络直播带货如何依法纳税

(三) 稿酬所得

稿酬所得是指个人因其作品以图书、报刊形式出版、发行而取得的所得。作者去世后,财产继承人取得的遗作稿酬,也应征收个人所得税。

(四) 特许权使用费所得

特许权使用费所得是指个人提供专利权、商标权、著作权、非专利技术以及其他特许权的使用权取得的所得。

(1) 提供著作权的使用权取得的所得,不包括稿酬的所得。对于作者将自己的文字作品手稿原件或复印件公开拍卖(竞价)取得的所得,应按"特许权使用费所得"项目征收个人所得税。

(2) 个人取得特许权的经济赔偿收入,应按"特许权使用费所得"项目征收个人所得税。

居民个人取得以上第(一)项至第(四)项所得(以下称"综合所得"),按纳税年度合并计算个人所得税;非居民个人取得以上第(一)项至第(四)项所得,按月或者按次分项计算个人所得税。

(五) 经营所得

经营所得是指:

(1) 个体工商户从事生产、经营活动取得的所得,个人独资企业投资人、合伙企业的个人合伙人来源于境内注册的个人独资企业、合伙企业的生产、经营所得。

(2) 个人依法从事办学、医疗、咨询以及其他有偿服务活动取得的所得。

(3) 个人对企业、事业单位承包经营、承租经营以及转包、转租取得的所得。

(4) 个人从事其他生产、经营活动取得的所得。

(六) 利息、股息、红利所得

利息、股息、红利所得是指个人持有债权、股权而取得的利息、股息、红利所得。

(七) 财产租赁所得

财产租赁所得是指个人出租不动产、机器设备、车船以及其他财产取得的所得。

个人取得的财产转租收入,也属于"财产租赁所得"项目的征税范围。

(八) 财产转让所得

财产转让所得是指个人转让有价证券、股权、合伙企业中的财产份额、不动产、机器设备、车船以及其他财产取得的所得。股票转让所得暂不征收个人所得税。

(九) 偶然所得

偶然所得是指个人得奖、中奖、中彩取得的所得以及其他具有偶然性质的所得。企业对累积消费达到一定额度的顾客,给予额外抽奖机会,个人的获奖所得,按照"偶然所得"项目计征个人所得税。

四、个人所得税的税率

我国现行个人所得税实行综合与分类相结合的征收模式,不同应税所得项目的征收方式不同,适用税率也不同。税率的形式可分为比例税率和超额累进税率两种。

(一) 居民个人取得工资薪金、劳务报酬、稿酬和特许权使用费所得

居民个人取得工资薪金、劳务报酬、稿酬、特许权使用费所得,取得时各项所得分别以支付人为扣缴义务人,按预扣率预扣预缴个人所得税;年终汇算清缴时,综合以上四项所得,由个人按综合所得自行计算申报个人所得税。

1. 综合所得适用税率

综合所得,适用3%~45%的七级超额累进税率,个人所得税税率表(一)如表6-2所示。

表6-2　　　　　　　　　个人所得税税率表(一)

(居民个人综合所得适用)

级数	全年应纳税所得额	税率/%	速算扣除数/元
1	不超过36 000元的部分	3	0
2	超过36 000元至144 000元的部分	10	2 520
3	超过144 000元至300 000元的部分	20	16 920
4	超过300 000元至420 000元的部分	25	31 920
5	超过420 000元至660 000元的部分	30	52 920
6	超过660 000元至960 000元的部分	35	85 920
7	超过960 000元的部分	45	181 920

注:本表所称全年应纳税所得额,是指居民个人取得综合所得以每一纳税年度收入额减除费用6万元以及专项扣除、专项附加扣除和依法确定的其他扣除后的余额。

2. 预扣预缴适用预扣率

扣缴义务人向居民个人支付工资、薪金所得,适用预扣率,个人所得税预扣率表(一)如表6-3所示;支付劳务报酬所得适用预扣率,个人所得税预扣率表(二)如表6-4所示;支付稿酬和特许权使用费所得适用的预扣率为20%。

表6-3　　　　　　　　　　个人所得税预扣率表(一)

(居民个人工资、薪金所得预扣预缴适用)

级数	累计预扣预缴应纳税所得额	预扣率/%	速算扣除数/元
1	不超过36 000元的部分	3	0
2	超过36 000元至144 000元的部分	10	2 520
3	超过144 000元至300 000元的部分	20	16 920
4	超过300 000元至420 000元的部分	25	31 920
5	超过420 000元至660 000元的部分	30	52 920
6	超过660 000元至960 000元的部分	35	85 920
7	超过960 000元的部分	45	181 920

注:本表所称累计预扣预缴应纳税所得额,是指居民个人一个纳税年度内在本单位截至当前月份工资、薪金所得累计收入额减除累计免税收入、累计减除费用、累计专项扣除、累计专项附加扣除和累计依法确定的其他扣除后的余额。

表6-4　　　　　　　　　　个人所得税预扣率表(二)

(居民个人劳务报酬所得预扣预缴适用)

级数	预扣预缴应纳税所得额	预扣率/%	速算扣除数/元
1	不超过20 000元的部分	20	0
2	超过20 000元至50 000元的部分	30	2000
3	超过50 000元的部分	40	7 000

(二) 非居民个人取得工资薪金、劳务报酬、稿酬和特许权使用费所得

非居民个人取得工资薪金、劳务报酬、稿酬和特许权使用费所得,适用按月换算后的综合所得税税率,由扣缴义务人按月或者按次代扣代缴个人所得税。个人所得税税率表(二)如表6-5所示。

表6-5　　　　　　　　　　个人所得税税率表(二)

(非居民个人工资、薪金所得,劳务报酬所得,稿酬所得,特许权使用费所得适用)

级数	(月或次)应纳税所得额	税率/%	速算扣除数/元
1	不超过3 000元的部分	3	0
2	超过3 000元至12 000元的部分	10	210
3	超过12 000元至25 000元的部分	20	1 410
4	超过25 000元至35 000元的部分	25	2 660
5	超过35 000元至55 000元的部分	30	4 410
6	超过55 000元至80 000元的部分	35	7 160
7	超过80 000元的部分	45	15 160

(三) 经营所得

经营所得,适用于5%~35%的五级超额累进税率,个人所得税税率表(三)如表6-6所示。

表6-6 个人所得税税率表(三)
(经营所得适用)

级数	全年应纳税所得额	税率/%	速算扣除数/元
1	不超过30 000元的部分	5	0
2	超过30 000元至90 000元的部分	10	1 500
3	超过90 000元至300 000元的部分	20	10 500
4	超过300 000元至500 000元的部分	30	40 500
5	超过500 000元的部分	35	65 500

注:本表所称全年应纳税所得额,是指每一纳税年度的收入总额减除成本、费用以及损失后的余额。

(四) 财产租赁所得,财产转让所得,利息、股息、红利所得,偶然所得

财产租赁所得,财产转让所得,利息、股息、红利所得,偶然所得,均适用20%的比例税率,由扣缴义务人代扣代缴个人所得税。

个人按市场价格出租居民住房而取得的财产租赁所得,减按10%的税率征收个人所得税。

> 提示:对银行存款利息所得,1999年10月31日以前,储蓄存款利息免征个人所得税,1999年11月1日至2007年8月14日期间孳生的储蓄存款利息所得,其个人所得税的适用税率为20%。自2007年8月15日起,孳生的储蓄存款利息所得,其个人所得税的适用税率为5%。2008年10月9日以后孳生的储蓄存款利息所得,其个人所得税暂免征收。
>
> 2008年,居民储蓄存款利息应缴纳的税款是分段计算的,并不是说自2008年10月9日起从银行取出的所有利息都不征税,只是说2008年10月9日之后,存款产生的利息才不征税。

五、个人所得税的税收优惠

(一) 免税项目

下列各项个人所得,免征个人所得税:

(1) 省级人民政府、国务院部委和中国人民解放军军以上单位,以及外国组织、国际组织颁发的科学、教育、技术、文化、卫生、体育、环境保护等方面的奖金。

(2) 国债和国家发行的金融债券利息。

(3) 按照国家统一规定发给的补贴、津贴。

(4) 福利费、抚恤金、救济金。

(5) 保险赔款。

(6) 军人的转业费、复员费、退役金。

(7) 按照国家统一规定发给干部、职工的安家费、退职费、基本养老金或者退休费、离休费、离休生活补助费。

(8) 依照我国有关法律规定应予免税的各国驻华使馆、领事馆的外交代表、领事官员和其他人员的所得。

(9) 中国政府参加的国际公约、签订的协议中规定免税的所得。

(10) 国务院规定的其他免税所得。

以上十项免税规定,由国务院报全国人民代表大会常务委员会备案。

(二) 减税项目

有下列情形之一的,可以减征个人所得税,具体幅度和期限,由省、自治区、直辖市人民政府规定,并报同级人民代表大会常务委员会备案:

(1) 残疾、孤老人员和烈属的所得。

(2) 因严重自然灾害造成重大损失的。

(三) 暂免征税项目

下列所得暂免征收个人所得税:

(1) 个人举报、协查各种违法、犯罪行为而获得的奖金。

(2) 个人办理代扣代缴税款手续,按规定取得的扣缴手续费。

(3) 个人转让自用达5年以上,并且是唯一的家庭生活用房取得的所得。

(4) 对个人购买福利彩票、体育彩票,一次中奖收入在1万元以下的(含1万元)暂免征收个人所得税,超过1万元的,全额征收个人所得税。

(5) 个人取得单张有奖发票,奖金所得不超过800元(含800元)的,暂免征收个人所得税;个人取得单张有奖发票,奖金超过800元的,全额征收个人所得税。

(6) 达到离、退休年龄,但确因工作需要,适当延长离、退休年龄的高级专家(指享受国家发放的政府特殊津贴的专家、学者),其在延长离、退休期间的工资、薪金所得,视同离、退休工资,免征个人所得税。

(四) 外籍个人有关津贴、补贴政策

2019年1月1日至2023年12月31日期间,外籍个人符合居民个人条件的,可以选择享受个人所得税专项附加扣除,也可以选择按照规定享受住房补贴、语言训练费、子女教育费等津贴、补贴免税优惠政策,但不得同时享受。外籍个人一经选择,在一个纳税年度内不得变更。

自2024年1月1日起,外籍个人不再享受住房补贴、语言训练费、子女教育费津贴、补贴免税优惠政策,应按规定享受专项附加扣除。

> **引例解析**
>
> 本任务引例中,赵明6月取得的5项收入中,前两项收入都是从任职的公司取得的,分别是工资收入8 500元和当月奖金3 000元,应合并按"工资、薪金所得"项目征税;为一家公司设计图纸取得的报酬5 000元,应按"劳务报酬所得"项目征税;取得的国债利息收入属于免税收入,不需要缴纳个人所得税;转让商品房取得的所得200 000元,应按"财产转让所得"项目征税。

任务二　计算个人所得税

任务引例

陈明和王丽是夫妻,居住在北京,两人共同育有一子,现正上小学,结婚后购买的首套住房有房贷,每月偿还贷款利息3 600元;双方父母都已年过60岁,陈明是独生子女,王丽还有一个姐姐。陈明月薪为16 500元,每月缴纳三险一金3 500元,王丽月薪为10 800元,每月缴纳三险一金2 300元,目前仍在读在职研究生。陈明和王丽想知道,两人分别有哪些项目可作税前扣除?扣除标准又有哪些具体规定呢?

【知识准备与业务操作】

一、计算居民个人综合所得应纳税额

（一）计算居民个人综合所得应纳税所得额

居民个人取得综合所得,按年计算个人所得税;有扣缴义务人的,由扣缴义务人按月或者按次预扣预缴税款。年度预扣预缴税额与年度应纳税额不一致的,年度终了,由居民个人向主管税务机关办理综合所得年度汇算清缴,税款多退少补;没有扣缴义务人的,年度终了,由居民纳税人自行申报纳税。

居民个人的综合所得,以每一纳税年度的收入额减除费用6万元以及专项扣除、专项附加扣除和依法确定的其他扣除后的余额为应纳税所得额。

（1）劳务报酬所得、稿酬所得、特许权使用费所得以收入减除20%的费用后的余额为收入额。稿酬所得的收入额减按70%计算。

（2）专项扣除,包括居民个人按照国家规定的范围和标准缴纳的基本养老保险、基本医疗保险、失业保险等社会保险费和住房公积金等。

（3）专项附加扣除,包括子女教育、继续教育、大病医疗、住房贷款利息或者住房租金、赡养老人、3岁以下婴幼儿照护等支出。具体范围、标准和实施步骤由国务院确定,并报全国人民代表大会常务委员会备案。

❶ 子女教育专项附加扣除。

自2023年1月1日起,子女教育专项附加扣除标准提高。纳税人的子女接受学前教育和全日制学历教育的相关支出,按照每个子女每月2 000元的标准定额扣除。

学前教育阶段,为年满3周岁当月至小学入学前一月。学历教育,包括义务教育(小学和初中教育)、高中阶段教育(普通高中、中等职业教育、技工教育)、高等教育(大学专科、大学本科、硕士研究生、博士研究生教育),为子女接受全日制学历教育入学的当月至全日制学历教育结束的当月,包含因病或其他非主观原因休学且学籍继续保留的休学期间,以及按规定享受的寒暑假等假期。

受教育子女的父母可以选择由其中一方按扣除标准的100%扣除,也可以选择由双方分别按扣除标准的50%扣除。具体扣除方式在一个纳税年度内不能变更。

在中国境内和境外接受教育的子女均可享受该扣除。在境内接受教育的,纳税人不需

要保留资料；在中国境外接受教育的，应当留存境外学校录取通知书、留学签证等相关教育的证明资料备查。

❷ 继续教育专项附加扣除。

纳税人在中国境内接受学历（学位）继续教育的支出，在学历（学位）教育期间按照每月400元定额扣除。同一学历（学位）继续教育的扣除期限不能超过48个月。纳税人接受技能人员职业资格继续教育、专业技术人员职业资格继续教育支出，在取得相关证书的年度，按照每年3 600元定额扣除。

个人接受本科及以下学历（学位）继续教育，符合规定扣除条件的，可以选择由其父母按子女教育支出扣除，也可以选择由本人扣除，但不得同时扣除。

❸ 大病医疗专项附加扣除。

在一个纳税年度内，纳税人发生的与基本医保相关的医药费用支出，扣除医保报销后个人负担（指医保目录范围内的自付部分）累计超过15 000元的部分，由纳税人在办理年度汇算清缴时，在80 000元限额内据实扣除。

纳税人及其配偶、未成年子女发生的医药费用支出，可以按规定分别计算扣除额。纳税人发生的医药费用支出可以选择由本人或者其配偶扣除；未成年子女发生的医药费用支出可以选择由其父母一方扣除。

纳税人应当留存医药服务收费及医保报销相关票据原件（或者复印件）等资料备查。医疗保障部门应当向患者提供在医疗保障信息系统记录的本人年度医药费用信息。

❹ 住房贷款利息专项附加扣除。

纳税人本人或者配偶单独或者共同使用商业银行或者住房公积金个人住房贷款为本人或者其配偶购买中国境内住房，发生的首套住房贷款利息支出，在实际发生贷款利息的年度，按照每月1 000元的标准定额扣除，扣除期限最长不超过240个月。扣除期限为贷款合同约定开始还款的当月至贷款全部归还或贷款合同终止的当月。

纳税人只能享受一次首套住房贷款的利息扣除。所称首套住房贷款是指购买住房享受首套住房贷款利率的住房贷款。

经夫妻双方约定，可以选择由其中一方扣除，具体扣除方式在一个纳税年度内不能变更。

夫妻双方婚前分别购买住房发生的首套住房贷款，其贷款利息支出，婚后可以选择其中一套购买的住房，由购买方按扣除标准的100%扣除，也可以由夫妻双方对各自购买的住房分别按扣除标准的50%扣除，具体扣除方式在一个纳税年度内不能变更。

纳税人应当留存住房贷款合同、贷款还款支出凭证备查。

❺ 住房租金专项附加扣除。

纳税人在主要工作城市没有自有住房而发生的住房租金支出，可以按照以下标准定额扣除：

a. 直辖市、省会（首府）城市、计划单列市以及国务院确定的其他城市，扣除标准为每月1 500元。

b. 除前述所列城市以外，市辖区户籍人口超过100万的城市，扣除标准为每月1 100元；市辖区户籍人口不超过100万的城市，扣除标准为每月800元。

市辖区户籍人口，以国家统计局公布的数据为准。

纳税人的配偶在纳税人的主要工作城市有自有住房的，视同纳税人在主要工作城市有自有住房。所称主要工作城市是指纳税人任职受雇的直辖市、计划单列市、副省级城市、地级市(地区、州、盟)全部行政区域范围;纳税人无任职受雇单位的,为受理其综合所得汇算清缴的税务机关所在城市。

夫妻双方主要工作城市相同的,只能由一方扣除住房租金支出。

住房租金支出由签订租赁住房合同的承租人扣除。扣除期限为租赁合同(协议)约定的房屋租赁期开始的当月至租赁期结束的当月。提前终止合同(协议)的,以实际租赁期限为准。

纳税人及其配偶不得同时分别享受住房贷款利息专项附加扣除和住房租金专项附加扣除。

纳税人应当留存住房租赁合同、协议等有关资料备查。

❻ **赡养老人专项附加扣除。**

自2023年1月1日起,赡养老人专项附加扣除标准提高。被赡养人是指年满60岁的父母(生父母、继父母、养父母),以及子女均已去世的年满60岁的祖父母、外祖父母。

扣除期限为被赡养人年满60周岁的当月至赡养义务终止的年末。

纳税人赡养一位及以上被赡养人的赡养支出,统一按照以下标准定额扣除:

a. 纳税人为独生子女的,按照每月3 000元的标准定额扣除。

b. 纳税人为非独生子女的,由其与兄弟姐妹分摊每月3 000元的扣除额度,每人分摊的额度不能超过每月1 500元。可以由赡养人均摊或者约定分摊,也可以由被赡养人指定分摊。约定或者指定分摊的,须签订书面分摊协议,指定分摊优先于约定分摊。具体分摊方式和额度在一个纳税年度内不能变更。

❼ **3岁以下婴幼儿照护专项附加扣除。**

纳税人照护3岁以下婴幼儿子女的相关支出,按照每个婴幼儿每月2 000元的标准定额扣除。自2023年1月1日起,国务院决定提高3岁以下婴幼儿照护专项附加扣除标准。

本专项扣除的扣除主体为3岁以下婴幼儿的监护人,包括生父母、继父母、养父母,父母之外的其他人担任未成年人的监护人的,可以比照执行

婴幼儿子女包括婚生子女、非婚生子女、继子女和养子女。

父母可以选择由其中一方按扣除标准的100%扣除,也可以选择由双方分别按扣除标准的50%扣除,具体扣除方式在一个纳税年度内不能变更。

扣除期限为婴幼儿出生的当月至年满3周岁的前一个月。

(4) 依法确定的其他扣除,包括个人缴付符合国家规定的企业年金、职业年金,个人购买符合国家规定的商业健康保险、税收递延型商业养老保险的支出,以及国务院规定可以扣除的其他项目。

> **提示:** 专项扣除、专项附加扣除和依法确定的其他扣除,以居民个人一个纳税年度的应纳税所得额为限额。一个纳税年度扣除不完的,不可结转以后年度扣除。

(二) 计算居民个人综合所得年应纳税额

年应纳税额的计算公式为:

$$年应纳税额 = 年应纳税所得额 \times 适用税率 - 速算扣除数$$

其中:年应纳税所得额 = 年累计收入额 − 60 000 − 专项扣除 − 专项附加扣除 − 其他扣除

年累计收入额 = 工资薪金所得年累计收入额 + 劳务报酬所得年累计收入额 + 稿酬所得年累计收入额 + 特许权使用费所得年累计收入额

【做中学 6-2】

在上海某高校工作的张教授,在老家有房,亦有房贷(但非首套住房贷款),在上海租房,每月支付租金 5 000 元(承租人为张教授),与妻子共同育有一子一女,一个正上小学,另一个当年 2 岁,张教授为独子,其父母已年过 60。由于其妻为全职太太,两人约定婴幼儿照护和子女教育支出由张教授扣除。张教授 2023 年取得以下各项收入:

(1) 每月取得工资薪金 18 000 元,缴纳三险一金 3 900 元,12 月取得年终奖 20 000 元。

(2) 5 月为某企业开展培训,取得报酬 5 000 元,8 月为某公司设计图纸,取得报酬 10 000 元。

(3) 10 月转让个人专利使用权,取得特许权使用费所得 50 000 元。

(4) 12 月取得稿酬所得 15 000 元。

要求:计算张教授 2023 年汇算清缴应缴纳的个人所得税税额(假设扣缴义务人均未代扣代缴个人所得税)。

分析:

(1) 计算年累计收入额。

工资、薪金所得年累计收入额 = 18 000×12+20 000 = 236 000(元)

劳务报酬所得年累计收入额 = (5 000+10 000)×(1−20%) = 12 000(元)

特许权使用费所得年累计收入额 = 50 000×(1−20%) = 40 000(元)

稿酬所得年累计收入额 = 15 000×(1−20%)×70% = 8 400(元)

年累计收入总额 = 236 000+12 000+40 000+8 400 = 296 400(元)

(2) 确定专项扣除、专项附加扣除。

专项扣除 = 3 900×12 = 46 800(元)

专项附加扣除 = 1 500×12(住房租金)+2 000×12×2(子女教育、3 岁以下婴幼儿照护)+3 000×12(赡养老人) = 102 000(元)

(3) 计算年应纳税额。

年应纳税额 = (296 400−60 000−46 800−102 000)×10%−2 520 = 6 240(元)

(三) 计算居民个人综合所得预扣预缴税额

1. 计算居民个人工资、薪金所得预扣预缴税额

扣缴义务人向居民个人支付工资、薪金所得时,应当按照累计预扣法计算预扣税款,并按月办理扣缴申报。

累计预扣法,是指扣缴义务人在一个纳税年度内预扣预缴税款时,以纳税人在本单位截至当前月份的工资、薪金所得累计收入减除累计免税收入、累计减除费用、累计专项扣除、累计专项附加扣除和累计依法确定的其他扣除后的余额为累计预扣预缴应纳税所得额,适用个人所得税预扣率表(一)(表 6-3),计算累计应预扣预缴税额,再减除累计减免税额和累计已预扣预缴税额,其余额为本期应预扣预缴税额。

具体计算公式如下:

$$\text{本期应预扣预缴税额} = (\text{累计预扣预缴应纳税所得额} \times \text{预扣率} - \text{速算扣除数}) - \text{累计减免税额} - \text{累计已预扣预缴税额}$$

$$累计预扣预缴应纳税所得额 = 累计收入 - 累计免税收入 - 累计减除费用 - 累计专项扣除 - 累计专项附加扣除 - 累计依法确定的其他扣除$$

其中：累计减除费用，按照5 000元/月乘以纳税人当年截至本月在本单位的任职受雇月份数计算。

本期应预扣预缴税额为负值时，暂不退税。纳税年度终了后，余额仍为负值时，由纳税人办理综合所得年度汇算清缴，税款多退少补。

【做中学6-3】

某公司职员小李某年每月领取工资30 000元，个人负担三险一金3 500元，向公司报送的专项附加扣除信息如下：上小学子女一名，年满60周岁的父母两名，小李为独生子，夫妻约定子女教育由小李一人扣除。没有免税收入和减免税额等情况。

要求：计算小李当年前3个月每月由公司预扣预缴的税额。

分析：

1月份预扣预缴税额＝(30 000－5 000－3 500－2 000－3 000)×3％＝495(元)

2月份预扣预缴税额＝(30 000×2－5 000×2－3 500×2－2 000×2－3 000×2)×3％－495＝495(元)

3月份预扣预缴税额＝(30 000×3－5 000×3－3 500×3－2 000×3－3 000×3)×10％－2 520－495－495＝1 440(元)

2. 计算居民个人劳务报酬所得、稿酬所得、特许权使用费所得预扣预缴税额

扣缴义务人向居民个人支付劳务报酬所得、稿酬所得、特许权使用费所得时，应当按次或者按月预扣预缴税款。具体计算公式如下：

劳务报酬所得预扣预缴税额＝预扣预缴应纳税所得额×预扣率－速算扣除数

稿酬所得、特许权使用费所得预扣预缴税额＝预扣预缴应纳税所得额×预扣率(20％)

劳务报酬所得、稿酬所得、特许权使用费所得以收入减除费用后的余额为预扣预缴应纳税所得额，稿酬所得可以再减按70％计算。其中，减除费用的标准按以下规定执行：每次收入不超过4 000元的，减除费用按800元计算；每次收入超过4 000元的，减除费用按收入的20％计算。

> **提示**：劳务报酬所得、稿酬所得、特许权使用费所得分类计算预扣预缴应纳税所得额，以收入减除费用后的余额为应纳税所得额，与年度汇算清缴时的收入额概念不一致。
>
> 劳务报酬所得、稿酬所得、特许权使用费所得，属于一次性收入的，以取得该项收入为一次；属于同一项目连续性收入的，以一个月内取得的收入为一次。

【做中学6-4】

王某10月外出参加营业性演出，在A省演出一场，取得劳务报酬21 000元，在B省M市第一场演出取得12 000元收入，第二场演出取得20 000元收入，在C省演出一场，取得3 200元收入。

要求：计算各地演出单位为其预扣预缴的个人所得税。

分析：

王某的收入属于三次收入：

在 A 省取得收入预扣预缴应纳税所得额＝21 000×(1－20％)＝16 800(元)

应预扣预缴税额＝16 800×20％＝3 360(元)

在 B 省取得收入预扣预缴应纳税所得额＝(12 000＋20 000)×(1－20％)＝25 600(元)

应预扣预缴税额＝25 600×30％－2 000＝5 680(元)

在 C 省取得收入预扣预缴应纳税所得额＝3 200－800＝2 400(元)

应预扣预缴税额＝2 400×20％＝480(元)

【做中学 6-5】

某作者1月出版一部长篇小说，取得稿酬60 000元。

要求：计算出版社为其预扣预缴的个人所得税。

预扣预缴应纳税所得额＝60 000×(1－20％)×70％＝33 600(元)

预扣预缴税额＝33 600×20％＝6 720(元)

计算全年一次性奖金应纳税额

二、计算非居民个人的工资、薪金所得，劳务报酬所得，稿酬所得，特许权使用费所得的应纳税额

非居民个人的工资、薪金所得，劳务报酬所得，稿酬所得，特许权使用费所得，一般由扣缴义务人代扣代缴个人所得税。扣缴义务人向非居民个人支付工资、薪金所得，劳务报酬所得，稿酬所得，特许权使用费所得时，应当按照以下方法按月或者按次代扣代缴个人所得税税款。

(1) 非居民个人的工资、薪金所得，以每月收入额减除费用5 000元后的余额为应纳税所得额；劳务报酬所得、稿酬所得、特许权使用费所得，以每次收入额为应纳税所得额，适用个人所得税税率表(二)(表6-5)。劳务报酬所得、稿酬所得、特许权使用费所得以收入减除20％的费用后的余额为收入额；其中，稿酬所得的收入额减按70％计算。

(2) 非居民个人取得的劳务报酬所得、稿酬所得、特许权使用费所得，属于一次性收入的，以取得该项收入为一次；属于同一项目连续性收入的，以一个月内取得的收入为一次。

【做中学 6-6】

约翰为在我国某外商投资企业任职的美籍专家，根据其在我国境内的居住时间初步判定为非居民纳税人。2023年5月其取得以下收入：

(1) 从任职单位取得税前工资50 000元。

(2) 向 A 企业转让其发明的一项专利，取得特许权使用费20 000元。

要求：分别计算任职单位和 A 企业为其代扣代缴的个人所得税税款。

分析：

约翰为非居民纳税人，其来源于中国境内的工资、薪金所得应由支付单位按月代扣代缴个人所得税；特许权使用费所得应由支付单位按次代扣代缴个人所得税。

工资、薪金所得月应纳税所得额＝50 000－5 000＝45 000(元)
工资、薪金所得月扣缴税额＝45 000×30%－4 410＝9 090(元)
特许权使用费所得应纳税所得额＝20 000×(1－20%)＝16 000(元)
特许权使用费所得扣缴税额＝16 000×20%－1410＝1 790(元)

三、计算经营所得应纳税额

(一)计算应纳税所得额

经营所得，以每一纳税年度的收入总额，减除成本、费用、税金、损失、其他支出以及允许弥补的以前年度亏损后的余额，为应纳税所得额。

1. 基本规定

(1) 收入总额是指年经营所得，即纳税人从事生产经营以及与生产经营有关的活动(以下简称生产经营)取得的货币形式和非货币形式的各项收入总额，包括：销售货物收入、提供劳务收入、转让财产收入、利息收入、租金收入、接受捐赠收入、其他收入。

(2) 成本是指纳税人在生产经营活动中发生的销售成本、销货成本、业务支出以及其他耗费。

(3) 费用是指纳税人在生产经营活动中发生的销售费用、管理费用和财务费用，已经计入成本的有关费用除外。

(4) 税金是指纳税人在生产经营活动中发生的除个人所得税和允许抵扣的增值税以外的各项税金及其附加。

(5) 损失是指纳税人在生产经营活动中发生的固定资产和存货的盘亏、毁损、报废损失，转让财产损失，坏账损失，自然灾害等不可抗力因素造成的损失以及其他损失。

(6) 其他支出是指除成本、费用、税金、损失外，纳税人在生产经营活动中发生的与生产经营活动有关的、合理的支出。

(7) 取得经营所得的个人，没有综合所得的，计算其每一纳税年度的应纳税所得额时，应当减除费用60 000元、专项扣除、专项附加扣除以及依法确定的其他扣除。专项附加扣除在办理汇算清缴时减除。

> 提示：从事生产、经营活动，未提供完整、准确的纳税资料，不能正确计算应纳税所得额的纳税人，由主管税务机关核定应纳税所得额或者应纳税额。

2. 不得在税前扣除的支出

(1) 个人所得税税款。

(2) 税收滞纳金。

(3) 罚金、罚款和被没收财物的损失。

(4) 不符合扣除规定的捐赠支出。

(5) 赞助支出。

(6) 用于个人和家庭的支出。纳税人生产经营活动中，应当分别核算生产经营费用和个人、家庭费用。对于生产经营与个人、家庭生活混用难以分清的费用，其40%视为与生产经营有关的费用，准予扣除。

(7) 与取得生产经营收入无关的其他支出。
(8) 国家税务总局规定不准扣除的支出。

3. 准予扣除项目及标准

(1) 工资薪金。纳税人实际支付给从业人员的合理的工资薪金支出,准予扣除。业主的工资薪金支出不得在税前扣除。

(2) 各类保险费。纳税人按照国务院有关主管部门或者省级人民政府规定的范围和标准为其业主和从业人员缴纳的基本养老保险费、基本医疗保险费、失业保险费、生育保险费、工伤保险费和住房公积金,准予扣除。

纳税人为从业人员缴纳的补充养老保险费、补充医疗保险费,分别在不超过从业人员工资总额5%标准内的部分据实扣除;超过部分,不得扣除。业主本人缴纳的补充养老保险费、补充医疗保险费,以当地(地级市)上年度社会平均工资的3倍为计算基数,分别在不超过该计算基数5%标准内的部分据实扣除;超过部分,不得扣除。

除纳税人依照国家有关规定为特殊工种从业人员支付的人身安全保险费和财政部、国家税务总局规定可以扣除的其他商业保险费以外,纳税人为业主本人或者为从业人员支付的商业保险费,不得扣除。

纳税人参加财产保险,按照规定缴纳的保险费,准予扣除。

(3) 三项经费。纳税人向当地工会组织拨缴的工会经费、实际发生的职工福利费支出、职工教育经费支出分别在工资薪金总额的2%、14%、2.5%的标准内据实扣除。

工资薪金总额是指允许在当期税前扣除的工资薪金支出数额。

职工教育经费的实际发生数额超出规定比例,当期不能扣除的数额,准予在以后纳税年度结转扣除。

业主本人向当地工会组织缴纳的工会经费、实际发生的职工福利费支出、职工教育经费支出,以当地(地级市)上年度社会平均工资的3倍为计算基数,在规定比例内据实扣除。

(4) 借款费用。纳税人在生产经营活动中发生的合理的不需要资本化的借款费用,准予扣除。纳税人为购置、建造固定资产、无形资产和经过12个月以上的建造才能达到预定可销售状态的存货发生借款的,在有关资产购置、建造期间发生的合理的借款费用,应作为资本性支出计入有关资产的成本,并依照本办法的规定扣除。

(5) 利息支出。纳税人在生产经营活动中发生的下列利息支出,准予扣除:

❶ 向金融企业借款的利息支出。

❷ 向非金融企业和个人借款的利息支出,不超过按照金融企业同期同类贷款利率计算的数额的部分。

(6) 业务招待费。纳税人发生的与生产经营活动有关的业务招待费,按照实际发生额的60%扣除,但最高不得超过当年销售(营业)收入的5‰。

(7) 广告费和业务宣传费。纳税人每一纳税年度发生的与其生产经营活动直接相关的广告费和业务宣传费,不超过当年销售(营业)收入15%的部分,可以据实扣除;超过部分,准予在以后纳税年度结转扣除。

(8) 捐赠支出。纳税人通过公益性社会团体或者县级以上人民政府及其部门,用于《中华人民共和国公益事业捐赠法》规定的公益事业的捐赠,捐赠额不超过其应纳税所得额30%的部分可以据实扣除。财政部、国家税务总局规定可以全额在税前扣除的捐赠支出项目,按有关规定执行。纳税人直接对受益人的捐赠不得扣除。

(二) 计算应纳税额

经营所得应纳税额按年计算,分月或分季预缴,年终汇算清缴,多退少补。

$$全年应纳税额＝应纳税所得额\times 适用税率－速算扣除数$$

在实际工作中,需要分别计算按月预缴税额和年终汇算清缴税额。按月预缴税额时,相关计算公式为:

$$全年应纳税所得额＝本月累计应纳税所得额\times(全年月份\div 当月月份)$$
$$全年应纳税额＝全年应纳税所得额\times 适用税率－速算扣除数$$
$$本月累计应纳税额＝全年应纳税额\times(当月月份\div 全年月份)$$
$$本月应预缴税额＝本月累计应纳税额－上月累计已预缴税额$$

四、计算财产租赁所得应纳税额

(一) 计算应纳税所得额

财产租赁所得按次计税,通常以一个月的租赁收入为一次。财产租赁所得一般以个人每次取得的收入,减除规定费用后的余额为应纳税所得额。这里的规定费用扣除的范围和顺序包括:

(1) 财产租赁过程中缴纳的税费。纳税人就该项税费必须提供有效且准确的凭证,才能从其财产租赁收入中扣除,相关税费主要包括城建税、教育费附加、房产税、印花税。

(2) 向出租方支付的租金(出租方存在转租的情况)。

(3) 由纳税人负担的该出租财产实际开支的修缮费用。该项费用扣除额以每次800元为限,一次扣除不完的,准予在下一次继续扣除,直至扣完为止。

(4) 税法规定的费用扣除标准。每次收入不超过4 000元的,定额减除费用800元;每次收入超过4 000元的,定率减除20%的费用。

> **提示**:租赁合同可以规定租金"月付""季付""半年付""年付",但是在计算财产租赁所得的个人所得税时,均按1个月内取得的收入为一次,按次征收。

(二) 计算应纳税额

计算公式如下所示。

(1) 每次(月)收入不超过4 000元的:

$$应纳税额＝[每次收入额－准予扣除项目－修缮费用(800元为限)－800元]\times 适用税率$$

(2) 每次(月)收入超过4 000元的:

$$应纳税所得额＝\left[\begin{matrix}每次月\\收入额\end{matrix}－\begin{matrix}准予扣\\除项目\end{matrix}－\begin{matrix}修缮费用\\(800元为限)\end{matrix}\right]\times(1-20\%)\times 适用税率$$

> **提示**:自2001年1月1日起,对个人按市场价格出租居民住房取得的所得,暂减按10%的税率征收个人所得税。

【做中学6-7】

某居民从某年3月开始出租自有住房,月租金收入为3 000元,每月缴纳有关税费320

元,在9月份发生修缮费用2 000元,由房东承担,请计算其当年应缴纳的个人所得税。

计算:

3—8月及12月应纳税所得额=3 000-320-800=1 880(元)

应纳税额=1 880×10%=188(元)

9—10月应纳税所得额=3 000-320-800-800=1 080(元)

应纳税额=1 080×10%=108(元)

11月应纳税所得额=3 000-320-400-800=1 480(元)

应纳税额=1 480×10%=148(元)

当年王某应纳税额=188×7+108×2+148=1 680(元)

五、计算财产转让所得应纳税额

(一) 计算应纳税所得额

财产转让所得以个人每次转让财产取得的收入额减除财产原值和合理费用后的余额为应纳税所得额。

财产原值是指:

(1) 有价证券,为买入价以及买入时按照规定缴纳的有关费用。

(2) 不动产,为建造费或者购进价格以及其他有关费用。

(3) 土地使用权,为取得土地使用权所支付的金额、开发土地的费用以及其他有关费用。

(4) 机器设备、车船,为购进价格、运输费、安装费以及其他有关费用。

(5) 其他财产,参照前款规定的方法确定财产原值。

纳税人未提供完整、准确的财产原值凭证,不能正确计算财产原值的,由主管税务机关核定其财产原值。

合理费用,是指卖出财产时按照规定支付的有关税费,综上,应纳税所得额计算公式为:

$$应纳税所得额=每次收入额-财产原值-合理费用$$

(二) 计算应纳税额

应纳税额的计算公式为:

$$应纳税额=应纳税所得额×20\%$$

【做中学6-8】

某居民于某年5月转让一套设备,取得转让收入15 000元。该设备原价为14 000元,转让时支付有关费用200元,请计算其个人所得税应纳税额。

计算:应纳税所得额=15 000-14 000-200=800(元)

应纳税额=800×20%=160(元)

六、计算利息、股息、红利所得,偶然所得应纳税额

(一) 计算应纳税所得额

利息、股息、红利所得,偶然所得按次计税,以每次收入为应纳税所得额。

利息、股息、红利所得,以支付利息、股息、红利时取得的收入为一次;偶然所得,以每次取得该项收入为一次。

对于股份制企业在分配股息、红利时以股票形式向股东个人支付的股息、红利(即派发红股),应以派发红利的股票票面金额为收入额计算缴纳个人所得税,不得扣除任何费用。

> **提示**:自2015年9月8日起,个人从公开发行和转让市场取得的上市公司股票,持股期限在1个月以内(含1个月)的,其股息、红利所得全额计入应纳税所得额;持股期限在1个月以上至1年(含1年)的,暂减按50%计入应纳税所得额;持股期限超过1年的,股息、红利所得暂免征收个人所得税。上述所得统一适用20%的税率计征个人所得税。

(二)计算应纳税额

计算公式为:

$$应纳税额 = 每次收入额 \times 20\%$$

【做中学6-9】

某居民某年全年取得银行存款利息3 600元。此外,该居民10月购买体育彩票,获得奖金20 000元,购买福利彩票,获得奖金500元,请计算该居民当年的个人所得税应纳税额。

计算:

(1)银行存款利息免税。

(2)体育彩票应纳税额=20 000×20%=4 000(元)

(3)福利彩票奖金未达起征点,不征税。

因此,该居民当年个人所得税应纳税额为4 000元。

【总结】 各应税项目的费用减除标准和适用税率如表6-7所示。

表6-7 各应税项目的费用减除标准和适用税率

应税项目	计税期	减除费用标准	适用税率
综合所得	年	减除60 000元以及专项扣除、专项附加扣除和依法确定的其他扣除	3%~45%七级超额累进税率
经营所得	年	纳税年度收入总额减除成本、费用、损失等	5%~35%五级超额累进税率
财产租赁所得	次	每次收入≤4 000元的,减除800元费用 每次收入>4 000元的,减除20%费用	20%比例税率(个人出租住房减按10%征收)
财产转让所得	次	财产转让收入减除财产原值和合理费用	20%比例税率
利息、股息、红利所得	次	不减除任何费用	20%比例税率
偶然所得	次	不减除任何费用	20%比例税率

七、计算特殊情况下的应纳税额

(一)计算个人发生公益、救济性捐赠的应纳税额

个人将其所得通过中国境内的社会团体、国家机关向教育、扶贫、济困等公益慈善事业进行的捐赠,捐赠额未超过纳税人申报的应纳税所得额30%的部分,可以从其应纳税所得额中扣除。捐赠扣除限额的计算公式为:

捐赠扣除限额＝扣除捐赠额前的应纳税所得额×30%

国务院规定对公益慈善事业捐赠实行全额税前扣除的，从其规定。目前，个人通过非营利性的社会团体和国家机关向红十字事业、公益性青少年活动场所、农村义务教育、非营利性老年服务机构的捐赠，在计算缴纳个人所得税时，准予在应纳税所得额中全额扣除。

居民个人发生的公益捐赠支出可以在财产租赁所得、财产转让所得、利息、股息、红利所得、偶然所得（以下统称分类所得）、综合所得或者经营所得中扣除。在当期，一个所得项目扣除不完的公益捐赠支出，可以按规定在其他所得项目中继续扣除。

居民个人发生的公益捐赠支出，在综合所得、经营所得中扣除的，扣除限额分别为当年综合所得、经营所得应纳税所得额的30%；在分类所得中扣除的，扣除限额为当月分类所得应纳税所得额的30%。个人可根据各项所得的收入、公益捐赠支出、适用税率等情况，自行决定在综合所得、分类所得、经营所得中扣除的公益捐赠支出的顺序。

【做中学6-10】

小刘某年转让一辆汽车，取得80 000元转让所得，从中取出2 000元通过中国境内的非营利性社会团体向灾区捐赠，该汽车购买时的原价为70 000元，转让时发生费用500元。请计算小刘应缴纳的个人所得税。

计算：捐赠前财产转让所得应纳税所得额＝80 000－70 000－500＝9 500（元）

捐赠扣除限额＝9 500×30%＝2 850（元）

实际捐赠额2 000元小于扣除限额2 850元，因此允许扣除的捐赠额为2 000元。

应缴纳的个人所得税＝（9 500－2 000）×20%＝1 500（元）

（二）计算一人兼有多项应税所得时的应纳税额

纳税人同时取得两项或两项以上应税所得时，除按税法规定应合并计税的以外，其他应税项目应就其所得分项分别减除费用，分别计算纳税。

【做中学6-11】

某中国居民，某年取得以下各项所得：

（1）每月取得工资、薪金所得6 400元（已扣除三险一金），12月份取得年终奖30 000元（年终奖不单独计算）。

（2）业余时间从事翻译工作，取得收入5 000元。

（3）出版一本专著，取得稿酬收入15 000元。

（4）出租自有住房，每月取得租金收入3 700元，缴纳有关税费400元。

（5）全年取得银行存款利息收入1 200元。

请计算该居民当年应缴纳的个人所得税。（不考虑专项附加扣除）

计算：

(1) 综合所得应纳税额 = 6 400×12+30 000+5 000×(1−20%)+15 000×(1−20%)×70%−60 000=59 200(元)

(2) 综合所得应纳税额=59 200×10%−2 520=3 400(元)

(3) 财产租赁所得月应纳税额=(3 700−400−800)×10%=250(元)

财产租赁所得年应纳税额=250×12=3 000(元)

(4) 银行存款利息所得免税。

该公民当年应纳个人所得税总额=3 400+3 000=6 400(元)

(三) 计算两个或两个以上的纳税人共同取得同一项所得时的应纳税额

两个或两个以上的纳税人共同取得同一项所得的,可以对每一个人分得的收入分别减除费用,各自计算应纳税款,即实行"先分、后扣、再税"的办法。

【做中学 6-12】

居民甲、乙两人合著一本书,共取得稿费收入 8 500 元,其中甲分得 6 000 元,乙分得 2 500 元,请计算甲、乙两人的稿酬所得预扣预缴税额。

计算:

甲稿酬所得预扣预缴税额=6 000×(1−20%)×70%×20%=672(元)

乙稿酬所得预扣预缴税额=(2 500−800)×70%×20%=238(元)

(四) 计算境外所得已纳税额的扣除方法

我国个人所得税的居民纳税人负有无限纳税义务,应就其来源于中国境内和境外的全部所得向我国计算缴纳个人所得税。但纳税人的境外所得一般均已在境外缴纳或负担了该国的所得税,为了避免国家间对同一所得重复征税,税法规定,居民个人从中国境外取得的所得可以从其应纳税额中抵免已在境外缴纳的个人所得税税额,但抵免额不得超过该纳税人境外所得依照个人所得税法规定计算的应纳税额。

上述"已在境外缴纳的个人所得税",是指居民个人来源于中国境外的所得,依照该所得来源国家或者地区的法律应当缴纳并且实际已经缴纳的个人所得税税额。

"依照个人所得税法规定计算的应纳税额",是指居民个人境外所得已缴境外个人所得税的抵免限额。除国务院财政、税务主管部门另有规定外,来源于一国(地区)的抵免限额为来源于该国的综合所得抵免限额、经营所得抵免限额、其他所得项目抵免限额之和。计算公式为:

$$来源于一国(地区)综合所得的抵免限额 = \frac{中国境内、境外综合所得按我国税法规定计算的综合所得应纳税总额 \times 来源于该国(地区)的综合所得收入额}{中国境内、境外的综合所得收入总额}$$

$$来源于一国(地区)经营所得的抵免限额 = \frac{中国境内、境外经营所得按我国税法规定计算的经营所得应纳税总额 \times 来源于该国(地区)的经营所得应纳税所得额}{中国境内、境外的经营所得应纳税所得额}$$

$$来源于一国(地区)其他所得项目的抵免限额 = 来源于该国(地区)的其他所得项目按我国税法规定计算的应纳税额$$

居民个人在中国境外一个国家或者地区实际已经缴纳的个人所得税税额,低于按规定计算出的该国家或者地区抵免限额的,应当在中国缴纳差额部分的税款;超过该国家或者地区抵免限额的,其超过部分不得在本纳税年度的应纳税额中扣除,但是可以在以后纳税年度的该国家或者地区抵免限额的余额中补扣。补扣期限最长不得超过 5 年。

【做中学 6-13】

某美国国籍来华人员已在中国境内连续居住 7 年,某年取得我国境内工资、薪金所得 410 000 元,缴纳三险一金 50 000 元,劳务报酬所得 50 000 元。取得 A 国一家公司支付的劳务报酬 10 000 元(折合成人民币,下同),被扣缴个人所得税 1 000 元;在 A 国出版一部小说,获得稿酬 20 000 元,被扣缴个人所得税 1 200 元。当年还在 B 国提供咨询服务,获得劳务报酬 20 000 元,被扣缴个人所得税 4 000 元;在 B 国取得利息所得 15 000 元,被扣缴个人所得税 3 000 元。经核查,境外完税凭证无误。

要求:计算境外所得在我国境内应补缴的个人所得税。(不考虑专项附加扣除)

(1) A 国所得:

综合所得抵免限额 = [[410 000 + 50 000 × (1 − 20%) + 10 000 × (1 − 20%) + 20 000 × (1 − 20%) × 70% + 20 000 × (1 − 20%) − 50 000 − 60 000] × 25% − 31 920] × [10 000 × (1 − 20%) + 20 000 × (1 − 20%) × 70%] ÷ [410 000 + 50 000 × (1 − 20%) + 10 000 × (1 − 20%) + 20 000 × (1 − 20%) × 70% + 20 000 × (1 − 20%)]

= [(485 200 − 50 000 − 60 000) × 25% − 31 920] × 19 200 ÷ 485 200

= 61 880 × 19 200 ÷ 485 200

= 2 448.67(元)

两项所得已在 A 国缴纳税额 = 1 000 + 1 200 = 2 200(元)

两项所得已在 A 国缴纳税款 2 200 元,低于该国两项所得的抵免限额 2 448.67 元,因此,应补缴个人所得税税额 = 2 448.67 − 2 200 = 248.67 元。

(2) B 国所得:

综合所得抵免限额 = [[410 000 + 50 000 × (1 − 20%) + 10 000 × (1 − 20%) + 20 000 × (1 − 20%) × 70% + 20 000 × (1 − 20%) − 50 000 − 60 000] × 25% − 31 920] × 20 000 × (1 − 20%) ÷ [410 000 + 50 000 × (1 − 20%) + 10 000 × (1 − 20%) + 20 000 × (1 − 20%) × 70% + 20 000 × (1 − 20%)]

= [(485 200 − 50 000 − 60 000) × 25% − 31 920] × 16 000 ÷ 485 200

= 61 880 × 16 000 ÷ 485 200

= 2 040.56(元)

利息所得抵免限额 = 15 000 × 20% = 3 000(元)

B 国抵免限额 = 2 040.56 + 3 000 = 5 040.56(元)

在 B 国已纳税额 = 4 000 + 3 000 = 7 000(元)

在 B 国已纳税额 7 000 元大于抵免限额 5 040.56 元,按规定只能按 5 040.56 元的标准抵免,超出的 1 959.44 元(7 000 − 5 040.56)可以在以后年度从 B 国的抵免限额中继续抵免,但最长不超过 5 年。

因此,当年该外籍人员在我国应补缴个人所得税 248.67 元。

引例解析

本任务引例中,《个人所得税专项附加扣除暂行办法》等规定:现行个人所得税专项附加扣除包括个人所得税法规定的子女教育、继续教育、大病医疗、住房贷款利息或者住房租金、赡养老人、3岁以下婴幼儿照护等七项专项附加扣除。根据陈明和王丽的家庭情况,符合的专项附加扣除项目有以下几项:

(1) 子女接受学前教育和全日制学历教育的相关支出,按照每个子女每月2 000元的标准定额扣除。陈明和王丽育有一子,正上小学,可以选择由其中一方按扣除标准的100%扣除,也可以选择由双方分别按扣除标准的50%扣除。具体扣除方式在一个纳税年度内不能变更。

(2) 首套住房贷款利息支出,在实际发生贷款利息的年度,按照每月1 000元的标准定额扣除,扣除期限最长不超过240个月。经夫妻双方约定,可以选择由其中一方扣除,具体扣除方式在一个纳税年度内不能变更。

(3) 两人的父母均已年过60岁,陈明是独生子女,可以按照每月3 000元的标准定额扣除;王丽还有一个姐姐,应该与其姐姐分摊每月3 000元的扣除额度,分摊方式可为由小丽与其姐姐均摊或者约定分摊,也可为由其父母指定分摊。约定或者指定分摊的须签订书面分摊协议,指定分摊优先于约定分摊,每人分摊的额度不能超过每月1 500元,具体分摊方式和额度在一个纳税年度内不能变更。

【项目工作任务 6-1】

赵博伟是杭州市荣华公司(纳税人识别号:330102000000001568)的会计,主要工作任务是按规定发放该公司员工的工资及外聘者劳务报酬,并办理个人所得税的代扣代缴业务。2023年3月,该公司的相关事项如表6-8—表6-11所示。

表6-8　　　　　职工应发工资及专项扣除明细表　　　　　单位:元

序号	姓名	居民身份证号	应发工资	养老保险	医疗保险	失业保险	公积金	合计当月数	合计累计数
1	张卓强	330102197205068979	27 000	580	260	100	1 700	2 640	7 920
2	李 刚	330102197605234563	18 000	420	140	55	1 200	1 815	5 445
3	王小明	330102197703256676	15 500	400	120	50	1 100	1 670	5 010
4	洪 亮	330102198502125684	9 800	360	80	35	900	1 375	4 125
5	徐大壮	320102198206078976	8 000	340	70	30	800	1 240	3 720
6	陆永顺	410105198810238769	6 800	300	60	30	800	1 190	3 570
7	李依雯	460105198808296783	6 500	290	50	25	750	1 115	3 345

表 6-9　　　　　　　　　　职工专项附加扣除明细表　　　　　　　　　　单位：元

序号	姓名	子女教育 当月数	继续教育 当月数	房贷利息 当月数	住房租金 每月数	大病医疗 当月数	赡养老人 当月数	3岁以下婴幼儿照护 当月数	合计 当月数	合计 累计数
1	张卓强	2 000	0	0	0	0	3 000	0	5 000	15 000
2	李　刚	4 000	0	0	0	0	3 000	0	7 000	21 000
3	王小明	2 000	0	0	1 500	0	0	0	3 500	10 500
4	洪　亮	2 000	0	0	1 500	0	0	0	3 500	10 500
5	徐大壮	2 000	0	0	0	0	0	0	2 000	6 000
6	陆永顺	0	0	1 000	0	0	0	0	1 000	3 000
7	李依雯	0	0	0	1 500	0	0	0	1 500	4 500

表 6-10　　　　　　　　　　职工工资应纳税所得额计算表　　　　　　　　　　单位：元

序号	姓名	累计应发工资	累计减除费用	累计专项扣除	累计专项附加扣除	累计应纳税所得额	1—2月累计已扣税款
1	张卓强	81 000	15 000	7 920	15 000	43 080	861.6
2	李　刚	54 000	15 000	5 445	21 000	12 555	251.1
3	王小明	46 500	15 000	5 010	10 500	15 990	319.8
4	洪　亮	29 400	15 000	4 125	10 500	0	0
5	徐大壮	24 000	15 000	3 720	6 000	0	0
6	陆永顺	20 400	15 000	3 570	3 000	0	0
7	李依雯	19 500	15 000	3 345	4 500	0	0

表 6-11　　　　　　　　　　外聘人员劳务报酬发放表　　　　　　　　　　单位：元

序　号	姓　名	居民身份证号	劳务报酬
1	李楷	330102198712053486	3 600
2	何小芳	330104197704234598	11 000

假设本公司员工每月应发工资等事项的数额不变。

请帮助赵博伟计算2023年3月份应预扣预缴的本公司员工工资、薪金所得的应纳税额及应预扣预缴的外聘者劳务报酬所得税。

【工作流程】

第一步：判断各项所得所属应税项目。

本公司职工的工资收入属于工资、薪金所得，应由本公司预扣预缴个人所得税。

非本公司职工在本公司取得的收入属于劳务报酬所得，也应由本公司预扣预缴个人所得税。

第二步：分别确定各项所得应由本公司预扣预缴的税额。

（1）计算本公司员工3月工资、薪金所得应预扣预缴税额：

应预扣预缴张卓强税额＝43 080×10％－2 520－861.6＝926.4(元)

应预扣预缴李刚税额＝12 555×3％－251.1＝125.55(元)

应预扣预缴王小明税额＝15 990×3％－319.8＝159.9(元)

员工洪亮、徐大壮、陆永顺、李依雯因工资收入未超过扣除费用，不需缴纳个人所得税。

（2）计算外聘人员劳务报酬所得应由本公司预扣预缴的税额：

应预扣预缴李楷劳务报酬所得应纳税额＝(3 600－800)×20％＝560(元)

应预扣预缴何小芳劳务报酬所得应纳税额＝11 000×(1－20％)×20％＝1 760(元)

【项目工作任务 6-2】

中国公民李东先生(身份证号码：330601197012170930)任职于某市 A 公司，拥有住房一套(为首套住房)，每月需归还贷款利息 2 000 元，其妻无工作，两人育有子、女各一个，均正在上小学；夫妻约定，住房贷款利息和子女教育费均由李先生一人税前扣除；李先生为独子，父母健在，均已年过 60 岁。2023 年李先生取得的各项收入如下：

（1）每月工资 22 000 元，缴纳养老保险 1 760 元，医疗保险 440 元，失业保险 220 元，公积金 1 580 元，每个季度末分别获得季度奖金 5 000 元；12 月份从 A 公司取得绩效奖励 50 000 元。李东先生未将其专项附加扣除信息报送 A 公司，A 公司已按月预扣预缴其个人所得税。

（2）应邀到国内某大学举行讲座，取得报酬 14 000 元。该大学已按规定预扣预缴其个人所得税。

（3）出版专著，取得稿费收入 8 000 元。出版社已按规定预扣预缴其个人所得税。

（4）2023 年 1 月 1 日将自有商铺出租给乙公司，租期三年，月租金 3 500 元，按规定缴纳除个人所得税外的其他税费 200 元。乙公司已扣缴其个人所得税。

（5）取得股票转让收益 20 000 元。

2024 年 3 月，李东先生需要进行个人所得税汇算清缴，对于他 2023 年取得的各项收入，发放单位应如何计算并扣缴个人所得税？他是否需要补缴税款？

【工作流程】

第一步：判断各项所得所属税目。

（1）业务（1）取得的所得为工资、薪金所得。

（2）业务（2）取得的所得为劳务报酬所得。

（3）业务（3）取得的所得为稿酬所得。

（4）业务（4）取得的所得为财产租赁所得。

（5）业务（6）取得的所得为财产转让所得。

第二步：分别确定各项所得支付单位应代扣代缴（预扣预缴）的税额。

（1）工资、薪金所得：

工资、薪金所得由 A 公司预扣预缴个人所得税。

年度工资、薪金应税所得额
=（22 000×12+5 000×4+50 000）－（1 760+440+220+1 580）×12－60 000
=334 000－47 760－60 000=226 000（元）
年度工资、薪金预扣预缴税额=226 000×20%－16 920=28 280（元）
（2）劳务报酬所得：
讲座所得属于劳务报酬所得，由支付方预扣预缴个人所得税。
劳务报酬所得预扣预缴税额=14 000×（1－20%）×20%=2 240（元）
（3）稿酬所得：
稿酬所得由支付方预扣预缴个人所得税。
稿酬所得预扣预缴税额=8 000×（1－20%）×70%×20%=896（元）
（4）财产租赁所得：
财产租赁所得由承租方代扣代缴个人所得税。
财产租赁所得应纳税额=（3 500－200－800）×20%×12=6 000（元）
（5）财产转让所得：
股票转让所得暂不征收个人所得税。
第三步：汇总李东先生2023年度各项所得及已被代扣代缴（预扣预缴）的个人所得税税额，确定其是否需要补缴个人所得税。
李东先生能够在税前扣除的专项附加扣除项目为：2个孩子的教育费各2 000元，赡养老人支出3 000元，住房贷款利息支出1 000元。
本年度综合所得应纳税所得额
=226 000+14 000×（1－20%）+8 000×（1－20%）×70%－（4 000+3 000+1 000）×12=145 680（元）
本年度综合所得应纳税额=145 680×20%－16 920=12 216（元）
本年度综合所得已预扣预缴税额=28 280+2 240+896=31 416（元）
李先生应获退税额=31 416－12 216=19 200（元）
财产租赁所得应纳税额已经由承租方代扣代缴个人所得税，无须补缴。

任务三　申报缴纳个人所得税

任务引例

2024年初，公司财务通知赵明，公司已预扣预缴其2023年度由公司发放的工资、薪金所得应缴纳的个人所得税税额，如果赵明当年度另外取得劳务报酬所得、稿酬所得、特许权使用费所得中的一项或多项，还应该自行申报个人所得税，按规定填制个人所得税年度自行纳税申报表并在规定的申报期限内进行纳税申报。赵明很困惑，日常取得收入时都已经由支付方代扣代缴了个人所得税，为什么还需要自行申报呢？他了解到个人所得税纳税申报表有好几种，他又应该填制哪类纳税申报表呢？

【知识准备与业务操作】

一、确定个人所得税的征收方式

个人所得税以所得人为纳税人,以支付所得的单位或者个人为扣缴义务人。

纳税人有中国公民身份证号码的,以中国公民身份证号码为纳税人识别号。个人首次取得应税所得或者首次办理纳税申报时,应当向扣缴义务人或者税务机关如实提供纳税人识别号及与纳税有关的信息。纳税人没有中国公民身份证号码的,应当在首次发生纳税义务时,按照税务机关规定报送与纳税有关的信息,由税务机关赋予其纳税人识别号。

个人所得税的纳税申报方式有两种,即扣缴申报和自行申报。

(一)扣缴申报方式

1. 扣缴义务人

扣缴义务人,是指向个人支付所得的单位或者个人。税法规定,扣缴义务人向个人支付应税款项时,应当依法预扣或代扣税款,按时缴库,并专项记载备查。扣缴义务人应当按照国家规定办理全员全额扣缴申报,并向纳税人提供其个人所得和已扣缴税款等信息。

> 提示:全员全额扣缴申报,是指扣缴义务人应当在代扣税款的次月15日内,向主管税务机关报送其支付所得的所有个人的有关信息、支付所得数额、扣除事项及数额、扣缴税款的具体数额和总额以及其他相关涉税信息资料。

2. 扣缴申报范围

实行个人所得税全员全额扣缴申报的应税所得包括:工资、薪金所得,劳务报酬所得,稿酬所得,特许权使用费所得,利息、股息、红利所得,财产租赁所得,财产转让所得,偶然所得。

3. 扣缴申报时间

扣缴义务人每月或者每次预扣、代扣的税款,应当在次月15日内缴入国库,并向税务机关报送扣缴个人所得税申报表。

4. 扣缴申报注意事项

(1)扣缴义务人向居民个人支付工资、薪金所得时,应当按照累计预扣法计算预扣税款,并按月办理扣缴申报。居民个人向扣缴义务人提供有关信息并依法要求办理专项附加扣除的,扣缴义务人应当按照规定在工资、薪金所得按月预扣预缴税款时予以扣除,不得拒绝。

(2)扣缴义务人向居民个人支付劳务报酬所得、稿酬所得、特许权使用费所得时,应当按照规定方法按次或者按月预扣预缴税款。

扣缴义务人向非居民个人支付工资、薪金所得,劳务报酬所得,稿酬所得和特许权使用费所得时,应当按照规定方法按月或者按次代扣代缴税款。

扣缴义务人支付利息、股息、红利所得,财产租赁所得,财产转让所得或者偶然所得时,应当依法按次或者按月代扣代缴税款。

(3)扣缴义务人应当按照纳税人提供的信息计算税款、办理扣缴申报,不得擅自更改纳税人提供的信息。

扣缴义务人发现纳税人提供的信息与实际情况不符的,可以要求纳税人修改。纳税人拒绝修改的,扣缴义务人应当报告税务机关,税务机关应当及时处理。

纳税人发现扣缴义务人提供或者扣缴申报的个人信息、支付所得、扣缴税款等信息与实际情况不符的,有权要求扣缴义务人修改。扣缴义务人拒绝修改的,纳税人应当报告税务机关,税务机关应当及时处理。

(4) 税务机关对扣缴义务人按照规定扣缴的税款(不包括税务机关、司法机关等查补或者责令补扣的税款),按年付给2%的手续费。扣缴义务人领取的扣缴手续费可用于提升办税能力、奖励办税人员。

(5) 扣缴义务人有未按照规定向税务机关报送资料和信息、未按照纳税人提供信息虚报虚扣专项附加扣除、应扣未扣税款、不缴或少缴已扣税款、借用或冒用他人身份等行为的,依照《中华人民共和国税收征收管理法》等相关法律、行政法规处理。

(二) 自行申报方式

自行申报方式是指由纳税人自行在税法规定的申报期限内,向税务机关申报取得的应税所得项目和数额,如实填写相应的个人所得税纳税申报表,报送税务机关,并据此缴纳个人所得税的方式。

1. 自行申报范围

纳税人有下列情形之一的,应当按照规定自行办理申报纳税:

(1) 取得综合所得需要办理汇算清缴。

取得综合所得,在纳税年度内已依法预缴个人所得税且符合下列情形之一的纳税人,应当依法办理汇算清缴:

❶ 已预缴税额大于年度汇算应纳税额且申请退税的。
❷ 纳税年度内取得的综合所得收入超过12万元且需要补税金额超过400元的。

纳税人在纳税年度内已依法预缴个人所得税且符合下列情形之一的,无须办理年度汇算:

❶ 年度汇算需补税但综合所得收入全年不超过12万元的。
❷ 年度汇算需补税金额不超过400元的。
❸ 已预缴税额与年度汇算应纳税额一致的。
❹ 符合年度汇算退税条件但不申请退税的。

(2) 取得应税所得,没有扣缴义务人。

> **提示:** 取得应税所得,没有扣缴义务人,需要自行申报的情形,主要是指个体工商户业主、个人独资企业投资者、合伙企业个人合伙人、承包承租经营者个人以及其他从事生产、经营活动的个人取得经营所得的情形。

(3) 取得应税所得,扣缴义务人未扣缴税款。
(4) 取得境外所得。
(5) 因移居境外而注销中国户籍。
(6) 非居民个人在中国境内从两处以上取得工资、薪金所得。
(7) 国务院规定的其他情形。

2. 自行申报期限、地点及注意事项

(1) 取得综合所得需要办理汇算清缴。

取得综合所得需要办理汇算清缴的纳税人,应当在取得所得的次年3月1日至6月30日内,向任职、受雇单位所在地主管税务机关办理纳税申报,报送个人所得税年度自行纳税申报表(A表)(仅取得境内综合所得年度汇算适用)或个人所得税年度自行纳税申报表(B

表)(居民个人取得境外所得适用)。

纳税人有两处以上任职、受雇单位的,选择向其中一处任职、受雇单位所在地主管税务机关办理纳税申报;纳税人没有任职、受雇单位的,向户籍所在地或经常居住地主管税务机关办理纳税申报。

(2) 取得经营所得。

纳税人取得经营所得,按年计算个人所得税,由纳税人在月度或季度终了后15日内,向经营管理所在地主管税务机关办理预缴纳税申报,并报送个人所得税经营所得纳税申报表(A表)。在取得所得的次年3月31日前,向经营管理所在地主管税务机关办理汇算清缴,并报送个人所得税经营所得纳税申报表(B表);从两处以上取得经营所得的,选择向其中一处经营管理所在地主管税务机关办理年度汇总申报,并报送个人所得税经营所得纳税申报表(C表)。

(3) 取得境外所得。

居民个人从中国境外取得所得的,应当在取得所得的次年3月1日至6月30日内,向中国境内任职、受雇单位所在地主管税务机关办理纳税申报;在中国境内没有任职、受雇单位的,向户籍所在地或中国境内经常居住地主管税务机关办理纳税申报;户籍所在地与中国境内经常居住地不一致的,选择其中一地主管税务机关办理纳税申报;在中国境内没有户籍的,向中国境内经常居住地主管税务机关办理纳税申报。

(4) 因移居境外而注销中国户籍。

纳税人因移居境外而注销中国户籍的,应当在申请注销中国户籍前,向户籍所在地主管税务机关办理纳税申报,进行税款清算。

(5) 非居民个人在中国境内从两处以上取得工资、薪金所得。

非居民个人在中国境内从两处以上取得工资、薪金所得的,应当在取得所得的次月15日内,向其中一处任职、受雇单位所在地主管税务机关办理纳税申报,报送个人所得税自行纳税申报表(A表)。

(6) 取得应税所得,扣缴义务人未扣缴税款。

纳税人取得应税所得,扣缴义务人未扣缴税款的,应当区别以下情形办理纳税申报:

❶ 居民个人取得综合所得的,按照前述取得综合所得需要办理汇算清缴的纳税申报规定办理。

❷ 非居民个人取得工资、薪金所得,劳务报酬所得,稿酬所得,特许权使用费所得的,应当在取得所得的次年6月30日前,向扣缴义务人所在地主管税务机关办理纳税申报,并报送个人所得税自行纳税申报表(A表)。有两个以上扣缴义务人均未扣缴税款的,选择向其中一处扣缴义务人所在地主管税务机关办理纳税申报。

非居民个人在次年6月30日前离境(临时离境除外)的,应当在离境前办理纳税申报。

❸ 纳税人取得利息、股息、红利所得,财产租赁所得,财产转让所得和偶然所得的,应当在取得所得的次年6月30日前,按相关规定向主管税务机关办理纳税申报,并报送个人所得税自行纳税申报表(A表)。

二、申报缴纳

(一) 代扣代缴申报

扣缴义务人首次向纳税人支付所得时,应当按照纳税人提供的纳税人识别号等基础信息,填写个人所得税基础信息表(A表),并于次月扣缴申报时向税务机关报送。扣缴义务人应当就纳税人向其报告的相关基础信息的变化情况,于次月扣缴申报时向税务机关进行报送。

扣缴义务人应当在每月或者每次预扣、代扣税款的次月15日内,将已扣税款缴入国库,并向税务机关报送扣缴个人所得税报告表。该表适用的情形包括:扣缴义务人向居民个人支付工资、薪金所得,劳务报酬所得,稿酬所得和特许权使用费所得的个人所得税全员全额预扣预缴申报;向非居民个人支付工资、薪金所得,劳务报酬所得,稿酬所得和特许权使用费所得的个人所得税全员全额扣缴申报;向纳税人(居民个人和非居民个人)支付利息、股息、红利所得,财产租赁所得,财产转让所得和偶然所得的个人所得税全员全额扣缴申报。

(二) 自行纳税申报

自然人纳税人初次向税务机关办理相关涉税事宜时,须填报个人所得税基础信息表(B表);初次申报后,以后仅需在信息发生变化时填报。

根据自行纳税申报适用情形的不同,个人所得税自行纳税申报需提交的纳税申报表可分为以下几种。

1. 个人所得税自行纳税申报表(A表)

常见情形有:居民个人取得应税所得,扣缴义务人未扣缴税款;非居民个人取得应税所得,扣缴义务人未扣缴税款;非居民个人在中国境内从两处以上取得工资、薪金所得。以上情形,在办理自行纳税申报时,应向税务机关报送个人所得税自行纳税申报表(A表)。报送期限规定如下:

(1) 居民个人取得应税所得,扣缴义务人未扣缴税款的,应当在取得所得的次年6月30日前办理纳税申报。税务机关通知限期缴纳的,纳税人应当按照期限缴纳税款。

(2) 非居民个人取得应税所得,扣缴义务人未扣缴税款的,应当在取得所得的次年6月30日前办理纳税申报。非居民个人在次年6月30日前离境(临时离境除外)的,应当在离境前办理纳税申报。

(3) 非居民个人在中国境内从两处以上取得工资、薪金所得的,应当在取得所得的次月15日内办理纳税申报。

2. 个人所得税年度自行纳税申报表(A表)(简易版)(问答版)(仅取得境内综合所得年度汇算适用)

居民个人取得境内综合所得,按税法规定需要办理汇算清缴的,应当在取得所得的次年3月1日至6月30日内,向主管税务机关办理汇算清缴,报送个人所得税年度自行纳税申报表(A表)(简易版)(问答版)(仅取得境内综合所得年度汇算适用)。

3. 个人所得税年度自行纳税申报表(B表)(居民个人取得境外所得适用)

纳税年度内取得境外所得的居民个人,按税法规定进行个人所得税年度自行申报,应报送个人所得税年度自行纳税申报表(B表)。同时一并附报境外所得个人所得税抵免明细表,以便计算其取得境外所得的抵免限额。

4. 个人所得税经营所得纳税申报表(A表)

纳税人取得经营所得,应当在月度或者季度终了后15日内,向税务机关办理预缴纳税申报。

查账征收和核定征收的个体工商户业主,个人独资企业投资人,合伙企业个人合伙人,承包承租经营者个人以及其他从事生产、经营活动的个人在中国境内取得经营所得,办理个人所得税预缴纳税申报时,应向税务机关报送个人所得税经营所得纳税申报表(A表)。

合伙企业有两个或者两个以上个人合伙人的,应分别填报本表。

5. 个人所得税经营所得纳税申报表(B表)(略)

纳税人在取得经营所得的次年3月31日前,应向税务机关办理汇算清缴。

个体工商户业主、个人独资企业投资人、合伙企业个人合伙人、承包承租经营者个人以及其他从事生产、经营活动的个人在中国境内取得经营所得,实行查账征收的,在办理个人所得税汇算清缴纳税申报时,应向税务机关报送个人所得税经营所得纳税申报表(B表)。

合伙企业有两个或者两个以上个人合伙人的,应分别填报本表。

6. 个人所得税经营所得纳税申报表(C表)(略)

纳税人从两处以上取得经营所得,应当于取得所得的次年3月31日前办理年度汇总纳税申报。

个体工商户业主、个人独资企业投资人、合伙企业个人合伙人、承包承租经营者个人以及其他从事生产、经营活动的个人在中国境内两处以上取得经营所得,办理合并计算个人所得税的年度汇总纳税申报时,应向税务机关报送个人所得税经营所得纳税申报表(C表)。

引例解析

本任务引例中,个人所得税的纳税申报包括个人自行申报纳税和代扣代缴两种。

现行个人所得税法规定,居民个人取得的工资、薪金所得,劳务报酬所得,稿酬所得,特许权使用费所得按纳税年度合并计算个人所得税,工资、薪金所得应在每月取得时由支付单位按照累计预扣法预扣预缴个人所得税,劳务报酬所得、稿酬所得、特许权使用费所得应在每次取得时由支付方预扣预缴个人所得税,以上四项综合所得应在取得所得的次年3月1日至6月30日内,向任职、受雇单位所在地主管税务机关办理汇算清缴。

虽然在赵明2023年取得工资、薪金所得时公司预扣预缴了个人所得税,但是如果赵明当年度另外取得劳务报酬所得、稿酬所得、特许权使用费所得中的一项或多项,还需自行申报个人所得税,按规定填制个人所得税年度自行纳税申报表并在规定的申报期限内进行纳税申报。

【项目工作任务 6-3】

接本项目工作任务 6-1 的任务设计实例,赵博伟应填报扣缴个人所得税报告表,如表 6-12 所示,为公司职工预扣预缴工资、薪金所得个人所得税,为外聘人员预扣预缴劳务报酬所得税。

【工作流程】

第一步:计算扣缴个人所得税报告表中各项目的金额,填写纳税申报表。

赵博伟根据 2023 年度 3 月份发放的职工工资、薪金和外聘人员劳务报酬,以及职工个人上报的专项附加扣除情况,填写扣缴个人所得税报告表,如表 6-12 所示。

第二步:扣缴申报纳税。

赵博伟需要在 2023 年 4 月 15 日前,向公司所在地主管地方税务机关报送扣缴个人所得税报告表,办理个人所得税预扣预缴申报,进行税款扣缴工作。

表 6-12 扣缴个人所得税报告表

税款所属期：2023年3月1日至2023年3月31日

扣缴义务人名称：杭州市荣华公司

扣缴义务人纳税人识别号（统一社会信用代码）：33010200000001568

金额单位：人民币元（列至角分）

序号	姓名	身份证件类型	身份证件号码	纳税人识别号	是否为非居民个人	所得项目	收入	费用	免税收入	减除费用	基本养老保险费	基本医疗保险费	失业保险费	住房公积金	年金	商业健康保险	税延养老保险	财产原值	允许扣除的税费	其他	累计收入额	累计减除费用	累计专项扣除	子女教育	继续教育	住房贷款利息	住房租金	赡养老人	3岁以下婴幼儿照护	累计其他扣除	减免税比例	准予扣除的捐赠额	应纳税所得额	税率/预扣率	速算扣除数	应纳税额	减免税额	已缴税额	应补/退税额	备注
1	2	3	4	5	6	7	8	9	10	11	12	13	14	15	16	17	18	19	20	21	22	23	24	25	26	27	28	29	30	31	32	33	34	35	36	37	38	39	40	41
1	张卓强	略	略	略	否	工资薪金	27 000			5 000	580	260	100	1 700							81 000	15 000	7 920	6 000								43 080	10%	2 520	1 788		861.6	926.4	
	李刚	略	略	略	否	工资薪金	18 000			5 000	420	140	55	1 200							54 000	15 000	5 445	12 000				9 000				12 555	3%	0	376.65		251.1	125.55	
2	王小明	略	略	略	否	工资薪金	15 500			5 000	400	120	50	1 100							46 500	15 000	5 010	6 000			4 500	9 000				15 990	3%	0	479.7		319.8	159.9	
3	洪亮	略	略	略	否	工资薪金	9 800			5 000	360	80	35	900							29 400	15 000	4 125	6 000			4 500					0			0		0	0	
4	徐大壮	略	略	略	否	工资薪金	9 000			5 000	340	70	30	800							24 000	15 000	3 720	6 000		3 000						0			0		0	0	
5	陆水顺	略	略	略	否	工资薪金	6 800			5 000	300	60	30	800							20 400	15 000	3 570	6 000			4 500					0			0		0	0	
6	李依雯	略	略	略	否	工资薪金	6 500			5 000	290	50	25	750							19 500	15 000	3 345	6 000								0			0		0	0	
8	李明	略	略	略	否	劳务报酬	3 600		800																									20%		560		0	560	

续表

序号	姓名	身份证件类型	身份证件号码	是否为非居民个人	所得项目	收入额计算			减除费用	专项扣除				其他扣除					累计情况											税款计算				备注
						收入	费用	免税收入		基本养老保险费	基本医疗保险费	失业保险费	住房公积金	年金	商业健康保险费	税延养老保险	财产原值	允许扣除的税费	其他	累计收入额	累计减除费用	累计专项扣除	子女教育	继续教育	住房贷款利息	住房租金	赡养老人	3岁以下婴幼儿照护	累计其他扣除	减按计税比例	准予扣除的捐赠额	应纳税所得额	税率/预扣率	速算扣除数	应纳税额	减免税额	已缴税额	应补/退税额
9	何小芳	略	略	否	劳务报酬	11 000	3 000	2 200	35 000	2 690	780	325	3 250							106 200		33 135	36 000		3 000	13 500	18 000						20%	0	1 760		0	1 760
合计						274 800	105 000																									71 625			4 964.35		1 432.5	3 531.85

谨声明：本表是根据国家税收法律法规及相关规定填报的，是真实的、可靠的、完整的。

扣缴义务人（签章）：

经办人签字：

经办人身份证件号码：

代理机构签章：

代理机构统一社会信用代码：

受理人：

受理税务机关（章）：

受理日期： 年 月 日

年 月 日

国家税务总局监制

【项目工作任务 6-4】

接本项目工作任务 6-2 的任务设计实例,判断李东先生是否需要办理个人所得税年度自行申报,如果需要,请填报 2023 年度个人所得税年度自行纳税申报表,如表 6-13 所示,办理个人所得税的自行申报工作。

【工作流程】

第一步:根据李东 2023 年度取得的各项所得,判断其申报方式。

李东 2023 年度综合所得收入额
$= 22\,000 \times 12 + 5\,000 \times 4 + 50\,000 + 14\,000 \times (1-20\%) + 8\,000 \times (1-20\%) \times 70\%$
$= 349\,680(元)$

专项扣除 $= (1\,760 + 440 + 220 + 1\,580) \times 12 = 48\,000(元)$

综合所得收入额 $-$ 专项扣除 $= 349\,680 - 48\,000 = 301\,680(元)$

李东 2023 年度既有工资、薪金所得,又有劳务报酬所得、稿酬所得,且综合所得年收入额减除专项扣除后的余额超过 6 万元,因此需要办理个人所得税年度自行申报。

第二步:计算个人所得税年度自行申报表各项目金额,填写纳税申报表。

李东根据 2023 年度取得的综合所得情况,填写个人所得税年度自行申报表,如表 6-13 所示。

第三步:自行申报纳税。

李东需要在 2024 年 3 月 1 日至 6 月 30 日期间,向 A 公司所在地主管税务机关报送个人所得税年度自行申报表(A 表),办理个人所得税年度自行申报工作。

表 6-13 个人所得税年度自行纳税申报表(A 表)

(仅取得境内综合所得年度汇算适用)

税款所属期:2023 年 1 月 1 日至 2023 年 12 月 31 日
纳税人姓名:李东
纳税人识别号:330601197012170930   金额单位:人民币元(列至角分)

基本情况					
手机号码	××××××××××	电子邮箱	××××××××@××.com	邮政编码	□□□□□□
联系地址	××省(区、市)××市××区(县)××街道(乡、镇)××××××××				
纳税地点(单选)					
1. 有任职受雇单位的,需选本项并填写"任职受雇单位信息":			☑任职受雇单位所在地 某省某市		
任职受雇单位信息	名称	A公司			
	纳税人识别号	330601197012170930			
2. 没有任职受雇单位的,可以从本栏次选择一地:			□户籍所在地 □经常居住地		
户籍所在地/经常居住地	___省(区、市)___市___区(县)___街道(乡、镇)___				
申报类型(单选)					
☑首次申报			□更正申报		

续 表

综合所得个人所得税计算		
项 目	行次	金额
一、收入合计(第1行=第2行+第3行+第4行+第5行)	1	356 000
(一)工资、薪金	2	334 000
(二)劳务报酬	3	14 000
(三)稿酬	4	8 000
(四)特许权使用费	5	
二、费用合计[第6行=(第3行+第4行+第5行)×20%]	6	4 400
三、免税收入合计(第7行=第8行+第9行)	7	1 920
(一)稿酬所得免税部分[第8行=第4行×(1-20%)×30%]	8	1 920
(二)其他免税收入(附报《个人所得税减免税事项报告表》)	9	
四、减除费用	10	60 000
五、专项扣除合计(第11行=第12行+第13行+第14行+第15行)	11	48 000
(一)基本养老保险费	12	21 120
(二)基本医疗保险费	13	5 280
(三)失业保险费	14	2 640
(四)住房公积金	15	18 960
六、专项附加扣除合计(附报《个人所得税专项附加扣除信息表》) (第16行=第17行+第18行+第19行+第20行+第21行+第22行+第23行)	16	96 000
(一)子女教育	17	48 000
(二)继续教育	18	
(三)大病医疗	19	
(四)住房贷款利息	20	12 000
(五)住房租金	21	
(六)赡养老人	22	36 000
(七)3岁以下婴幼儿照护	23	
七、其他扣除合计(第24行=第25行+第26行+第27行+第28行+第29行)	24	
(一)年金	25	
(二)商业健康保险(附报《商业健康保险税前扣除情况明细表》)	26	
(三)税延养老保险(附报《个人税收递延型商业养老保险税前扣除情况明细表》)	27	
(四)允许扣除的税费	28	
(五)其他	29	
八、准予扣除的捐赠额(附报《个人所得税公益慈善事业捐赠扣除明细表》)	30	
九、应纳税所得额 (第31行=第1行-第6行-第7行-第10行-第11行-第16行-第24行-第30行)	31	145 680
十、税率(%)	32	20%
十一、速算扣除数	33	16 920
十二、应纳税额(第34行=第31行×第32行-第33行)	34	12 216

续 表

全年一次性奖金个人所得税计算		
（无住所居民个人预判为非居民个人取得的数月奖金，选择按全年一次性奖金计税的填写本部分）		
一、全年一次性奖金收入	35	
二、准予扣除的捐赠额（附报《个人所得税公益慈善事业捐赠扣除明细表》）	36	
三、税率(%)	37	
四、速算扣除数	38	
五、应纳税额[第39行＝(第35行－第36行)×第37行－第38行]	39	
税额调整		
一、综合所得收入调整额（需在"备注"栏说明调整具体原因、计算方式等）	40	
二、应纳税额调整额	41	
应补/退个人所得税计算		
一、应纳税额合计(第42行＝第34行＋第39行＋第41行)	42	12 216
二、减免税额（附报《个人所得税减免税事项报告表》）	43	
三、已缴税额	44	31 416
四、应补/退税额(第45行＝第42行－第43行－第44行)	45	－19 200
无住所个人附报信息		
纳税年度内在中国境内居住天数	已在中国境内居住年数	
退税申请		
（应补/退税额小于0的填写本部分）		
□申请退税（需填写"开户银行名称""开户银行省份""银行账号"） □放弃退税		
开户银行名称	开户银行省份	
银行账号		
备注		

谨声明：本表是根据国家税收法律法规及相关规定填报的，本人对填报内容(附带资料)的真实性、可靠性、完整性负责。

纳税人签字：李东　2024年3月1日

经办人签字：
经办人身份证件类型：
经办人身份证件号码：
代理机构签章：
代理机构统一社会信用代码：

受理人：
受理税务机关(章)：
受理日期：　　年　月　日

国家税务总局监制

练 习 题

一、判断题

1. 在中国境内有住所,或者无住所而在一个纳税年度内在境内居住满183天的个人,属于我国个人所得税的居民纳税人。（ ）
2. 个人所得税的征税对象是个人取得的应税所得。（ ）
3. 对于作者将自己的文字作品手稿原件或复印件公开拍卖(竞价)取得的所得,应按财产转让所得项目征收个人所得税。（ ）
4. 专项附加扣除,包括基本养老保险、子女教育、继续教育、大病医疗、住房贷款利息或者住房租金、赡养老人、3岁以下婴幼儿照护等支出。（ ）
5. 财产租赁所得以纳税人1个月的租赁收入为一次。（ ）
6. 对个人转让上市公司股票取得的所得,应按财产转让所得征收个人所得税。（ ）
7. 两个或者两个以上的个人共同取得同一项目收入的,应当对每个人取得的收入分别按照税法规定减除费用后计算纳税。（ ）
8. 某设计师从企业取得的设计业务收入,肯定按"劳务报酬"所得计征个人所得税。（ ）
9. 利息、股息、红利所得以每次收入额为应纳税所得额。（ ）
10. 居民个人取得综合所得,按月计算个人所得税;有扣缴义务人的,由扣缴义务人按月或者按次预扣预缴税款。（ ）

二、单项选择题

1. 约翰是美国人,2021年3月10日来华工作,2022年3月15日回国,2022年11月6日返回中国,2022年11月15日至2022年11月30日期间,因工作需要去了韩国,2022年12月1日返回中国,后于2023年1月7日回国,则该纳税人（ ）。
   A. 2021年度为我国居民纳税人,2022年度为我国非居民纳税人
   B. 2021年度为我国非居民纳税人,2022年度为我国居民纳税人
   C. 2021年度和2022年度均为我国非居民纳税人
   D. 2021年度和2022年度均为我国居民纳税人
2. 综合所得采用的税率形式是（ ）。
   A. 超额累进税率   B. 全额累进税率
   C. 超率累进税率   D. 超倍累进税率
3. 下列各项所得中,不属于个人所得税法规定的免税所得的是（ ）。
   A. 国债利息收入   B. 保险赔款   C. 救济性款项   D. 年终加薪
4. 居民个人取得的综合所得,以每一纳税年度的收入额减除费用（ ）元以及专项扣除、专项附加扣除和依法确定的其他扣除后的余额,为应纳税所得额。
   A. 40 000   B. 50 000   C. 60 000   D. 70 000
5. 下列个人所得税所得项目中,计算应纳税所得额时没有扣除项目的是（ ）。
   A. 稿酬所得   B. 工资、薪金所得   C. 偶然所得   D. 劳务报酬所得
6. 针对财产租赁计算个人所得税时,不得扣除的项目是（ ）。

A. 城建税及教育费附加　　　　　　B. 有合法凭证的出租财产的修缮费用
C. 财产所有者缴纳的个人所得税　　D. 定额扣除 800 元或定率扣除 20%的费用

7. 下列关于所得税"每次收入"的说法中,不正确的是(　　)。
A. 财产租赁所得,以一个月内取得的收入为一次
B. 利息、股息、红利所得,以一个月内取得的收入为一次
C. 偶然所得,以每次取得该项收入为一次
D. 在非居民个人取得的稿酬所得中,属于同一项目的连续性收入,以一个月内取得的收入为一次

8. 个人通过国内非营利的社会团体进行的公益救济性捐赠,在(　　)30%以内的部分准予扣除。
A. 收入总额　　B. 利润总额　　C. 应纳税所得额　　D. 应纳所得税额

9. 根据个人所得税法律制度的规定,我国个人所得税的征收方式主要是(　　)。
A. 代扣代缴　　　　　　　　　　B. 委托代征
C. 自行纳税申报　　　　　　　　D. 代扣代缴和自行纳税申报

10. 扣缴义务人每月或者每次预扣、代扣的税款,应当在次月(　　)日内缴入国库,并向税务机关报送扣缴义务人个人所得税申报表。
A. 7　　　　　　B. 10　　　　　　C. 15　　　　　　D. 30

三、多项选择题

1. 个人所得税法将纳税义务人区分为居民纳税人和非居民纳税人所依据的标准有(　　)。
A. 意愿标准　　B. 国籍标准　　C. 居住时间标准　　D. 住所标准

2. 下列各项中,属于我国居民纳税人的有(　　)。
A. 在中国境内有住所的个人
B. 在中国境内无住所且不在我国境内居住的个人
C. 在中国境内无住所且一个纳税年度内在中国境内居住累计满 183 天的个人
D. 在中国境内无住所且一个纳税年度内在中国境内居住累计不满 183 天的个人

3. 下列各项所得中,应当征收个人所得税的有(　　)。
A. 个人因其作品以图书、报刊形式出版、发表而取得的所得
B. 个人房屋租赁所得
C. 个体工商户的经营所得
D. 个人转让境内上市公司股票取得的所得

4. 下列各项中,免征个人所得税的有(　　)。
A. 陈某获得的保险赔款
B. 钱某出租房屋所得
C. 胡某领取的按照国家统一规定发给的补贴
D. 李某领取的按照国家统一规定发给的退休工资

5. 下列各项所得中,适用累进税率形式的有(　　)。
A. 工资、薪金所得　　　　　　　B. 财产租赁所得
C. 财产转让所得　　　　　　　　D. 经营所得

6. 下列各项支出中,属于居民个人综合所得中允许扣除的专项附加扣除的有(　　)。
   A. 子女学前教育支出　　　　　　B. 赡养老人支出
   C. 住房租金支出　　　　　　　　D. 继续教育支出
7. 下列关于子女教育个人所得税专项附加扣除的说法中,正确的有(　　)。
   A. 纳税人的子女接受全日制学历教育的相关支出,按照每个子女每月1 000元的标准定额扣除
   B. 纳税人的子女接受全日制学历教育的相关支出,按照每个子女每月2 000元的标准定额扣除
   C. 父母可以选择由其中一方按扣除标准的100%扣除,也可以选择由双方分别按扣除标准的50%扣除,具体扣除方式在一个纳税年度内不能变更
   D. 父母只能选择由双方分别按扣除标准的50%扣除
8. 个人独资企业和合伙企业在计算个人所得税应税所得额时,可以扣除的项目有(　　)。
   A. 投资者个人工资支出　　　　　B. 企业财产保险支出
   C. 分配给投资者的股利　　　　　D. 公益性捐赠
9. 纳税人应当依法办理自行纳税申报的情形有(　　)。
   A. 取得应税所得,扣缴义务人未扣缴税款
   B. 因移居境外而注销中国户籍
   C. 非居民个人在中国境内从两处以上取得工资、薪金所得
   D. 取得境外所得
10. 下列关于个人所得税纳税期限的说法中,正确的有(　　)。
    A. 居民个人取得综合所得需要办理汇算清缴的,应当在取得所得的次年3月1日至6月30日内办理汇算清缴
    B. 纳税人取得经营所得,在取得所得的次年3月31日前办理汇算清缴
    C. 居民个人从中国境外取得所得的,应当在取得所得的次年3月1日至6月30日内办理纳税申报
    D. 纳税人因移居境外而注销中国户籍的,应当在申请注销中国户籍前,向户籍所在地主管税务机关办理纳税申报

四、业务题

1. 设计师金某为某非任职企业设计某项产品,第一个月,企业支付了20 000元,第二个月设计完成后,又支付了剩余的30 000元,计算该企业应为金某预扣预缴的个人所得税。
2. 中国公民李先生在杭州工作,在老家有房,亦有房贷,但非首套住房贷款,在杭州租房,每月支付租金4 000元,与妻子共同育有一子一女,均正上小学,李先生为独子,其父母已超过60岁。其妻为全职太太,两人约定,子女教育费用由李先生扣除。某年李先生取得以下所得:
   (1) 在工作单位每月取得工资20 000元,每月缴纳三险一金3 500元。
   (2) 7月为某公司设计图纸,取得设计费28 000元。
   (3) 客串电视台某节目,取得劳务收入5 000元。
   (4) 出版一部专著,取得收入50 000元。
   要求:计算李先生当年应就个人所得缴纳的个人所得税。

3. 公民李某是高校教师,独子,父母均年满 60 周岁,某年 12 月份取得初级会计师专业技术资格证书,当年取得以下各项收入:

(1) 每月取得工资 4 000 元,6 月份取得上半年奖金 6 000 元,12 月份取得下半年奖金 8 000 元,每月缴纳三险一金 1 000 元。

(2) 5 月份出版一本专著,取得稿酬 40 000 元,李某当即拿出 10 000 元,通过政府部门捐给农村义务教育事业。

(3) 6 月份为 B 公司进行营销筹划,取得报酬 35 000 元。

(4) 2 月份以 100 000 元购买 A 企业股权,并于 10 月份以 250 000 元的价格将股权转让给 B 企业,不考虑相关税费。

要求:计算李某当年应就个人所得缴纳的个人所得税。

4. 张某某年 12 月取得以下所得:

(1) 银行存款利息收入 500 元。

(2) 股票转让收入 10 000 元。

(3) 将一套商品房出售,取得转让收入 1 000 000 元,该商品房原价 700 000 元,转让时发生各项税费 50 000 元。

(4) 将自有住房出租,每月租金为 5 000 元,缴纳有关税费 350 元。

(5) 购买福利彩票,一次性中奖 20 000 元。

要求:计算张某 12 月份应缴纳的个人所得税。

5. 一中国公民甲,某年 1 月至 12 月从中国境内取得工资、薪金所得共 444 000 元,缴纳三险一金 50 000 元,取得稿酬所得 20 000 元;当年还从 A 国取得特许权使用费所得 8 000 元(已换算成人民币单位,下同),从 B 国取得银行存款利息收入 3 000 元、劳务报酬所得 20 000 元,该纳税人已按 A、B 两国税法规定分别缴纳了个人所得税 1 400 元和 1 700 元。

要求:计算甲就其境外所得在我国境内应补缴的个人所得税。(不考虑专项附加扣除)

五、项目实训

张某(身份证号:330102197011020927)在北京一家公司从事会计工作,单身,租房居住,每月支付房租 3 000 元,无兄弟姐妹,父母均已年过 60 岁,以上各项专项附加扣除信息均已于年初报送给公司财务部门;2023 年 12 月取得初级会计师专业技术资格证书,此项信息尚未报送公司财务部门。

2022 年张某取得以下各项收入:

(1) 境内每月工薪收入 20 000 元,个人每月缴纳养老保险 1 600 元,医疗保险 400 元,失业保险 200 元,公积金 1 500 元;12 月份取得年终奖 30 000 元(年终奖不单独计算)。单位已按规定预扣预缴个人所得税。

(2) 提供两次劳务,分别取得收入 3 000 元、50 000 元,已被支付单位预扣预缴个人所得税。

(3) 在报刊上发表 1 篇文章,取得稿酬 1 500 元,报社已预扣预缴个人所得税。

(4) 将发明的一项专利让渡给某公司使用,取得收入 60 000 元,该公司已预扣预缴个人所得税。

(5) 将自有住房出租给某公司,每月租金 3 500 元,缴纳其他税费 200 元,并已缴纳个人所得税。

(6) 全年在上交所通过转让 A 股股票盈利 60 000 元。

(7) 购买体育彩票，一次性中奖 20 000 元，体彩中心已经全额扣缴个人所得税。

要求：

(1) 计算各项所得应由支付方代扣代缴（预扣预缴）的个人所得税税额。

(2) 计算张某 2023 年综合所得的应纳个人所得税税额。

(3) 请替张某填制个人所得税年度自行纳税申报表。

项 目 小 结

项目六学习内容结构如图 6-1 所示。

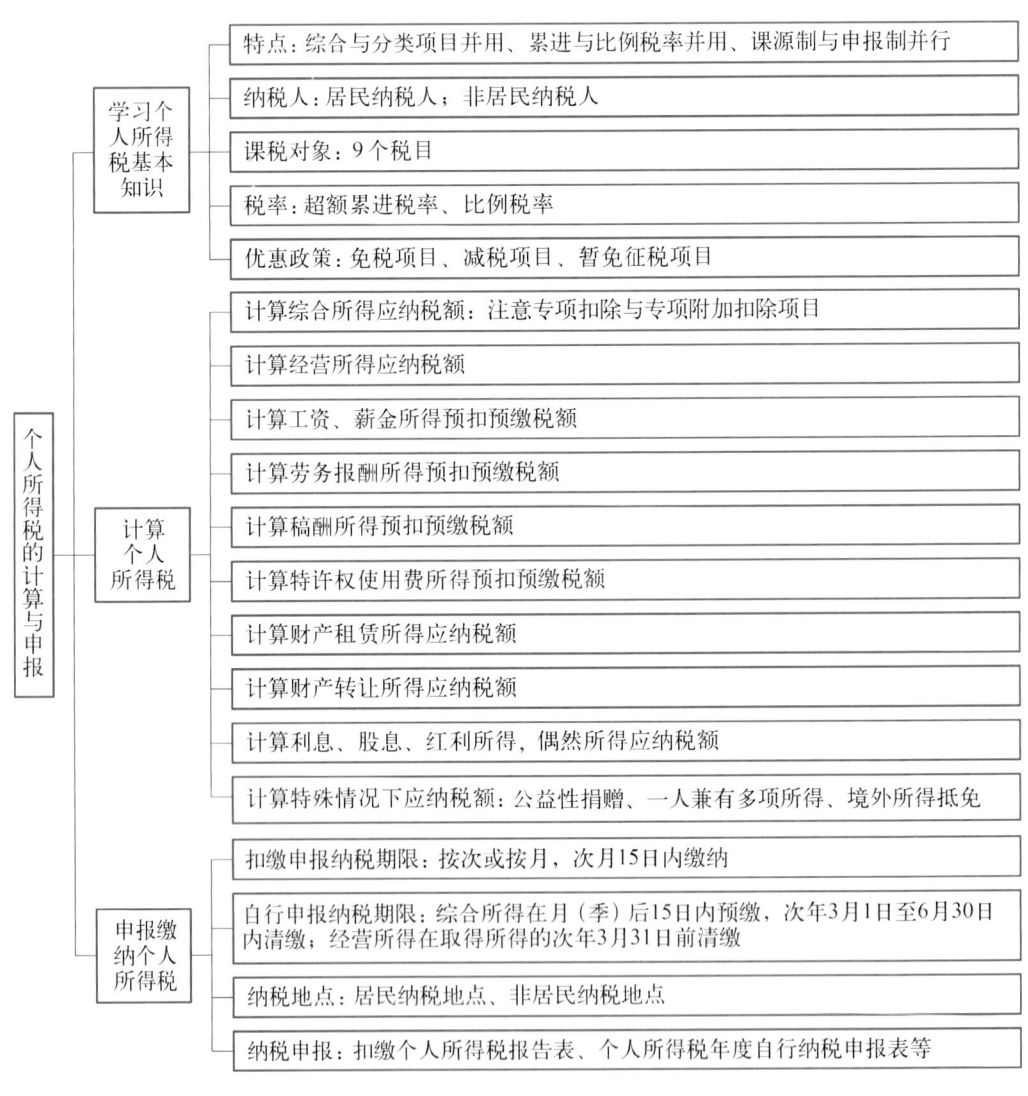

```
个人所得税的计算与申报
├── 学习个人所得税基本知识
│   ├── 特点：综合与分类项目并用、累进与比例税率并用、课源制与申报制并行
│   ├── 纳税人：居民纳税人；非居民纳税人
│   ├── 课税对象：9 个税目
│   ├── 税率：超额累进税率、比例税率
│   └── 优惠政策：免税项目、减税项目、暂免征税项目
├── 计算个人所得税
│   ├── 计算综合所得应纳税额：注意专项扣除与专项附加扣除项目
│   ├── 计算经营所得应纳税额
│   ├── 计算工资、薪金所得预扣预缴税额
│   ├── 计算劳务报酬所得预扣预缴税额
│   ├── 计算稿酬所得预扣预缴税额
│   ├── 计算特许权使用费所得预扣预缴税额
│   ├── 计算财产租赁所得应纳税额
│   ├── 计算财产转让所得应纳税额
│   ├── 计算利息、股息、红利所得，偶然所得应纳税额
│   └── 计算特殊情况下应纳税额：公益性捐赠、一人兼有多项所得、境外所得抵免
└── 申报缴纳个人所得税
    ├── 扣缴申报纳税期限：按次或按月，次月15日内缴纳
    ├── 自行申报纳税期限：综合所得在月（季）后15日内预缴，次年3月1日至6月30日内清缴；经营所得在取得所得的次年3月31日前清缴
    ├── 纳税地点：居民纳税地点、非居民纳税地点
    └── 纳税申报：扣缴个人所得税报告表、个人所得税年度自行纳税申报表等
```

图 6-1 项目六学习内容结构

项目七　其他税种的计算与申报

◇ **职业能力目标**

➢ 了解房产税、城镇土地使用税、车船税、印花税、土地增值税、契税、资源税、城市维护建设税与教育费附加的基本知识

➢ 能根据企业实际情况判断其是否应缴纳房产税、城镇土地使用税、车船税、印花税、土地增值税、契税、资源税、城市维护建设税与教育费附加并选择适用的税率或征收率

➢ 掌握房产税、城镇土地使用税、车船税、印花税、土地增值税、契税、资源税、城市维护建设税与教育费附加应纳税额或费额的计算方法

➢ 掌握房产税、城镇土地使用税、车船税、印花税、土地增值税、契税、资源税、城市维护建设税与教育费附加的纳税申报方法

◇ **典型工作任务**

➢ 确定房产税、城镇土地使用税、车船税、印花税、土地增值税、契税、资源税、城市维护建设税与教育费附加纳税人、课税对象、征税范围和适用税率或征收率

➢ 运用房产税、城镇土地使用税、车船税、印花税、土地增值税、契税、资源税、城市维护建设税与教育费附加的优惠政策

➢ 计算房产税、城镇土地使用税、车船税、印花税、土地增值税、契税、资源税、城市维护建设税与教育费附加的应纳税额或费额

➢ 申报缴纳房产税、城镇土地使用税、车船税、印花税、土地增值税、契税、资源税、城市维护建设税与教育费附加

任务一　计算与申报房产税

任务引例

某税务机关在进行日常纳税检查时,发现某企业将其临街的一幢厂房出租给某商贸公司使用,该企业认为现在这幢厂房正由商贸公司使用,本企业不应缴纳房产税。而商贸公司认为厂房归某企业所有,本公司不应缴纳房产税。因此,双方均未缴纳房产税。在这种情况下,应由哪一方缴纳房产税呢?

【知识准备与业务操作】

一、房产税的基本知识

房产税是以房屋为征税对象，按照房屋的计税余值或出租房屋的租金收入向产权所有人或经营人征收的一种财产税。对房产征税的目的是运用税收杠杆，加强对房产的管理，提高房产使用效率，控制固定资产投资规模，同时配合国家房产政策的调整，合理调节房产所有人和经营人的收入。

（一）房产税纳税人

房产税以房屋产权的所有人为纳税人。

对纳税人的具体规定如下：产权属于国家所有的，由经营管理单位缴纳；产权属于集体和个人所有的，由集体和个人缴纳；产权出典的，由承典人缴纳；产权所有人、承典人不在房产所在地的，或者产权未确定及租典纠纷未解决的，由房产代管人或者使用人缴纳。

无租使用其他单位房产的，房产税由实际使用人代为缴纳。

自 2009 年 1 月 1 日起，外商投资企业、外国企业和组织以及外籍个人，依照《中华人民共和国房产税暂行条例》（以下简称《房产税暂行条例》）缴纳房产税。

（二）房产税征税对象和征税范围

1. 征税对象

房产税的征税对象是房产。

房产是以房屋为表现形式的财产，是指有屋面和围护结构（有墙或两边有柱），能遮风避雨，可供人们在其中生产、工作、学习、娱乐、居住或储藏物资的场所。凡以房屋为载体，不可随意移动的附属设备和配套设施，如给排水、采暖、消防、中央空调、电气及智能化楼宇设备等，无论在会计核算中是否单独记账与核算，都应计入房产原值，计征房产税。具备房屋功能的地下建筑，包括与地上房屋相连的地下建筑，如地下室、地下停车场等以及完全建在地下的建筑，也属于房产税的征税范围。

独立于房屋之外的建筑物，如围墙、烟囱、水塔、变电塔、油池油柜、酒精池、室外游泳池、玻璃暖房、砖瓦石灰窑以及各种油气罐等，不属于房产。

2. 征税范围

房产税的征税范围包括位于城市、县城、建制镇和工矿区的房产。因此房产税的征税范围不包括农村房产，这主要是为了减轻农民的负担。

> **提示**：对房地产开发企业建造的商品房，在售出前，不征收房产税；但对售出前房地产开发企业已使用或出租、出借的商品房，应按规定征收房产税。

（三）房产税税率

目前我国房产税依据房屋的经营使用方式规定不同的征税办法，并分别按从价计征和从租计征设置了两种税率：对占有使用房产的，从价计征，税率为 1.2%；对出租房产的，从租计征，税率为 12%。对个人按市场价格出租的，用于居住的居民住房，减按 4% 的税率征收房产税。

（四）房产税税收优惠政策

房产税的税收优惠政策主要有：

（1）国家机关、人民团体、军队自用的房产免税。

但上述免税单位的出租房屋以及非自身业务使用的生产、经营用房，不属于免税范围。

（2）由国家财政部门拨付经费的单位，其自身业务范围内使用的房产免税。企业办的各类学校、医院、托儿所、幼儿园的自用房产，可以比照由国家财政部门拨付事业经费的单位自用的房产，免征房产税。

（3）宗教寺庙、公园、名胜古迹自用的房产免税。

（4）个人所有非营业用的房产免税。

（5）经财政部批准免税的其他房产。

> **提示1**：自2011年1月28日起，在上海、重庆等地开始对某些非经营性的个人住房试行征收房产税。
>
> **提示2**：自2022年1月1日至2024年12月31日，由省、自治区、直辖市人民政府根据本地区实际情况，对增值税小规模纳税人、小型微利企业、个体工商户可以在50%的税额幅度内减征房产税、城镇土地使用税、资源税、耕地占用税、印花税（不含证券交易印花税）、城市维护建设税和教育费附加、地方教育附加。以上纳税人已依法享受其他优惠政策的，可叠加享受本项目优惠政策。

二、计算房产税税额

（一）确定房产税计税依据

房产税的计税依据为房产的计税价值或房产的租金收入。按房产的计税价值征税的，为从价计征；按房产的租金收入征税的，为从租计征。

1. 从价计征

从价计征的计税依据是房产原值减除一定比例后的余值，称为计税余值。房产原值是"固定资产"账户中记载的房屋原价；减除的比例是由省、自治区、直辖市人民政府在10%～30%范围内确定的扣除比例。

无租使用房产，按房产计税余值计算缴纳房产税。

2. 从租计征

从租计征的计税依据为房产租金收入，即房屋产权所有人出租房产使用权所取得的报酬，包括货币收入和实物收入，不含增值税。

3. 其他规定

对于企业投资联营的房产，应当根据投资联营的具体情况确定房产税的计税方法。对于以房产投资联营，投资者参与投资利润分红，共担风险的，以房产计税余值为计税依据计征房产税；对于以房产投资，收取固定收入，不承担风险，实际上是以联营名义收取租金的，由出租方按租金收入计征房产税。

> **引例解析**
>
> 本任务引例中，房产税以房屋产权的所有人为纳税人。某企业将自身所有的厂房出租给商贸公司，应由其按从租计征的方法，以房产租金收入为计税依据计算缴纳房产税。

（二）计算房产税应纳税额

1. 从价计征情况下应纳税额的计算

从价计征的计税依据是房产原值减除一定比例后的计税余值，其计算公式为：

$$应纳税额＝应税房产原值\times(1-扣除比例)\times 1.2\%$$

2. 从租计征情况下应纳税额的计算

从租计征的计税依据是房产租金收入，其计算公式为：

$$应纳税额＝租金收入\times 12\%$$

【做中学 7-1】

某企业拥有两栋经营用房，原值均为 1 000 万元，按当地政府规定允许减除 30% 后的余值计税。某年 1 月 1 日起，该企业出租其中一栋，年租金收入为 8 万元。请计算当年其应纳房产税税额。

计算：

应纳房产税税额 $=1\,000\times(1-30\%)\times 1.2\%+8\times 12\%=9.36$（万元）

三、申报缴纳房产税

（一）确定纳税义务发生时间

(1) 纳税人将自建房屋用于生产经营的，自建成之次月起征收房产税。

(2) 纳税人将原有房屋用于生产经营的，从生产经营之月起，计征房产税。

(3) 纳税人委托施工企业建设的房屋，从办理验收手续之次月起征收房产税。

(4) 纳税人在办理验收手续前已使用或出租、出借的新建房屋，应按规定征收房产税。

(5) 购置新建商品房，自房屋交付使用之次月起计征房产税。

(6) 购置存量房，自办理房屋权属转移、变更登记手续，房地产权属登记机关签发房屋权属证书之次月起计征房产税。

(7) 出租、出借房产，自交付出租、出借房产之次月起计征房产税。

(8) 房地产开发企业自用、出租、出借本企业建造的商品房，自房屋使用或交付之次月起计征房产税。

（二）确定房产税纳税期限

房产税实行按年征收，分期缴纳。纳税期限一般为一个季度或半年，具体由各省、自治区、直辖市人民政府确定。

（三）确定房产税纳税地点

房产税在房产所在地缴纳。房产不在同一地方的纳税人，应按房产的坐落地点分别向房产所在地的税务机关缴纳。

（四）申报房产税

根据《国家税务总局关于简并税费申报有关事项的公告》（国家税务总局公告 2021

年第9号),为深入推进税务领域"放管服"改革,优化营商环境,切实减轻纳税人、缴费人申报负担,自2021年6月1日起,纳税人申报缴纳城镇土地使用税、房产税、车船税、印花税、耕地占用税、资源税、土地增值税、契税、环境保护税、烟叶税这十个税种中的一个或多个税种时,使用财产和行为税纳税申报表。也就是说,纳税人在申报财产和行为税多个税种时,不再单独使用分税种申报表,而是在一张纳税申报表上同时申报多个税种。

财产和行为税纳税申报表由一张主表和一张减免税附表组成:主表反映纳税情况,包括各税种税款所属期、应纳税额、减免税额、已缴税款、应补退税款等;附表反映减免税情况,分类详细展示纳税人享受的每项优惠政策,方便纳税人详细了解减免税情况。具体如表7-1、表7-2所示。

表7-1　　　　　　　　　　财产和行为税纳税申报表

纳税人识别号(统一社会信用代码):
纳税人名称:　　　　　　　　　　　　　　　　　　金额单位:人民币元(列至角分)

序号	税种	税目	税款所属期起	税款所属期止	计税依据	税率	应纳税额	减免税额	已缴税额	应补(退)税额
1										
2										
3										
4										
5										
6										
7										
8										
9										
10										
11	合计	—	—	—	—	—				

声明:此表是根据国家税收法律法规及相关规定填写的,本人(单位)对填报内容(及附带资料)的真实性、可靠性、完整性负责。

纳税人(签章):　　　年　月　日

经办人: 经办人身份证号: 代理机构签章: 代理机构统一社会信用代码:	受理人: 受理税务机关(章): 受理日期:　　年　月　日

表 7-2　　　　　　　　　　　财产和行为税减免税明细申报附表

纳税人识别号(统一社会信用代码)：□□□□□□□□□□□□□□□□□□
纳税人名称：　　　　　　　　　　　　　　　　　　　　　　　金额单位：人民币元(列至角分)

本期是否适用小微企业"六税两费"减免政策	□是　□否	减免政策适用主体	增值税小规模纳税人：□是　□否
			增值税一般纳税人：□个体工商户 □小型微利企业
		适用减免政策起止时间	__年__月至__年__月
合计减免税额			

城镇土地使用税

序号	土地编号	税款所属期起	税款所属期止	减免性质代码和项目名称	减免税额
1					
2					
小计	—			—	

房产税

序号	房产编号	税款所属期起	税款所属期止	减免性质代码和项目名称	减免税额
1					
2					
小计	—			—	

车船税

序号	车辆识别代码/船舶识别码	税款所属期起	税款所属期止	减免性质代码和项目名称	减免税额
1					
2					
小计				—	

印花税

序号	税目	税款所属期起	税款所属期止	减免性质代码和项目名称	减免税额
1					
2					
小计					

资源税

序号	税目	子目	税款所属期起	税款所属期止	减免性质代码和项目名称	减免税额
1						
2						
小计	—				—	

续 表

耕地占用税

序号	税源编号	税款所属期起	税款所属期止	减免性质代码和项目名称	减免税额
1					
2					
小计	—				

契税

序号	税源编号	税款所属期起	税款所属期止	减免性质代码和项目名称	减免税额
1					
2					
小计	—				

土地增值税

序号	项目编号	税款所属期起	税款所属期止	减免性质代码和项目名称	减免税额
1					
2					
小计	—				

环境保护税

序号	税源编号	污染物类别	污染物名称	税款所属期起	税款所属期止	减免性质代码和项目名称	减免税额
1							
2							
小计	—	—	—			—	

声明：此表是根据国家税收法律法规及相关规定填写的，本人（单位）对填报内容（及附带资料）的真实性、可靠性、完整性负责。

纳税人（签章）： 年 月 日

经办人： 经办人身份证号： 代理机构签章： 代理机构统一社会信用代码：	受理人： 受理税务机关（章）： 受理日期： 年 月 日

申报前,纳税人需要填报财产和行为税税源明细表来完成纳税申报的基本信息的报送。这是后续税务管理工作的基础数据来源,也是税务征管系统生成纳税申报表的主要依据。

财产和行为税税源明细表依据具体税种分为多张表单,纳税人需根据实际情况认真填写,为后续纳税申报做好准备。

纳税人填制完成财产和行为税税源明细表后,征管系统将根据各税种财产和行为税税源明细表自动生成财产和行为税纳税申报表,纳税人审核确认后即可完成申报。

后续申报时,纳税人税源明细无变更的,税务机关提供免填单服务,根据纳税人识别号,税务系统自动生成申报表,纳税人审核确认后即可完成申报。

当纳税人所填报的税源明细表中的任何情况发生变化时,应及时向税务机关进行更正维护,防止后续税款数据生成发生错误。

房产税纳税人在进行纳税申报时,应按上述要求填制或维护城镇土地使用税 房产税税源明细表,核对财产和行为税纳税申报表数字后签字确认,完成纳税申报。城镇土地使用税 房产税税源明细表如表7-3所示。

【项目工作任务 7-1】

锦华电子技术有限公司,注册资金为100万元,为增值税一般纳税人,于2018年12月3日向某市市场监督管理局办理工商登记,12月18日取得营业执照,统一社会信用代码为330123456778889900,经营期限为20年。

锦华公司拥有两栋一样的经营用房,建筑面积均为3 000平方米,价值均为1 000万元;一栋砖混小楼,建筑面积为200平方米,价值300万元,企业自办医院设在其中。2023年8月15日,出租其中一栋经营用房,合同约定租期三年,月租金8万元(不含增值税),当月交付使用。当地政府规定的计算房产余值的扣除比例为30%,房产税每年申报缴纳一次。请计算并申报该公司2023年的应纳房产税税额。(本题不考虑具有时效性的税收优惠政策)

【工作流程】

第一步:分析经济业务类型并确定计税方法和计税依据。

自己使用的经营用房和厂房,按照房产余值缴纳房产税,出租房产自交付房产之次月起按照租金计征房产税。

第二步:计算各项业务应纳房产税税额。

(1)按房产余值从价计征部分:

应纳房产税税额 = 1 000×(1−30%)×1.2% + 1 000×(1−30%)×1.2%×8÷12
= 14(万元)

(2)按租金从租计征部分:

应纳房产税税额 = 8×4×12% = 3.84(万元)

第三步:计算本年应纳房产税税额。

应纳房产税税额 = 14 + 3.84 = 17.84(万元)

第四步:维护、修改城镇土地使用税、房产税税源明细表,核对应纳税额数字,在财产和行为税纳税申报表上签章确认,完成房产税申报。

表7-3 城镇土地使用税 房产税税源明细表

纳税人识别号(统一社会信用代码)：□□□□□□□□□□□□□□□□□□
纳税人名称：

金额单位：人民币元(列至角分)；面积单位：平方米

一、城镇土地使用税税源明细

*纳税人类型	土地使用权人□ 集体土地使用人□ 无偿使用人□ 代管人□ 实际使用 人□(必选)	土地使用权人纳税人识别 号(统一社会信用代码)		土地使用权人名称	
*土地编号		土地名称		不动产权证号	
不动产单元号		宗地号		*土地性质	国有□ 集体□(必选)
*土地取得方式	划拨□ 出让□ 转让□ 租赁□ 其他□(必选)	*土地用途	工业□ 商业□ 居住□ 综合□ □ 其他□(必选)	房地产开发企业的开发用地 (必填)	
*土地坐落地址 (详细地址)	省(自治区、直辖市) 市(区) 县(区) 乡镇(街道)				
*土地所属主管税 务所(科、分局)					
*土地取得时间	年 月	变更类型	纳税义务终止(权属转移□ 其他□) 信息项变更(土地面积变更□ 土地等级变更□ 减免税变更□ 其他□)	变更时间	年 月
*占用土地面积		地价		*税额标准	

	序号	减免性质代码和项目名称	减免起止时间		土地等级	减免税土地面积	月减免税金额
			减免起始月份	减免终止月份			
			年 月	年 月			
减免税 部分	1						
	2						
	3						

续表

二、房产税税源明细

（一）从价计征房产税明细

*纳税人类型	产权所有人□ 经营管理人□ 承典人□ 房屋代管人□ 房屋使用人□ 融资租赁 承租人□（必选）	所有权人纳税人识别号 （统一社会信用代码）		所有权人名称	
*房产编号		房产名称			
不动产权证号		不动产单元号			
*房屋坐落地址 （详细地址）	省（自治区、直辖市） 市（区） 县（区） 乡镇（街道） （必填）				
*房产所属主管税务所（科、分局）					
房屋所在土地编号					
*房产用途	工业□ 商业及办公□ 住房□ 其他□（必选）				
*房产取得时间	年 月				
变更类型	纳税义务终止□ 权属转移□ 其他□ 信息项变更（房产原值变更□ 出租房产原值变更□ 减免税变更□ 申报租金收入变更□ 其他□）			变更时间	年 月
*建筑面积		其中：出租房产面积			
*房产原值		其中：出租房产原值		计税比例	
减免税部分	减免性质代码和项目名称	减免起止时间		减免税房产原值	月减免税金额
		减免起始月份	减免终止月份		
		年 月	年 月		
序号					
1					
2					
3					

续表

二、房产税税源明细

(二) 从租计征房产税明细

*房产编号		房产名称	
*房产所属主管税务所(科、分局)			
承租方纳税人识别号(统一社会信用代码)		承租方名称	
*出租面积		*申报租金收入	
*申报租金所属租赁期起		*申报租金所属租赁期止	

减免税部分

序号	减免性质代码和项目名称	减免起止时间		减免租税收入	月减免税金额
		减免起始月份	减免终止月份		
		年 月	年 月		
1					
2					
3					

任务二　计算与申报城镇土地使用税

> **任务引例**
>
> 某企业坐落于某中等城市，实际占地面积为 80 000 平方米。其中厂区内绿化面积为 3 000 平方米，企业自办幼儿园，占地面积为 100 平方米，其余土地为生产用地。该企业财务人员在计算应纳城镇土地使用税时，认为绿化土地的面积是不用算入计税依据的，但幼儿园的占地面积应算入计税依据。请问该财务人员的想法对吗？

【知识准备与业务操作】

一、城镇土地使用税的基本知识

城镇土地使用税是以国有土地为征税对象，对拥有土地使用权的单位和个人征收的一种税。该税是一种具有资源税性质的税种。开征城镇土地使用税，有利于加强对土地的控制与管理，调节土地级差收入，提高土地使用效率。

（一）城镇土地使用税纳税人

城镇土地使用税纳税人包括在中国境内的城市、县城、建制镇和工矿区范围内使用土地的企业、单位、个体工商户和其他个人。这里的单位，包括国有企业、集体企业、私营企业、股份制企业、外商投资企业、外国企业以及其他企业和事业单位、社会团体、国家机关、军队以及其他单位。

对纳税人的具体规定如下：拥有土地使用权的单位或个人不在土地所在地的，由代管人或实际使用人缴纳；土地使用权属尚未确定，或权属纠纷未解决的，由实际使用人缴纳；土地使用权共有的，由共有各方分别缴纳；在征税范围内实际使用应税集体所有建设用地但未办理土地使用权流转手续的，由实际使用人缴纳。

（二）城镇土地使用税征税对象和征税范围

城镇土地使用税征税对象是土地。

城镇土地使用税征税范围包括城市、县城、建制镇和工矿区内的国家所有和集体所有的土地，不包括农村集体所有的土地。

自 2009 年 12 月 1 日起，单独建造的地下建筑用地，按规定征收城镇土地使用税。

（三）城镇土地使用税税额标准

城镇土地使用税根据不同地区和各地经济发展状况实行等级幅度税额标准，城镇土地使用税税额标准表如表 7-4 所示，各省级人民政府根据当地实际情况在规定的税额幅度内确定本地区适用的税额幅度。

表 7-4　　　　　城镇土地使用税税额标准表

地　　区	税额标准/(元/平方米)
大城市(人口 50 万以上)	1.50～30.00
中等城市(人口 20 万～50 万)	1.20～24.00

续　表

地　　区	税额标准/(元/平方米)
小城市(人口 20 万以下)	0.90～18.00
县城、建制镇、工矿区	0.60～12.00

(四) 城镇土地使用税税收优惠

《中华人民共和国城镇土地使用税暂行条例》(以下简称《城镇土地使用税暂行条例》)规定,以下土地免缴城镇土地使用税:

(1) 国家机关、人民团体、军队自用的土地。

(2) 由国家财政部门拨付事业经费的单位自用的土地。

(3) 宗教寺庙、公园、名胜古迹自用的土地。

(4) 市政街道、广场、绿化地带等公共用地。

(5) 直接用于农、林、牧、渔业的生产用地。

(6) 经批准开山填海整治的土地和改造的废弃土地,从使用的月份起免缴城镇土地使用税 5～10 年。

(7) 非营利性医疗机构、疾病控制中心和妇幼保健机构的自用土地。

营利性医疗机构自用地自取得执照之日起免征 3 年。

(8) 企业办学校、医院、托儿所、幼儿园,其用地能与其他用地明确划分的,免征城镇土地使用税。

(9) 纳税单位无偿使用免税单位土地,应缴纳城镇土地使用税;免税单位无偿使用纳税单位土地,免征城镇土地使用税。

(10) 由财政部门另行规定免税的能源、交通、水利设施用地和其他用地。

(11) 下列土地由省级税务局确定减免:个人所有的居住房屋及院落用地;免税单位职工家属的宿舍用地;集体和个人办的各类学校、医院、托儿所及幼儿园用地;民政部门举办的安置残疾人占一定比例的福利工厂用地;基建项目在建期间使用的土地以及城镇集贸市场用地;各类危险品仓库、厂房所需的防火、防爆、防毒等安全防范用地等。

(12) 纳税人缴纳土地使用税确有困难,需要定期减免的,由省、自治区、直辖市税务机关审核后,报国家税务局批准。

> **提示**:对民政部门举办的福利工厂用地,暂免征收城镇土地使用税。免税的福利工厂用地,是指民政部门举办的年平均实际安置的残疾人员占单位在职职工总数的比例高于 25%(含 25%),且实际安置的残疾人人数多于 10 人(含 10 人)的福利工厂用地。

引例分析

本任务引例中,该企业位于中等城市,应缴纳城镇土地使用税。企业厂区占地面积内的绿化地不属于市政公共用地,需要缴纳城镇土地使用税,但企业办学校、医院、托儿所、幼儿园,其用地能与其他用地明确划分的,免征城镇土地使用税。因此,企业应就全部占地面积减去幼儿园的占地面积后的余值缴纳城镇土地使用税。

二、计算城镇土地使用税税额

(一)确定城镇土地使用税计税依据

城镇土地使用税以纳税人实际占用的土地面积为计税依据,按照适用税额标准计算应纳税额。具体确定办法如下:

(1) 凡由省、直辖市人民政府确定的单位组织测定土地面积的,以测定的土地面积为准。

(2) 未经组织测定,但纳税人持有政府部门核发的土地使用证书的,以证书确认的土地面积为准。

(3) 尚未核发土地使用证书的,应由纳税人据实申报土地面积,待核发土地使用证书后再调整。

(二)计算城镇土地使用税应纳税额

城镇土地使用税按纳税人实际占用的土地面积和规定的税额按年计算,分期缴纳。年度应纳税额的计算公式为:

$$年度应纳税额 = 应税土地实际占用面积 \times 适用单位税额$$

或

$$年度应纳税额 = \sum(各级次应税土地面积 \times 该级次土地单位税额)$$

如果属于高层建筑且多家共用一宗土地,每一产权者需缴纳的土地使用税应按拥有建筑面积占总建筑面积比例计算。其计算公式为:

$$年度应纳税额 = \frac{\sum(应税土地面积 \times 该级次土地单位税额) \times 某纳税人使用的建筑面积}{该宗地总建筑面积}$$

【做中学 7-2】

某市星光购物中心实行统一核算,土地使用证上载明的该企业实际占用土地情况为:中心店占地 8 200 平方米,一分店占地 3 600 平方米,二分店占地 5 800 平方米,企业仓库占地 6 300 平方米,企业自办托儿所占地 360 平方米。经税务机关确认,该企业所占用土地分别适用市政府确定的以下税额:中心店位于一等地段,每平方米年税额为 7 元;一分店和托儿所位于二等地段,每平方米年税额为 5 元;二分店位于三等地段,每平方米年税额为 4 元;仓库位于五等地段,每平方米年税额为 1 元。请计算星光购物中心全年应纳城镇土地使用税税额。

计算:

(1) 中心店占地应纳税额 = 8 200 × 7 = 57 400(元)

(2) 一分店占地应纳税额 = 3 600 × 5 = 18 000(元)

(3) 二分店占地应纳税额 = 5 800 × 4 = 23 200(元)

(4) 仓库占地应纳税额 = 6 300 × 1 = 6 300(元)

(5) 星光购物中心全年应纳城镇土地使用税税额 = 57 400 + 18 000 + 23 200 + 6 300 = 104 900(元)

三、申报缴纳城镇土地使用税

（一）确定城镇土地使用税纳税义务发生时间

城镇土地使用税实行"按年计算、分期缴纳"的征收方法。

（1）购置新建商品房，自房屋交付使用之次月起计征房产税和城镇土地使用税。

（2）购置存量房，自办理房屋权属转移、变更登记手续，房地产权属登记机关签发房屋权属证书之次月起计征房产税和城镇土地使用税。

（3）出租、出借房产，自交付出租、出借房产之次月起计征房产税和城镇土地使用税。

（4）房地产开发企业自用、出租、出借本企业建造的商品房，自房屋使用或交付之次月起计征房产税和城镇土地使用税。

（5）纳税人新征用的耕地，自批准征用之日起满1年时开始纳税。

（6）纳税人新征用的非耕地，自批准征用次月起纳税。

（二）确定城镇土地使用税纳税期限

城镇土地使用税实行"按年计算、分期缴纳"的征收方法，具体纳税期限由省、自治区、直辖市人民政府确定。

（三）确定城镇土地使用税纳税地点

城镇土地使用税纳税地点为土地所在地。

纳税人使用的土地不属于同一省、自治区、直辖市管辖的，由纳税人分别向所在地的税务机关纳税；在同一省、自治区、直辖市管辖范围内，纳税人跨地区使用的土地，其纳税地点由各省、自治区、直辖市地方税务局确定。城镇土地使用税由土地所在地的地方税务机关征收，其收入纳入地方财政预算管理。

（四）申报缴纳城镇土地使用税

城镇土地使用税的纳税人应按照条例的有关规定及时办理纳税申报，如实填写城镇土地使用税 房产税税源明细表（表7-3），然后在财产和行为税纳税申报表（表7-1）上签章确认，完成申报。

【项目工作任务 7-2】

锦华电子技术有限公司（企业相关资料见项目工作任务 7-1），企业占地面积共25 000平方米，其中企业自办医院占地100平方米。当地市政府确定，锦华公司占地位于二等地段，每平方米年税额为7元，城镇土地使用税每年申报缴纳一次。请计算并申报锦华公司2023年的城镇土地使用税应纳税额。

【工作流程】

第一步：分析经济业务类型并确定计税方法和计税依据。

企业按实际占地面积以每平方米年税额7元的标准计算缴纳城镇土地使用税，但企业自办医院占地能够与生产经营用地区分开，免税。

第二步：计算城镇土地使用税应纳税额。

城镇土地使用税应纳税额＝(25 000－100)×7＝174 300(元)

第三步：在财产和行为税纳税申报表上签章确认，完成申报。

任务三　计算与申报车船税

【任务引例】

某企业2023年初拥有四辆送货的大型载货汽车、两辆挂车和两辆小货车。以上车辆均依法在车辆管理部门进行了登记并缴纳了车船税。但当年7月12日,一辆大货车因车祸报废。新来的办税员段某向财务主管建议,可以向主管税务机关申请退还该辆大货车已经缴纳的2023年7—12月的车船税。段某的说法对吗?

【知识准备与业务操作】

一、车船税的基本知识

车船税是依照法律规定,对在我国境内的车辆、船舶,按照规定的税目、计税单位和年税额标准计算征收的一种税。征收车船税,是为了加强对车船的管理,为交通运输业的建设筹集资金。

(一)车船税纳税人

车船税纳税人为中华人民共和国境内车辆、船舶的所有人或管理人,也包括涉外企业和外籍人员。

管理人是指对车船具有管理、使用权,但不具有所有权的单位。对于车船的所有人或管理人与使用人不同属一人,且所有人或者管理人未缴纳车船税的,使用人应当代为缴纳车船税。车船所有人和使用人不一致时,应由双方协商确定纳税人;未商定的,使用人为纳税人。

从事机动车交通事故责任强制保险业务的保险机构为机动车车船税的法定扣缴义务人。

纳税人没有按照规定期限缴纳车船税的,扣缴义务人在代收代缴税款时,可以一并代收代缴欠缴税款的滞纳金。

(二)车船税征税对象和征税范围

1. 征税对象

车船税的征税对象为在我国境内使用的车船,包括:

(1)依法应当在车船登记管理部门登记的机动车辆和船舶。

(2)依法不需要在车船登记管理部门登记的,在单位内部场所行驶或者作业的机动车辆和船舶。

2. 征税范围

(1)车辆的征税范围为机动车,即指以燃油、电力等能源为动力而运行的车辆,包括乘用车、商用客车、商用货车(包括低速载货汽车)、挂车、摩托车、专项作业车和轮式专用机械车等。

(2)船舶的征税范围包括机动船(客轮、货船等,以燃料为动力)、游艇和非机动驳船(本身无自航能力,需拖船或顶推船拖带的货船)。

在一个纳税年度内,已完税的车船被盗抢、报废、灭失的,纳税人可以凭有关管理机关出具的证明和完税证明,向纳税所在地主管税务机关申请退还自被盗抢、报废、灭失月份起至该纳税年度终了期间的税款。

已办理退税的被盗抢车船失而复得的,纳税人应当从公安机关出具相关证明的当月起计算缴纳车船税。

> **提示**:省、自治区、直辖市人民政府根据当地实际情况,可以对公共交通车船,农村居民拥有并主要在农村地区使用的摩托车、三轮汽车和低速载货汽车定期减征或者免征车船税。

(三)车船税税率

车船税采用幅度定额税率,车船税税目税额表如表7-5所示。其中,车辆的具体适用税额由省、自治区、直辖市人民政府在规定的子税目税额幅度内确定。船舶、游艇的适用税额由国务院在规定的幅度内确定。

表 7-5　　　　　　　　　车船税税目税额表

税 目		计税单位	年基准税额	备 注
乘用车[按发动机汽缸容量(排气量)分档]	1.0 升(含)以下的	每辆	60～360 元	核定载客人数 9 人(含)以下
	1.0 升以上至 1.6 升(含)的		300～540 元	
	1.6 升以上至 2.0 升(含)的		360～660 元	
	2.0 升以上至 2.5 升(含)的		660～1 200 元	
	2.5 升以上至 3.0 升(含)的		1 200～2 400 元	
	3.0 升以上至 4.0 升(含)的		2 400～3 600 元	
	4.0 升以上的		3 600～5 400 元	
商用车	客车	每辆	480～1 440 元	核定载客人数 9 人以上,包括电车
	货车	整备质量每吨	16～120 元	包括半挂牵引车、三轮汽车和低速载货汽车等
挂车		整备质量每吨	按照货车税额的 50%计算	
其他车辆	专用作业车	整备质量每吨	16～120 元	不包括拖拉机
	轮式专用机械车		16～120 元	
摩托车		每辆	36～180 元	
船舶	机动船舶	净吨位每吨	3～6 元	拖船、非机动驳船分别按照机动船舶税额的 50%计算
	游艇	艇身长度每米	600～2 000 元	

(四) 车船税税收优惠

1. 法定优惠

(1) 捕捞、养殖渔船,是指在渔业船舶登记管理部门登记为捕捞船或者养殖船的船舶。

(2) 军队、武装警察部队专用的车船,是指按照规定在军队、武装警察部队车船登记管理部门登记,并领取军队、武警牌照的车船。

(3) 警用车船,是指公安机关、国家安全机关、监狱、劳动教养管理机关和人民法院、人民检察院领取警用牌照的车辆和执行警务的专用船舶。

(4) 悬挂应急救援专用号牌的国家综合性消防救援车辆和国家综合性消防救援专用船舶。

(5) 依照法律规定应当予以免税的外国驻华使领馆、国际组织驻华代表机构及其有关人员的车船。

2. 特殊减免

对节约能源、使用新能源的车船可以减征或者免征车船税。

对受严重自然灾害影响纳税困难以及有其他特殊原因确需减税、免税的纳税人,可以减征或者免征车船税。

具体办法由国务院规定,报全国人民代表大会常务委员会备案。

省、自治区、直辖市人民政府根据当地实际情况,可以对公共交通车船,农村居民拥有并主要在农村地区使用的摩托车、三轮汽车和低速载货汽车定期减征或免征车船税。

二、计算车船税税额

(一) 确定车船税计税依据

车船税根据车船的种类、性能、构造和使用情况,分别以辆、整备质量和净吨位、长度为计税依据。具体规则如下:

(1) 乘用车、商用客车、摩托车,按"辆"计税。

(2) 载货汽车、挂车、其他车辆,按"整备质量"计税。

(3) 机动船按"净吨位"计税,拖船按"发动机功率每千瓦折合 0.67 净吨位"计算。

(4) 游船按"艇身长度"计税。

车辆整备质量尾数在 0.5 吨以下的,按 0.5 吨计算;超过 0.5 吨的,按 1 吨计算。整备质量不超过 1 吨的,按 1 吨计算。船舶净吨位尾数在 0.5 吨(含)以下的,不予计算;超过 0.5 吨的,按 1 吨计算。船舶净吨位不超过 1 吨的,按 1 吨计算。

(二) 计算车船税应纳税额

车船税根据不同类型的车船及其使用的计税标准分别计算应纳税额。其计算公式如下:

(1) 乘用车、商用客车、摩托车应纳税额计算公式:

$$应纳税额 = 车辆数 \times 单位税额$$

(2) 商用货车、专业作业汽车、轮式专用机械车应纳税额计算公式:

$$应纳税额 = 整备质量 \times 单位税额$$

(3) 挂车应纳税额计算公式:

$$应纳税额 = 整备质量 \times 单位税额 \times 50\%$$

(4) 机动船应纳税额计算公式:

$$应纳税额 = 净吨位 \times 单位税额$$

（5）拖船、非机动驳船应纳税额计算公式：

$$应纳税额 = 净吨位 \times 单位税额 \times 50\%$$

（6）游艇应纳税额计算公式：

$$应纳税额 = 艇身长度 \times 单位税额$$

客货两用车按载货汽车的计税单位和税额标准计税。

【做中学 7-3】

2023年度某运输公司拥有载货汽车40辆（每辆整备质量为10吨），其中10辆为2023年5月份新购置的，车船管理部门核发的行驶证书所记载的日期为5月15日，载货汽车年应纳税额为每吨100元。请计算该运输公司2023年的车船税应纳税额。

计算：

车船税应纳税额 = [(40 − 10) × 10 × 100] + [(10 × 10 × 100) ÷ 12 × 8]
　　　　　　　　= 36 666.67（元）

引例解析

本任务引例分析：根据2019年3月2日修订的《中华人民共和国车船税法实施条例》（以下简称《车船税法实施条例》），在一个纳税年度内，已完税的车船被盗抢、报废、灭失的，可以凭有关管理机关出具的证明和完税证明，向纳税所在地主管税务机关申请退还自被盗抢、报废、灭失月份起至该纳税年度终了期间的税款。段某的说法是对的，该企业可以向主管税务机关申请退还该辆大货车7—12月已纳的车船税。

三、申报缴纳车船税

（一）确定车船税纳税义务发生时间

车船税纳税义务发生时间，为取得车船所有权或者管理权的当月。纳税人未按规定到车船管理部门办理登记手续的，以车船购置发票所载开具时间的当月为车船税的纳税义务发生时间。未办理车船登记手续且无法提供车船购置发票的，纳税义务发生时间由主管税务机关核定。

（二）确定车船税纳税期限

车船税按年申报，分月计算，一次性缴纳。具体申报纳税期限由省、自治区、直辖市人民政府规定。

（三）确定车船税纳税地点

车船税的纳税地点为车船的登记地或者车船税扣缴义务人的所在地。依法不需要办理登记的车船，车船税的纳税地点为车船的所有人或者管理人的所在地。由扣缴义务人代收代缴的，纳税地点为扣缴义务人的所在地。

（四）申报缴纳车船税

承揽机动车交通事故责任强制保险（以下简称"交强险"）业务的保险机构为机动车车船税的法定扣缴义务人，对于依法不需要购买机动车交强险的车辆，纳税人应自行向主管税务机关申报缴纳车船税。纳税人应填写车船税税源明细表，并在财产和行为税申报表上签字确认，完成申报。车船税税源明细表如表7-6所示。

表7-6 车船税税源明细表

纳税人识别号(统一社会信用代码):□□□□□□□□□□□□□□□□□□
纳税人名称:

体积单位:升;质量单位:吨;功率单位:千瓦;长度单位:米

车辆税源明细

序号	车牌号码	*车辆识别代码(车架号)	*车辆类型	车辆品牌	车辆型号	*车辆发票日期或车辆注册登记日期	排(气)量	核定载客	整备质量	*单位税额	减免性质代码和项目名称	纳税义务终止时间
1												
2												
3												

船舶税源明细

序号	船舶登记号	*船舶识别号	*船舶种类	*中文船名	初次登记号码	船籍港	发证日期	取得所有权日期	建成日期	净吨位	主机功率	艇身长度(总长)	*单位税额	减免性质代码和项目名称	纳税义务终止时间
1															
2															
3															

机动车车船税的扣缴义务人代收代缴车船税时,纳税人不得拒绝。

【项目工作任务 7-3】

锦华电子技术有限公司(企业相关资料见项目工作任务 7-3)2023 年度的车辆相关信息如下:

(1) 拥有一辆客货两用汽车。载客人数在 6 人以下,整备质量为 4.3 吨。

(2) 8 月 7 日购入一辆小轿车,当月取得购置发票。

当地政府规定,客车车船税年税额为 800 元/辆,货车车船税年税额为 100 元/吨,小轿车年税额为 480 元/辆。

请计算锦华公司车船税年度应纳税额。

【工作流程】

第一步:分析经济业务,确定计税方法和计税依据。

(1) 客货两用汽车按照货车的计税单位和税额标准计征车船税。车辆整备质量尾数不超过 0.5 吨的,按照 0.5 吨计算,故计税依据为 4.5 吨。

(2) 购入车船税的纳税义务发生时间以购买车船的发票或其他证明文件所载日期的当月为准,故应从 8 月起计算车船税。

第二步:计算各车车船税年度应纳税额。

(1) 客货两用汽车:车船税年度应纳税额=4.5×100=450(元)。

(2) 当年购入的小轿车:车船税年度应纳税额=480×5÷12=200(元)。

第三步:计算当年车船税应纳税额总额。

车船税应纳税额总额=450+200=650(元)

企业应及时向税务机关办理车船税税源明细表的更新维护,由承揽交强险的保险公司代扣车船税。

任务四 计算与申报印花税

任务引例

2023 年 6 月,美达公司与清丽公司签订运输合同,由美达公司为清丽公司提供运输服务,合同金额为 30 万元,美达公司依法计缴印花税,但清丽公司新来的会计小王认为清丽公司不属于服务提供方,不用缴纳印花税。小王的想法正确吗?

【知识准备与业务操作】

一、印花税的基本知识

印花税是对在经济活动和经济交往中书立、领受各种具有法律效力的应税凭证的行为征收的一种税。印花税属于行为税。2021 年 6 月,第十三届全国人民代表大会常务委员会通过了《中华人民共和国印花税法》,自 2022 年 7 月 1 日起施行。

(一) 印花税纳税人

印花税的纳税人,是指在我国境内书立应税凭证、进行证券交易的单位和个人。按照书立、使用应税凭证的相关规则,上述单位和个人可分别确定为立合同人、立据人、立账簿人和使用人。

(1) 立合同人。立合同人是指签订合同的当事人,是对应税凭证有直接权利义务关系的单位和个人,不包括合同的担保人、证人和鉴定人。各类合同的纳税人是立合同人。

(2) 立据人。产权转移书据的纳税人是立据人。

(3) 立账簿人。营业账簿的纳税人是立账簿人。所谓立账簿人,是指设立并使用账簿的单位和个人。

(4) 使用人。在境外书立,在境内使用的应税凭证,其纳税人是该凭证的使用人。

> **提示**:对于两方或两方以上当事人共同书立的凭证,各方应按照各自涉及的金额分别计算应纳税额。

(二) 印花税征税对象和征税范围

印花税的征税对象是税法列举的各种应税凭证,征税范围主要包括:

(1) 买卖、承揽、建设工程、租赁、融资租赁、运输、仓储、保管、借款、财产保险、技术合同。

(2) 产权转移书据。

(3) 营业账簿。

(4) 证券交易:转让在依法设立的证券交易所、国务院批准的其他全国性证券交易场所交易的股票和以股票为基础的存托凭证。证券交易印花税对证券交易的出让方征收,不对受让方征收。

纳税人以电子形式签订的各类应税凭证按规定征收印花税。

(三) 印花税税率

印花税税目税率表如表 7-7 所示。

表 7-7　　　　　　　　　　印花税税目税率表

税　目		税　率	备　注
合同(指书面合同)	借款合同	借款金额的万分之零点五	指银行业金融机构、经国务院银行业监督管理机构批准设立的其他金融机构与借款人(不包括同业拆借)的借款合同
	融资租赁合同	租金的万分之零点五	
	买卖合同	价款的万分之三	指动产买卖合同(不包括个人书立的动产买卖合同)
	承揽合同	报酬的万分之三	
	建设工程合同	价款的万分之三	

续 表

税 目		税 率	备 注
合同(指书面合同)	运输合同	运输费用的万分之三	指货运合同和多式联运合同(不包括管道运输合同)
	技术合同	价款、报酬或者使用费的万分之三	不包括专利权、专有技术使用权转让书据
	租赁合同	租金的千分之一	
	保管合同	保管费的千分之一	
	仓储合同	仓储费的千分之一	
	财产保险合同	保险费的千分之一	不包括再保险合同
产权转移书据	土地使用权出让书据	价款的万分之五	
	土地使用权、房屋等建筑物和构筑物所有权转让书据(不包括土地承包经营权和土地经营权转移)	价款的万分之五	转让包括买卖(出售)、继承、赠与、互换、分割
	股权转让书据(不包括应缴纳证券交易印花税的)	价款的万分之五	
	商标专用权、著作权、专利权、专有技术使用权转让书据	价款的万分之三	
营业账簿		实收资本(股本)、资本公积合计金额的万分之二点五	
证券交易		成交金额的千分之一	

(四) 印花税税收优惠

下列凭证免征印花税：

(1) 应税凭证的副本或者抄本。

(2) 依照法律规定应当予以免税的外国驻华使馆、领事馆和国际组织驻华代表机构为获得馆舍而书立的应税凭证。

(3) 中国人民解放军、中国人民武装警察部队书立的应税凭证。

(4) 农民、家庭农场、农民专业合作社、农村集体经济组织、村民委员会购买农业生产资料或者销售农产品书立的买卖合同和农业保险合同。

(5) 无息或者贴息借款合同、国际金融组织向中国提供优惠贷款书立的借款合同。

(6) 财产所有权人将财产赠与政府、学校、社会福利机构、慈善组织书立的产权转移书据。

(7) 非营利性医疗卫生机构采购药品或者卫生材料书立的买卖合同。

(8) 个人与电子商务经营者订立的电子订单。

(9) 自 2023 年 8 月 28 日起,证券交易印花税实施减半征收。

根据国民经济和社会发展的需要,国务院对居民住房需求保障、企业改制重组、破产、支持小型微型企业发展等情形可以规定减征或者免征印花税,报全国人民代表大会常务委员会备案。

二、计算印花税税额

(一) 确定印花税计税依据

1. 印花税计税依据的一般规定

印花税的计税依据是应税凭证的计税金额。具体有以下几种情况:

(1) 买卖合同的计税依据为价款。

(2) 承揽合同的计税依据为收取的报酬。

(3) 建设工程合同的计税依据为价款。

(4) 融资租赁合同的计税依据为租金。

(5) 租赁合同的计税依据为租金。

(6) 运输合同的计税依据为运输费用,但不包括装卸费用、保险费用。

(7) 仓储保管合同的计税依据为仓储保管费用。

(8) 借款合同的计税依据为借款金额。

(9) 财产保险合同的计税依据为保险费,不包括所保财产的金额。

(10) 技术合同的计税依据为合同所载价款、报酬或使用费。

(11) 产权转移书据的计税依据为合同所载价款。

(12) 营业账簿税目中记载金额的账簿的计税依据为"实收资本"和"资本公积"两项的合计金额。

(13) 证券交易的计税金额为成交金额。

以上金额均不包含增值税税款。

2. 印花税计税依据的特殊规定

确定印花税的计税依据还要注意以下特殊规定:

(1) 同一凭证,因载有两个或者两个以上经济事项而适用不同税目税率,如分别记载金额的,应分别计算应纳税额,相加后按合计税额贴花;如未分别记载金额的,按税率高的计税贴花。

(2) 有些合同在签订时无法确定计税金额,例如,技术转让合同中的转让收入,可能是按销售收入的一定比例收取或是按实现利润分成的;财产租赁合同,可能只是规定了月(天)租金标准而无租赁期限。对这类合同,结算时按实际金额计税。

(3) 商品买卖活动中,采用以货换货方式进行商品交易签订的合同,是反映"既买又卖"双重经济行为的合同。对此,应按合同所载的买、卖合计金额计税贴花。合同未列明金额的,应按合同所载购、销数量,依照市场价格计算应纳税额。

(4) 证券交易无转让价格的,依照办理过户登记时,该证券前一个交易时的收盘价计算确定计税依据;无收盘价的,按照证券面值计算确定计税依据。

(5) 已缴纳印花税的营业账簿,以后年度记载的实收资本(股本)、资本公积合计金额比已缴纳印花税的实收资本(股本)、资本公积合计金额增加的,按照增加部分计算应纳税额。

(二) 计算印花税应纳税额

印花税应纳税额的计算公式为:

$$应纳税额=计税金额×比例税率$$

【做中学 7-4】

某建筑工程公司承包一幢商业楼的建筑工程,签订建筑工程合同一份,其中包括土建工程价款 220 万元,安装工程及配套设施 50 万元(均不含增值税)。请计算其应缴纳的印花税税额。

计算:应缴纳印花税税额=(2 200 000+500 000)×0.03‰=810(元)

引例解析

本任务引例分析:依据《中华人民共和国印花税法》的规定,对于两方或两方以上当事人共同书立的凭证,各方应分别按涉及的金额完税,该运输合同是美达公司与清丽公司共同书立的,故美达公司也应缴纳印花税。小王的想法是错误的。

三、申报缴纳印花税

(一)确定印花税纳税方法

1. 自行贴花办法

自行贴花办法是指纳税人在发生纳税义务时,应当根据应税凭证的性质和适用的税目税率,自行计算应纳税额,自行购买印花税票,自行一次贴足印花税票并加以注销或划销。这种办法,一般适用于应税凭证较少或者贴花次数较少的纳税人。应纳税额不足 1 角的,免纳印花税。应纳税额在 1 角以上的,其税额尾数不满 5 分的不计,满 5 分的按 1 角计算缴纳。财产租赁合同税额超过 1 角不足 1 元的,按 1 元纳税。已贴花的凭证,修改后所载金额增加的,其增加部分应当补贴印花税票。凡多贴印花税票者,不得申请退税或者抵用。

2. 汇贴或汇缴办法

汇贴办法是指对于一份应纳税额较大的凭证,纳税人应当向当地税务机关申请填写缴款书或者完税凭证,将其中一联粘贴在凭证上或者由税务机关在凭证上加盖完税标记代替贴花。

汇缴办法是指对于同一种类应税凭证,需要频繁贴花的,纳税人应当向当地税务机关申请按期汇总缴纳印花税。

汇贴或汇缴办法一般适用于应纳税额较大或者贴花次数较多的纳税人。

3. 代扣代缴

代扣代缴情形下,证券登记结算机构为证券交易印花税的扣缴义务人。纳税人为境外单位或个人,在境内有代理人的,境内代理人为扣缴义务人。

提示: 印花税票应当粘贴在应纳税凭证上,由纳税人在每枚税票的骑缝处盖戳注销或者划销。已贴用的印花税票不得重用。同一凭证,由两方或者两方以上当事人签订并各执一份的,应当由各方就所执的一份各自贴花。

（二）确定印花税纳税义务发生时间和纳税期限

印花税纳税义务发生时间为书立应税凭证或完成证券交易的当日。具体是指，在合同签订时、账簿启用时贴花。如果合同是在国外签订，并且不便在国外贴花的，应在将合同带入境时办理贴花纳税手续。签订的合同不论是否兑现或是否按期兑现，一律按规定贴花。

（三）确定印花税纳税地点

（1）纳税人为单位的，应当向其机构所在地的主管税务机关申报缴纳印花税；纳税人为个人的，应当向应税凭证书立地或者纳税人居住地的主管税务机关申报缴纳印花税。

（2）不动产产权发生转移的，纳税人应当向不动产所在地的主管税务机关申报缴纳印花税。

（3）纳税人为境外单位或者个人，在境内有代理人的，以其境内代理人为扣缴义务人；在境内没有代理人的，由纳税人自行申报缴纳印花税，具体办法由国务院税务主管部门规定。

（4）证券登记结算机构为证券交易印花税的扣缴义务人的，应当向其机构所在地的主管税务机关申报解缴税款以及银行结算的利息。

（四）纳税申报

汇缴印花税的纳税人应按照条例的有关规定及时填制印花税税源明细表，如表7－8所示，并在财产和行为税纳税申报表上签字确认，完成申报。

【项目工作任务7－4】

锦华电子技术有限公司（企业相关资料见项目工作任务7－1）2023年第3季度发生以下业务：

（1）签订了10份购销合同，合同价款金额共计1 000万元。

（2）签订了1份借款合同，所载借款金额为300万元。

（3）签订了2份运输合同，记载运费共计20万元。

以上合同金额均不含增值税。经主管税务机关确定，锦华公司采用按季汇缴办法缴纳印花税，请计算申报第3季度应纳印花税税额。

【工作流程】

第一步：分析经济业务，确定计税方法和计税依据。

（1）企业订立购销合同，按照购销价款金额的万分之三贴花。

（2）企业签订借款合同，按借款金额的万分之零点五贴花。

（3）企业签订运输合同，按合同记载运费金额万分之三贴花。

第二步：计算每笔业务应缴纳的印花税税额。

业务（1）应缴纳的印花税税额＝10 000 000×0.3‰＝3 000（元）

业务（2）应缴纳的印花税税额＝3 000 000×0.05‰＝150（元）

业务（3）应缴纳的印花税税额＝200 000×0.3‰＝60（元）

第三步：计算印花税应纳税总额。

印花税应纳税总额＝3 000＋150＋60＝3 210（元）

第四步：填制印花税税源明细表，在财产和行为纳税申报表上签章，确认申报。

表 7-8　印花税税源明细表

纳税人识别号（统一社会信用代码）：☐☐☐☐☐☐☐☐☐☐☐☐☐☐☐☐☐☐
纳税人名称：

金额单位：人民币元（列至角分）

序号	*税目	*税款所属期起	*税款所属期止	应纳税凭证编号	应纳税凭证书立（领受）日期	*计税金额或件数	核定比例	*税率	减免性质代码和项目名称
按期申报
1									
2									
3									
按次申报
1									
2									
3									

任务五　计算与申报土地增值税

任务引例

某单位在某年年底,计划出售其位于市郊的一栋原价为 200 万元的楼房,请相关机构对该楼房价格进行重新评估,因处于新建地铁的附近,该楼房的评估价为 380 万元。请问:该企业需要为此情况缴纳土地增值税吗?

【知识准备与业务操作】

一、土地增值税的基础知识

土地增值税是对有偿转让国有土地使用权、地上建筑物及其附着物(简称房地产)产权并取得收入的单位和个人就其转让房地产所取得的增值额征收的一种税。土地增值税在房地产的转让环节"道道课税、按次征收",每转让一次土地就征收一次土地增值税。征收土地增值税,可以减少土地和房地产投机行为,提高土地利用效率。

(一) 土地增值税纳税人

土地增值税的纳税人是转让国有土地使用权、地上建筑物及其附着物(可简称转让房地产)并取得收入的单位和个人。

单位包括各类企业、事业单位、国家机关、社会团体及其他组织等。个人包括个体工商户和其他个人。

外商投资企业、外国企业、外国驻华机构及海外华侨和外国公司也包括在内。

(二) 土地增值税征税对象和征税范围

土地增值税的征税对象是纳税人有偿转让国有土地使用权及地上建筑物和其他附着物产权所取得的增值额。增值额为纳税人转让房地产的收入,减去税法规定准予扣除项目金额后的余额。

具体征税范围规定如下:

(1) 土地增值税只对转让国有土地使用权的行为课征,转让非国有土地和出让国有土地的行为均不征税。

根据我国宪法及土地管理法规的规定,城市土地属国家所有,农村和城市郊区的土地属集体所有(法律规定属国家所有的除外),故城市房地产转让属于土地增值税的征税范围。农村集体所有的土地,根据有关法律不得自行转让,也就不属于土地增值税的征税范围。

(2) 土地增值税既对转让土地使用权课税,也对转让地上建筑物和其他附着物的产权征税。地上建筑物是指建于地上的一切建筑物,包括地上、地下的各种附属设施。附着物是指附着于土地上的,不能移动或一经移动即遭损坏的物品。

(3) 土地增值税只对有偿转让的房地产课征,对以继承、赠与等方式无偿转让的房地产,不予征税。

这里所说的"赠与"指以下情况:房产所有人、土地使用权所有人将房屋产权、土地使用权赠与直系亲属或承担直接赡养义务的人；房产所有人、土地使用权所有人通过中国境内非营利的社会团体、国家机关将房屋产权、土地使用权赠与教育、民政和其他社会福利、公益事业。

（4）对于一方出地，一方出资金，双方合作建房，建成后按比例分房自用的，暂免征收土地增值税；建成后转让的，应征收土地增值税。

（5）对于以房地产进行投资、联营的，投资、联营的一方以土地（房地产）作价入股进行投资或作为联营条件将房地产转让到所投资、联营的企业中时，暂免征收土地增值税。对投资、联营企业将上述房地产再转让的，应征收土地增值税。

（6）房地产交换，应征土地使用税，但个人之间互换自有居住用房地产的，经当地税务机关核实，可以免征土地增值税。

（7）在企业兼并情况下，被兼并企业将房地产转让到兼并企业中，暂免征收土地增值税。

> 提示：土地使用权的出让与转让不同。出让土地使用权，指国家以土地所有者的身份将土地使用权在一定时间内出让给土地使用者；转让土地使用权，指土地使用者将土地使用权出售、交换或赠与的行为。

（三）土地增值税税率

土地增值税实行<u>四级超率累进税率</u>，土地增值税税率表如表7-9所示。

表7-9　　　　　　　　　　　　土地增值税税率表

级数	计 税 依 据	适用税率	速算扣除率
1	增值额未超过扣除项目金额50%的部分	30%	0
2	增值额超过扣除项目金额50%，未超过扣除项目金额100%的部分	40%	5%
3	增值额超过扣除项目金额100%，未超过扣除项目金额200%的部分	50%	15%
4	增值额超过扣除项目金额200%的部分	60%	35%

（四）土地增值税税收优惠

土地增值税税收优惠包括以下几方面：

（1）对建造普通标准住宅出售，增值额未超过扣除项目金额20%的，免征土地增值税。

（2）因国家建设需要依法征用、收回的房地产，免征土地增值税。

（3）个人拥有的普通住宅，对其转让暂免土地增值税；个人转让非普通住房，居住满5年及以上的，免征土地增值税；居住满3年未满5年的，减半征收土地增值税；居住未满3年的，按规定征收土地增值税。从2008年11月1日起，个人销售住房，暂免征收土地增值税。

二、计算土地增值税税额

（一）确定土地增值税计税依据

土地增值税以转让房地产取得的收入，减除法定扣除项目金额后的增值额为计税依据。

1. 确定应税收入

应税收入,是指纳税人转让房地产的全部价款及有关的经济收益,包括货币收入、实物收入和其他收入,不含增值税。

(1) 货币收入。货币收入是指纳税人转让房地产而取得的现金,银行存款,支票、银行本票、汇票等各种信用票据,国库券、金融债券、企业债券、股票等有价证券。

(2) 实物收入。实物收入是指纳税人转让房地产而取得的各种实物形态的收入,如房屋、土地等不动产。

(3) 其他收入。其他收入是指纳税人转让房地产而取得的无形资产收入或具有财产价值的权利。

2. 确定扣除项目内容

扣除项目及其内容包括:

(1) 取得土地使用权所支付的金额,包括纳税人为取得土地使用权所支付的地价款和按照国家统一规定缴纳的有关费用。具体规则为:以出让方式取得土地使用权的,为支付的土地出让金;以行政划拨方式取得土地使用权的,为转让土地使用权时按规定补交的出让金;以转让方式得到土地使用权的,为支付的地价款。

(2) 开发土地和新建房及配套设施的成本,包括土地征用及拆迁补偿费、前期工程费、建筑安装工程费、基础设施费、公共设施配套费、开发间接费用。这些成本允许按实际发生额扣除。

(3) 开发土地和新建房及配套设施的费用,包括销售费用、管理费用、财务费用。

财务费用中的利息支出,凡能够按转让房地产项目计算分摊,并提供金融机构证明的,允许据实扣除,但最高不能超过按商业银行同类同期贷款利率计算的金额。其他开发费用在取得土地使用权所支付的金额及房地产开发成本之和的5%以内的部分予以扣除。

利息支出不能够按转让房地产项目计算分摊,或不能提供金融机构证明的,不单独扣除,三项费用在取得土地使用权所支付的金额及房地产开发成本之和的10%以内的范围内扣除。

上述计算扣除的具体比例,由各省、自治区、直辖市人民政府规定。

(4) 旧房及建筑物的评估价格,是指在转让已使用的房屋及建筑物时,由政府批准设立的房地产评估机构评定的重置成本价乘以成新度折扣率后的价格。评估价格须经当地税务机关确认。

> **提示**:纳税人转让旧房及建筑物,凡不能取得评估价格,但能提供购房发票的,旧房及建筑物的评估价格,可按发票所载金额并从购买年度起至转让年度止每年加计5%计算扣除。
>
> 对于转让旧房及建筑物,既没有评估价格,又不能提供购房发票的,地方税务机关可以根据《中华人民共和国税收征收管理法》的规定,实行核定征收。

(5) 与转让房地产有关的税金,包括在转让房地产时缴纳的城市维护建设税、印花税。因转让房地产而缴纳的教育费附加,也可视同税金予以扣除。

(6) 其他扣除项目。从事房地产开发的纳税人,可按取得土地使用权所支付的金额与房地产开发成本之和加计20%扣除。其他纳税人不适用该政策。

《中华人民共和国土地增值税暂行条例》规定的土地增值税扣除项目涉及的增值税进项税额,允许在销项税额中计算抵扣的,不计入扣除项目;不允许在销项税额中计算抵扣的,可以计入扣除项目。

> 提示:因城市实施规划、国家建设的需要而搬迁,纳税人自行转让原房地产的,免征土地增值税。

引例解析

本任务引例中,土地增值税只对有偿转让的房地产征收,该单位的楼房在评估中虽实现了增值,但如果不转让的话,是不需要缴纳土地增值税的。如果该单位确实依计划将楼房出售并取得增值收入,则需要依法缴纳土地增值税。

(二)计算土地增值税应纳税额

土地增值税的计算方法和计算公式如下:

(1)计算房地产转让增值额:

$$增值额 = 转让收入 - 扣除项目金额$$

(2)计算增值率,据以确定适用税率:

$$增值率 = (增值额 \div 扣除项目金额) \times 100\%$$

(3)计算应纳税额:

$$应纳税额 = \sum(每级距的土地增值额) \times 适用税率$$

也可以采取以下公式:

$$应纳税额 = 增值额 \times 适用税率 - 扣除项目金额 \times 速算扣除系数$$

【做中学7-5】

绿都房地产公司(一般纳税人)2023年度建设普通住宅楼进行销售,取得销售收入6 648万元。该公司选择按简易征收方法,依5%的征收率缴纳增值税,依法缴纳了相关税金。与该住宅楼开发相关的成本、费用有:取得土地使用权所支付的金额1 297.8万元,开发成本2 025万元;发生管理费用460万元、销售费用280万元、财务费用380万元(利息支出虽未超过同期银行贷款利率,但不能准确按项目计算分摊)。当地政府规定,房地产开发企业发生的管理费用、销售费用、财务费用在计算土地增值税增值额时的扣除比例为9%。请计算其土地增值税应纳税额。(本题忽略契税、地方教育附加等项目)

计算:

1.销售收入

销售收入 = 6 648÷(1+5%) = 6 331.428 6(万元)

2.扣除项目

(1)取得土地使用权所支付的金额 = 1 297.8(万元)

(2) 开发成本＝2 025(万元)

(3) 准予扣除的税金(城建税、教育费附加和印花税,忽略契税、地方教育附加)＝6 331.428 6×5％×(7％＋3％)＋6 331.428 6×0.005％＝34.822 8(万元)

(4) 开发费用＝(1 297.8＋2 025)×9％＝299.05(万元)

(5) 房地产企业加计扣除＝(1 297.8＋202 5)×20％＝664.56(万元)

允许扣除项目合计＝1 297.8＋2 025＋299.05＋34.822 8＋664.56＝4 321.234 8(万元)

3. 应纳土地增值税的增值额

应纳土地增值税的增值额＝6 331.428 6－4 321.234 8＝2 010.193 8(万元)

4. 增值率

增值率＝2 010.193 8÷4 321.234 8×100％＝46.52％

适用税率为30％,速算扣除数为0。

5. 计算土地增值税应纳税额

土地增值税应纳税额＝2 010.193 8×30％＝603.058 1(万元)

三、申报缴纳土地增值税

(一) 确定土地增值税纳税义务发生时间和纳税期限

纳税人应当在转让房地产合同签订之日起七日内向房地产所在地主管税务机关办理纳税申报,并在税务机关核定的期限内缴纳土地增值税。

(二) 确定土地增值税纳税地点

土地增值税的纳税人应向房地产所在地主管税务机关办理纳税申报,并在税务机关核定的期限内缴纳土地增值税。房地产所在地,是指房地产的坐落地。纳税人转让的房地产坐落在两个或以上地区的,应按房地产所在地分别申报纳税。

(三) 申报土地增值税

纳税人应向税务机关提交房屋及建筑物产权、土地使用权证书,土地转让、房产买卖合同,房地产评估报告及其他与转让房地产有关的资料,并按企业自身情况填报土地增值税税源明细表如表7-10所示,并在财产和行为税纳税申报表上签章确认。

表7-10　　　　　　　　　土地增值税税源明细表

税款所属期限:自　　年　　月　　日至　　年　　月　　日

纳税人识别号(统一社会信用代码):□□□□□□□□□□□□□□□□□□

纳税人名称:　　　　　　　　　　　金额单位:人民币元(列至角分);面积单位:平方米

土地增值税项目登记表(从事房地产开发的纳税人适用)			
项目名称		项目地址	
土地使用权受让(行政划拨)合同号		受让(行政划拨)时间	

续 表

建设项目起讫时间		总预算成本		单位预算成本	
项目详细坐落地点					
开发土地总面积		开发建筑总面积		房地产转让合同名称	
转让次序	转让土地面积（按次填写）		转让建筑面积（按次填写）		转让合同签订日期（按次填写）
第1次					
第2次					
……					
备注					

土地增值税申报计算及减免信息

申报类型：

1. 从事房地产开发的纳税人预缴适用 □

2. 从事房地产开发的纳税人清算适用 □

3. 从事房地产开发的纳税人按核定征收方式清算适用 □

4. 纳税人整体转让在建工程适用 □

5. 从事房地产开发的纳税人清算后尾盘销售适用 □

6. 转让旧房及建筑物的纳税人适用 □

7. 转让旧房及建筑物的纳税人核定征收适用 □

项目名称			项目编码		
项目地址					
项目总可售面积			自用和出租面积		
已售面积		其中：普通住宅已售面积	其中：非普通住宅已售面积		其中：其他类型房地产已售面积
清算时已售面积			清算后剩余可售面积		

申报类型	项 目	序号	金 额			
			普通住宅	非普通住宅	其他类型房地产	总额
1.从事房地产开发的纳税人预缴适用	一、房产类型子目	1				—
	二、应税收入	2=3+4+5				
	1.货币收入	3				

续 表

申报类型	项目	序号	金额 普通住宅	非普通住宅	其他类型房地产	总额
1.从事房地产开发的纳税人预缴适用	2.实物收入及其他收入	4				
	3.视同销售收入	5				
	三、预征率(%)	6				—
2.从事房地产开发的纳税人清算适用 3.从事房地产开发的纳税人按核定征收方式清算适用 4.纳税人整体转让在建工程适用	一、转让房地产收入总额	1＝2＋3＋4				
	1.货币收入	2				
	2.实物收入及其他收入	3				
	3.视同销售收入	4				
	二、扣除项目金额合计	5＝6＋7＋14＋17＋21＋22				
	1.取得土地使用权所支付的金额	6				
	2.房地产开发成本	7＝8＋9＋10＋11＋12＋13				
	其中：土地征用及拆迁补偿费	8				
	前期工程费	9				
	建筑安装工程费	10				
	基础设施费	11				
	公共配套设施费	12				
	开发间接费用	13				
	3.房地产开发费用	14＝15＋16				
	其中：利息支出	15				
	其他房地产开发费用	16				
	4.与转让房地产有关的税金等	17＝18＋19＋20				
	其中：营业税	18				
	城市维护建设税	19				
	教育费附加	20				
	5.财政部规定的其他扣除项目	21				

续表

申报类型	项目		序号	金额			总额
				普通住宅	非普通住宅	其他类型房地产	
2.从事房地产开发的纳税人清算适用 3.从事房地产开发的纳税人按核定征收方式清算适用 4.纳税人整体转让在建工程适用	6.代收费用(纳税人整体转让在建工程不填此项)		22				
	三、增值额		23＝1－5				
	四、增值额与扣除项目金额之比(%)		24＝23÷5				
	五、适用税率(核定征收率)(%)		25				
	六、速算扣除系数(%)		26				
	七、减免税额		27＝29＋31＋33				
	其中：减免税(1)	减免性质代码和项目名称(1)	28				
		减免税额(1)	29				
	减免税(2)	减免性质代码和项目名称(2)	30				
		减免税额(2)	31				
	减免税(3)	减免性质代码和项目名称(3)	32				
		减免税额(3)	33				
5.从事房地产开发的纳税人清算后尾盘销售适用	一、转让房地产收入总额		1＝2＋3＋4				
	1.货币收入		2				
	2.实物收入及其他收入		3				
	3.视同销售收入		4				
	二、扣除项目金额合计		5＝6×7＋8				
	1.本次清算后尾盘销售的销售面积		6				
	2.单位成本费用		7				
	3.本次与转让房地产有关的税金		8＝9＋10＋11				
	其中：营业税		9				
	城市维护建设税		10				
	教育费附加		11				
	三、增值额		12＝1－5				
	四、增值额与扣除项目金额之比(%)		13＝12÷5				
	五、适用税率(核定征收率)(%)		14				
	六、速算扣除系数(%)		15				

续 表

申报类型	项 目		序号	金 额			
				普通住宅	非普通住宅	其他类型房地产	总额
5.从事房地产开发的纳税人清算后尾盘销售适用	七、减免税额		16=18+20+22				
	其中：减免税(1)	减免性质代码和项目名称(1)	17				
		减免税额(1)	18				
	减免税(2)	减免性质代码和项目名称(2)	19				
		减免税额(2)	20				
	减免税(3)	减免性质代码和项目名称(3)	21				
		减免税额(3)	22				
6.转让旧房及建筑物的纳税人适用 7.转让旧房及建筑物的纳税人核定征收适用	一、转让房地产收入总额		1=2+3+4				
	1.货币收入		2				
	2.实物收入		3				
	3.其他收入		4				
	二、扣除项目金额合计		(1) 5=6+7+10+15 (2) 5=11+12+14+15				
	(1)提供评估价格						
	1.取得土地使用权所支付的金额		6				
	2.旧房及建筑物的评估价格		7=8×9				
	其中：旧房及建筑物的重置成本价		8				
	成新度折扣率		9				
	3.评估费用		10				
	(2)提供购房发票						
	1.购房发票金额		11				
	2.发票加计扣除金额		12=11×5%×13				
	其中：房产实际持有年数		13				
	3.购房契税		14				
	4.与转让房地产有关的税金等		15=16+17+18+19				

续表

申报类型	项目	序号	金额 普通住宅	非普通住宅	其他类型房地产	总额
6.转让旧房及建筑物的纳税人适用 7.转让旧房及建筑物的纳税人核定征收适用	其中：营业税	16				
	城市维护建设税	17				
	印花税	18				
	教育费附加	19				
	三、增值额	20＝1－5				
	四、增值额与扣除项目金额之比(%)	21＝20÷5				
	五、适用税率(核定征收率)(%)	22				
	六、速算扣除系数(%)	23				
	七、减免税额	24＝26＋28＋30				
	其中：减免税(1) 减免性质代码和项目名称(1)	25				
	减免税额(2)	26				
	减免税(2) 减免性质代码和项目名称(2)	27				
	减免税额(2)	28				
	减免税(3) 减免性质代码和项目名称(3)	29				
	减免税额(3)	30				

【项目工作任务 7－5】

2023 年 7 月 8 日，锦华电子技术有限公司(企业相关资料见项目工作任务 7－1)与另一家公司签订转让房地产合同，转让其位于所在市区凯旋路 356 号的一栋旧房屋，取得收入 3 150 万元，选择按简易征收办法缴纳增值税，并依法缴纳了相关税金，补缴土地出让金 100 万元。据资料记载，这栋房屋购入时取得发票的时间为 2023 年 3 月 5 日，发票价格为 2 500 万元，经政府批准设立的房地产评估机构评定，其重置成本价为 2 800 万元，房屋成新率为 70%。请计算并申报其应纳土地增值税税额。(本题忽略契税、地方教育附加及房地产评估费用)

【工作流程】

第一步：计算允许扣除项目的数额。

(1) 需缴纳的有关税费：

销售收入 = 3 150 ÷ (1 + 5%) = 3 000(万元)

增值税 = [3 150 ÷ (1 + 5%)] × 5% = 150(万元)

城市维护建设税 = 150 × 7% = 10.5(万元)

教育费附加 = 150 × 3% = 4.5(万元)

印花税 = 3 000 × 0.5‰ = 1.5(万元)

(2) 扣除项目合计 = 2 800 × 70% + 100 + 10.5 + 4.5 + 1.5
             = 2 076.5(万元)

第二步：计算增值额和增值率，确定适用税率和速算扣除率。

(1) 增值额 = 3 000 − 2 076.5 = 923.5(万元)

(2) 增值率 = 923.5 ÷ 2 076.5 = 44.47%

税率为30%，速算扣除率为0。

第三步：计算应纳土地增值税税额。

应纳税额 = 923.5 × 30% = 277.05(万元)

第四步：填报土地增值税税源明细表，在财产和行为税纳税申报表上签章确认。

任务六　计算与申报契税

任务引例

某年7月，李某与韩某商量决定互换彼此的住房。李某的房产价值300万元，韩某的房产价值312万元，李某支付了差价。那么，他们是否应缴纳契税？如果需要缴纳，是双方都缴纳还是由某方单独缴纳？

【知识准备与业务操作】

一、契税的基本知识

契税是以在中华人民共和国境内转移土地、房屋权属为征税对象，向承受权属的单位和个人征收的一种财产税。我国现行契税属于财产转移税，由财产承受人缴纳。契税具有调控房地产市场的作用。《中华人民共和国契税法》由十三届全国人民代表大会常务委员会于2020年8月11日通过，于2021年9月1日起施行。

(一) 契税纳税人

契税纳税人是指在我国境内承受土地、房屋权属转移的单位和个人。

这里所指的"单位和个人"，包括企业单位、事业单位、国家机关、军事单位、社会团体以及其他组织、个体经营者及其他个人。所谓"承受"，是指以受让、购买、受赠、交换等方式取得土地、房屋权属的行为。

(二)契税征税对象和征税范围

契税以在我国境内转移土地、房屋权属的行为为征税对象。具体范围包括：

(1) 土地使用权出让，是指土地使用者向出让者交付土地使用权出让费用，出让者将土地使用权在一定年限内让予土地使用者的行为。

(2) 土地使用权转让，包括出售、赠与和交换，是指土地使用者以出售、赠与、交换或者其他方式将土地使用权转移给其他单位和个人的行为。

(3) 房屋买卖，是指房屋所有者将其房屋出售，由承受者交付货币、实物、无形资产或者其他经济利益的行为。

(4) 房屋赠与，是指房屋所有者将其房屋无偿转让给受赠者的行为。

(5) 房屋互换，是指房屋所有者之间相互交换房屋的行为。

> **提示**：土地、房屋权属以下列方式转移的，应视同土地使用权转让、房屋买卖或者房屋赠与征税：❶ 以土地、房屋权属作价投资(入股)；❷ 以土地、房屋权属抵债；❸ 以获奖方式承受土地、房屋权属。

土地、房屋权属未发生转移的，不征收契税。

(三)契税税率

为适应不同地区纳税人的负担水平并调控房地产交易的市场价格。契税采用3%~5%的幅度比例税率。具体税率由省、自治区、直辖市人民政府在规定的幅度内按照本地区的实际情况确定，并报全国人民代表大会常务委员会和国务院备案。

(四)契税税收优惠

1. 免征契税的情形

(1) 国家机关、事业单位、社会团体、军事单位承受土地、房屋权属用作办公、教学、医疗、科研、军事设施。

(2) 非营利性的学校、医疗机构、社会福利机构承受土地、房屋权属用于办公、教学、医疗、科研、养老、救助。

(3) 承受荒山、荒地、荒滩土地使用权用于农、林、牧、渔业生产。

(4) 婚姻关系存续期间夫妻之间变更土地、房屋权属。

(5) 法定继承人通过继承承受土地、房屋权属。

(6) 依照法律规定应当予以免税的外国驻华使馆、领事馆和国际组织驻华代表机构承受土地、房屋权属。

根据国民经济和社会发展的需要，国务院对居民住房需求保障、企业改制重组、灾后重建等情形可以规定免征或者减征契税，报全国人民代表大会常务委员会备案。

2. 省、自治区、直辖市可以决定免征或者减征契税的情形

(1) 因土地、房屋被县级以上人民政府征收、征用，重新承受土地、房屋权属。

(2) 因不可抗力灭失住房，重新承受住房权属。

免征或者减征契税的具体办法，由省、自治区、直辖市人民政府提出，报同级人民代表大会常务委员会决定，并报全国人民代表大会常务委员会和国务院备案。

二、计算契税税额

(一) 确定契税计税依据

契税的计税依据是在土地、房屋权属转移时双方当事人签订的契约价格,不含增值税。按照土地、房屋权属的转移形式、定价方法的不同,契税的计税依据确定如下:

(1) 土地使用权出让、土地使用权出售、房屋买卖,以转移合同确定的成交价格为计税依据。成交价格包括应支付货币、实物以及其他经济利益对应的价款。

(2) 土地使用权赠与、房屋赠与,由税务机关参照土地使用权出售、房屋买卖的市场价格核定计税依据。

(3) 土地使用权交换、房屋交换,其计税依据为所交换的土地使用权、房屋的价格的差额。土地使用权交换、房屋交换价格不相等的,由多交付货币、实物、无形资产或者其他经济利益的一方缴纳税款。交换价格相等的,免征契税。

(4) 以划拨方式取得土地使用权的,经批准转让房地产时,应由房地产转让者补缴契税,其计税依据为补缴的土地使用权出让费用或者土地收益。

以上价格均不含增值税。

> 提示:成交价格明显低于市场价格并且无正当理由的,或者所交换土地使用权、房屋的价格的差额明显不合理并且无正当理由的,由税务机关依照《中华人民共和国税收征收管理法》的规定核定征收。

(二) 计算契税应纳税额

契税应纳税额依照省、自治区、直辖市人民政府确定的适用税率和税法规定的计税依据计算征收。其计算公式为:

$$契税应纳税额 = 计税依据 \times 税率$$

【做中学 7 - 6】

某单位以 500 万元的价格(不含增值税)购进一套房产,当地规定契税税率为 5%。请计算该企业的应纳契税税额。

计算:

应纳契税税额 = 5 000 000 × 5% = 250 000(元)

引例解析

本任务引例中,房屋交换的情况下,如果交换价格相等,免征契税。如果交换价格不相等,则由多交付货币的一方按房屋价格的差额缴纳税款。故在本例中,应由李某就支付的 12 万元差价依法缴纳契税。

三、申报缴纳契税

(一) 契税纳税义务发生时间

契税纳税义务发生时间,为纳税人土地、房屋权属转移合同签订的当天,或者纳税人取得其他具有土地、房屋权属转移合同性质凭证的当天。

（二）契税申报期限

纳税人应当在依法办理土地、房屋权属登记手续前，向土地、房屋所在地的契税征收机关办理纳税申报，并在契税征收机关核定的期限内缴纳税款。

（三）契税申报地点

纳税人发生契税纳税义务时，应向土地、房屋所在地的税务机关申报纳税。

（四）申报契税

纳税人应按照有关规定及时办理纳税申报，如实填写契税税源明细表，如表7-11所示，并在财产和行为税纳税申报表上签章确认。

表7-11　　　　　　　　　　契税税源明细表

纳税人识别号(统一社会信用代码)：☐☐☐☐☐☐☐☐☐☐☐☐☐☐☐☐☐☐

纳税人名称：　　　　　　　　　　　　　金额单位：人民币元(列至角分)；面积单位：平方米

*税源编号	(系统自动带出)	*土地房屋坐落地址	(必填)	不动产单元代码	(有不动产权证的，必填)
合同编号	(有合同编号的，必填)	*合同签订日期	(必填)	*共有方式	☐单独所有 ☐按份共有 (转移份额：＿＿) ☐共同共有 (共有人：＿＿)
*权属转移对象	(必选)	*权属转移方式	(必选)	*用途	(必选)
*成交价格(不含增值税)	(必填)	*权属转移面积	(必填)	*成交单价	(系统自动带出)
*评估价格	(系统自动带出)	*计税价格	(系统自动带出)		
*适用税率	(系统自动带出)	权属登记日期	(已办理权属登记的，必填)		
居民购房减免性质代码和项目名称		其他减免性质代码和项目名称(抵减金额：＿＿)			

权属转移对象、方式、用途逻辑关系对照表

权属转移对象			权属转移方式	用途
一级(大类)	二级(小类)	三级(细目)		
土地	国有土地	无	土地使用权出让	1. 住宅用地 2. 非住宅用地
		土地使用权转让	土地使用权出售(包括作价投资入股、偿还债务等应交付经济利益的方式)	1. 住宅用地 2. 非住宅用地
			土地使用权赠与(包括以划转、奖励、继承等没有价格的方式)	1. 住宅用地 2. 非住宅用地
			土地使用权互换	1. 住宅用地 2. 非住宅用地

续 表

| 权属转移对象 |||权属转移方式|用途|
一级(大类)	二级(小类)	三级(细目)		
土地	集体土地	无	土地使用权出让	1. 住宅用地 2. 非住宅用地
^	^	^	土地使用权转让：土地使用权出售（包括作价投资入股、偿还债务等应交付经济利益的方式）	1. 住宅用地 2. 非住宅用地
^	^	^	土地使用权赠与（包括以划转、奖励、继承等没有价格的方式）	1. 住宅用地 2. 非住宅用地
^	^	^	土地使用权互换	1. 住宅用地 2. 非住宅用地
房屋	增量房	住房	1. 房屋买卖（包括作价投资入股、偿还债务等应交付经济利益的方式） 2. 房屋赠与（包括以划转、奖励、继承等没有价格的方式） 3. 房屋互换	居住用房
^	^	非住房	1. 房屋买卖（包括作价投资入股、偿还债务等应交付经济利益的方式） 2. 房屋赠与（包括以划转、奖励、继承等没有价格的方式） 3. 房屋互换	非居住用房
^	存量房	住房	1. 房屋买卖（包括作价投资入股、偿还债务等应交付经济利益的方式） 2. 房屋赠与（包括以划转、奖励、继承等没有价格的方式） 3. 房屋互换	居住用房
^	^	非住房	1. 房屋买卖（包括作价投资入股、偿还债务等应交付经济利益的方式） 2. 房屋赠与（包括以划转、奖励、继承等没有价格的方式） 3. 房屋互换	非居住用房

【项目工作任务 7-6】

2023年9月8日，锦华电子技术有限公司（企业相关资料见项目工作任务7-1）购买光耀公司旧房屋一幢，面积为1 000平方米，契约价格为560万元（不含增值税）。假设当地契税税率为3%，请计算申报锦华公司应缴纳的契税税额。

【工作流程】

第一步：确定锦华电子技术有限公司应纳契税的计税依据。

房屋买卖过程中，契税应由承受方缴纳，契税的计税依据是土地、房屋权属转移时双方当事人签订的契约价格。

第二步：计算锦华电子技术有限公司的应纳契税税额。

应纳契税税额 = 560 × 3% = 16.8（万元）

第三步：填制契税税源明细表，在财产和行为税纳税申报表上签章确认。

任务七　计算与申报资源税

任务引例

某企业主要开采、销售原煤,该企业某年8月销售原煤700吨,共取得销售额31.5万元(不含增值税),企业自用原煤30吨。那么,该企业应如何计算当年8月份的应纳资源税税额呢?

【知识准备与业务操作】

一、资源税的基本知识

资源税是对在我国领域和管辖的其他海域开发应税资源的单位和个人征收的一种税。征收资源税的主要目的是调节因资源生成和开发条件差异而形成的级差收入。

2019年8月26日,第十三届全国人民代表大会常务委员会第十二次会议通过《中华人民共和国资源税法》,自2020年9月1日起施行。原《中华人民共和国资源税暂行条例》同时废止。

(一)资源税纳税人

在中华人民共和国领域和中华人民共和国管辖的其他海域开发应税资源的单位和个人,为资源税的纳税人。

(二)资源税征税对象和征税范围

资源税的征税对象是自然资源。我国目前对矿产品和盐征收资源税。其征税范围具体包括如下内容:

(1)原油,指开采的天然原油,不包括人造石油。

(2)天然气,指专门开采或者与原油同时开采的天然气。

(3)煤炭,指原煤,包括洗煤、选煤及其他煤炭制品。

(4)其他非金属矿原矿,是指上列产品和井矿盐以外的非金属矿原矿。

(5)黑色金属矿原矿,指纳税人开采后自用或销售的,用于直接入炉冶炼或作为主产品先入选精矿、制造人工矿,再最终入炉冶炼的黑色金属矿石原矿,如铁矿石、锰矿石。

(6)有色金属矿原矿,指纳税人开采后自用或销售的,用于直接入炉冶炼或作为主产品先入选精矿、制造人工矿,再最终入炉冶炼的有色金属矿石原矿,如铜矿石、锡矿石。

(7)盐,包括固体盐和液体盐,固体盐是指海盐原盐、湖盐原盐和井矿盐。液体盐也称卤水,指氯化钠浓度达到一定程度的溶液。

提示:2016年7月1日起,在河北省实施水资源税试点工作,从2017年12月起,试点工作扩大到北京、天津、山西、山东、内蒙古、河南、四川、陕西、宁夏等9个省市,将地表水和地下水(均指淡水,不包括海水)纳入征税范围,从量定额计征。水资源税根据当地水资源状况、取用水类型和经济发展等情况实行差别税率。在总结试点经验的基础上,财政部、国家税务总局将选择其他地区逐步扩大试点范围,条件成熟后,在全国推开。

> **提示**：纳税人开采或者生产应税产品，自用于连续生产应税产品的，不缴纳资源税；自用于其他方面的，视同销售，缴纳资源税。

（三）资源税税率

资源税实行固定税率和幅度税率。资源税税目税率如表 7-12 所示。

表 7-12　　　　　　　　　　资源税税目税率表

税　目			征税对象	税　率
能源矿产	原油		原矿	6%
	天然气、页岩气、天然气水合物		原矿	6%
	煤		原矿或者选矿	2%～10%
	煤成(层)气		原矿	1%～2%
	铀、钍		原矿	4%
	油页岩、油砂、天然沥青、石煤		原矿或者选矿	1%～4%
	地热		原矿	1%～20%或者每立方米1～30元
金属矿产	黑色金属	铁、锰、铬、钒、钛	原矿或者选矿	1%～9%
	有色金属	铜、铅、锌、锡、镍、锑、镁、钴、铋、汞	原矿或者选矿	2%～10%
		铝土矿	原矿或者选矿	2%～9%
		钨	选矿	6.5%
		钼	选矿	8%
		金、银	原矿或者选矿	2%～6%
		铂、钯、钌、锇、铱、铑	原矿或者选矿	5%～10%
		轻稀土	选矿	7%～12%
		中重稀土	选矿	20%
		铍、锂、锆、锶、铷、铯、铌、钽、锗、镓、铟、铊、铪、铼、镉、硒、碲	原矿或者选矿	2%～10%
非金属矿产	矿物类	高岭土	原矿或者选矿	1%～6%
		石灰岩	原矿或者选矿	1%～6%或者每吨（或者每立方米）1～10元
		磷	原矿或者选矿	3%～8%
		石墨	原矿或者选矿	3%～12%
		萤石、硫铁矿、自然硫	原矿或者选矿	1%～8%
		天然石英砂、脉石英、粉石英、水晶、工业用金刚石、冰洲石、蓝晶石、硅线石(矽线石)、长石、滑石、刚玉、菱镁矿、颜料矿物、天然碱、芒硝、钠硝石、明矾石、砷、硼、碘、溴、膨润土、硅藻土、陶瓷土、耐火粘土、铁矾土、凹凸棒石粘土、海泡石粘土、伊利石粘土、累托石粘土	原矿或者选矿	1%～12%

续表

税 目			征税对象	税 率
非金属矿产	矿物类	叶蜡石、硅灰石、透辉石、珍珠岩、云母、沸石、重晶石、毒重石、方解石、蛭石、透闪石、工业用电气石、白垩、石棉、蓝石棉、红柱石、石榴子石、石膏	原矿或者选矿	2%~12%
		其他粘土（铸型用粘土、砖瓦用粘土、陶粒用粘土、水泥配料用粘土、水泥配料用红土、水泥配料用黄土、水泥配料用泥岩、保温材料用粘土）	原矿或者选矿	1%~5%或者每吨（或者每立方米）0.1~5元
	岩石类	大理岩、花岗岩、白云岩、石英岩、砂岩、辉绿岩、安山岩、闪长岩、板岩、玄武岩、片麻岩、角闪岩、页岩、浮石、凝灰岩、黑曜岩、霞石正长岩、蛇纹岩、麦饭石、泥灰岩、含钾岩石、含钾砂页岩、天然油石、橄榄岩、松脂岩、粗面岩、辉长岩、辉石岩、正长岩、火山灰、火山渣、泥炭	原矿或者选矿	1%~10%
		砂石	原矿或者选矿	1%~5%或者每吨（或者每立方米）0.1~5元
	宝玉石类	宝石、玉石、宝石级金刚石、玛瑙、黄玉、碧玺	原矿或者选矿	4%~20%
水气矿产	二氧化碳气、硫化氢气、氦气、氡气		原矿	2%~5%
	矿泉水		原矿	1%~20%或者每立方米1~30元
盐	钠盐、钾盐、镁盐、锂盐		选矿	3%~15%
	天然卤水		原矿	3%~15%或者每吨（或者每立方米）1~10元
	海盐			2%~5%

资源税按照资源税税目税率表从价计征或者从量计征。

资源税税目税率表中规定实行幅度税率的，其具体适用税率由省、自治区、直辖市人民政府统筹考虑该应税资源的品位、开采条件以及对生态环境的影响等情况，在资源税税目税率表规定的税率幅度内提出，报同级人民代表大会常务委员会决定，并报全国人民代表大会常务委员会和国务院备案。资源税税目税率表中规定征税对象为原矿或者选矿的，应当分别确定具体适用税率。

资源税税目税率表中规定可以选择实行从价计征或者从量计征的,具体计征方式由省、自治区、直辖市人民政府提出,报同级人民代表大会常务委员会决定,报全国人民代表大会常务委员会和国务院备案。

(四) 资源税税收优惠

1. 下列情况免征资源税

(1) 开采原油以及在油田范围内运输原油过程中用于加热的原油、天然气。

(2) 煤炭开采企业因安全生产需要抽采的煤成(层)气。

2. 符合下列情况之一的,减征资源税

(1) 从低丰度油气田开采的原油、天然气,减征20%资源税。

(2) 高含硫天然气、三次采油和从深水油气田开采的原油、天然气,减征30%资源税。

(3) 稠油、高凝油减征40%资源税。

(4) 从衰竭期矿山开采的矿产品,减征30%资源税。

根据国民经济和社会发展的需要,国务院对有利于促进资源节约集约利用、保护环境等情形可以规定免征或者减征资源税,报全国人民代表大会常务委员会备案。

3. 符合下列情况之一的,省、自治区、直辖市可以决定免征或者减征资源税

(1) 纳税人开采或者生产应税产品过程中,因意外事故或者自然灾害等原因遭受重大损失。

(2) 纳税人开采共伴生矿、低品位矿、尾矿。

前款规定的免征或者减征资源税的具体办法,由省、自治区、直辖市人民政府提出,报同级人民代表大会常务委员会决定,并报全国人民代表大会常务委员会和国务院备案。

> **提示**:纳税人的免税、减税项目,应当单独核算销售额或者销售数量;未单独核算或者不能准确提供销售额或者销售数量的,不予免税或者减税。

二、计算资源税税额

(一) 确定资源税计税依据

资源税的征收办法以从价计征为主,从量计征为辅。计税依据为应税产品的销售额或销售量。

1. 从价计征情况下计税依据的确定

从价计征情况下,资源税计税依据为应税产品的销售额。销售额为纳税人销售应税产品向购买方收取的全部价款和价外费用,不含增值税和运杂费用。

运杂费用包括从坑口或洗选(加工)地到车站、码头或购买方指定运达地点的运输费用、建设基金以及随之产生的装卸、仓储、港杂费用。

价外费用包括在价外向购买方收取的手续费、补贴、基金、集资费、返还利润、奖励费、违约金、滞纳金、延期付款利息、赔偿金、代收款项、代垫款项、包装费、包装物租金、储备费、优质费以及其他各种性质的价外收费。

> **提示**:运杂费用应与销售额分别核算,凡未取得相应合法凭据或不能与销售额分别核算的,一并计征资源税。

纳税人申报的应税产品销售额明显偏低并且无正当理由的、有视同销售应税产品行为而无销售额的,除财政部、国家税务总局另有规定的情形外,按下列顺序确定销售额:

(1) 按纳税人最近时期同类产品的平均销售价格确定。
(2) 按其他纳税人最近时期同类产品的平均销售价格确定。
(3) 按组成计税价格确定。组成计税价格的计算公式为:

$$组成计税价格 = 成本 \times (1 + 成本利润率) \div (1 - 税率)$$

公式中的"成本"是指应税产品的实际生产成本。公式中的"成本利润率"由省、自治区、直辖市税务机关确定。

2. 从量计征情况下计税依据的确定

从量计征情况下的计税依据是销售数量。销售数量包括纳税人开采或者生产应税产品的实际销售数量和视同销售的自用数量。

(1) 直接对外销售的,以销售数量为征税数量。
(2) 纳税人自用(非生产用)的,以自用数量为征税数量。
(3) 纳税人不能准确提供应税产品销售或移送数量的,以应税产品的产量或主管税务机关确定的折算比,换算征税数量。

> 提示:纳税人开采或者生产不同税目应税产品的,应当分别核算不同税目应税产品的销售额或者销售数量;未分别核算或者不能准确提供不同税目应税产品的销售额或者销售数量的,从高适用税率。

(二) 计算资源税应纳税额

资源税应纳税额,按照从价定率或者从量定额的办法,分别以应税产品的销售额乘以纳税人具体适用的比例税率或者以应税产品的销售数量乘以纳税人具体适用的定额税率计算。其计算公式为:

$$应纳税额 = 销售额 \times 比例税率$$

或:

$$应纳税额 = 销售数量 \times 定额税率$$

【做中学 7-7】

某企业为增值税一般纳税人,专门从事天然气开采。某年7月销售天然气,取得含税销售额600万元,另向购买方收取代垫运输费用10万元,取得运输公司开具给购买方的增值税专用发票,并将发票转交给购买方。已知天然气适用的资源税税率为6%,计算该企业应缴纳的资源税税额。

计算:该企业应缴纳的资源税税额 = 600 ÷ (1 + 9%) × 6% = 33.027 5(万元)

> **引例解析**
>
> 本任务引例中，纳税人自用应税产品，应当按纳税人最近时期同类产品的平均销售价格确定销售额，视同销售计算资源税。该企业应按本月销售原煤的平均价格[315 000÷700＝450(元/吨)]计算自用原煤30吨的视同销售额，与销售原煤的销售额一起计算缴纳资源税。

三、申报缴纳资源税

（一）确定资源税纳税环节与纳税义务发生时间

1. 纳税环节

资源税统一在应税产品的销售或自用环节（自用也称视同销售环节）计算缴纳，以应税产品投资、分配、抵债、赠与、以物易物等，在移送环节依照视同销售的有关规定计算缴纳资源税。

2. 纳税义务发生时间

（1）纳税人销售应税产品的纳税义务发生时间依以下情形确定：

❶ 纳税人采取分期收款结算方式的，其纳税义务发生时间为销售合同规定的收款日期的当天。

❷ 纳税人采取预收货款结算方式的，其纳税义务发生时间为发出应税产品的当天。

❸ 纳税人采取其他结算方式的，其纳税义务发生时间为收讫销售款或者取得索取销售款凭据的当天。

（2）纳税人自产自用应税产品的纳税义务发生时间为移送使用应税产品的当天。

（3）扣缴义务人代扣代缴税款的纳税义务发生时间为支付货款的当天。

（二）确定资源税纳税期限

资源税按月或者按季申报缴纳；不能按固定期限计算缴纳的，可以按次申报缴纳。

纳税人按月或者按季申报缴纳的，应当在月度或者季度终了之日起15日内，向税务机关办理纳税申报并缴纳税款。

按次申报缴纳的，应当在纳税义务发生之日起15日内，向税务机关办理纳税申报并缴纳税款。

（三）确定资源税纳税地点

纳税人应当向应税矿产资源的开采地和盐的生产地的主管税务机关缴纳资源税。纳税人在本省、自治区、直辖市范围内开采或者生产应税产品，其纳税地点需要调整的，由省、自治区、直辖市税务机关决定。

（四）申报资源税

纳税人应按照资源税法的有关规定及时办理纳税申报，如实填写资源税税源明细表如表7-13所示，并在财产和行为税纳税申报表上签章确认。

表 7-13 资源税税源明细表

税款所属期限：自 年 月 日至 年 月 日

纳税人识别号（统一社会信用代码）：□□□□□□□□□□□□□□□□□□

纳税人名称：

金额单位：人民币元（列至角分）

申报计算明细

序号	税目	子目	计量单位	销售数量	准予扣减的外购应税产品购进数量	计税销售数量	销售额	准予扣除的运杂费	准予扣减的外购应税产品购进金额	计税销售额
	1	2	3	4	5	6=4-5	7	8	9	10=7-8-9
1										
2										
合计										

减免税计算明细

序号	税目	子目	减免性质代码和项目名称	计量单位	减免税销售数量	减免税销售额	适用税率	减征比例	本期减免税额
	1	2	3	4	5	6	7	8	9①=5×7×8
									9②=6×7×8
1									
2									
合计									

【项目工作任务 7-7】

山水盐业是增值税一般纳税人,某年 8 月份发生下列业务:
(1) 自产某种钾盐对外销售,全月销售共 1 000 吨,取得不含税收入 380 000 元。
(2) 8 月 13 日将 5 吨自产的钾盐赠与客户,当天移送。
(3) 8 月 20 日将 10 吨自产的钾盐用于抵偿债务,当天移送。
假定该企业生产的钾盐适用的资源税税率为 8%。请计算申报其当月应纳资源税税额。

【工作流程】

第一步:分析经济业务类型,确定计税依据。

业务 1 对外销售钾盐,于销售环节按不含税销售额以从价定率的办法计算资源税。

业务 2、业务 3 视同销售,于移送环节按同类产品本月平均销售价格基于从价定率的办法计算资源税。

第二步:计算各项业务应纳资源税税额。

业务 1 应纳资源税税额 = 380 000 × 8% = 30 400(元)

业务 2 应纳资源税税额 = 5 × (380 000 ÷ 1 000) × 8% = 152(元)

业务 3 应纳资源税税额 = 10 × (380 000 ÷ 1 000) × 8% = 304(元)

第三步:计算应纳资源税税额总额。

应纳资源税税额总额 = 30 400 + 152 + 304 = 30 856(元)

第四步:填制资源税税源明细表,在财产和行为税纳税申报表上签章,确认申报。

任务八 计算与申报城市维护建设税和教育费附加

任务引例

兴华实业公司位于某县城,某年 2 月缴纳增值税 200 000 元、消费税 50 000 元,另外补缴了当年 1 月漏缴的增值税 30 000 元。请问该公司适用的城市维护建设税税率和教育费附加征收率为多少?当月应缴纳的城市维护建设税和教育费附加的计算依据分别是什么?

【知识准备与业务操作】

一、认识与计算城市维护建设税

城市维护建设税简称城建税是国家对缴纳增值税、消费税(简称"两税")的单位和个人就其实际缴纳的"两税"税额为计税依据而征收的一种税。城建税是一种具有附加税性质的税种,是国家为加强城市的维护建设,扩大和稳定城市维护资金的来源而采取的一项税收措施。《中华人民共和国城市维护建设税法》于 2020 年 8 月经第十三届全国人民代表大会第三十一次会议通过,2021年9月1日起施行。

(一)城市维护建设税的纳税人

城市维护建设税的纳税人,是指在中华人民共和国境内缴纳增值税、消费税的单位与个人。

(二)城市维护建设税的计税依据

城市维护建设税的计税依据为纳税人实际缴纳的增值税、消费税。纳税人被查补"两税"时,应同时对其偷漏的城市维护建设税进行补缴。

(1)进口产品由海关代征的增值税、消费税不作为城市维护建设税的计税依据。

(2)对出口产品实行出口退还增值税、消费税的,不退还出口产品已缴纳的城市维护建设税。

(3)纳税人因违反增值税、消费税有关法律而加收的滞纳金或罚款,不作为城市维护建设税的计税依据,不征城市维护建设税。纳税人因偷漏税而被查补的增值税、消费税,作为城市维护建设税计税依据,征收城市维护建设税。

(4)纳税人减征或免征增值税、消费税,同时也就减征或免征了城市维护建设税。

(三)城市维护建设税税率

城市维护建设税采用比例税率,按纳税人所在地的不同,设置了三档地区差别比例税率,分别为:

(1)纳税人所在地为市区的,税率为7%。

(2)纳税人所在地为县城、镇的,税率为5%。

(3)纳税人所在地不在市区、县城或镇的,税率为1%。

城市维护建设税的适用税率,应当按纳税人所在地的规定税率执行。但是在下列两种情况中,我们可以按缴纳"两税"所在地的规定税率就地缴纳城市维护建设税:

(1)由受托方代收代缴、代扣代缴"两税"的单位和个人。

(2)流动经营等无固定纳税地点的单位和个人。

(四)计算城市维护建设税应纳税额

城市维护建设税应纳税额是按纳税人实际缴纳的"两税"税额计算的,其计算公式为:

$$应纳税额=(纳税人实际缴纳的"两税"税额)\times 适用税率$$

二、认识与计算教育费附加

教育费附加是对缴纳增值税、消费税的单位和个人,以其实际缴纳的"两税"税额为计算依据征收的一种专项附加费,是正税以外的政府行政收费。目的是从多渠道筹集教育经费,改善中小学办学条件,促进地方教育事业的发展,具有专款专用的性质。

教育费附加对缴纳"两税"的单位和个人征收,以其实际缴纳的"两税"税额为计费依据,分别与"两税"同时缴纳。现行教育费附加的征收率为3%。

海关对进口的商品征收的增值税、消费税,不再征收教育费附加。

由于减免增值税、消费税而发生退税的,可同时退还已征收的教育费附加。对出口产品退还的增值税、消费税,不退还已征的教育费附加。

应纳教育费附加的计算公式为：

$$应纳教育费附加 = 纳税人实际缴纳的增值税、消费税税额 \times 征收率$$

> **引例解析**
>
> 本任务引例中，兴华实业公司地址在县城，适用的城市维护建设税税率为5%，教育费附加征收率为3%。当年2月应缴纳的城市维护建设税和教育费附加的计算依据为当年2月缴纳的增值税 200 000 元、消费税 50 000 元及补缴当年1月漏缴的增值税 30 000 元。

三、申报缴纳城市维护建设税与教育费附加

（一）纳税地点与纳税期限

1. 纳税义务发生时间

城市维护建设税和教育费附加以纳税人实际缴纳的"两税"为计税依据，分别与"两税"同时缴纳。也就是说，城市维护建设税和教育费附加的纳税义务发生时间基本上与"两税"纳税义务发生时间一致，应以"销售货物或者提供应税劳务，为收讫销售款或者取得索取销售款凭据的当天"的原则确定。

2. 纳税地点

纳税人缴纳"两税"的地点就是该纳税人缴纳城市维护建设税和教育费附加的地点。在特殊情况下，按下列原则和办法确定纳税地点：

（1）代扣代缴、代收代缴"两税"的单位和个人，同时也是城市维护建设税的代扣代缴、代收代缴义务人，其纳税地点为代扣、代收事务发生地。

（2）流动经营等无固定纳税地点的单位和个人，应随同"两税"在经营地按适用税率缴纳。

（3）汇总缴纳"两税"的纳税人，城市维护建设税在汇总地与"两税"同时缴纳。

3. 纳税期限

城市维护建设税与教育费附加的纳税期限与"两税"的纳税期限一致，对增值税和消费税而言，分别为1日、3日、5日、10日、15日或者1个月。具体由税务机关根据纳税人应纳税额的大小分别核定；不能按期纳税的，可以按次纳税。

（二）纳税申报与缴纳

纳税人在申报"两税"时，应填报增值税及附加税费申报表、消费税及附加税费申报表，在缴纳"两税"的同时缴纳城市维护建设税与教育费附加。

> **【项目工作任务 7-8】**
>
> 锦华电子技术有限公司（企业相关资料见项目工作任务 7-1）2023 年 10 月的应交增值税税额为 35 000 元。请计算并申报其当月应纳城市维护建设税与教育费附加。（本题忽略地方教育附加）

【工作流程】

第一步：分析经济业务，确定计税方法和计税依据。

(1) 城市维护建设税与教育费附加的计税依据为企业实际缴纳的增值税税额。

(2) 锦华公司位于市区，城市维护建设税按 7% 计算缴纳。

(3) 教育费附加按 3% 计算缴纳。

第二步：计算城市维护建设税与教育费附加。

(1) 城市维护建设税税额 = 35 000 × 7% = 2 450(元)

(2) 教育费附加额 = 35 000 × 3% = 1 050(元)

第三步：填制相关表单。

练 习 题

一、判断题

1. 现行房产税的征税范围涉及农村。　　　　　　　　　　　　　　　　　　( )

2. 城镇土地使用税采取有幅度的差别税额，按大、中、小城市和县城、建制镇、工矿区分别确定每平方米的年应纳税额。　　　　　　　　　　　　　　　　　　( )

3. 凡在中华人民共和国境内拥有土地使用权的单位和个人，均应依法缴纳城镇土地使用税。　　　　　　　　　　　　　　　　　　　　　　　　　　　　　　( )

4. 车船税的纳税人是车辆、船舶的使用人。　　　　　　　　　　　　　　　( )

5. 由两方或两方以上当事人共同书立的应税凭证，其当事人各方都是印花税的纳税人，应各自就其所持凭证的计税金额全额完税。　　　　　　　　　　　　　　　　( )

6. 土地增值税相关法律规定，农村集体土地自行转让的，应当征收土地增值税。
　　　　　　　　　　　　　　　　　　　　　　　　　　　　　　　　　　　( )

7. 从事房地产开发的纳税人在计算土地增值税时，可以按转让项目开发成本和开发费用两项金额之和加计 20% 扣除。　　　　　　　　　　　　　　　　　　( )

8. 发生房屋产权买卖时，出售方应缴纳契税。　　　　　　　　　　　　　　( )

9. 将房屋无偿赠与他人的居民，也要缴纳土地增值税。　　　　　　　　　　( )

10. 转让房地产时缴纳的城市维护建设税、印花税、因转让房地产缴纳的教育费附加，可以在计算土地增值税时扣除。　　　　　　　　　　　　　　　　　　　　( )

二、单项选择题

1. 纳税人将房产出租的，依照房产租金收入计征房产税，税率为( )。

　　A. 1.2%　　　　　　　　　　　　　B. 12%

　　C. 10%　　　　　　　　　　　　　D. 30%

2. 城镇土地使用税的计税依据是( )。

　　A. 纳税人使用土地而产生的收益

　　B. 纳税人因地理位置不同而产生的级差收入

C. 纳税人出租场地而取得的租金收入
D. 纳税人实际占用的土地面积

3. 下列车船中,无须缴纳车船税的是( )。
   A. 载客汽车	B. 机动船
   C. 非机动车	D. 非机动驳船

4. 下列各项中,不属于印花税征税范围的是( )。
   A. 企业签订的融资租赁合同	B. 企业签订的运输合同
   C. 企业签订的借款合同	D. 企业填制的限额领料单

5. 下列各项中,属于土地增值税征税范围的是( )。
   A. 出让国有土地使用权	B. 房地产的出租
   C. 转让国有土地使用权	D. 房地产的抵押

6. 土地增值税实行的税率是( )。
   A. 差别比例税率	B. 四级超额累进税率
   C. 四级全率累进税率	D. 四级超率累进税率

7. 土地增值税的计算过程中,不准按实际发生额扣除的项目是( )。
   A. 房地产开发成本	B. 地价款
   C. 房地产开发费用	D. 印花税税金

8. 契税的纳税人是( )。
   A. 出典人	B. 赠与人
   C. 出卖人	D. 承受人

9. 土地使用权交换、房屋交换,若交换价格相等,则( )。
   A. 由交换双方各自缴纳契税	B. 由交换双方共同分担契税
   C. 免征契税	D. 由双方协商一致确定纳税人

10. 城市维护建设税的计税依据是( )。
    A. 增值税、消费税的计税依据
    B. 印花税、增值税的计税依据
    C. 纳税人实际缴纳的增值税、消费税税额
    D. 纳税人实际缴纳的增值税、车船税税额

三、多项选择题

1. 依据房产税相关条例的有关规定,下列地区中,属于房产税征收范围的有( )。
   A. 城市	B. 农村
   C. 县城、建制镇	D. 工矿区

2. 下列房产中,应从价计征房产税的有( )。
   A. 出租的房产	B. 投资收取固定收入的房产
   C. 投资参与分红的房产	D. 自用的房产

3. 依据《中华人民共和国城镇土地使用税暂行条例》的规定,下列地区中,开征城镇土地使用税的有( )。
   A. 城市	B. 县城建制镇
   C. 农村	D. 工矿区

4. 下列应税车船中,以"整备质量"为车船税计税依据的有(　　　)。
   A. 载货汽车　　　　　　　　B. 商用客车
   C. 挂车　　　　　　　　　　D. 游艇
5. 印花税的征税对象包括(　　　)。
   A. 合同　　　　　　　　　　B. 产权转移书据
   C. 记载资金的营业账簿　　　D. 权利、许可证照
6. 下列各项中,属于印花税征税范围的有(　　　)。
   A. 买卖合同　　　　　　　　B. 运输合同
   C. 承揽合同　　　　　　　　D. 财产保险合同
7. 在土地增值税的纳税人确定扣除项目金额时,可以扣除的与房地产转让有关的税金有(　　　)。
   A. 教育费附加　　　　　　　B. 城市维护建设税
   C. 印花税　　　　　　　　　D. 企业所得税
8. 下列各项中,不征收土地增值税的有(　　　)。
   A. 房地产评估增值　　　　　B. 国有土地使用权出让
   C. 房地产的继承　　　　　　D. 房地产的出租
9. 我国契税相关法律规定的征税对象有(　　　)。
   A. 土地使用权出让　　　　　B. 土地使用权的转让
   C. 房屋买卖　　　　　　　　D. 房屋赠与
10. 下列各项中,符合城市维护建设税相关规定的有(　　　)。
    A. 缴纳增值税、消费税的企业都应缴纳城市维护建设税
    B. "两税"实行先征后返方法退库的,城市维护建设税可同时退还
    C. 对出口产品退还增值税、消费税的,不退还城市维护建设税
    D. 海关对进口产品代征的增值税、消费税,不征收城市维护建设税

四、业务题

1. 某县城一家企业某年 5 月 18 日将一闲置的房产出租给另一家企业,租期为 5 年,即时交付 12 个月租金,共计 20 万元,不含增值税。该房产原值为 100 万元,当地政府规定的扣除比例为 30%。
   要求:计算该企业本年度就该房产应缴纳的房产税。

2. 某市某购物中心实行统一核算,土地使用证上载明,该企业实际占用土地的情况为:中心店占地面积为 5 100 平方米,一分店占地面积为 3 200 平方米,位于农村的仓储中心占地面积为 8 700 平方米,企业自办医院占地面积为 360 平方米。经税务机关确认,该企业所占用土地分别适用市政府确定的以下税额:中心店位于一等地段,每平方米年税额 7 元;一分店和自办医院位于二等地段,每平方米年税额 5 元。此外,该市政府规定,企业自办托儿所、幼儿园、医院、学校,用地免征城镇土地使用税。
   要求:计算该购物中心城镇土地使用税年应纳税额。

3. 某企业某年拥有车辆的情况如下:发动机汽缸排量为 2.0 升的乘用车 5 辆、整备质量为 5 吨的载货汽车 10 辆、整备质量为 2.4 吨的挂车 2 辆。该地方政府规定的车船税税率为:发动机汽缸排量为 2.0 升的乘用车,900 元/辆;载货汽车整备质量标准为每吨 50 元。

要求：计算该企业该年度应纳车船税税额。

4. 某企业某年有关资料如下："实收资本"比上年增加 200 万元，"资本公积"比上年增加 40 万元；向银行借款 100 万元，借款合同上约定的年利率为 6%；与 A 公司签订以货换货合同，本企业货物价值 250 万元，A 公司货物价值 300 万元，均不含增值税，该企业用银行存款补齐差额。

要求：计算该企业该年度印花税应纳税额。

5. 某市某房地产开发公司（增值税一般纳税人）建造一幢普通标准住宅并进行销售，销售收入为 1 500 万元，不含增值税，支付的地价款为 150 万元，建造成本为 470 万元，该公司支付的银行借款利息为 30 万元（该借款同时用于其他工程且利息不能按房地产转让项目计算分摊），按简易计税办法缴纳了增值税、城市维护建设税和教育费附加，该地地方人民政府规定的房地产开发费用扣除比例为 10%。

要求：计算该公司销售普通标准住宅应缴纳的土地增值税税额。

五、项目实训

绿波电器厂为增值税一般纳税人，某年 12 月的部分涉税业务资料如下：

1. 拥有办公楼、车间等房屋，原值 300 万元，当地政府规定的扣除比例为 30%，其中，出租临街的房屋的房产原值为 50 万元，月租金收入为 2 万元，不含增值税。

2. 拥有车辆情况为：东风大货车 8 辆，整备质量均为 5 吨，年税额为 30 元/吨；春风小货车 2 辆，整备质量为 2 吨，年税额为 30 元/吨；小轿车 3 辆，年税额为 360 元/辆；客车 1 辆，35 座，年税额为 1 000 元/辆。

3. 企业占用土地面积 10 000 平方米，其中，幼儿园占地 150 平方米，年税额为 10 元/平方米。

4. 与南方企业订立专用技术使用权转移书据 1 份，所载金额为 100 万元；订立产品买卖合同，所载金额为 200 万元；订立借款合同 1 份，所载金额为 400 万元（合同所载金额均不含增值税）；企业记载资金的账簿中，"实收资本""资本公积"账户金额没有增加；其他营业账簿共 10 本。

要求：根据以上资料，计算该企业该年度房产税、车船税、城镇土地使用税、印花税的应纳税额并进行以上税种的纳税申报。

项 目 小 结

项目七学习内容结构如图 7-1 所示。

- 其他税种的计算与申报
  - 计算与申报房产税
    - 以房屋为征税对象，按照房屋的计税余值或出租房屋的租金收入向产权所有人或经营人征收的税
      - 纳税人是房屋产权的所有人或使用人
      - 对占有使用房产的，从价计征，税率为1.2%；对出租房产的，从租计征，税率为12%
      - 应纳税额=应税房产原值×(1−扣除比例)×1.2%或应纳税额=租金收入×12%
  - 计算与申报城镇土地使用税
    - 以城镇土地为征税对象，对拥有土地使用权的单位和个人征收的税
      - 纳税人是包括在中国境内的城市、县城、建制镇和工矿区范围内使用土地的企业、单位、个体工商户、其他个人等
      - 根据不同地区和各地经济发展状况实行等级幅度税额标准
      - 年度应纳税额=应税土地实际占用面积×适用单位税额
  - 计算与申报车船税
    - 以在我国境内的车辆、船舶为征税对象，按照规定的税目、计税单位和年税额标准计算征收的税
      - 纳税人是中华人民共和国境内车船所有人、管理人、使用人
      - 不同地区税率不同，由当地在规定的子税目税额幅度内确定
      - 应纳税额＝车辆数×单位税额或应纳税额＝整备质量×单位税额
应纳税额＝净吨位×单位税额或应纳税额＝艇身长度×单位税额
  - 计算与申报印花税
    - 以应税凭证为征税对象，对经济活动和经济交往中书立各种应税凭证，进行证券交易的行为征收的税
      - 纳税人是指我国境内书立印花税法所列举的应税凭证，进行证券交易的单位和个人
      - 不同应税凭证行为，税率有差异，注意各种差异
      - 应纳税额=计税金额×比例税率
  - 计算与申报土地增值税
    - 以转让房地产取得的增值额为征税对象征收的税
      - 纳税人是指转让房地产并取得收入的单位和个人
      - 四级超率累进税率，应纳税额=增值额×适用税率−扣除项目金额×速算扣除系数
  - 计算与申报契税
    - 以在我国境内转移土地、房屋权属的行为作为征税对象的税
      - 纳税人是我国境内承受土地、房屋权属转移的单位和个人
      - 3%～5%的幅度比例税率，应纳税额=计税依据×税率
  - 计算与申报资源税
    - 以各种自然资源为征税对象的税
      - 纳税人是指在中华人民共和国境内开采应税矿产品或者生产盐的单位和个人，从价计征、从量计征
      - 应纳税额=销售额×比例税率或应纳税额=销售数量×定额税率
  - 计算与申报城市维护建设税和教育费附加
    - “两税”的附加税和“两税”的附加费
      - “两税”附加税的纳税人是负有缴纳“两税”义务的单位和个人
      - 三档地区差别比例税率：7%、5%、1%，应纳税额=实际缴纳的“两税”税额×适用税率
      - “两税”附加费的纳税人是负有缴纳“两税”义务的单位和个人
      - 征收率为3%，应纳税额=实际缴纳的“两税”税额×征收率

图7－1　项目七学习内容结构

主要参考文献

[1] 梁伟样.税法[M].7版.北京:高等教育出版社,2022.
[2] 梁文涛.企业纳税实务[M].4版.北京:高等教育出版社,2023.
[3] 朱丹.税费计算申报与筹划[M].3版.大连:东北财经大学出版社,2019.

郑重声明

高等教育出版社依法对本书享有专有出版权。任何未经许可的复制、销售行为均违反《中华人民共和国著作权法》，其行为人将承担相应的民事责任和行政责任；构成犯罪的，将被依法追究刑事责任。为了维护市场秩序，保护读者的合法权益，避免读者误用盗版书造成不良后果，我社将配合行政执法部门和司法机关对违法犯罪的单位和个人进行严厉打击。社会各界人士如发现上述侵权行为，希望及时举报，我社将奖励举报有功人员。

反盗版举报电话　（010）58581999　58582371
反盗版举报邮箱　dd@hep.com.cn
通信地址　北京市西城区德外大街4号　高等教育出版社知识产权与法律事务部
邮政编码　100120

教学资源服务指南

仅限教师索取

感谢您使用本书。为方便教学，我社为教师提供资源下载、样书申请等服务，如贵校已选用本书，您只要关注微信公众号"高职财经教学研究"，或加入下列教师交流QQ群即可免费获得相关服务。

高职财经教学研究
高等教育出版社(上海)教材服务有限……
上海

高等教育出版社旗下产品，提供高职财经专业课程教学交流、配套数字资源及样书申请等服务。

资源下载：点击"教学服务"—"资源下载"，注册登录后可搜索相应的资源并下载。（建议用电脑浏览器操作）

样书申请：点击"教学服务"—"样书申请"，填写相关信息即可申请样书。

样章下载：点击"教学服务"—"教材样章"，即可下载在供教材的前言、目录和样章。

题库申请：点击"题库申请"，填写相关信息即可申请题库或下载试卷。

师资培训：点击"师资培训"，获取最新会议信息、直播回放和往期师资培训视频。

联系方式

会计QQ3群：473802328　　会计QQ2群：370279388　　会计QQ1群：554729666
会计QQ4群：291244392

（以上4个会计Q群，加入任何一个即可获取教学服务，请勿重复加入）

联系电话：(021)56961310　　电子邮箱：3076198581@qq.com

在线试题库及组卷系统

我们研发有十余门课程试题库："基础会计""财务会计""成本计算与管理""财务管理""管理会计""税务会计""税法""税收筹划""审计基础与实务""财务报表分析""EXCEL在财务中的应用""大数据基础与实务""会计信息系统应用""政府会计""内部控制与风险管理"等，平均每个题库近3000题，知识点全覆盖，题型丰富，可自动组卷与批改。如贵校选用了高教社沪版相关课程教材，我们可免费提供给教师每个题库生成的各6套试卷及答案（Word格式难中易三档，索取方式见上述"题库申请"），教师也可与我们联系咨询更多试题库详情。